日本法译丛

社会保障法制の将来構想

社会保障法制的将来构想

〔日〕菊池馨实 著

韩君玲 译

2018年·北京

SHAKAI HOSHO HOSEI NO SHORAI KOSO
by KIKUCHI Yoshimi
Copyright © 2010 KIKUCHI Yoshimi
All rights reserved.
Originally published in Japan by YUHIKAKU PUBLISHING CO., LTD., Tokyo.
Chinese (in simplified character only) translation rights arranged with
YUHIKAKU PUBLISHING CO., LTD., Japan
through THE SAKAI AGENCY and BARDON-CHINESE MEDIA AGENCY.

本书根据有斐阁 2010 年版译出

专家委员会

韩君玲

柴裕红　　王　勇

译 者 序

　　菊池馨实教授是现今活跃于日本社会保障法学研究前沿的中坚性代表学者之一,现任教于日本早稻田大学法学学术院,为法学研究科科长。结识菊池教授之前,译者就拜读过其代表作《社会保障の法理念》(有斐阁2000年版),这是菊池教授在日本社会保障法学界受到极大关注的力作。2011年译者赴日本龙谷大学进行合作研究时,某次,译者与留学时代的日本博士生导师田村和之教授交谈时提及菊池教授,田村教授评价其是日本社会保障法学界的"希望"。此后不久,在中国人民大学法学院举办的一次国际研讨会上,译者有幸结识了菊池教授,能够近距离地向其请教日本社会保障法方面的知识,聆听其睿智的学术见解。在与菊池教授的交谈中,译者还感受到,菊池教授是一个对中国十分友好的学者,非常愿意在中国、日本乃至韩国之间开展社会保障法方面的学术研究交流,并希冀通过这种共同研究活动,以推动东亚地区社会保障法学研究的发展和繁荣。后来,菊池教授从日本给译者寄来了专著《社会保障法制の将来構想》(有斐阁2010年版),拜读后发现,菊池教授对其在《社会保障の法理念》中所论述的社会保障的法理念思想有了进一步细致的阐释,其理论体系及内涵也更加严谨、丰富和完善,译者于是萌生了翻译此书的念头。当译者斗胆向菊池教授谈了自己的想法后,没想到菊池教授欣然同意,译者对菊池教授的信任之情仍铭记在心。

　　译著《社会保障法制的将来构想》是集菊池教授多年研究成果之大成的学术专著,该书前两章系统、深入地阐述了菊池教授关于社会保障的法理念思想,其明确提出社会保障的法理念应与时俱进,二战后确立的生存权理念已不能适应日本社会的发展,应以对个人的尊重即维护人的尊严理念取而代之,并展开了详细深入的、富有说服力的逻辑论证。其中,还论述了对社会保障目的之理解，明确指出不能将社会保障仅看成是保障国民基本生活的静止的财源分配制度，还要重视从动态性、过程性视角考察之，可将其理解成是为了努力实现个人的自主性生活而进行各种支援的制度。可以说，这是菊池教授的主要学术贡献，不仅是对日本社会保障法学研究的理论突破，而且也成为倒逼日本宪法学界对日本国宪法关于个人的尊重条款和生存权条款等重新进行研究反思的契机。该书后十二章虽是关于日本社会保障法诸领域的分论性研究，但是，上述思想一以贯之。该书自第三章始，菊池教授从法规范论和法解释论的视角，对日本社会保障法诸领域进行了拉网式的探讨，由于这些内容是围绕日本社会保障的立法、执法和司法的现状及问题所展开的细致深入分析，因此从中不仅可以了解到日本社会保障法律的发达程度及社会保障法学研究的深度与广度，而且可以习得有关社会保障法的法规范论研究方法，更为重要的是，在这些章节中随处可见菊池教授睿智的见解或先进的思想，对打开我国学者研究社会保障法的思路大有裨益。

需要说明的是，该书立足于阐释日本社会保障法的基本理论及制度现状，对其中存在的主要问题进行了深度法学理论分析，中国读者倘若对日本社会保障法律制度没有全面概括的基本性了解，阅读时可能会产生一定程度的理解障碍。译者考虑到该书原版中脚注达 856 个之多，其中占较长篇幅的说明或论述性注解委实不少，若在此基础上再添加较为详细的译者注，十分担心会给读者带来扰乱连贯阅读的麻烦，为此，只是添加了极为少数的译者注。此外，该书中关于日本法上的专门用语，如措置（意指在社会福利领域，根据法律法规，对需要援助的对象决定适用某一制度的行政行为）、事业主（指雇主、用人单位等）、设施（社会福利的建筑物或设备）、事业者（举办社会福利工作者）、短时间劳动者（指与同一用人单位的通常劳动者相比一周所定工作时间较短，且未满厚生劳动大臣所规定的小时数者）、障碍者（残疾人）、介护（非专业护士的护理，类似于家属、家政人员、护工等的护理）、年金（养老金）、素因（体质因素），等等。诸如此类的概念，基本保留了日本法原有的称谓，主要是考虑到日本法上的这些专有称谓在我国学界有的已获得一定范围的认同,有的翻译过来似乎很难找到完全一致的称谓等。

　　翻译该书时,译者深深感念于菊池教授学术思想之敏锐,研究使命感之强烈,知识面之宽广,理论功底之深厚,研究态度之谨慎,愈发觉得自己才疏学浅,力有不逮。虽然译者竭尽全力翻译,但错误或疏漏之处肯定在所难免,敬请读者指正批评。译著的出版对我国社会保障法学的研究,在基础理论上,或制度构建设计上,或研究视角上,或研究方法论上,若能够起到若干的启示或促进作用,译者将甚感欣慰。

韩君玲

2017 年 10 月

中文版前言

《社会保障法制的将来构想》，是笔者在日本出版的第三本研究专著。在前著《社会保障的法理念》中，论述了贯穿整个社会保障法的法理念，继之，在本书中，进一步发展了这个理论，与此同时，展开了对社会保障法各领域的论述。

各国的法体系各有所异，并非能够直接加以比较。并且，社会保障制度的内容，因各国历史、经济、文化背景的不同而相异。在这种状况下，本书作为代表日本社会保障法学一个到达点的研究著作，此次其中文版的面世，若对中国的相关人士起到些许作用，并能成为中国和日本学术交流的桥梁，将是望外之喜。

本书出版后，笔者又出版了体现整个社会保障法的概论书《社会保障法》(有斐阁2014年初版，2018年修订版)。与本书是关于社会保障法理论的研究不同，《社会保障法》是详细阐述日本社会保障法的教科书。其虽由日文写就，但倘若有机会，希望能介绍给中国的读者。

本书中文版的出版，得到北京理工大学法学院韩君玲教授的大力帮助。其不仅提出翻译本书的建议，还独自承担了翻译包括非常难解的内容及详细阐述日本相关制度的本书工作，对此，笔者在肃然起敬的同时，亦表示由衷的感谢。并且，笔者对爽快承诺译书出版的商务印书馆诸位工作人员致以衷心的谢意。

菊池馨实
2017年10月

目　　录

前言 ………………………………………………………………（1）
原载作者论文出处一览表 ………………………………………（3）
法令名称缩略语 …………………………………………………（7）

第一章　社会保障法制的将来构想 ……………………………（9）
第一节　序言 …………………………………………………（9）
第二节　必备的视角 …………………………………………（11）
一、政策制定方针的明示 …………………………………（11）
二、总体设计的明示 ………………………………………（12）
三、法理念或规范原理的明示 ……………………………（12）
第三节　社会保障的规范性基础之建立 ……………………（13）
一、社会保障的目的 ………………………………………（13）
二、生存权 …………………………………………………（14）
三、新法理念论的必要性 …………………………………（15）
四、以《宪法》第13条为基轴的社会保障之基础依据 ………（17）
第四节　应受尊重的规范性原理 ……………………………（22）
一、规范性原理和下位原则 ………………………………（22）
二、"个人"基础性 …………………………………………（23）
（一）对国家过度干涉个人生活之警戒 ………………（23）
（二）以个人为单位的权利义务之把握 ………………（24）
三、"自律"指向性 …………………………………………（25）
（一）"参加"原则 ………………………………………（25）
（二）"选择"原则 ………………………………………（26）

　　　　（三）"信息利用"原则 …………………………………………（27）
　　　　（四）"贡献"原则 ……………………………………………（28）
　　四、实质性机会平等 …………………………………………………（29）
　　　　（一）医疗、福利、介护服务的充实 …………………………（29）
　　　　（二）对儿童的实体性保障 ……………………………………（30）
　　　　（三）关于精神性自律能力欠缺的支援 ………………………（31）
　　　　（四）失业者等的就业支援 ……………………………………（33）
　　五、社会保障的全体像 ………………………………………………（34）
　第五节　提出论述后的讨论状况 ……………………………………（35）
　　一、学界的反应和批评 ………………………………………………（35）
　　二、"基础依据理论"批判 …………………………………………（36）
　　三、"自律的个人"及"贡献"原则批判 …………………………（38）
　第六节　"社会"等的变化和社会保障法制的应对 ………………（42）
　　一、作为另一个基础依据的社会连带 ……………………………（42）
　　二、代际间收入转移的制度框架 …………………………………（45）
　　三、"社会"等的变化和社会保障法制 ……………………………（48）
　第七节　结语 …………………………………………………………（53）

第二章　社会保障法的人像 ……………………………………………（57）
　第一节　序言 …………………………………………………………（57）
　第二节　社会保障法的人像 …………………………………………（57）
　第三节　关于社会保障法之人 ………………………………………（60）
　第四节　"自律"指向性的社会保障法论和人像 …………………（62）
　第五节　结语 …………………………………………………………（65）

第三章　非正规雇佣和社会保障制度
　　　　——以公平和公正的视点为线索 ……………………………（66）
　第一节　序言 …………………………………………………………（66）

目录

第二节　"公平"和"公正"的学术性词语用法……………………（ 67 ）

第三节　社会保障的公平和公正…………………………………（ 70 ）

 一、20世纪90年代以降的讨论…………………………………（ 70 ）

  （一）1995年社会保障制度审议会劝告……………………（ 70 ）

  （二）医疗………………………………………………………（ 70 ）

  （三）年金………………………………………………………（ 70 ）

  （四）福利和介护………………………………………………（ 71 ）

  （五）小结………………………………………………………（ 71 ）

 二、最近的改革讨论………………………………………………（ 72 ）

  （一）总论………………………………………………………（ 72 ）

  （二）医疗………………………………………………………（ 73 ）

  （三）年金………………………………………………………（ 73 ）

  （四）福利和介护………………………………………………（ 74 ）

  （五）生活保护…………………………………………………（ 75 ）

 三、最近讨论的特点………………………………………………（ 75 ）

第四节　短时间就业和社会保障…………………………………（ 76 ）

 一、短时间就业和社会保险………………………………………（ 76 ）

 二、有关劳动保险的规定…………………………………………（ 76 ）

  （一）劳动者灾害补偿保险（劳灾保险）…………………（ 76 ）

  （二）雇佣保险…………………………………………………（ 77 ）

 三、有关其他社会保险的规定……………………………………（ 78 ）

  （一）健康保险…………………………………………………（ 78 ）

  （二）厚生年金保险……………………………………………（ 80 ）

  （三）介护保险…………………………………………………（ 81 ）

 四、生活保障与短时间就业………………………………………（ 81 ）

 五、公平的视点和社会保险对短时间就业的适用……………（ 83 ）

第五节　结语………………………………………………………（ 85 ）

第四章 关于既裁定年金减低的规范性考察 （87）
  第一节 序言 （87）
  第二节 年金受给权的构造和财产权的性质 （89）
  第三节 对年金受给权的财产权保障 （92）
  第四节 《宪法》第25条和既裁定年金的减低 （98）
  第五节 信赖保护和既裁定年金的减低 （100）
  第六节 宏观经济调整 （101）
  第七节 结语 （103）

第五章 企业年金的状况和社会保障的方向性 （104）
  第一节 序言 （104）
  第二节 社会保障（法）的范式转换 （106）
    一、社会保障构造改革 （106）
    二、社会保障（法）的范式转换 （107）
  第三节 企业年金的定位 （109）
    一、企业年金的定义 （109）
    二、企业年金和社会保障法 （110）
  第四节 应有的社会保障制度像和企业年金 （111）
    一、个人的"自律"支援和企业年金 （111）
    二、关于收入保障的国家之作用 （113）
    三、支撑社会保障的社会性和市民性基础 （114）
  第五节 企业年金改革的应有状态 （115）
    一、确定缴费年金 （115）
    二、确定给付企业年金 （118）
  第六节 结语 （119）

第六章 医疗保障制度的方向性
  ——以保险者单位的应有状态为中心 （121）
  第一节 序言 （121）

第二节　医疗保险改革的政策动向 (122)
　　一、到 2002 年基本方针为止 (122)
　　二、2006 年法律修改之进程 (127)
　　三、改革过程所体现出的特征 (129)
第三节　社会保障法学对医疗的研究 (130)
　　一、社会保障法和医疗 (130)
　　二、社会保险和医疗 (134)
第四节　"自由"基础性的社会保障法理论和理想的医疗保障像 (137)
　　一、规范性诸原理和医疗保障制度 (137)
　　二、"个人"基础性 (138)
　　　　（一）对国家过度干涉个人之警戒 (138)
　　　　（二）"个人"单位的权利义务之把握 (138)
　　三、"自律"指向性 (139)
　　　　（一）"参加"的原则 (139)
　　　　（二）"选择"的原则 (140)
　　　　（三）"信息利用"原则 (142)
　　　　（四）"贡献"原则 (143)
　　四、实质性机会平等 (144)
第五节　2006 年改革和保险者单位 (146)
第六节　结语 (151)

第七章　育儿支援和社会保障 (152)
第一节　序言 (152)
第二节　育儿支援方策的收入保障之侧面 (154)
　　一、育儿期间的收入保障 (155)
　　　　（一）分娩补贴金 (155)
　　　　（二）育儿休业给付 (155)
　　　　（三）被雇佣者保险的保险费免除 (156)

二、育儿本身的经济性支援……………………………………（157）
　　　　（一）儿童补贴等………………………………………（157）
　　　　（二）抚养扣除……………………………………………（159）
　　　　（三）年金保险……………………………………………（159）
　第三节　改革提案和儿童补贴……………………………………（159）
　　一、育儿休业给付的充实…………………………………………（160）
　　二、儿童补贴的扩充………………………………………………（160）
　　三、保育补贴和育儿补贴…………………………………………（161）
　　四、社会保险化的提案……………………………………………（162）
　　五、附带给付的税额扣除…………………………………………（164）
　　六、儿童补贴………………………………………………………（165）
　第四节　基于社会保障法学视角的育儿支援……………………（165）
　第五节　育儿支援制度的方向性…………………………………（169）
　第六节　结语………………………………………………………（174）

第八章　贫困问题和公共扶助改革的方向性……………………（176）
　第一节　序言………………………………………………………（176）
　第二节　贫困问题和社会保障法学………………………………（177）
　第三节　生活保护制度改革………………………………………（180）
　第四节　《生活保护法》的应有状态………………………………（183）
　　一、法目的和基本原则……………………………………………（183）
　　二、给付的性质和应有的保障样态………………………………（186）
　　三、从《生活保护法》到《基础生活保障法》………………………（190）
　第五节　美国福利改革和汉德勒的视角…………………………（190）
　　一、美国福利改革…………………………………………………（190）
　　二、包容的反论……………………………………………………（191）
　第六节　汉德勒的论述和对我国的启示…………………………（193）
　第七节　结语………………………………………………………（196）

第九章　关于无家可归者自立支援之法的课题 (198)

第一节　序言 (198)
第二节　无家可归者施策的展开和《无家可归者自立支援法》 (199)
　　一、无家可归者施策的展开 (199)
　　二、《无家可归者自立支援法》 (201)
　　三、法制定后的展开 (204)
第三节　从判例法理看无家可归者之法的定位 (206)
　　一、历来的相关诉讼 (206)
　　二、诉讼上的论点和无家可归者支援的课题 (211)
第四节　无家可归者施策和《自立支援法》及《生活保护法》 (213)
　　一、《无家可归者自立支援法》和《生活保护法》 (213)
　　二、自立支援的意义 (216)
第五节　结语 (218)

第十章　社会福利的申请主义
　　　　——以宇都宫国家赔偿诉讼为题材 (220)

第一节　序言 (220)
第二节　宇都宫第二次国家赔偿诉讼 (222)
　　一、案件的概要 (222)
　　二、判决要旨 (223)
第三节　向东京高等裁判所提出的意见书 (224)
　　一、序言 (224)
　　二、关于申请主义 (225)
　　　　(一) 原判决 (225)
　　　　(二)《智力障碍者福利法》上的措置 (225)
　　　　(三) 急迫保护 (228)
　　三、关于违反作为义务 (229)
　　　　(一) 原判决 (229)

（二）关于规制权限不行使的违法 ……………………（230）
　　（三）关于本案 …………………………………………（232）
　第四节　裁判上的和解 ……………………………………（235）
　　一、达成和解劝告为止 …………………………………（235）
　　二、和解条款 ……………………………………………（235）
　第五节　结语 ………………………………………………（236）

第十一章　关于介护事故的判例法理 ………………………（238）
　第一节　序言 ………………………………………………（238）
　第二节　误咽事故 …………………………………………（240）
　第三节　骨折事故 …………………………………………（246）
　第四节　其他与事故关联的裁判例 ………………………（254）
　第五节　介护事故和损害赔偿责任 ………………………（261）
　第六节　保险者责任和行政责任 …………………………（265）
　第七节　结语 ………………………………………………（268）

第十二章　有关社会福利的意见解决和行政监察专员的意义 ………（269）
　第一节　序言 ………………………………………………（269）
　第二节　意见解决体制和社会福利法制 …………………（272）
　　一、自治体意见解决体制的两种类型 …………………（272）
　　二、社会福利领域的特征 ………………………………（273）
　　三、社会福利领域的相关诸制度 ………………………（273）
　　　（一）《社会福利法》 …………………………………（274）
　　　（二）《介护保险法》 …………………………………（275）
　　　（三）《障碍者自立支援法》 …………………………（276）
　　　（四）《儿童福利法》等 ………………………………（276）
　　　（五）主要制度的利用状况 …………………………（276）
　第三节　地方自治体固有的意见解决体制 ………………（278）

一、意见解决体制的诸类型 …………………………………… (278)
　　　　(一)法律依据 ………………………………………………… (279)
　　　　(二)申诉对象的范围 ………………………………………… (279)
　　　　(三)机构的独立性 …………………………………………… (279)
　　　　(四)纠正手段 ………………………………………………… (280)
　　二、东京都世田谷区的努力 …………………………………… (280)
　第四节　构建新的意见解决体制 ………………………………… (284)
　　一、基层自治体努力的必要性 ………………………………… (284)
　　二、意见解决体制的课题 ……………………………………… (285)
　　　　(一)设置依据 ………………………………………………… (286)
　　　　(二)申诉范围 ………………………………………………… (286)
　　　　(三)第三方性的确保 ………………………………………… (287)
　　　　(四)"行政监察专员"的作用 ………………………………… (287)
　　　　(五)法制化的必要性 ………………………………………… (288)
　第五节　结语 ……………………………………………………… (291)

第十三章　社会福利的重编和公共性 ……………………………… (292)
　第一节　序言 ……………………………………………………… (292)
　第二节　社会福利的公共性 ……………………………………… (293)
　第三节　社会福利基础构造改革和措置制度的解体 …………… (296)
　　一、战后社会福利制度的形成和措置制度 …………………… (296)
　　二、社会福利基础构造改革 …………………………………… (297)
　　三、"从措置到契约" …………………………………………… (298)
　第四节　社会福利事业和社会福利法人制度 …………………… (300)
　　一、社会福利事业 ……………………………………………… (300)
　　二、社会福利法人制度 ………………………………………… (301)
　　三、社会福利领域的规制缓和与民营化的动向 ……………… (303)
　第五节　社会福利法人和社会福利事业的应有方向性 ………… (304)

一、公益性和公共性……………………………………………（304）
　　二、关于社会福利的公共性……………………………………（305）
　第六节　结语……………………………………………………（311）

终章　社会保障和社会保障法学的新展望……………………（312）
　第一节　新的可持续性视角……………………………………（312）
　　一、序言………………………………………………………（312）
　　二、社会保障制度审议会50年劝告……………………………（313）
　　三、社会保障制度审议会95年劝告……………………………（314）
　　四、社会保障制度审议会后的建议……………………………（315）
　　五、社会保障国民会议…………………………………………（317）
　　六、安心社会实现会议…………………………………………（319）
　　七、新讨论场所的必要性………………………………………（319）
　第二节　法科大学院和社会保障法……………………………（321）
　　一、序言………………………………………………………（321）
　　二、社会保障的历史和社会保障法的成立……………………（321）
　　三、围绕社会保障法状况的变化………………………………（323）
　　四、法科大学院的导入和社会保障法…………………………（326）
　第三节　社会保障法学开展的可能性…………………………（330）

条目索引………………………………………………………（336）

前　　言

本书是继《年金保险的基本构造——美国社会保障制度的展开和自由的理念》《社会保障的法理念》之后，笔者出版的第三本研究专著。

自前著《社会保障的法理念》出版以来，已经过了十年，正可谓十年如一日。在时光稍纵即逝之中，一想到自己在这十年间，学术上究竟能有多少积累，就甚感不安。记得数年前，某位敬爱的学长曾对我说："对你的学术研究生活而言，从此最大的课题就是如何超越你自己发表的《社会保障的法理念》这本书。"回想此语，真乃至理名言。自己堆积起来的学术之山，虽谈不上有多高，但却无法超越，犹如到达山口之前的途中，至今觉得只是在周围路上团团乱转。

虽说如此，只要是研究者，就不可停止前行的步伐。于是，将21世纪最初十年间的研究进行总结，借助其迈出新的一步，从前著《社会保障的法理念》出版之后发表的论文中，挑选出与本书的标题相符合的论文，重新构成本书，在围绕社会保障法制的辩论越发混乱至深的今日，决定将这本书向读者呈现出来。

本书共由十四章构成。最初的两章为总论，第三章以后为分论。说起来，终章也具有总论的成分。在这其中成为所有中心的是，将《社会保障的法理念》中的第三章"社会保障的法理念"进一步展开论述，由此形成本书的第一章"社会保障法制的将来构想"。但是，笔者试图对分论也付出同等的力气。因为通过在分论所展开的理论阐述，笔者的法理论之具体意义可以变得更加明确。在分论部分，并不限定于社会保障法的特定部门，而是留心对所有的领域进行了拉网式的研究。正是通观全书，才有能够发现的内容。基本而言，所有各章虽有已发表的论文作为基础，但由于近些年社会保障法制有令人瞠目的修改变化，特别是对当初发表距今已有相当时日的论文，进行了颇多的必要补充与修改。

　　本书之所以能够出版,得益于许多人的指导和鞭策。在此,向提供了舒适良好研究与教育环境的早稻田大学法学学术院的诸位同事和职员,向经常给予诸多思想刺激的各种各样的研究会和学习会中的研究者朋友,此外,向通过和政府机关、非营利组织(NPO)、各种设施等实践部门的联系所给予各种指教的实务家和实践工作人员等,虽无法一一列举诸位的姓名,但借这个场合表示最诚挚的谢意。并且,在制作本书索引时,得到了关西大学法学部助教福岛豪君的协力。福岛君是笔者曾在大阪大学任教时大学研究班的学生,很早以前就主动申请制作笔者下一本专著的索引。福岛君不只是整理单词,其精心制作的索引还涉及本书实质内容,对此我衷心表示感谢。

　　本书付梓时,还得到了有斐阁书籍编辑第一部高桥俊文氏从策划阶段至今的大力帮助。本来,在本书之前,高桥俊文氏很早以前就有约定要完成的大"作业",尽管如此,还是放下手头尚未完成的"作业",同意了本人提出的优先出版本书的任性要求,对此不胜感激。从编辑阶段开始,还得到了同书籍编辑第一部小林久惠氏的大力帮助,对其仔细详查原稿的努力深表感谢。

　　本书的工作告一段落,笔者将回归初心,愿尽绵薄之力开辟新的法学研究之地。

菊池馨实

2010 年 10 月

原载作者论文出处一览表

第一章　社会保障法制的将来构想

"社会保障法制的将来构想——基于规范视角的试论(1)(2)"

载《民商法杂志》2006 年第 135 卷第 2 号,第 317—347 页,同第 3 号,第 465—483 页。

"作为社会保障法基本理念的自由"

载宫本太郎主编:《对自由的质疑 2　社会保障》,岩波书店 2010 年版,第 56—80 页。

第二章　社会保障法的人像

"社会保障法的人像"

载《法律时报》2008 年第 80 卷第 1 号,第 69—74 页。

第三章　非正规雇佣和社会保障制度——以公平和公正的视点为线索

"有关社会保障制度的短时间就业的规定——以公平和公正为线索"

载财团法人联合综合生活开发研究所:"关于雇佣公平和公正的研究委员会"(2008 年报告),第 135—148 页。

"所谓社会保障的公平"

载清家笃、岩村正彦编:《年金制度改革的论点》,社会经济生产性本部生产性劳动信息中心 2000 年版,第 67—78 页。

第四章　关于既裁定年金减低的规范性考察

"关于既裁定年金减低的初步考察——基于法学角度的探讨"

载《年金和经济》2002 年第 21 卷第 4 号,第 76—84 页。

第五章　企业年金的状况和社会保障的方向性

"企业年金改革和社会保障制度的方向性"

载《日本劳动研究杂志》2002 年第 504 号,第 4—11 页。

"企业年金的意义和作用——基于社会保障法学的视点"

载《月刊企业年金》2009年第28卷第11号,第16—19页。

"加入者视角下企业年金的应有状态"

载佐藤进、斋藤修主编:《现代民事法学的理论(上卷)》(西原道雄先生古稀纪念论文集),信山社2001年版,第593—615页。

第六章 医疗保障制度的方向性——以保险者单位的应有状态为中心

"医疗保障制度的方向性——以医疗保险改革的应有状态为中心(上)(下)"

载《社会保险旬报》2003年第2174号,第6—12页,同第2175号,第12—20页。

"医疗保障制度的应有状态——基于'自由'基础性社会保障法理论的视点"

载丸尾直美、藤井良治编:《医疗制度改革的论点》,社会经济生产性本部生产性劳动信息中心2003年版,第85—110页。

第七章 育儿支援和社会保障

"育儿支援和社会保障——基于法的侧面之探讨(上)(下)"

载《社会保险旬报》2002年第2144号,第20—26页,同第2145号,第32—35页。

第八章 贫困问题和公共扶助改革的方向性

"公共扶助之法的基础和改革的应有状态——基于'自由'基础性社会保障法理论的视角"

载《季刊社会保障研究》2004年第39卷第4号,第424—436页。

"最低生活保障的应有状态和公共扶助的作用——以收入保障为中心"

载《周刊社会保障》2002年第2195号,第22—27页。

"社会保障法对解决贫困如何能作出贡献?"

载《贫困研究》2008年第1号,第30—39页。

第九章 关于无家可归者自立支援之法的课题

"关于无家可归者自立支援之法的课题"

载《季刊社会保障研究》2009年第45卷第2号,第107—120页。

第十章 社会福利的申请主义——以宇都宫国家赔偿诉讼为题材

意见书:2008年(ネ)第1567号国家赔偿等请求案件

(所谓的宇都宫国家赔偿上诉审)

第十一章 关于介护事故的判例法理

"关于老年人介护事故裁判例的综合性探讨(1)(2)"

载《工资和社会保障》2006年第1427号,第23—44页,同第1428号,第41—58页。

第十二章 有关社会福利的意见解决和行政监察专员的意义

"有关社会福利的意见解决和行政监察专员的意义——朝着提高服务质量迈进"

载《社会保障法》2010年第25号。

第十三章 社会福利的重编和公共性

"社会福利的公共性和服务供给体制的重编"

载《周刊社会保障》2007年第2447号,第54—59页。

"社会福利的重编和公共性——以社会福利法人和社会福利事业的状况为中心"

载《法社会学》2008年第68号,第108—119页。

终章 社会保障和社会保障法学的新展望

第一节 新的可持续性视点

"新的可持续性视点——支撑社会保障的市民性和社会性基础的重新构建"

载驹村康平、菊池馨实编:《希望的社会保障改革》,旬报社2009年版,第207—221页。

第二节 法科大学院和社会保障法

"法理论教育、研究者培养的状况与非司法考试科目——基于社会保障法学的视点"

载《法理论创造时代的研究者培养》(早稻田大学研究生院法学研究科

主导2007),第97—103页。

第三节 社会保障法学开展的可能性

"贫困的扩大和安全网的作用——雇佣和社会保障的交错(总括)"载《季刊企业和法创造》2009年第6卷第1号,第29—30页。

法令名称缩略语

以下的法令用加粗字表示缩略语

医疗	医疗法
介保	介护保险法
企业年金	确定给付企业年金法
宪、宪法	日本国宪法
健保、健保法	健康保险法
健保则	健康保险法施行规则
厚年	厚生年金保险法
老年医疗	关于确保老年人医疗之法律
老年人虐待	关于防止虐待老年人及支援老年人的养护者之法律
国年	国民年金法
国保、国保法	国民健康保险法
雇保	雇佣保险法
自治	地方自治法
儿补	儿童补贴法
儿抚补	儿童抚养补贴法
社福	社会福利法
障碍自立支援	障碍者自立支援法
身福	身体障碍者福利法
生活保护	生活保护法
特儿抚补	关于给付特别儿童抚养补贴之法律

8　社会保障法制的将来构想

劳基、劳基法　　劳动基准法
老福　　　　　　老年人福利法
劳灾、劳灾保险法　劳动者灾害补偿保险法

此外的法令,主要基于有斐阁出版的六法的缩略语来表示。

第一章 社会保障法制的将来构想

第一节 序言

2009年的众议院选举实现了政权交替。在2004年年金改革、2005年《介护保险法》的修改、《障碍者自立支援法》的制定,2006年医疗制度的改革(部分修改《健康保险法》等法律、为确保提供优质医疗的体制而部分修改《医疗法》等法律)等接连不断的制度修改之后,于新政权下,看似有喘息机会的社会保障制度改革,也以儿童补贴的导入为开端,研究废除《障碍者自立支援法》,重建后期老年人医疗制度,根本性改革年金制度等,进行更为深入的制度改革。然而,2010年参议院选举的结果是,政权的执政党跌过半数,如此一来,制度改革的前景顷刻变得扑朔迷离。在如此混乱迷茫的状况下,向学界提出的要求则是,不被政治局势所左右,以客观且冷静的态度来进行理论研究。

法律学中,将社会保障作为直接分析对象之实定法学的一个领域是社会保障法。作为衡量实定法学成熟度的一个尺度,可以列举出的是,在具有客观评定的研究书籍和学术论文积累之同时,还存在由其他领域的研究者等提供的可以参考的真正的教科书及基本书目。在这点上,进入2000年以后根据若干出版物的研究情况,可以说已经具备了作为大体独立的法领域之形式[①]。本来,以往的社会保障法学将其主要的研究对象侧重于给付方面。若从社会保障本质上是给付的体系这点来看,这是当然之事。但是,在

[①] 岩村正彦:《社会保障法》,弘文堂2001年版;西村健一郎:《社会保障法》,有斐阁2003年版;堀胜洋:《社会保障法总论》(第二版),东京大学出版会2004年版。

能够转为社会保障的财源制约这个被称为重要政策课题之今日,兼与成为给付前提的缴费乃至负担方面的讨论已到了不可回避的地步。置身于这种情况,立足于缴费及负担方面展开的讨论亦成为社会保障法学的重要理论课题②。

并且,与此同时,倘若论及笔者所关心的问题,笔者认为作为独立领域的发展乃至成熟,需要更多充实成为该法领域根基的基础理论。诚然,既然社会保障法是实定法的一个领域,自不待言,法律学固有的学问性方法论即法解释论的展开和更加精致化乃是重要的课题③。不过,需要指出的是,社会保障法的特征既具有很多的技术性性质,亦较大程度上要求在个别具体纷争解决情形以外的规范性讨论。即在社会保障法领域,契合政治、社会、经济状况等的变化,频繁地进行法律修改和制度修改④之事居多,构筑指导这些修改的法政策论很有必要。此时,法解释技术虽然可以提供重要的观点⑤,但与之相并列,从立足于宪法等基本理念及法理念等所谓的规范性视角,即原理性构建制度论时获得的视角也具有一定的意义,此乃为笔者的立场。

---

② 仓田聪:《社会保险的构造分析》,北海道大学出版会2009年版,第五章、第六章、第七章、第九章;江口隆裕:"关于社会保险费和租税的考察",载江口隆裕:《变化的世界和日本的年金》,法律文化社2008年版,第170页以下;江口隆裕:"社会保障之给付与负担的关联性",载国立社会保障、人口问题研究所编:《社会保障财源的制度分析》,东京大学出版会2009年版,第111页以下;岛崎谦治:"健康保险的事业主体负担之性质、规范性及应有状态",载国立社会保障、人口问题研究所前揭书,第135页以下;台丰:"关于健康保险费事业主体负担的转嫁之规范性考察",载《法政理论》2007年第39卷第3号,第60页以下等。最近,从财政法学的角度,将"关于社会保障特有的资金调配和管理及社会保障给付之经费的法律"看作"社会保障财政法",并作为研究对象的基本书目得以出版。碓井光明:《社会保障财政法精义》,信山社2009年版。

③ 最近,笔者关心的有,加藤智章、菊池馨实、片桐由喜、尾形健编:《新版社会保障·社会福利判例大系(总4卷)》,旬报社2009年版。此外,还有定期揭载社会保障判例研究的研究杂志,如《季刊社会保障研究》(国立社会保障、人口问题研究所主办)等。

④ 在社会保障法领域,即使不通过需要国会议决的法律修改,根据行政法规、地方性法规及行政规章的修改,有不少改革对制度整体的方向性产生了大的影响。例如,尽管原则上两年一度举行的诊疗报酬体系和药价基准的改定,有不少对医疗保险制度的方向带来了实质性的变化(例如,从计件付酬制改为定额付酬制),但以修改厚生劳动大臣的告示这种形式进行,作为其民主性契机,只不过是要求向中央社会保险医疗协议会(中医协)进行咨问而已(《健保法》第82条第1款)。

⑤ 本书第三章以下(特别是第九章)基本上是从这种立场进行探讨。

本章正是基于上述观点,围绕着我国充满变化的社会保障制度,立足于中长期的展望,试图阐述其应有的方向性。其时分析的视角是,第一,笔者牢记,以一贯的规范性立场为轴心,阐发从中得出的社会保障制度之应有状态⑥。第二,在少子老龄化等背景下,社会保障的环境正处于巨大的变化之中,基于通过怎样的探索实现应有的"可持续的"社会保障制度这个具有战略意义的观点,也希冀描绘出社会保障制度应有的蓝图。

以下,在第二节,关于现今构建社会保障制度时应具有何种视点这个问题,基于笔者一贯以来的问题意识,兼顾最近的研究状况进行再确认。接着,在第三节,在提出笔者阐述的以《宪法》第13条为根本的社会保障基础依据理论之上,在第四节,按各论点提出基于该理论所导出的与规范性诸原理相关联的社会保障制度的具体应有状态。然后,在第五节,关于对私见的批评,尝试进行一定的回应。在第六节,在探讨近些年被有力主张的社会保障基础依据论即社会连带论之同时,将构建社会保障制度时应成为实体性基础的各个人和社会的应有状态也纳入论述的范围之内,试图对所期待的改革之一面展开论述。

第二节　必备的视角

一、政策制定方针的明示

笔者早先就指出,随着今后社会保障制度改革的深入发展,强烈要求政策制定者和研究者意识到,明确政策制定方针和社会保障制度的总体设计之重要性⑦。这种问题状况,即使在现今也依然完全没有改变。其中关于

---

⑥　关于这点,得到了在另外的文章中论述的机会。菊池馨实:"社会保障的规范性基础和宪法",载《季刊社会保障研究》2006年第41卷第4号,第306页以下。本章基本上沿袭当时的论述(第三、四节),并回应了相关质疑(第五节),更进一步试图在拙稿中对提出的问题进行探讨。

⑦　菊池馨实:《社会保障的法理念》,有斐阁2000年版,第248—251页。

前者,诚然,最近随着国民权利意识的提高,社会保障和社会福利相关裁判例出现了增加的倾向,[8]这些裁判与新的立法和行政实务的变更有不少联系[9]。亦于此意义上,法解释论应发挥的作用很大。但是在社会保障法领域,从中长期的视角看,应该说,指明应引导不断变化的法制度修改之政策制定方针是重要的课题。最近,关于社会保障制度未来设计的学术努力,目前,在经济学、财政学等领域的研究引人注目的状况下[10],所谓从规范论的立场涉足政策论,也被认为是法学研究者应发挥的一个作用。

二、总体设计的明示

进行社会保障的制度设计时,不应仅仅停留于各个制度的应有状况这个微观视角,从宏观视角进行顶层设计亦非常重要。譬如,围绕公共年金的给付水平讨论,若未意识到有关医疗、福利领域的社会保险费负担和部分负担金水平等的关联,从个人生活保障的视角看是不充分的。而且这里所谓的总体设计,具有年金、医疗、介护、福利等狭义的社会保障范围所包括不尽的内容。个人的生活正是与其他的各种实施方策相结合,才能够获得全面的保障。特别是与雇用、税制、教育、住宅实施方策等的关联十分重要。

三、法理念或规范原理的明示

在 2009 年秋的政权交替到来之前,内阁府经济财政谘问会议对于制度

---

[8] 例如,最近,生活保护(参见本书第八章页边码第 182 页)、介护事故(参见本书第十一章)等领域裁判例有所增多。

[9] 最近的例子是,在全国各地所谓以学生无年金诉讼为契机而导致《对特定障碍者支付特别障碍给付金法》的制定;在国外居住的被原子弹爆炸者依据《被原爆者援护法》在国外申请健康管理补贴而不被认可的同法实施细则的规定,被裁判所判决为无效(福冈高裁判决 2005 年 9 月 26 日,载判例时报第 1212 号,第 168 页),政府没有上诉,而是修改了相关规定。

[10] 例如,橘木俊诏:《消费税 15% 的年金改革》东洋经济新报社 2005 年版;小盐隆士:《人口减少时代的社会保障改革》,日本经济新闻社 2005 年版;城户喜子、驹村康平编著:《社会保障的新制度设计——从安全网到助力板》,庆应义塾大学出版会 2005 年版;权丈善一:《再分配政策的政治经济学Ⅰ日本的社会保障和医疗》(第 2 版),庆应义塾大学出版会 2005 年版,同《年金改革和积极的社会保障政策——再分配政策的政治经济学Ⅱ》,庆应义塾大学出版会 2004 年版,同《医疗年金问题的思考——再分配政策的政治经济学Ⅲ》,庆应义塾大学出版会 2006 年版等。

的应有状态积极地提出了建议⑪，以及如新政权围绕着因儿童补贴等招致了财源确保困难那样⑫，围绕着最近的社会保障的讨论，正处于所谓撇开"财政的论理"很难讨论的困境。的确，与财源的平衡，使社会保障给付的状况不能不受到制约，因此，自不待言，财政的视角是重要的。基于负担及缴费的视角而进行的理论探讨在经济学、财政学以外的学术领域也被要求着⑬。

在这种状况下，可以认为社会保障法学要做的一个工作是，即所谓从规范的视角，明示包含负担和缴费的视点在内的法理念和规范原理，从中反过来追问制度的应有状态。没有理念的政策始终易陷于具体性问题的应对，从长期的角度看其是否具有正确的方向性，并非明确。还有，由于社会保障亦是立宪民主制国家法制度的一环，所以并不允许在白地的画布上自由地描绘制度⑭。在此意义上，也应该说诸如权利和义务这些概念所象征的法律学固有的规范性视点，具有提供有力观点的可能性。

第三节　社会保障的规范性基础之建立

一、社会保障的目的

在经济学上，由于社会保险是现代社会保障制度的中心，于"社会保障的作用实际上重点放在分散社会风险功能"⑮这个基本认识之下，对于将社

---

⑪　但是经济财政谘问会议2006年7月的《2006关于经济财政运营和构造改革的基本方针》第25—27页中主张，与经济、财政保持均衡的社会保障制度的一体化认识。对此，根据在自民党政权末期的2009年提出的方针，或许受到2008年11月最终报告提出的社会保障国民会议的影响，强调生活安心的再构筑这个观点等，两个调子有很大的差异。经济财政谘问会议《2009经济财政改革的基本方针》(2009年6月)，第13—15页。

⑫　若限于2010年度，在维持了包括自治体和举办事业主体的儿童补贴财政负担的结构基础上，决定了以附加的形式支付以国家财政为财源的儿童补贴。

⑬　参见本章注2。

⑭　譬如，围绕着减少公共年金给付的论争，若抛开年金受给权之法的性质，以及在与《宪法》条款关系上的合宪性判断，则无法论述。参见本书第四章。

⑮　小盐隆士：《社会保障的经济学》(第3版)，日本评论社2005年版，第6页。

会保障看成是以分散风险为中心的制度,特别是在留意从年轻一代向老年一代进行过大的收入转移之同时,将收入再分配这个另外的政策效果带入分散风险之构造的社会保险之中,表现出了不少慎重的姿态[16]。

对此,在社会保障法学中,通说是将社会保障视为国民的"生活保障"[17]。然而,对分散风险和收入再分配这两个功能的规范性界限之划分研究,却并未真正开展。例如,关于社会保险,虽然一般理解为是用扶助原理修正保险原理的结果[18],但是围绕着本来处于紧张关系的这些原理,以解决这些紧张关系为目标[19],或者以明确该修正的范围和程度为目标的规范性讨论并未充分地展开[20]。

二、生存权

与这种对社会保障的理解相一致,一直以来的通说是在《宪法》第 25 条有关生存权的规定中寻求社会保障的规范性基础。迄今为止,对于生存权是支撑社会保障的理念这个说法几乎没有异议。即使从历史上看,对于近代市民社会下伴随资本主义经济发展所呈露的诸种矛盾,社会保障制度具有缓和与调整之功能,在此意义上不用等待特定的宪法规定,这种社会保障制度形成背景中的生存权思想,亦能称为是支撑社会保障法的理念。

然而,社会保障的规范性依据并非只能向《宪法》第 25 条乃至生存权寻求。在社会保障法上,以前就有将其基础着眼定位于《宪法》第 13 条"人的

---

[16] 橘木俊诏:《安全网的经济学》,日本经济新闻社 2000 年版,第 51—52 页。但是,有观点认为,即使在经济学中,经济学的研究中"世代间的公平论"(年轻世代和老年世代间的收入分配)虽失去了说服力,其研究中关于合理的个人的存在这个前提,在"不确实性、有关个人的意思决定之时间视角等制约下,有必要思考具有多大程度的现实性"。驹村康平:《福利的综合政策》(新订第 2 版),创成社 2004 年版,第 6—7 页。

[17] 荒木诚之:《社会保障法读本》(第 3 版),有斐阁 2002 年版,第 250—251 页。对此,最近,立足于比较政治学的立场,出现的观点是,使用将雇佣和社会保障一体化来看待的概念即"生活保障"。宫本太郎:《生活保障》,岩波书店 2009 年版。

[18] 加藤智章、菊池馨实、仓田聪、前田雅子:《社会保障法》(第 4 版),有斐阁 2009 年版,第 22 页。

[19] 太田匡彦:"权利、决定、对价(3)",载《法学协会杂志》1999 年第 116 卷第 5 号,第 795 页。

[20] 仓田聪:"关于社会保险的本质",载《周刊社会保障》2003 年第 2237 号,第 27 页。

尊严"之学说㉑。其中,在与生存权的关系上,也论述了与恢复自由的基础条件㉒、保障实质性自由的要求㉓等这些自由的关系。但是,这些研究并未对"人的尊严"本身进行深入的挖掘考察,以及作为独自的规范概念来使用,仅仅停留于对《宪法》第25条的生存权规定进行解释运用时,抽象论述《宪法》第13条的理念所具有的意义㉔。

在宪法学上,一直以来,将《宪法》第25条看作是表明"社会国家"理念的条款,以其裁判规范性的论证为中心进行了探讨㉕。若从其他的角度论及这个问题,那么,脱离裁判规范的层次而尝试探讨作为"宪法理论"的生存权之研究并未怎么进行㉖。还有,去除与直接将《宪法》第25条第1款规定的"健康的、具有文化意义的最低限度生活"保障具体化的《生活保护法》之关联,不得不说,着眼于阐明规范个别具体的社会保障制度应有状态之规范原理所做的研究几近空白。《宪法》第25条第1款的保障内容,也一直被作为是与经济性保障(金钱给付)相关联的问题来理解。

三、新法理念论的必要性

对此,笔者认为,以往的理论未必能够充分涵盖的规范性价值是存在

㉑ 沼田稻次郎:"社会保障的思想",载沼田稻次郎、松尾均、小川政亮编:《社会保障的思想和权利》,劳动旬报社1973年版,第39—40页。

㉒ 沼田稻次郎:《社会法理论的总括》,劲草书房1975年版,第388页。

㉓ 片冈升、西村健一郎:"社会保障的权利",载《社会保障讲座1 社会保障的思想和理论》,综合劳动研究所1980年版,第161页。

㉔ 除此之外,作为统合自由理念和生存权理念的普遍性理念,作为揭示"人的尊严之原理"的研究,参见远藤升三:《"人的尊严之原理"和社会保障法》,法律文化社1991年版,第1章。

㉕ 尾形健:"'福利'问题的宪法学",载《法律家》2003年第1244号,第108页;尾形健:"'福利'问题的'宪法理论'(1)",载《法学论丛》2000年第147卷第5号,第91页。

㉖ 关于宪法学以往的生存权论的重新构建探讨及其界限,尾形健:"'福利'问题的'宪法理论(2)",载《法学论丛》2001年第149卷第4号,第92—96页。对此,关于将《宪法》第25条和人权的基本理论相结合的视角,并非将纳入研究范畴的后述私见即自己决定权和个人的自律(参见本节第三部分),以及纳入研究范畴的后述仓田聪的观点即社会连带(参见第六节第一部分)对立地看待 而是展开了将基础建立于能够将矛盾结合的具有包容性的"生活权利"的论证。户波江二:"关于宪法学的社会权之权利性",载《国际人权》2005年第16号,第64页。

的,有必要进行新法理念论的研究,为此展开了私见的论述[27]。其主要理由有以下两点。

第一,正如以往的生存权论总是以公共扶助或生活保护而展开所表明的那样,无论如何不可否认的是,围绕社会保障的法关系,具有被看成是国家对个人的单方面给付关系来对待的倾向。这与将个人作为被动的受给者,即"应被保护的客体"来对待之观点一脉相承。但是,个人本来应被定位于社会保障法关系的中心,其时,不可或缺的视角是将其定位成立足于给付和缴费两方面的具有积极能动性的法主体。因此,意识到社会保障法关系的个人之主体性定位,对于重新构建社会保障的法理论是必要的。

第二,正如社会保障法学的以往通说将社会保障的目的理解为国民的"生活保障"所象征的那样,不可否认的是,以生存权为背景的社会保障,第一要义在于以通过财政的分配这种静止的或具有终结意义上的平等为追求目标。本来社会保障的传统自身定位,普遍的理解认为,是"针对人们经营生活中所产生的各种困难,国家保障生活的机制"[28]。这里所说的"困难",传统上认为是能够成为贫困契机的各种各样的"社会性事故"乃至"社会性风险"。年老、障碍、疾病、维持家计者的死亡、失业、工伤等都属于此。最近,育儿支援及抚养儿童援助方策的应有状态也受到了关注,历史上比起"育儿"本身,"多子"被认为是社会性事故,因孩子多所产生的经济性负担而由社会保障制度进行的应对是政策上的焦点。

但是,从战后复兴经历了经济高度成长,在国民生活比较而言相当富裕的前提下,作为社会保障的目的,在以为应对社会性事故的生活保障这种历来的观念为前提之基础上,更进一步,认为其是对个人构筑具有主体性的生

---

[27] 关于笔者展开的研究,参见菊池馨实:《社会保障的法理念》,第二章和第三章;菊池馨实:"社会保障法理论的系谱和展开可能性",载《民商法杂志》2003年第127卷第4·5号,第585页以下;菊池馨实:"社会保障的规范性基础和宪法",载《季刊社会保障研究》,2006年第41卷第4号等。

[28] 堀胜洋:《社会保障·社会福利的原理·法和政策》,密涅瓦书房2009年版,第442页。

活支持这种更加动态的乃至过程性的视点也有必要予以重视[29]。譬如,以前述的育儿支援为例,以往社会保障的理解是,对于每一个孩子的养育(与父母的"抚养"视点不同)本身进行支援这个视角,只不过是对孩子自身所具有的"障碍",以及无合适的保护者之"要保护状态"相关联的部分予以关注。但是,笔者认为,这种理解对处于成长过程中的每个孩子而言,其(潜在的)自由及自律的价值没有被完全涵盖,是有所欠缺的。这种视角与认为社会保障不单是消极的、事后的接受一方(安全网),而且也应作为积极的、事前的助力板(踏板)来把握的观点[30],或者说与认为社会保障的焦点应不单是保护而且也是促进的观点[31]具有亲和性。

四、以《宪法》第 13 条为基轴的社会保障之基础依据

在如上所述的问题意识下,笔者认为,社会保障的目的不止于以往通说中所谓的国民"生活保障",而更根植于"个人的自律支援",即在于"为使个人作为人格性的自律存在能够自主地追求生活方式而完善条件"[32]。笔者将此处所谓的"个人作为人格性的自律存在具有能够自主追求自己生活方式"称之为"个人的自由",这个所谓的"自由"之理念,在以个人主义思想为基础的我国宪法体制下,应作为社会保障之规范性指导理念来

---

[29] 这点,作为对福利国家所产生的社会排斥(social exclusion)之对策,提出了社会包容(social inclusion)的构想,近年受到关注的就业公平、活性化、基本收入等讨论(本章注 67)的背景是,福利国家其重心在于通过国家事后进行的收入再分配(社会保障)政策满足个人的基本需要和生活保障,倘若如此,与之相关联,会产生维持和提高生活本身被自身目的化的基本问题认识。这种维持和提高生活的自身目的化,也会使国家对个人的威权保护和干涉逐步扩大丧失思想性抑制。井上达夫:《法这种企图》,东京大学出版会 2003 年版,第 209 页。

[30] 城户、驹村编,前揭书第 13、43、71 页;盐野谷佑一:《经济和伦理》,东京大学出版会 2002 年版,第 374 页;盐野谷佑一:"罗尔斯的正义论和福利国家",载盐野谷佑一、铃村兴太郎、后藤玲子编:《福利的公共哲学》,东京大学出版会 2004 年版,第 49 页。

[31] 斋藤纯一:"新社会保障的理念——从保护到促进",载驹村康平、菊池馨实编:《希望的社会保障改革》,旬报社 2009 年版,第 39 页以下。

[32] 尾形健在前揭注 25"'福利'问题的宪法学"第 111 页中,以森和努斯博姆等主张的"潜在能力(capabilities)"论和人格自律论为基础,提出了社会保障制度是以"各个人自律地、自主地构想自己的生活,并为继续成为这样的主体而健全条件"之见解。

定位㉝。

在将"个人的自律支援"看成是社会保障的根源性目的之私见中,应被尊重的规范性价值是:①"个人"基础性;②"自律"指向性。这些价值,是依据《宪法》第 13 条在宪法上应被保障的根源性存在㉞,并非为能够截然区别之物。然而,无论怎样,可以将前者的轴心定位于宣示了个人主义的同条前段(个人之尊重),而后者的轴心定位于包含自己决定之契机㉟的同条后段(幸福追求权)。并且,在完善这些条件时,最终承担责任的主体是国家㊱,为此应实现的是,在生活舞台的各个阶段各个人的;③"生活方式的选择范围之平等"及"实质的机会平等"这种应称之为规范性的价值。平等的契机,亦内在于规定了法律面前平等的《宪法》第 14 条第 1 款及规定了生存权的《宪法》第 25 条(其中规定了保障"健康的、具有文化意义的最低限度的生活"之第 1 款),在此亦包含基于财政分配上的保障无法再降低的基本性部分(基础的生活标准)这个意义上的静止的或归结主义性的视角之平等契机㊲。但同时重要的是,为了能够构建各个人自主自律的生活,仅仅实现财

㉝ 菊池,参见前揭注 7 书第三章。

㉞ 佐藤幸治认为,从人格自律权论的立场出发,"只要将第 25 条看成是社会权的总则规定,就没有必要认为作为补充性保障对象的第 13 条具有社会权性质"。樋口阳一、佐藤幸治、中村睦男、浦部法穗:《注释法律学全集 1 宪法Ⅰ》,青林书院 1994 年版,第 266 页。对此,笔者认为,在具体构想应有的社会保障制度像这个问题意识下,在《宪法》第 25 条中,无法全部包含本论中如后所述的规范性诸原理,关于与人格性自律直接相关的诸原则(参见本章第四节二和三),借用佐藤的话,试图"补充性"地向《宪法》第 13 条寻求直接的规范性依据。

㉟ 在社会保障法学上,虽限定于社会福利领域,但作为《宪法》第 25 条的规范性内容之部分,要求对服务受给者的自己决定予以尊重(竹中康之:"社会福利基础构造改革和障碍者福利法的课题",载《社会保障法》2001 年第 16 号,第 37 页);"社会福利的自我决定"之保障当然包含于《宪法》第 25 条第 2 款的政府责任中(山田晋:"关于福利契约论的社会法之管见",载《明治学院论丛》2004 年第 713 号,第 108 页),等等。对此,笔者的观点,如后所述,在不仅要抽象地论述有关社会保障或社会福利领域的自我决定之尊重,而且在个别具体的制度论上也要有所论及这点,未必与这些见解论述时的条件相同。

㊱ 这里所说的"国家",最终是指中央政府,但一般也泛指包括地方公共团体在内的概念而使用。参见岛崎谦治:"宪法和社会保障的实施责任、财政责任之规律",载《季刊社会保障研究》2006 年第 41 卷第 4 号,第 350—352 页。

㊲ 在这个意义上,也包括资源(resource)平等的观点。参见樋口阳一等:《对论宪法角度的根本性思考》,法律文化社 2008 年版,第 224 页。

政分配这种形式的平等仍不够,还要求着眼于如阿玛蒂亚·森所言的各个人有机(functionings)变换财政之能力的实质性分配㊳。因此,即使不提《宪法》第 25 条是社会保障制度(特别是与公共给付相关的诸种制度)的直接性依据规定,应该说围绕同条的保障水准、保障内容的规范性理解,在上述的意义上,是根据《宪法》第 13 条的解释来进行的㊴。另外,这些①至③的规范性价值中,最应置于基本地位的是②"自律"的指向性㊵。在这个含义上,称

㊳　阿玛蒂亚·森:《不平等之再研究》,池本幸生等译,岩波书店 1999 年版,第 123—133、172—175、233—238 页。

㊴　针对这点,研究宪法学生存权之第一人者中村睦男认为,"从笔者主张的'有关社会权基础之自由权的存在'这个立场出发,菊池的理论以社会保障为素材深化了对问题的认识,对此具有很多的共感,但'个人的自律'之条件完善,最终的责任由国家承担,所以为了引出国家的积极义务,生存权作为个人的主观性权利明文规定在日本国宪法中的妥当解释是,以《宪法》第 25 条的生存权为基础不仅将社会保障制度化,而且要考虑保障水准、保障内容"。中村睦男:"社会权的再考察",载《季刊企业和法创造》,2010 年第 6 卷第 4 号,第 72 页。正如笔者在本章注 34 中所述,由于《宪法》第 25 条中无法涵盖包括保障水准、保障内容等内容在内的后述的规范性诸原理,因此,不得不考虑依据《宪法》第 13 条将社会保障的规范性正当化。

㊵　根据山田前揭注 35 论文第 95—96 页,作为对笔者论述的批判之一(其他的批判,依然则是指出这忽视了贫困、剥削、掠夺、人权侵害频繁发生的资本主义国家所具有的阶级性,揭示了处于从属关系为生存而挣扎的生活人这种社会福利的法的人像),认为是无视《宪法》第 25 条的制定经过,对于规定了"生存权"之新条文提案,芦田均委员长和其他党的委员,虽然对同样的宗旨包含在规定了幸福追求权的政府提案第 12 条中面露难色,但《宪法》第 25 条已然成立,制定者从当初就对第 13 条和第 25 条的重叠性保障有强烈的意识……)。的确,速记录里既然承认了相当于帝国宪法修正案(政府提出)第 12 条(现在的第 13 条)规定的国民的幸福追求权,那么加进第 23 条(现在的第 25 条第 2 款),结果没有必要制定生存权规定(现在的第 25 条第 1 款)这种疑问由芦田均委员长和自由党委员等提出,对此,生存权规定的提案者社会党的森户辰男委员等提出了反论,即依据追求幸福权的福利之保障仅仅停留于一般性的表达,保障维持文化性水准生活的宗旨应在生存权的规定中具体化,仅规定国家不妨碍追求幸福还不够,国家有必要积极地保障生存权。从中反映了现行宪法内容规定的经过。众议院事务局:《第 90 回帝国议会众议院帝国宪法修正案委员小委员会速记录》,大藏省印刷局 1995 年版,第 110—118、195—200 页。但是,从这个制定经过中可以看出,将宪法第 13 条解释为社会保障的基础依据方,本来认为不需要相当于《宪法》第 25 条第 1 款的规定。主张应进行独立规定方也是因第 13 条的一般抽象性特征的局限等,拘于强硬的主张,从这里,是否可以说"制定者从当初就对第 13 条和第 25 条的重叠性保障有着很强的意识?这是一个疑问。还有,即使从这里可以领会第 13 条和第 25 条的关联性,据此现在的宪法解释并不当然地受到制约,毕竟,根据在这种秘密会议上的交涉是否应评价为具有明确的规范性分量之立法者意思,亦存在疑问。

之为"自律"的指向性理论或许更为适当[41]。

以《宪法》第13条为基础,亦立足于《宪法》第14条第1款的宗旨[42],直接地以《宪法》第25条为媒介而具体化的"实质性机会平等"之价值表明,即使以人格自律的个人为前提,也可以为社会保障制度提供基础[43]。毕竟人不能孤立存在,从出生到死亡,在社会或共同体中,在与他人的联系中(关联性)生存(不得不生存)[44]。在社会的一定范围内,构建为了防范仅靠个人的力量所无法应对的社会性风险机制,应理解为,在立宪主义体制下,人出生后朝着自律的个人成长,在保持一定的自律性,追求自己生活方式的基础上,根据作为规范性前提条件即所谓社会契约而形成的各个人的合意。正因为如此,一方面,在实现"实质性机会平等"的价值限度内,要求个人以《宪法》第29条第

---

[41] 笔者将这种从《宪法》第13条导出的社会保障的法理念称做为"自由"的理念,具有这样的基础之规范性理论称之为"自由"基础的社会保障法理论。参见本章注27的诸文献。对此,人格性的自律、自己决定表现为"自由"是否妥当?这种"自由"与《宪法》第18条以下的自由如何区别?而且即使将人格的自律、自己决定当作是社会保障法的理念,其是更上位的理念,支撑社会保障法的直接理念应是生存权和社会连带,等等的疑问提了出来。堀,前揭书第102页。因此,最近在摸索"自律"基础性理论及"自律"指向性理论等更适当的称呼。不过,正如本章注34中已经提及,在本论中也详细论述的那样,直接从《宪法》第13条也推导出规定社会保障制度应有状态范围之一定的规范性原理,因此不能将人格的自律等作为上位的理念来定位。关于自律的含义,参见本章第五节第三部分。

[42] 以公共的、社会的给付为轴心,限于(狭义的)社会保障的理解,很难直接将《宪法》第14条第1款作为直接的依据规定。但是,从法律面前人人平等的观点来看,当然可以规定制度的应有状态,并正如本章第六节第三部分中所述,若通过禁止差别法制等扩展至赋予"便利",《宪法》第14条第1款也可以看作是具体体现"实质性机会平等"价值的直接依据规定。参见植木淳:"关于障碍者的宪法上的权利之考察",载《北九州市大法政论集》2004年第31卷第2、3、4号,第77页。另外,《宪法》第14条第1款所谓的"平等",应理解为是指人格价值的平等。小岛和司、大石真:《宪法概观》(第6版),有斐阁2001年版,第85页;尾形健:"基于性的区别和社会保障给付的应有状态",载《甲南法学》2005年第46卷第1·2号,第27—29页。

[43] 樋口阳一等,前揭注34书,第266页。其中佐藤幸治指出,宪法"从其所启示的社会连带性的观点……看,在互相帮助各个人的自律权之实现这个宗旨上保障社会权"。

[44] 自律的个人,或自律的权利主体这种想法,并非和共同体不能相容,以共同体的关系性为前提考虑是十分可能的。大江洋:《关系性权利论》,劲草书房2004年版,第102页。还有,自律的个人,虽有观点将其设想为只追求自己利益的存在,但是如阿玛蒂亚·森认为其其有承担义务的资质那样,笔者认为将之无法还原为仅追求私利的个人像。菊池前揭注27"社会保障法理论的系谱和开展可能性",第598页。关于围绕这些人像的讨论,参见田村哲树:"熟议民主主义和基本收入",载《早稻田政治经济学杂志》2004年第357号,第39—40页。

2 款(财产权的"公共福利"之制约)为直接依据,在制度加入、财源缴费等方面应忍受强制[45]。另一方面,例如关于地域共同体和 NPO 等自生性、自发性社会共同体提供的有关社会保障的社会福利服务等活动,不应仅仅考虑结社自由(《宪法》第 21 条第 1 款)等自由权侧面,而且也应依靠公共援助得以培育和支援,在这些规范性基础之下,一定能够被更加积极地予以正当化。

有助于"个人的自律支援"之诸种制度,在广义上涉及雇佣、教育、住宅、通信等以往不包括在一般理解的社会保障范围内的项目。如在下节所述,个人处于法关系的中心,论述自律支援的应有状态这种探讨本身,内在地具有这种宽阔的视角。但是,现在《宪法》有第 25 条的生存权规定,同条并非间接地通过教育权(《宪法》第 26 条第 1 款)和劳动权(《宪法》第 27 条第 1 款),既然存在"无媒介地"[46]被视为直接依据的一群法制度,那么这些(年金、医疗、社会福利、生活保护等)诸种制度被理解为是(狭义的)社会保障,社会保障法学独自地将这些诸法作为分析对象,亦绝非没有意义。

提及近来宪法学的动向,学说的有力主张是,以个人自律为基调,为《宪法》第 25 条和我国社会保障的应有状态提供基础[47]。这其中,竹中勋[48]和尾形健[49]

---

[45] 尾形健("宪法和社会保障法的交错",载《季刊社会保障研究》2006 年第 41 卷第 4 号,第 327 页)指出,社会保险制度用社会契约说将其强制加入制予以原理性正当化。

[46] 荒木诚之:《社会保障的法的构造》,有斐阁 1983 年版,第 29 页。

[47] 除了本文探讨的问题之外,"健康的、具有文化意义的最低限度的生活"保障所具有的内容,包含"作为人的主体的自律的生活方式的支援",(并不一定限定于社会保障)从自律的原理整理国家的任务之成果有,西原博史:"'社会权'的保障和个人的自律",载《早稻田社会科学研究》1996 年第 53 号,第 156、158—159 页;西原博史:《自律和保护》,成文堂 2009 年版,第四章。

[48] 在将宪法中的个人像根本上作为"具体的个人"像之基础上,将其内涵理解为,"在无法替代的人生中总结其个人的生活方式、希求自身统合乃至希求创造自己人生的个人像"(竹中勋:"老年人和人权保障、宪法学",载《法律时报》2005 年第 77 号第 5 号,第 22 页),《宪法》第 25 条等的社会权,"是为自身统合希求完善诸条件而向公权力要求的权利",社会保障的依据在于社会权规定和《宪法》第 13 条。竹中勋:"自己决定权和自身统合希求的利益说",载《产大法学》1998 年 32 卷第 1 号,第 24—25、43 页。

[49] 从德沃金、沃尔茨的论述获得启示,《宪法》第 13 条后段的幸福追求权和第 25 条的生存权保障的意义在于,各个人作为具有自我尊严的市民,为继续追求自己的生活,要求为能够应对人生的风险而有必要建立公共机制。尾形健:"老年人医疗制度改革的构想(1)",载《法学论丛》2001 年第 150 卷第 1 号,第 42—43 页。

将其理论的基础定位于《宪法》第 13 条即人格性自律权论⁵⁰。笔者的私见，基本上与这些讨论具有亲和性，理论上的共通之处不少。远藤美奈也将竹中的希求自身统合的个人像作为重要的基础来定位，在把最低生活保障看成是个人自律生活的条件这点上与其相同，基本上对人格权自律权论持支持的态度⁵¹。这些宪法学说，不仅仅止于作为裁判规范的权利论，或者抽象的"福利国家"论批判（以及反批判）水平，在试图揭示规律个别具体的社会保障制度的应有状态的探讨这点上⁵²，可以积极地评价其是以往宪法学所未曾见的探讨⁵³。

第四节 应受尊重的规范性原理

一、规范性原理和下位原则

如前节所述，关于社会保障的法基础建立，通过以《宪法》第 13 条为基础重新构建，在以"自律"指向性为轴之同时，分析出了"个人"基础性、实质性机会平等这些规范性诸原理。接着，在这些诸原理之下，应认可何种下位原则，并与之比照如何评价最近社会保障制度改革的方向性，这是现阶段笔

---

⁵⁰ 提倡人格性自律权论的佐藤也认为，"生存权具有的宗旨是，因某种事由处于无法享有自律权的状况时，再次寻求社会帮助建立使自律存在能够满足的物质环境。"佐藤幸治："立宪主义和所谓的'二重基准论'"，载芦部信喜先生古稀祝贺《现代立宪主义的展开（上）》，有斐阁 1993 年版，第 28 页。其人权论的重要主张是，自律性的获得、维持、终结的过程也应纳入研究的范围，正因为如此，社会权应作为人权予以思考。佐藤幸治："人权的观念和主体"，载《公法研究》1999 年第 61 号，第 21 页。

⁵¹ 远藤美奈：《"健康的、具有文化意义的最低限度生活"再考》，载《社会保障法》2003 年第 18 号，第 142 页。

⁵² 例如，尾形健："老年人医疗制度改革的构想（2）"，载《法学论丛》2002 年第 150 卷第 5 号，第 65—73 页。其中从政策论角度论述了医疗保险制度的基本问题和老年人医疗制度的应有状态。

⁵³ 并非是宪法学角度的论述，但将笔者的社会保障法理论进行分析，论述"从国家社会保障向自立社会保障的构造转换"之成果有：堤修三：《社会保障的构造转换》，社会保险研究所 2004 年版，第 18 章。

者想阐述的构想。本来从以抽象的宪法条款为基础的规范性原理推导出以下的个别的诸方针，或许产生没有可能的疑问。当进行个别具体的社会保障的制度设计时，仅凭这些规范性基础建立的论述当然不能透彻说明其应有的状态。

但是，进入超级少子老龄化社会，立足于宪法一贯的规范性视角，俯瞰不得不进行彻底性改革的我国社会保障制度状况，像现在，在无理念的政策应对具体情况有很大危险性的状况下，笔者认为，本章的理论性工作，决非是没有意义的。再者，笔者论述的具体目标是：不能将社会保障看成是纯粹的财源分配，要重视其动态性、过程性视角，为努力实现追求自律的个人的主体性生活之人格利益，以完善、充实其支援体系为焦点。通过展开如下个别的具体性制度论述，据此有可以阐明的一面。

根据这种理论的分析得出的规范性诸原理，并非常常是若不实现就产生违宪或违法状态这种意义上的绝对性标准。然而，在进行社会保障的相关政策及立法制定时，这些规范性原理至少可以成为被慎重地予以考虑的重要的规范性方针，此外，在裁判规范（法解释）的层次上，也可以成为一个解释方针。

二、"个人"基础性

（一）对国家过度干涉个人生活之警戒

若仅盯着给付方面容易忽视的是，社会保障制度具有国家对个人生活介入这个特性。因此，对个人生活的过度介入所带来的制度，或者说导入具有对个人有强制可能性的制度时，需要慎重考虑。这点，着眼于排除对自律性决定领域的侵害，可以说具有第三部分中所述的"自律"指向性即自由权的性质。

具体地，和《宪法》第 29 条第 1 款的财产权相关联，在应设定因强制加入而缴纳保险费成为义务的社会保险制度的范围和保障标准时，成为应予以考虑的规准[54]。还有，最近，2005 年因《介护保险法》的修改创设了新预防给付（《介保》第 18 条第 2 项，第 52 条以下），2006 年医疗制度改革中通过特定健康诊查及特定保健指导等真正导入了生活习惯病预防对策（《老年医疗》第 18 条及 31 条）等，将"预防"作为焦点。不过，以保险给付上的不利益对待为背景而在事实上强制进行预防活动（对不努力预防生活习惯病的被保险者进行的给付减额等），进而陷入为实行预防给付而设立新的强制加入和强制缴费制度（疾病预防保险制度的创设等）等，若采取这些措施，那么国家和个人之间的关系就会变得紧张起来。对于导入公众卫生性对策和任意性利益诱导型的给付等过度预防对策，应持慎重的态度[55]。

此外，和后述的"贡献"原则虽有相似，但关于生活保护行政的指导指示的状况（《生活保护》第 27 条第 2 款）以及所谓的自立支援计划适用的状况等，从国家过度干涉这个视角看有必要予以考量。

（二）以个人为单位的权利义务之把握

若将个人置于社会保障法关系的中心，就要求应基本上以个人为单位把握社会保障法关系的权利义务主体。由此带来的问题是，譬如，有关被雇佣者保险的被扶养者，虽然是家庭疗养费（《健保》第 110 条）的支给对象，但是对

---

[54] 在这点上，笔者对公共年金的报酬比例部分提出了疑问。菊池，前揭注 7 书，第 160—172 页。但是现在，建立了一层级的社会保险给付值分级点制度（Bend Point），强烈发挥收入再分配作用的美国型制度有可能正当化，在加入制度时给予刺激方面，希望如此。尾形在前揭注 25（"'福利'问题的宪法学"，第 114 页）中，对笔者的规范性论点和报酬比例年金，在法理论上并不一定处于排他性的关系之论述，在这个范围内是正当的。台丰（"关于'社会连带原理'的考察"，载《法政理论》2007 年第 39 卷第 2 号，第 193 页）也表达了相同的观点。吉田健三（"美国的年金体制"，载《海外社会保障研究》2010 年第 171 号，第 43 页）指出，若考虑社会保障年金的再分配性质及普遍性质，具有相当于多层型体制中第一层部分的性质。嵩清香（《年金制度和国家的作用》，东京大学出版会 2006 年版）承接了菊池前揭注 7 书中提出的上述疑问，认为若个人的"自由"是日本社会保障的法理念，那么对个人加以任何强制的制度其正当性就成为问题（第 316 页），以此点为一个分析轴，对英法年金法制进行了比较法的研究。

[55] 关于特定健康诊查、特定保健指导的导入，有观点指出，这不仅仅是经济性问题，接受各医疗保险者的委托而设立进行数据管理的全国统一性机构，其有可能成为基于这些数据管理国民健康和生活的司令塔。堤修三："特定检查诊疗、保健指导制度化的含义及其基础"，载堤修三：《社会保障改革的立法政策性批判》，社会保险研究所 2007 年版，第 89—91 页。同样对特定检查诊疗等表示慎重态度的有，原田启一郎："关于医疗、介护保险制度的预防重视型体系之开展和自立支援"，载菊池馨实编：《自立支援和社会保障》，日本加除出版 2008 年版，第 298—300 页。

于给付等不服时,自身却无法提出法律救济[56]。还有,接受医疗保险给付时必须出示被保险者证的交付请求权,虽说个人卡越来越先进,但在法律上,仍规定交付给户主(《国保》第9条第2款)和被保险者(《健保则》第47条第2款)等。

随着家庭形态和生活方式多样化的发展,可以认为,对于家庭的应有状态应构建中立性制度的社会呼声正在高涨。在这个意义上,按照每个制度,尝试以个人为单位把握给付和负担的方式有其积极的意义。但是,即使以个人为基轴,典型的如与未成年人抚养相关联的领域所表明的那样,应留意之点是,全部舍弃与户及家庭的联系、单纯以"个人"为单位的社会保障制度设计是不现实的[57]。

三、"自律"指向性

(一)"参加"原则

制定与实施社会保障制度时,要在可能的范围内积极保障个人的主体性'参加'即参与的机会。因此,应积极肯定通过被保险者等相关当事人反映意见而有可能积极参与制度运营的社会保险机制。通过2006年修改健康保险法等,设立了一直以来由政府管理的健康保险的保险者即全国健康保险协会,为了反映事业主体及被保险者的意见,使协会的工作适当运行,设立了运营委员会,其成员由厚生劳动大臣从事业主体、被保险者及有学识经验者中各任命相同的人数(《健保》第7条之18)。虽说其是否实质发挥了作用还有待于检验,但可以给予积极的评价[58]。逐步地,还要求,对于正在立法予以完善的行政计划制定过程保障居民及其他相关者的参加程序

---

[56] 但是,这点由于被扶养者不是被保险者而会产生问题,与被雇佣者保险本身的应有状态有关而成为争论点。

[57] 岩村正彦:"关于社会保障的户和个人",载岩村正彦、大村敦志编:《融合之境超越之法①》,东京大学出版会2005年版,第276—286页。

[58] 对于这种私见,太田匡彦明晰了以下思想,即对于政治决定体制(议会)的功能缺陷,将守护社会保障的作用寄托于从一般的政治体制分离出的被保险者自律参加和决定体制,并指出,实际上,被保险者即居民、国民,一般性的政治决定体制不起作用时,认为社会保障独自的参与体制就能发挥作用的想法是不现实的。太田匡彦:"风险社会下的社会保障行政(下)",载《法律家》2008年1357号,第104页注82。

(《介护》第 117 条第 6 款、《社福》第 107 条、《障碍自立支援》第 88 条第 5 款)、有关政策决定过程提供听取意见的机会等(不仅包括一般性制度的公开说明等,还包括充分听取对修改法制度能够带来直接影响的当事者团体的意见等)[59]。

还有,关于社会保障的行政程序,享受适当的程序性待遇之权利(获得告知及听取意见机会之权利)[60],或许可以定位成以《宪法》第 13 条为依据之"参加"原则的一种发现形态。虽不能说有关社会保障领域与个人相关的全部行政程序都应涉及这些权利保障(例如,老年年金的裁定程序等),但既然因本人的参与实现程序本身具有价值[61],至少在因行政机关的实质性判断对个人的生活能给予相当程度的影响时(典型的有,生活保护的申请程序等),无论有无《行政程序法》的适用(参见《生活保护》第 19 条之 2),要求应最大程度地尊重程序性权利保障之宗旨。

(二)"选择"原则

若从尊重个人自己决定的宗旨来看,对于不问受给者和利用者的意思而单方面决定是否给付及给付的内容之机制,基本上应予以消极的评价,该宗旨要求可以根据自己的意思进行选择。在这点上,进行《生活保护法》的入所保护(《生活保护》第 30 条第 1 款但书)时,对于实施保护者,要求第一要义是尊重被保护者的意思[62],并且,关于其法律构成的理解方法,以否定服务利用者及家庭和设施、事业者间契约性要素存在的行政解释为

---

[59] 关于公共年金当事人的参与,嵩清香在"公共年金制度和当事人的参与"(载驹村康平编:《选择年金——基于参与意欲的思考》,庆应义塾大学出版会 2009 年,第 166 页以下)中,围绕着三个层面,即①制度决定层面,②管理运营层面,③公积金运用层面,展开了论述。

[60] 佐藤幸治:《宪法》(第 3 版),青林书院 1995 年版,第 462 页。

[61] 参见松井茂纪:《接受裁判的权利》,日本评论社 1993 年版,第 97—98 页。

[62] 参见大阪高裁判决 2003 年 10 月 23 日,载《工资与社会保障》第 1358 号,第 10 页(对于流浪生活者,由于没有住所不能进行居家保护,因而作出收容保护的行政决定是违法的,判决认可了要求取消该决定的请求)。

前提时[63]，除去使要保护儿童进入儿童养护设施等的设施入所措施，以及为应对虐待老年人、障碍者的紧急避难性措施(《老福》第 11 条、《老年人虐待》第 24 条、《身福》第 18 条等)，基本上应消极评价措置制度的机制。

为了使自主性、主体性选择实质上成为可能，特别是于提供实物和服务给付之情形，自不待言，作为其前提条件，要求充分地完善服务等供给基础。

(三) "信息利用"原则

作为个人"参与"、"选择"的前提条件，特别是提供和公开有关医疗和福利领域的适当的服务信息(《社福》第 75 条以下、《介保》第 115 条之 35 以下)等，必须得到政府的保障。在 2006 年《医疗法》等修改法中，亦明确了有关医疗选择的支援等中央及地方公共团体及医疗提供机构的责任和义务(《医疗》第 6 条之 2)、医院等管理者的责任和义务(《医疗》第 6 条之 3)、入院和出院时提供及交付书面文书(同法第 6 条之 4)等相关规定。此外在个人层面，亦基于掌握自己信息的观点，要求有效确保公开包括诊疗记录、介护记录等个人信息的请求权。在为确保老龄时期自助性收入保障手段(年老后的生活设计)而提供基础的意义上，虽说发端于所谓的年金记录问题，但通过"年金定期通知单"，定期送达按照加入年金的期间和加入实绩计算的年金额等年金信息，这种做法可以予以积极评价。今后，不局限于年金领

---

[63] 与行政解释不同，即使在实行措置的时代，裁判例中有见解认为，服务利用决定的行政处分性和承认服务利用者(家庭)与事业者、设施之间法律关系中具有契约性要素是能够两立的(东京八王子支部判决 1998 年 12 月 7 日，载《判例自治》第 188 号，第 73 页)，而且，不容忽视的是，在学说上也进行了有力的论述。另一方面，关于 1997 年《儿童福利法》修改后的保育所入所方式，与阐释市町村和保护者之间是公法上的契约观点的行政解释(儿童福利法规研究会编：《最新儿童福利法、母子及寡妇福利法、母子保健法的解说》，时事通信社 1999 年版，第 168 页)不同，在所谓的公立保育所的废止、民营化诉讼中，裁判例明确指出，保育所入所关系与以前一样，是根据行政处分而设定的法律关系(大阪高裁判决 2006 年 1 月 20 日，载《判例自治》第 283 号，第 35 页等)，在学说上这种理解亦占大多数。交告尚史：《演习行政法》，载《法学教室》2004 年第 289 号，第 160 页等。最近的政策动向表明了试图在保护者和保育所之间导入直接契约的方向。参见《社会保障审议会少子化对策特别部会第 1 次报告——为支援培养下一代的新制度体系设计》(2009 年 2 月)、儿童、幼儿养育新体系研究会议：《儿童、幼儿养育新体系的基本制度纲要》(2010 年 6 月)。

域,也要争取使包括 IC 卡化在内的信息利用更加容易[64]。

(四)"贡献"原则

个人,作为社会保障法关系上所设想的基础性法主体,若从其是积极的、能动的权利义务主体来看,不应仅仅是单方面地接受给付,也要求其自身应作出一定的"贡献"。所谓"贡献",最极端的表现是负担费用这种形式[65]。因此,在社会保障法关系,尤其是在负担和给付以一对一的形式对应这点上可以看出制度本质的社会保险法律关系中,虽说按能力负担(应能负担)是重要的要素,但对保险费的减免也不得不设定一定的界限。关于涉及医疗保险、介护保险的保险费负担能力不足问题,被当作收入保障需要来对待,本来应由包括生活保护制度在内的收入保障制度来解决。

但是,这里所谓的"贡献",不应仅在与费用负担的关联层面上进行论述[66]。像接受生活保护者等那样即使现实中缺乏负担费用的能力,但既然具有抽象的负担可能性(典型的是有劳动能力的情形等),那么,朝着自立的积极努力,诸如职业训练、周期教育、职业介绍等,被要求予以规范化[67]。

---

[64] 参见社会保障卡(暂称)的应有状态研究会:《关于社会保障卡(暂称)的基本计划报告书》(2009年4月)。

[65] 仓田在前揭注 2 书第 185—186 页中指出,在征收方式的老年年金保险中,保险费的缴纳这个行为本身与其说是为自己,不如说是为在那个时间点上接受年金给付的老年人缴纳,保险费的缴纳本身是对社会的"贡献",把其理解为是对将来的年金给付的报偿,或许更接近于现实中老年年金保险的实质。

[66] 菊池,前揭注 27 "社会保障法理论的系谱和展开可能性",第 602 页。盐野谷,前揭注 30 书第 260 页中认为,在社会权的普遍行使中导入市场性"互惠"及道德性义务之观念是重要的。

[67] 在这个意义上,与基本收入相比,私见更支持工作福利的观点。工作福利是指,大体而言,典型的是,在接受公共扶助等计划时,重视与就业的结合,并且,重视作为制度目的的就业支援(武川正吾、宫本太郎、小泽修司:"座谈会工作福利和基本收入:福利国家的新对立轴",载《海外社会保障研究》2004 年第 147 号,第 3 页以下。后又被收录于武川正吾编著:《公民身份和基本收入的可能性》,法律文化社 2008 年版,第 217 页以下)。不过,这不单是重视就业义务的美国型劳动力拘束模式或工作优先模式,还作为重视积极劳动市场政策的瑞典型人力资源开发模式乃至活化作用这个广泛的概念来理解。宫本太郎:"劳动、福利、工作福利",载盐野谷、铃木、后藤编,前揭注 30 书,第 221—224 页等。这其中,基本上后者的方向性应被看作是目标。参见宫本前揭注 17 第 4 章。还有,关于基本收入论,田村哲树:"公民身份和基本收入",载武川编著,前揭,第 85 页以下;山森亮:《基本收入入门》,光文社 2009 年版;P. 文帕里斯:《基本收入的哲学》,后藤玲子、斋藤拓译,劲草书房 2009 年版;盖茨·W. 维尔纳:《基本收入》,渡边一男译,现代书馆 2007 年版等。

四、实质性机会平等

（一）医疗、福利、介护服务的充实

若要实现社会保障的"生活方式选择范围的平等"乃至"实质性机会平等"的理念，与收入保障需求相区别，以疾病、障碍等要保障的需求为中心，有必要充分进行医疗、福利、介护服务的利用保障。因为不问有无支付能力而平等地保障这些基本的需求，是实现这些理念的前提条件。

这点，关于医疗，主要是与平等对待（《宪法》第 14 条第 1 款、第 25 条）相关联，产生了重新评价现行制度的必要性。譬如，介护保险第 1 号被保险者中包括了接受生活保护者，与基本上得到平等的服务利用保障不同，存在医疗保险和医疗扶助这种双轨的医疗保障体系，在给付内容上，以及到接受医疗的过程，也很难说平等[68]。而且，加上被雇佣者保险、国民健康保险等医疗保险的保险者是分立的原因，如后所述，在 2006 年医疗制度改革中，取代以前的老年人保健制度，创设了在给付和缴费方面也都另建的后期老年人医疗制度，对此，从平等利用的观点来看存在问题。

关于福利和护理服务，主要是与《宪法》第 13 条及第 25 条相关联，存在的疑问是，应予以规范的服务水准还未得到保障[69]。诚然，由于《介护保险法》的制定，毫无疑问，我国的老年人介护服务保障取得了很大的进步。再者，虽因 2009 年的政权交替发出了废止《障碍者自立支援法》的信号，但以障碍者自立支援为焦点，在制度上明确规定了对重度障碍者进行地域生活支援等，《障碍者自立支援法》所追求的方向性，基本上可以给予积极的评价。但是，在这些立法之后，特别是对于根据自己的意思选择居家（地区）生

---

[68] 例如，在给付内容上，原则上，与保险外并用疗养费相关的高度先进医疗等不是医疗扶助的对象。还有，在受给的过程中，医疗券的交付依然作为原则等，不能说是相同对待。

[69] 河野正辉：《社会福利的权利构造》，有斐阁 1991 年版，第 41—42 页；前田雅子："关于护理保障请求权的考察"，载《工资和社会保障》1999 年第 1245 号，第 19 页；菊池，前揭注 7 书第 5 章；竹中勋："社会保障和基本的人权"，载日本社会保障法学会编：《讲座社会保障法 1 21 世纪的社会保障法》，法律文化社 2001 年版，第 44—45 页；尾形，前揭注 25"'福利'问题的宪法学"，第 112 页等。

活的年轻障碍者等,仍存在的问题是,依据《宪法》第 13 条及第 25 条应被规范承认的服务水准并未得到保障,也可以说处于违宪的状态[70]。对于为追求自身生活方式而应成为前提的环境未得到改善的障碍者来说,有必要保障其前提条件。就是说,对于缺乏追求各个人自主性、自律性生活之前提的障碍者,确保其前提条件,是宪法上当然应予以保障的权利[71]。

(二) 对儿童的实体性保障

近来,少子化成为重要的政策课题。但是,以往的论述,正如"育儿支援"、"儿童养育"等词中所包含的意思那样,总之,从支援养育者、保障父母的劳动权(质言之是确保社会保障的未来担当者)等视角的研究比较多[72]。

但是,与作为介护保险上保险事故的"要介护状态"以要介护者而非介护者的自立为目的相同(《介保》第 1 条),作为应受法保护的价值,有必要对被养育儿童自身的发展和福利的提高本身,予以正面的承认,更加明确对儿童个人进行社会性支援的视点。为了将来在社会上经营自律且自立的生

---

[70] 菊池,前揭注 7 书,第 179 页以下。

[71] 与这点相关联,作为最符合正义二原则的社会的基本构造,在支持财产所有制民主主义的罗尔斯的著作中,立足于并非在各个时期结束时对穷人进行收入再分配,而是在各个时期的开始,在机会公正平等的条件下应确保普遍所有的物质资本(生产用资本)和人力资本(经教育和训练获得的技能)这个视角,在回答与重视基本性潜在能力的阿玛蒂亚·森的基本财产指数相关的批判的文脉中,引人注目的是,对调整有关医疗和健康上的市民需求间的差异予以正当化,承认医疗也可以包含在收入和财富这种基本财产的指数中,提及与其他的社会性需求进行比较时医疗和公众卫生一般的要求之相对优先性。约翰·罗尔斯:《再论作为公正的正义》(艾林·凯利编、田中成明、龟本洋、平井亮辅译),岩波书店 2004 年版,第 299—307 页。John Rawls, Justice as Fairness: A Restatement 171—176 (Erin Kelly ED. 2001). 对罗尔斯将重度障碍者排除在适用正义二原则范围之外这点尤其有必要留意。同书第 297 页。Rawls, 170. 将医疗的需要也看成是一时性东西,在此意义上这有可能将永久性重度的要护理需求也排除在外。但是,若潜在能力的差异局限于一定的范围,也可认为在纯粹的具有背景意义的程序正义下,在前进的社会过程中,这些情况有可能予以考虑。罗尔斯同书,第 305 页。Rawls, 175. 并且,罗尔斯虽然对于差别原则应否在宪法中规定这种疑问持消极态度,但至少关于确保覆盖基本性个人需求的社会最小量,明确指出这应成为宪法的必须事项。同书第 284 页。Rawls, 162.

[72] 参见本书第七章,页边码第 172 页。

活,作为准备阶段,从保障实质性平等机会的观点[73]看,有必要构建育儿支援和儿童培育方策。立足于此观点,充实一般性育儿支援方策自不待言,如不附加收入限制向所有儿童支付补贴,完善保育所不仅要进行量的扩充,还应确保质的一定基准等,而且,还要求充实各种实施方策,例如要真正构筑对发育障碍儿童因疗育所需的早期发现、支援体系,综合实施针对障碍儿童的单一协调机构的福利、教育、保健、医疗服务,完善针对需要保护儿童(《儿福》第25条以下)强化公共支援的养育环境等。这些观点,与从支援儿童发育的观念出发,不分障碍儿童和健全儿童而实质性统一提高其福利的思想相关联,质言之,与按照每个儿童的个性和能力进行发育支援这个原本所期待的状态相结合[74]。

为了有效保障按照每个儿童的个性和能力所进行的发育支援,《宪法》第26条第1款规定的受教育权也应成为规范性的依据。

(三) 关于精神性自律能力欠缺的支援

即使度过了(二)中所述的儿童期,于精神性自律能力仍有欠缺之情形,抑或于因突发性事故等导致缺乏精神性自律能力之情形,除了(一)中所述的诸种服务保障之外,还要求进行为弥补精神性自律能力之缺陷的支援。在社会保障法关系中应牢记的人像,是自律的个人,如在第三部分中所述,即使必须构建和运用尊重"自律"指向性的社会保障制度,但这完全不意味着否认缺乏判断能力和自我决定能力之个人的法主体性,或者仅将其置于

---

[73] 仅将儿童作为自律的个人来对待缺乏妥当性,自不待言,其是有必要进行特别保护的存在。中川明:"如何看待儿童的权利",载《明治学院大学法科大学院法论文集》2006年第2卷第3号,第30页。即使如此,对于儿童来说,权利的自律性行使之观点仍是重要的。理由是:第一,自律作为与个人的尊严相联系之物,其行使自身具有价值;第二,行使权利的能力,实际上具有根据其行使而形成之侧面。米择广一:《宪法和教育15讲》,北树出版2005年版。

[74] 进一步而言,特别支援教育这个范畴,与我国的按照障碍儿童需要进行教育的观点相对应,在美国所谓的 special education,是指也包含对具有优秀才能的儿童进行特别支援的概念。从按每一个儿童的需要、能力进行教育的观点,暂且不论能否说是宪法上的要求,这是后者(美国)一贯的做法。菊池馨实:"美国社会保障的一个侧面③关于加利福尼亚的发育障碍支援体制",载《月刊福利》2005年第88卷第12号,第92—93页。

二流市民的地位[75]。这些人亦具有自律的潜在能力[76],当然拥有"作为无法替代的独自性存在摸索寻求创造适合自己的有规划的人生之权利"[77],因此,从规范性角度积极且强烈要求确保对其能力不足部分的支援体制[78]。

具体地,完善、充实成年监护制度和日常生活自立支援事业(《社福》第80条)等支援体制,即相当于此。其规范性依据,虽然可以直接求证于《宪法》第13条后段,但也可以说是与同条相重叠的,以《宪法》第25条、第14条为背景的"实质性平等"理念之发现。进而,为了使不拘于资力如何而利用这些支援体系成为可能,其费用方面的保障,乃定基于《宪法》第25条的规范

---

[75] 对于笔者自律性人像的反驳,山田前揭注35论文第96页认为,虽然在抽象层次上赞同笔者的"'自律性、主体性人像'这种见解,但关于其前提条件应进行更缜密的探讨",从社会福利服务依靠提供者和利用者的共同努力来完成,与服务提供者的人格在时间上、空间上不相分离,一旦开始接受服务其主导权由服务提供者掌握,利用者的自律(有时甚至涉及生存)与服务提供者的实际福利服务相关来看,"社会福利的法之人像是指,'在从属关系中不得不为自己生存打赌的生活人'"(第103—104页),既然是立足于这种从属关系基础的自律性个人,社会福利服务由为确保自由地进行自己决定的社会福利服务,以及在保障自由的自我决定基础上而进行支援服务的两个阶段构成。关于这点,笔者并不否定山田所说的从属性关系中诸种状况事实上存在之事,但这样的事实状况并非直接纳入规范论之中,而是基于实质性机会平等、自律性潜在能力这种视点,通过将其作为宪法上的规范性价值之"强弱",对自律能力欠缺支援的必要性,进行赋予更强有力的规范这种研究(虽然这是在直接讨论的范围之外,但仔细分析山田的观点,产生的疑问是,对需要提供〈特别是有关慢性疾患〉医疗服务的患者的人像是否可以做相同的理解?其与医事法领域的研究如何对接?)。

[76] 从自律的"潜在能力"这个观点进行说明是可能的,除此之外,本来在这里,关于应牢记的"自律"之个人,不能理解为排除认知症老年人及智力、发育和精神障碍者等那样的狭义概念。这些人在意识到与他人的关系性之同时,为不失去自己的同一性而努力生活的姿态,以及较于一般速度慢慢地发育成长过程中,承认"自律"性是十分可能的。"特集·认知症者的话:说的含义和听的含义",载《创新》2005年第2号,第7—15页。另,参见本章注78。但是,严密地讲,关于连一次判断能力都不具备的个人等的待遇,应牢记的"自律"的人像也有可能具有局限性。关于这点,有学者在支持笔者所追求的根据自由基本性利益的生存权基础依据之同时,也尝试着提出了将"个人的尊严"定位于生存权的补充性基础之论述,于不可能恢复自由行使的前提条件之情形,试图将基于生存权的国家义务正当化。远藤美奈:"宪法规定第25条的含义",载《季刊社会保障研究》2006年第41卷第4号,第341—342页。

[77] 竹中,前揭注48,《老年人和人权保障·宪法学》,第22页。

[78] 从生涯发育这个观点,可以将包括成人期以后的个人一生的变化过程当做发育来理解,在这个含义上基于发育支援观点的保障也并非是限定于(二)中所言的儿童期。田中千穗子、栗原春见、市川奈绪子编:《发育障碍的心理临床》,有斐阁2005年版,第43—44页。还有,作为导入在社会福利法上具有规范性含义内容的发育障碍概念之先驱,参见河野,前揭注69书,第10页。

性要求[79]。不过,应留意之点是,从对个性主义的照顾来看,质言之立足于尊重本人的残存能力之观点,基于这些制度的支援应谦抑地进行。

如此,为弥补精神性自律能力欠缺的成年监护等支援体系,与收入保障和医疗、福利、介护这些服务保障不同,能够单独在宪法上获得基础依据[80]。

(四) 失业者等的就业支援

在经济高度成长期形成的以大企业为中心的终身雇佣、年功工资等"日本型雇佣惯例"开始动摇,非正规雇佣显著增大的我国雇佣社会,亦较之前更多面临的状况是,对于打算自律地、主动地开拓自身生活,通过自己工作维持生计的劳动者所做的自助努力进行积极的支援。鉴于此,在社会保障制度方面,为了去除跳槽、再就业的障碍,正如2002年企业年金二法制定以后的企业年金改革所见,要求充实确保企业年金可移转的方策。还有,在失业率超过5%的状况下,不仅要充实《雇佣保险法》上的教育训练给付等,还应将对象扩大到超过雇佣保险给付期限的长期失业者和雇佣保险适用对象之外的失业者和自营业者,有必要在雇佣保险和最低生活保障之外,将伴随收入保障(包括住宅补贴)的职业训练、就业支援计划,作为具有法律地位的恒久性制度,单独规定下来。

这些视点,在与一般劳动者的跳槽、再就业时的教育训练等相关联上,与其具有关联性的是,构建有关劳动法学所论述的包括职业训练、能力开发在内的劳动市场法制及雇佣政策法制之个人支援体制视点[81];或者构建作为"以生存权为基础,以劳动权为核心,将具有选择职业的自由和学习权统合性质的"、"力求实现动态意义上的安定之权利概念"[82]的职业

---

[79] 远藤美奈:"'健康的具有文化意义的最低限度生活'的多视角理解",载斋藤纯一编著:《福利国家/社会性连带的理由》,密涅瓦书房2004年版,第169页。

[80] 菊池馨实:"防止虐待和成年监护、权利保障",载《成年监护法研究》2009年第6号,第17页。

[81] 森户英幸:"雇佣政策法——劳动市场的'个人'之支援体制",载日本劳动法学会编:《雇佣政策法的基本原理》(日本劳动法学会志103号),法律文化社2004年版,第3页以下。

[82] 诹访康雄:"劳动市场法的理念和体系",载日本劳动法学会编:《讲座21世纪的劳动法2 劳动市场的机构和规则》,有斐阁2000年版,第16页。

权视点㊳。但是,在与(长期)失业者等就业支援的关联上,毋宁说与被雇佣能力(能够被雇佣的能力)之视点具有亲和性㊴。基于上述观点对劳动者和失业者等的保障,其是以《宪法》第 26 条第 1 款(受教育权)、《宪法》第 27 条第 1 款(劳动权)以及《宪法》第 22 条第 1 款(选择职业的自由)作为其规范性依据。

五、社会保障的全体像

在设计个别具体的社会保障制度时,仅凭类似本章的规范性基础定位之讨论当然是无法全部论述其应有状态。但是,其能够成为制定政策时有力的规范性指针(政策决策指针)这点决不应忽视。加之,在面临少子老龄化急速发展这个前所未有的状况时,如何描绘中长期我国社会保障制度的全体像,这也是重要的视点。

正如在前著和本章中论及了上述问题的一个方面那样㊵,笔者论述了在采取一定程度缩减有关老年收入保障的公共年金之作用,确保企业年金等自助性收入保障手段之诸种公共援助措施之同时,关于医疗、福利、介护等与确保生活基础相关的服务领域,构想实质保障全体国民之《宪法》第 13 条及第 25 条中应保障的水准这个全体像,亦即所谓应称之为"医疗、福利重视型"的社会保障像㊶。其时,笔者的论述比以往更加试图聚焦于,特别是对障碍者和儿童进行实体性照顾,完善对努力成为自律性个人的支援体

㊳ 谏访康雄:"试论关于职业权的构想",载《日本劳动研究杂志》1999 年第 468 号,第 54 页以下;谏访康雄:"如何培育职业权?",载《季刊劳动法》2004 年第 207 号,第 40 页以下等。

㊴ 沼田雅之:"职业介绍、教育训练和法制度——基于能够被雇佣的能力(被雇佣能力)之视角",载《劳动法律旬报》2009 年第 1697 号,第 70—71 页。此外,最近,作为调整劳动力市场的规制缓和、雇佣形态的多样化及劳动者保护之要求原理,围绕着灵活性理念展开了讨论。大和田敢太:"荷兰劳动法制改革的灵活性理念和平等原则",载《日本劳动研究杂志》2009 年第 590 号,第 25 页以下。矢野昌浩:"雇佣社会的风险社会化和安全网",载日本劳动法学会编:《劳动法安全网的再构筑(日本劳动法学会志 111 号)》,法律文化社 2008 年版,第 82 页等。

㊵ 菊池,前揭注 7 书,第 272 页。

㊶ 广井良典:《日本的社会保障》,岩波书店 1999 年版,第 189—191 页。驹村康平(在"寻求 21 世纪的社会保障制度",载城户、驹村编著,前揭注 10 书,第 43 页)提出建立实物给付中心型的社会保障制度。

制等问题。

第五节　提出论述后的讨论状况

一、学界的反应和批评

如到前节为止所述,私见对以往社会保障法理念的通说性见解进行了批判,对于私见,在有力批评以往的方法论简单下了"社会保障法是生存权的具体化"这个结论这点,在重新认识即使在《宪法》第 25 条等于生存权规定的我国,亦有必要开展为社会保障立法提供依据的法理念之研究工作这点,进而,在与以往作为"权利"的社会保障法论并未成功地对作为给付对象的国民之自主性决定和自律进行明确定位,且未能揭示涉及法解释和法政策两个方面的统一性指导理念的对比中,学界承认了私见对社会保障法的理论性贡献[87],并且,有评价指出,"在试图尽可能地尊重依靠本人的残存能力所进行的自主决定和自我选择,努力完善对其不足部分进行补足和支援的法体制之今日,这种根本立足于利用者的自主决定和自我选择来构想社会保障法的立法者之思想,得到了大家的赞同"[88]。对此,有观点在指出来自以往理念支持者方面的反驳声微弱之同时[89],亦对私见展开了批判。

以下,通过介绍并分析基于社会保障法学和宪法学立场而对私见展开的批判,试图阐明有关学界论述的现状之一面。

---

[87] 仓田,前揭注 2 书,第 35—36 页。

[88] 西村健一郎:"书评",载《日本劳动研究杂志》2001 年第 494 号,第 73 页。

[89] 堀,前揭注 28 书第 443 页。在同书中,还指出,"生存权的理念与《宪法》第 13 条后段的幸福追求权有着更深的关系,对此,以自立的个人为前提的立场与同条前段的对个人之尊重有着更深的关系;生存权和社会连带与国家有更深的关系,对此,人格性自律权与国民的自由和个人有着更深的关系"。在前著中,堀提出了以下疑问:人格的自律和自主决定表现为"自由"是否妥当?若表现为"自由",其与《宪法》第 18 条以下的自由能否相区别?还有,即使将人格的自律和自主决定作为社会保障法的理念,其是更上位的理念,支撑社会保障法的直接理念难道不是生存权和社会连带吗?等等。堀,前揭注 1 书,第 102 页。对于笔者的回应,参见本章注 41。

二、"基础依据理论"批判

社会保障法学者仓田聪,在以社会保险为素材的几乎堪称是最早的、真正的法学研究著作中指出的问题是,笔者的社会保障法理论中,含有强烈的否定社会保障之根本的要素,并且,在方法论上,采取了与实定法制度之累积相乖离的方法。即:对于私见所主张的社会保障之目的是保障实质性"自由",其认为现实的社会保障在实现目的之手段方面,由于必然不得不侵犯个人的"自由(来自国家及共同体的自由)"之缘故,从"自由"的观点统一说明社会保障的目的和手段两个方面存在相当困难,为规避这个困难,虽然将有关社会保障手段之共同体的强制以具有一定"公共心"的个人这个被抽象化了的人像为媒介而使用"社会契约"概念,并试图正当化,但是这种讨论的立论方法,是极其"基础依据主义"式的,与此同时,具有根本否定宪法所预设的议会制民主主义之可能性[90]。

诚然,私见采取的立场是,通过导入有可能对个人进行强制的制度,着眼于社会保障制度具有国家对个人的自律性决定领域介入的特点,一方面表示出对国家的过分干涉予以警戒,另一方面亦承认社会保障制度的积极意义(即仓田所谓的两极性)。将这种自由的两个侧面放在同一平面上对待的"装置"即"社会契约"性的说明,或许是某种"基础依据主义"。不过,前节中所列举的规范性诸原理和其下位原则,在议会所采用的与之相违反的法制度直接违宪这个评价意义上,并非具有强制性规范效力[91]。首要意义限于,在裁判规范(法解释)的层次上是解释个别规定时的依据;在政策乃至立法规定的层次上,是应予以慎重考量的规范性指针。正如仓田所云,"作为历史的社会性实体,从实定法制度及其运行的累积中汲取精华极其重要这

---

[90] 仓田,前揭注 2 书,第 61—62 页。此后分析其观点的世沼弘志(《无家可归者和自立/排斥》,大月书店 2008 年版,第 53 页)也指出,从将自律能力作为人权基础的人格利益说来看,照理应归结于对国家介入的拒否,由此,为何能导出基于国家责任的条件完善请求权,这并未明确阐明。

[91] 当然,在笔者的规范性诸原理的核心中,也有可以作为宪法上的权利来对待的部分。

点"⁹²决不否定,但虽说如此,如私见所揭示的规范性指针,是否直接可以说具有根本否定议会制民主主义的可能性,这是个疑问。若根据仓田的立论,关于社会保障的权利保障诸问题很难全部委托于议会的民主性决定,在对不易接近政治过程的社会弱者等进行生活保障时,出现了应依据的规范性基础已经有很大缺失的危险。因此,没有必要将仓田的研究与笔者的研究完全视为是二律背反的东西。

亦有观点指出,仓田在社会保障的具体制度设计中也追求"自由"的分论性政策建议,与笔者依据应进行主观性批判的新古典派经济理论而提出的"改革"提案相一致⁹³。诚然,私见对老年期所得比例年金的强制加入提出了疑问⁹⁴,关于医疗保障,也对将一代人分割的老年后期医疗制度表示反对⁹⁵,在参照美国的论述之同时,也提及受保障的医疗水准因年龄原因等可以有所不同之可能性⁹⁶,还包括主张"贡献"原则等,表面上也有不能说与仓田的主张未必离题的一面。但是,如前所述,笔者所设想的社会保障法的人像⁹⁷,乃为基于关系性(与他者的关系)之存在,并不以仅仅追求自己利益之存在为前提⁹⁸。进而在分论的政策建议中,如前节所述涉及医疗、福利介护服务的充实(医疗、福利重视型社会保障)、对儿童的实体性保障的充实、对精神性自律能力不充分、欠缺的公共支持、对失业者就业支援的实体性保障等多个方面,从整体来看,得出的结论绝非像仓田所言,即"以基于'个人'的同意作为制度形成的前提条件之想法,结果只能朝着抑制社会保障的给付水准之方向发挥作用"⁹⁹。

---

⁹² 仓田,前揭注 2 书,第 62 页。
⁹³ 仓田,前揭注 2 书,第 59—60 页。笹沼前揭注 90 书第 56 页也指出,私见具有将新自由主义的构造改革正当化的倾向。
⁹⁴ 菊池,前揭注 7 书,第 165 页。但是关于目前的本人观点,参见本章注 54。
⁹⁵ 参见本章第六节,页边码第 41—42 页。
⁹⁶ 菊池,前揭注 7 书,第 241 页。
⁹⁷ 参见本书第二章。
⁹⁸ 参见本章第三节,页边码第 13 页。
⁹⁹ 仓田,前揭注 2 书,第 61 页。

三、"自律的个人"及"贡献"原则批判

　　来自于论者较多的批判,主要是围绕着私见以"自律"为前提的个人像及"贡献"原则。其中,关于前者,社会保障法学的学者认为,因强调自律、自立而导致过度的自己责任[100],或者"尽管人格的自律是现代社会应有的姿态,但另一方面,现实的具体个人为了获得、维持这样的自律,在确保经济的、社会的前提之同时,面临着困难。若将社会保障制度理解成是为了填补两者之间的沟壑之体制,就会产生将社会保障制度的应有状态仅仅从观念性的'应有,或者应具有的人格自律'像进行单方面的规定,有抛弃在现实社会经济环境中无法确立和维持自律的具体个人之危险"这样的疑问[101]。宪法学者笹沼弘志认为,将具有自律能力作为社会保障法的权利基础,因此作为享受权利的根据,将得出否定无自律能力者的权利行使资格的结论,进而,追求潜在能力的显现化、发达本身,给当事者造成极大负担,还有,于能力不明显的情形,将导致其被排除在权利保障之外,招致与对懒惰者不进行保护的论调相同的结果[103]。

　　私见以为,所谓"自律",并非是给予的前提,而是应追求的目标[104]。将具有完全自立能力的人置于社会保障法的基础,而并非作为享受权利的前提条件。作为社会保障的所谓基础理论层次上的依据,进行社会契约性的说明时所设想的个人,即使是自律的个人,于适用个别制度时现实具体的个人之状态当然有各自的不同。可以将社会保障制度理解为这样一种制度:为了使人自出生以后朝着自律的个人发展,即使这种自律性有所欠缺,也是在保持其自律性的同时,为完善其追求自主生活方式之条件的制度。正因

---

[100]　堀胜洋:"关于社会保障和宪法今日的课题",载《季刊社会保障研究》2006年第41卷4号,第304页。

[101]　木下秀雄:"'作为权利体系的社会保障'之意义",载《法律时报》2007年79卷8号,第133页。

[102]　除此之外,对于山田晋的批判及其回应,参见本章注40及注75。

[103]　笹沼,前揭注90书,第53—54页。

[104]　对此,所谓"自立"应理解为是指行为主体的生活"状态"。菊池馨实:"自立支援和社会保障",载菊池编,前揭注55书,第358页。

为如此,确保对自律潜在能力不足的支持机制,正是从规范角度所积极且强烈要求之产物。

诚然,对于笹沼指出的"对在现实社会经济环境中无法确立和维持自律的具体个人有抛弃之危险","追求潜在能力的显现化和发达本身,给当事者造成极大负担"之担心,应该引起注意。于展开个别具体的制度论和解释论之情形,亦有必要对这点十分留意[105]。但是,即便如此私见以为,为避免国家的家长式强制[106],应牢记将个人置于核心地位,不断立足于其自律性和主体性的重要性[107]。

关于《宪法》第 25 条的生存权和《宪法》第 27 条第 1 款的劳动义务之关系,私见支持宪法学的"尽管有劳动的能力,有其机会,对于不愿劳动者,在生存权和劳动权保障不及的范围内,承认劳动的义务之法的意义"[108]这种有力说或多数说,对此,笹沼也进行了批评性的评价[109]。并且,与此相关联,对于私见在论述社会保障法制的应有状态时所提出的应被尊重的规范性诸原则之一的"贡献"原则,笹沼也以担忧的方式展开了批判[110]。正如前节所述,这里所谓的"贡献",典型的是有关社会保险构造的按照负担能力负担保险费等形式而进行[111]。但是,"贡献"原则的涉及范围,即使是生活保护受给者等那样在现阶段缺乏负担费用能力之情形,只要具有抽象的负担可能性,如

---

[105] 参见本书第九章第四节。
[106] 可以说是"基于提供保护者的视点而劝导固定化的生活方式所产生的危险"。西原,前揭注 17 书,第 74 页。
[107] 西原,前揭注 47 书,第 74 页。
[108] 樋口阳一、佐藤幸治、中村睦男、浦部法穗:《注解法律学全集 2 宪法Ⅱ》,青林书院 1997 年版,第 195—196 页,野中俊彦、中村睦男、高桥和之、高见胜利:《宪法Ⅰ》(第 3 版),有斐阁 2001 年版,第 514 页(中村执笔),远藤,前揭注 79 论文,第 161 页。菅野和夫(在《劳动法》(第 9 版),弘文堂 2010 年版,第 17 页中)指出,"劳动的义务"与"劳动的权利"不同,是表明了贯穿社会立法的当然理念,还有,也表明了国家没有必要为无劳动愿望者采取确保其生存的措施政策这种政策上的方针,因此,《雇佣保险法》上的失业给付只对有就业意思的失业者提供(《雇保》第 4 条、第 15 条第 2 款),《生活保护法》上规定了补足性原则(《生活保护》第 4 条)。
[109] 笹沼,前揭注 90 书,第 55 页。
[110] 笹沼,前揭注 90 书,第 56 页。
[111] 为此,私见当初将之称为"负担"原则。菊池,前揭注 7 书,第 145 页。

包括要求朝着自立进行某些努力也在范围之内。的确,若特别强调这点,严格解释如《生活保护法》关于"能力的活用"(同法第 4 条第 1 款)、无家可归者自立支援等特别措施法(《无家可归者自立支援法》)关于"自立的意思"(同法第 3 条第 1 款第 1 项),就易将许多对象置于支援的对象之外。

明明知晓这些担忧,却仍展开私见的论述,其意义在于,第一,对收入保障给付与求职活动、职业训练、公共就业等一定的就业计划之关联,不应进行否定性评价。当然在实际适用《生活保护法》时,有精神性疾患,还有在就业之前为了使其社会生活和日常生活能够自立,有必要进行社会工作性支援的情形亦居多,对与驳回保护申请和废止、停止保护能够相联系的劳动能力之判断,有必要采取慎重的态度[112]。再者,《生活保护法》的目的即帮助自立(同法第 1 条)中所谓的"自立",即使其含义之一是"经济性自立"[113],这也并非就限定于通过就业而脱离保护这个含义,可以认为还包括这样的含义,即尽管充分活用了劳动能力,但仍不能维持生活时,对于维持生活的不足部分接受公共给付,作为经济上独立的行为主体经营生活。

第二个意义在于,理念上,尽管有劳动的能力,但是不应承认有似思想犯般自由冲浪的"冲浪者的自由"这点[114]。在这点上,作为立法论乃至政策论,无法赞同以下意义上的基本收入构想,即:无进行收入调查的必要,亦与工作义务相割裂,包括有劳动能力的成年人在内,完全无条件地一律进行金钱给付[115]。诚然,表面上看由于和劳动能力的活用不相关联,或许各

---

[112] 例如,《生活保护法》第 4 条第 1 款所谓的"能力"之活用,有必要按照申请者在具体生活环境中能否得到工作的情形这个标准来考量。本书第九章页边码第 217—218 页。

[113] 此外,自立包含身体的自立和精神的自立两个方面。菊池编,前揭注 55 书,第 358—360 页。

[114] 托尼·费茨派垂克:《自由和保障》,劲草书房 2005 年版,第 68—69 页。

[115] 有观点认为,例如,限定儿童和单亲家庭等为支付对象的非缴费制,这类没有收入限制的给付(相当于即一直以来被称为社会保障制度组成部分的社会补贴),也是基本收入的一种。如秋元美世在"公民社会和基本收入之权利理论"(载武川编著,前揭注 67 书,第 73 页)中认为,参与收入(Participation Income)作为迄今为止的社会权论的延伸并非没有讨论的余地。但是,私见以为,这样的制度从另外的政策目的看,也可以被正当化(笔者亦着眼于作为保护法益的儿童福利增进自身论述了扩大普遍性的儿童补贴。参见第七章),在基本收入之名义下易招致因论者而引起的讨论交错。为此,限定对象而进行讨论有充分的合理性理由。

第一章　社会保障法制的将来构想　41

个人有可能自由地追求自主的生活方式。但是,若其构想停留于纯粹意义上的金钱给付,割裂与个别援助工作乃至社会工作的关联[116],反过来在易招致个人的孤立化之同时,也过度增加了个人的自律性和主体性之负荷[117]。应留意"贡献"原则乃至收入保障给付与就业计划的关联所易导致的"排斥"之危险[118],还有,立足于因国家过度的家长制所易产生强制特定之善的危险性,对此在以建立解释论的、制度论的抑制机制为前提之基础上[119],国家对于个人,具有不止于金钱给付之关系,还谋求与劳动能力之有无及程度相对应的"内涵",正是据此,才值得使人朝着自律的个人发展,即使自律性有所欠缺,但也是在保持自律性的同时,追求自主的生活方式[120]。并且,基于此,可以希冀能够重新构建后述的社会保障的社会性和

---

[116]　基本收入构想的关键是,给付标准设定在何处。即使保障无法维持最低限度的生活之基准,实质上并不导致割裂与就业的关系,问题得不到根本解决。另一方面,有观点指出,实质上低水平的基本收入有废除劳动保护规制之虞。山田笃裕、驹村康平:"关于雇佣政策的建议",载驹村、菊池编,前揭注 31 书,第 116 页。

[117]　作为现实的问题,若无条件地普遍保障维持体面水准的所得,有无可能招致国家财政的过度负担? 再者,在我国生活保护的历史上,令人想起的是,在因所谓"适当化"而产生的漏给之同时,对暴力团关系者等的滥给也反复成为社会问题。假使进行"宽松的"资产调查乃至收入调查,可能导致大大抑制在基本收入给付标准附近的劳动者的就业。在这样的制度下若还企图实现经济社会的可持续性,那么笔者认为,靠基本收入构想所设想的人像,较之于如第三节所述的私见所设想的人像,是具有相当理想主义色彩的,且充满自立心和公共心的个人。参见本章注 120。

[118]　对于笔者的社会保障法论,丸谷浩介:"如何重新编织失业和生活的安全网——社会保障法的视点",载《DIO(联合总研报告)》2009 年第 241 号第 6—7 页]指出,"这样的自律指向型社会保障政策,总体说来为了社会性包容,成为强制同化到某个特定社会的手段,容易产生与自身希望的生活选择不能相容的结果。这样的同化,即人为地被他人所强制的社会连带,将会形成矛盾构造,即再度朝着从劳动市场、进而从有关社会性关系的正规成员资格中排除这个方向发展"。参见丸谷浩介:"从社会保障法审视安全网的应有状态",载《劳动法律旬报》2009 年 1687 · 1688 号,第 18 页以下。

[119]　参见本书第九章页边码第 217 页以下。

[120]　山田、驹村在前揭注 116 论文第 116 页指出,"伴随着与各种职业的接触和挫折,以及技能的积累和修炼,关于诸种锻炼的意义,支持基本收入论者以此作为乐观的劳动者形象",认为"通过体面的劳动保障,人们与社会相联系;通过经历各种体验,社会连带得以增强。"

市民性基础[121][122]。

第六节 "社会"等的变化和社会保障法制的应对

一、作为另一个基础依据的社会连带

在社会保障法学中，与第二节所述的一系列的理论系谱相区别，将社会连带与生存权并列视为社会保障的规范性依据之观点很有说服力[123]。尽管在宪法上，没有"社会连带"或"连带"这个用语，其依据条款并非一定明确，

---

[121] 笹沼指出，"将公共扶助置换为社会补贴也是困难的"。笹沼前揭注90书第74页。原本意义上的社会补贴是指，不需缴费、无收入限制的定型的给付，在这个意义上与基本收入亦具有亲和性。参见本章注115。按照笹沼的论述，社会补贴是更为理想的给付形态，但是，在何种意义上是"困难"的这个论述并不明确，因此基本收入的态度亦不明确。

[122] 在近著中，宪法学者中岛徹对于笔者围绕着《宪法》第13条和第25条的论述，认为对于"在宪法的统一性解释这点上具有远见卓识之同时，对于福利国家损害了自由的批判，认为在规范论层次上进行的反论是重要的观点"，但是，指出了以下疑问：(a)《宪法》第13条保障的"人格利益"乃至自己决定权，在论理上倒是导出了自己责任，"作为自律的个人追求自主生活方式"的幸福追求权之保障也可以与《宪法》第29条1款的财产权保障相接续，对于将第13条专门与社会保障结合的解释，有必要建立将其限定予以正当化的道德性规范理论之基础，然而其结局以无结论的"无意义之争"而收尾。(b)《宪法》第29条第2款承认对个人财产权的限制，但这并不是保障自由的社会保障制度之当然归结。(c)关于福利国家的成立和发展与经济秩序的构想有密切关系，即使强调个人的权利和自由，使社会保障的基础从生存权向人格利益的保障转移，但经济秩序的应有状态并不因此而明确。中岛徹：《福利国家的公序——日本国宪法仅仅保障'最低限度的生活'？》，载坂口正二郎主编：《对自由的质问3 公共性》，岩波书店2009年版，第179—180页。虽然无暇详细阐述，但(a)的前半部分，有之前的仓田和笹沼的批评（参见本章注90），后半部分与之前的仓田"基础主义"批评有重合的部分。若(b)果真如此，也可以说，在以宪法条款为基础之同时，已进行了论证更为具体的规范性诸原理之理论探讨（第四节）。关于(c)，目前不得不坦率承认的是，笔者的规范论，存在着"首先是社会保障法学这个独立学科体系的原理"（西原，前揭注47书，第75页）之局限。

[123] 高藤昭：《社会保障法的基本原理和构造》，法政大学出版局1994年版，第22页以下；西村健一郎：《社会保障法》，有斐阁2003年版，第17页；堀，前揭注1书，第99页。最近的论稿是，新田秀树："为进行自立支援的'社会连带'"，载于菊池编，前揭注55书，第71页以下等。还有，较早时期在学会提出了社会连带论的高藤，将社会连带解释为社会保障唯一的、单独的基本原理。高藤昭：《再论社会连带》，载《社会志林》2009年第56卷第2号，第53页。

第一章　社会保障法制的将来构想　43

但从社会保障制度的主要构成即社会保险的起源可求证于共济组合等互相扶助的组织来看,一般抽象而言,社会保障制度是基于社会连带的理念而建立这点无法否定。即使在实定法上,在目的条款中,规定了诸如"基于国民的共同连带,防止因年老、障碍或死亡而影响国民生活的安定"(《国年》第1条),"关于老年人的医疗,基于国民的共同连带理念等"(《老年医疗》第1条),"基于国民的共同连带理念建立介护保险制度"(《介护保险》第1条),等等,明确揭示连带是社会保障制度的理念。在学说上主要有:从《宪法》第25条第2款中寻找依据[124];认为从第25条第2款或第29条第2款中有可能发现其规范性依据[125];认为第13条对个人的尊重原理内含这样的各个人之连带[126];认为生存权不仅仅停留于国家的保障,还应以社会连带为基础得到保障[127];认为可以将实现《宪法》第25条第1款理念的生活保护制度,理解为是国家基于社会成员的社会连带思想而进行的给付来对待[128],等等。

关于社会连带论的展开,有若干应留意之处。第一,特别是在我国强调社会连带本身,依然潜存着将个人埋没于社会全体的利益之中,容易导致牺牲个人的危险性,以及压制个人的自由乃至自律的危险性。依笔者之见,社会连带论必须意识到这点,不得损害社会保障法关系中个人之主体性定位[129]。第二,在构想特定制度的状态时,何种程度的连带应予以规范,当然

---

[124]　高藤昭:《外国人和社会保障法》,明石书店2001年版,第397页。在第156次国会众议院宪法调查会关于基本人权保障的调查小委员会会议录第5号(2003年7月10日)中,宪法学者中村睦男参考人认为,"第25条第1款所说的是'健康的具有文化意义的最低生活',据此不能直接得出社会连带的思想。但是,在第25条第2款,在建立社会保障制度的规定中,正如所言,作为社会保障的理念,由于在生存权中加入社会连带的思想,我认为,现今的《宪法》保留第25条的规定,完全可以解释为社会保障的理念本来如此,社会连带也包含个人的自立及集体的自治。"参考人是指,对某事物或事件提出参考意见和专门知识及信息者。——译者

〈http://www.shugiin.go.jp/itdb-kaigiroku.nsf/html/kaigiroku/010715620030710005.htm〉

[125]　菊池,前揭注7书,第137页。

[126]　竹中,前揭注48"自己决定权和自我统合希求性利益说",第22页。

[127]　户波,前揭注26论文,第63页。

[128]　堀胜洋:《现代社会保障和社会福利的基本问题》,密涅瓦书房1997年版,第71页。

[129]　太田匡彦("'社会保障受给权的基本权保障'之含义",载《法学教室》2000年第242号第122页)指出的问题是,与个人主义两立,进而成为个人主义的前提和支撑的社会连带,在何种条件下能够成立?

其界限的划分是不明确的。尤其是最近,在养老、医疗等领域,关于代际间收入转移方式进行了讨论。只要不是主张无抑制的、无限制的代际间连带,可以要求附加一定的规范性界限[130]。第三,也是最想强调的一点,即连带的社会性基础自身被认为正在脆弱化。例如,在2006年(平成18年)医疗制度改革的讨论过程中,如当初称为"连带保险费"所象征的那样,在社会保障制度改革的政策讨论中,特别是作为要求国民负担和缴费的正当化理论,连带或社会连带的理念被较多地使用于独立的老年人医疗制度之财政依靠现世代支撑的机制[131]。但是,规范性地构想作为这种理念存在前提的社会保障制度时,要求应采取慎重的态度。即:有力的观点认为,随着少子老龄化社会的到来,不仅仅经济差距有所扩大[132],在阶层方面,也迎来了所谓的格差社会[133]。另一方面,遗传学的发展有可能使潜在的疾病风险变得明显化等[134],如同应成为社会性风险共有化前提条件的"无知之幕"被割裂那样社会的、自然科学的状况变化正变得更为显著,加之在各"个人"层次生活方式和价值观的多样化以及雇佣及人口的流动化,不得不指出的是,在面临形容对他人和公共的漠不关心、自我化等用语所表述的"恶性个人主义化"加剧这种情形,连带赖以成立的社会性基础正在变得脆弱化[135]。如前所述,关于连带理念在宪法上的依据,尽管目前学说上提出了诸种见解,但是,总而言之,连带乃至社会连带,正如在应称其母国的德国、法国那样,与其说作为以

---

[130] 西村在前揭注1书第17页中指出,"正如围绕年金代际间对立所典型表明的那样,重要的是负担和给付之间要取得平衡,缺乏这种平衡的施策,并非是依据社会连带原理的合理化产物。"

[131] 参见本书终章第一节。

[132] 橘木俊昭:《日本的经济格差》,岩波书店1998年版,等等。但是,也有观点像大竹文雄《日本的不平等》(日本经济新闻社2005年版)认为,代际间收入差距的主因是人口的老龄化和家庭构成的变化,并不特别强调经济差距的扩大。

[133] 佐藤俊树:《不平等社会日本》,中央公论社2000年版;山田昌弘:《希望的差距社会》,筑摩书房2004年版;橘木俊昭:《差距社会》,岩波书店2006年版,等等。

[134] 贝尔·劳赞巴隆:《连带的新哲学——福利国家再考》,北垣彻译,劲草书房2006年版,第30—34页。

[135] 作为社会国家的方向性,斋藤纯一在其著作《公共性》(岩波书店2000年版,第83页)中指出了社会连带的空洞化、人们的社会性和空间性的分割化,"以自由主义的正义论为目标的社会性连带资源眼看着匮乏"。参见本章注144。

宪法上的规定为前提所构建的价值理念，毋宁说应更重视其作为社会保障制度历史中所形成的所谓实定法上的概念之侧面[136]。因此，即使社会连带应成为一个政策决策方针性质的社会保障的法理念，在如前所述含义上的社会样态和各个人的状态发生很大变化的状况下，不得不说的是，其作为宪法层次的规范原理之"强度"当然很难得到承认[137][138]。

从上述观点看，引人注目的是仓田的研究，即："实定法制度不仅没有拂去集体性扶养之性质，反而试图使其重新发挥作用"，从此状态中"应寻找某些规范性意义和必然性"[139]，基于这个问题意识，与各个制度相联系，立足于比较法的视角，运用法解释论，试图导出社会连带的存在和其规范性意义[140]。与如前所述的总论乃至宪法层次的社会连带论不同，这种实定法层次的社会连带论之"累积"，被定位成开辟新领域的理论性工作。

二、代际间收入转移的制度框架

在第一部分中对于社会连带理论的留意点中，第二点和第三点，即有关

---

[136] 仓田聪（"与社会保障法的关系——生存权、公私的作用分担"，载《法学教室》2005 年 612 号 第 46 页）认为，即使在德国和法国等大陆法系诸国，很少有见赋予社会连带以宪法上的价值，"社会连带"应否成为我国社会保障法的基本理念这个题目设定，其自身即使是突出地属于社会保障法这个实定法学上的内容，也应极力避免"这种价值决定不依托于宪法解释，在实定宪法典上明文化，以相当肯定的规范使之固定化，极有可能使将来的一代承担不当缩小政策选择的风险"。

[137] 吉登斯也引证日本的养老金政策之同时，认为福利制度与其像所设想的那样建立大的社会连带，不如认为其基础有被捣毁的可能性，在此基础上，应在改革后的福利制度中引入权利和责任相结合的新社会契约。Anthony Giddens, The Third Way and Its Critics 103, 106(2000). 安东尼·吉登斯:《第三条道路及其批判》，今枝法之、千川刚史译，晃洋书房 2003 年版，第 118、121 页。与这点相关联，劳赞巴隆论述了传统社会连带原理的瓦解（支撑福利国家保险范例的后退）和新连带原理构建的必要性，一方面着眼于从缴费方式向以税为财源的方式（CSG）发展，另一方面重新审视与道德性义务相联系的社会权，与吉登斯同样，与本章的基本问题认识具有一定的共通性。参见劳赞巴隆，前揭注 134 书。

[138] 仓田在前揭注 2 书第 52 页论述指出，在所有的社会福利事业中，由福利服务的利用者、从业者、举办者共同经营的事业一般使用"连带"的概念，有必要通过立法等诱导"社会"关系的形成，并根据情形予以强制。

[139] 仓田，前揭注 2 书，第 25 页。

[140] 仓田，前揭注 2 书，第五章、第六章、第七章，同《今后的社会福利和法》，创世社 2001 年版，第 136—139 页。

社会保障制度"连带"的规范性依据及其界限,从收入转移乃至社会保障负担的界限划分这个观点考察,亦是笔者应从事的研究课题。若从与我国社会保障的中心性保障方法即社会保险的关联来讲,在用扶助原理(乃至扶养原理)修正保险原理这点,即使社会保险的积极性意义被承认,超越基于扶助原理的所谓的保险性风险分散的收入转移被正当化,仍存在着以下需要阐明的问题,即:用保险费缴纳这种形式进行劳资间收入转移的理论性依据和界限划分问题[141];在立足于依照按能力负担原则等进行收入阶层间的收入转移是社会保障制度的特质基础上的对其界限的划分问题[142];随着少子老龄化社会的真正到来代际间收入转移的界限划定问题,等等。如在第一部分中所述,在这些问题中特别是代际间收入转移,与现今急速的社会状况变化紧密相连这点上,理论性、政策性应对成为燃眉之急的课题[143]。为此,以下围绕着(尤其是从现在的年轻一代朝着老年一代的)代际间收入转移的政策性应对方法,从这个观点进行若干的探讨。

若以目前的制度构造为前提,少子老龄化的进展,极有可能使现在年轻一代朝着老年一代的社会保障收入转移加速[144]。进而言之,今后老龄化比率、老龄有权者比率预计确实会有所上升,此与老年一代相对较高的投票率相结合,在我国议会制民主主义之下,老年一代拥有较强的政治话语权,导

---

[141] 菊池,前揭注 27"社会保障法理论的体系和展开可能性",第 608—609 页。参见本章注 2 所列的诸论文。

[142] 参见最高裁大判 2006 年 3 月 1 日,载民集第 60 卷第 2 号,第 587 页,即:在国民健康保险条例中未对生活穷困者的保险费减免进行规定,这并非超出《国民健康保险法》第 77 条的委任范围之规定,被认为是不违反《宪法》第 25 条、第 14 条之例;参见最高裁三判 2006 年 3 月 28 日,载裁时1409 号第 3 页,即:介护保险条例中介护保险第 1 号被保险者之中,没有对生活穷困者一律不征收保险费的规定,或者全额免除保险费的规定,被认为是不违反《宪法》第 14 条、第 25 条之例。

[143] 关于包含财政赤字的受益和负担的失衡,例如,参见矢野康治:"'低福利——超低负担'的国家日本,如何设计这个'国家的形态'?",载《经济教室》2006 年第 615 号,第 65 页以下。

[144] 在自发地互相支撑生活的同时,与为保障生活不得不直接依靠特定的某人这种容易成为自由制约因素的人称性连带不同,实际情况是,在互不相识的人们之间形成的去人称性之处,即使具有通过强制建立社会保险等使社会连带得以制度化的优点,但由于酿成了为特定的人们而牺牲自己这种感情,本应为去人称性的连带正在被人称化。斋藤纯一:"关于社会连带的理由",载斋藤编著,前揭注 79 书,第 275—278 页。参见同《政治与复数性——朝着民主的公共性》,岩波书店 2008 年版,第 164—169 页及本章注 135。

致现在的制度构造事实上固定化。这暗含着进一步增加了有关社会保障代际间对立的潜在危险性⑮。

关于这点,最近,代际会计研究引起了人们一定的注意⑯,正如论述导入社会保障证号的必要性所云⑰,首先,将不透明的负担和给付关系予以明确之事,从确保信息沟通方面也是有意义的⑱。但是,在此基础上应选择何种政策,对此,还有必要进行专门的探讨。

此时,应重新追问的争论点之一是,将老年人和其他的世代分别对待的合理性如何。从将个人的自律置于重要地位的笔者之立场来看,产生的疑问是,第一,在立足于老年人群的收入差距相对较大⑲之基础上,今后将老年人这个范畴⑳整体(特别是在经济意义上的)看做弱者,在给付和负担方面进行优待是否妥当?或者并非如此,不仅仅将其作为社会保障法关系中单方面的"接受方"来定位,也应按照负担能力将其作为"支撑方"来定位?第二,即使医疗、福利、介护这些对人的诸种服务有特殊的需求,对待老年人实行单独的制度本身,难道不是将属于特定范畴的群体作为单方面应受保护的客体来对待?其中,关于前者,一般认为,医疗保险中,在以设置划分详细的减轻负担措施为前提之基础上,基本的保险费率和自己负担比例不问年龄而应同一对待㉑,还有,在职者因障碍、工伤等社会性事故的发生,即使于戎为老年人之前开始接受障碍年金和障碍补偿给付等收入保障给付之情形,也应将该年金给付修改为亲自缴纳到老年时能够领取老年年金的保险费机制。在年金保险中,对于超过一定年龄(厚生年金保险为70岁,国民年

---

⑮ 菊池,前揭注7书,第269页。
⑯ 驹村,前揭注7书,第6页。
⑰ 例如,参见经济财政咨询会议《经济财政改革的基本方针2008》(2009年6月),第24页。
⑱ 参见本章注64。
⑲ 大竹,前揭注132书,第21—23页。
⑳ 从中长期看,有必要对现在将65岁作为老年人的年龄标准本身进行研究。清家笃:《生活在自由年龄社会》,NTT出版2006年版,第242—244页。
㉑ 只是作为前提,存在着现行法上所规定的原则上现世代负担三成比例的妥当性(过于高)这个问题。

金保险为 65 岁)就不能成为被保险者,不负担保险费这点[13],也在社会保险的机制中规定了与给付不相关的缴费(《厚年》第 43 条第 2 款),但随着这个年龄标准的废除,法形式上应重视作为单方面的代际收入转移机制之特征得以淡化这个侧面[14]。关于后者,尤其是依据 2006 年医疗制度改革的《老年人医疗确保法》中,即使是限定于 75 岁以上的后期老年人,对于让老年人世代加入给付和缴费方面单独的另外制度之同时,采取来自于现世代单方面的财政援助之措施,只能予以消极的评价。

重要的是,这些诸种实施方策,不仅关于代际间收入转移的方式,因采取一定的政策性应对而在财政方面谋求社会保障制度的稳定化,而且如在第三部分中所述,其也使社会保障的社会性和法律性基础更为牢固,是谋求实现"构建可持续的社会保障制度"之方策。

三、"社会"等的变化和社会保障法制

如前所述,作为连带或社会连带这种规范概念成立的前提,如后期老年人医疗制度,几乎理所当然地接受了近乎单方面的大幅度的代际收入转移制度那般,出现了支撑我国社会保障的"社会"、"个人"之基础并非安定的状况。并且,在思考老年人医疗乃至整个社会保障的应有状态时,对于这些问题状况,不能熟视无睹[15]。

私见认为,以在第二节乃至第四节所述的规范性诸原理作为有力的政策决策方针来定位,有可能规范性地论述社会保障的应有状态。但是,这些诸原理的规范性价值及其将其作为规准所制定的立法,即使从终极意义看其由来于宪法,但在其与现实的社会状况和市民意识大相背离这点上,也必

---

[13] 久塚纯一:"年金保险的理由……'谁','为何'要负担?——基于历史发展视角的综述",载《工资与社会保障》2004 年第 1375・1376 号,第 52—53 页。

[14] 菊池馨实:"自由年龄社会和社会保障制度",载自由年龄社会研究会编:《以实现自由年龄社会为目标》,财团法人社会生产性本部 2006 年版,第 128 页。此外,负担纳税义务者归根结底是继承人,不能要求被继承人直接负担,但关于继承税制的方式,在重新审视扣除和提高税率的同时,可以考虑采取将继承税收入纳入社会保障财源的方策。菊池,前揭注 7 书,第 273 页。

[15] 参见本书终章第一节。

须承认法制度未能建立稳定的基础。遵循本章中所提出的规范性诸原理(尤其是与社会性风险的共有化相关联的"实质性机会平等"理念)之社会保障制度改革的意义,不仅在于改革本身,而且也在于通过这样的改革,面对社会保障法关系的基础性主体即个人的公共心,通过进行新的立法和修改法制度等活动发挥作用,重新构筑使社会保障的法基础更加稳定且可持续发展的社会性和市民性基础。据此,不单停留于财源方面的"可持续的社会保障制度之构筑",也才会具有更为坚实的社会性和市民性基础。

基于上述观点,今后社会保障法制的具体方向性至少有以下两点。

第一,如第二部分中所述,亦与代际收入转移的应有状态相关联,为老年人建立另外的制度,设立近乎单方面的收入转移框架是有疑问的。这不仅为个人自律的观点,也为世代融合机制自身的作用观点所要求。具体地,就老年人医疗等的应有状态看,这有其合理之处。

根据 2006 年的医疗制度改革,与医疗费适当化的综合推进、保险者的重新编制与统合相并列,创设了如上所述的新的老年人医疗制度。根据新制度,以前的老人保健法改称为"老年人医疗确保法",以前老年人保健制度的医疗对象即 75 岁以上(瘫痪者为 65 岁)的后期老年人(但不包括接受生活保护者等)为被保险者,除去一成的部分负担费用(有一定以上的收入者为三成),新医疗制度的财源由保险费(当初为一成),以及作为现世代(被雇佣者保险和国保)的支援(各保险者按照加入者人数负担),从保险者那里每年度征收的后期老年人支援费(当初为四成)和公费(五成)构成,保险费由市区町村征收,财政运营以都道府县为单位由全市区町村加入的后期老年人医疗广域联合来实施[⑮]。

如前所述,在法案化之前的制定过程中,虽然使用了"连带保险费"的名称,但在法律上改称为"后期老年人支援费"。尽管有这种变化,其制度构造使用了"被保险者"、"(特定)保险费"的用语,从使用保险医疗机构等进行疗

---

⑮ 关于 65 岁至 74 岁的前期老年人的给付费及涉及前期老年人的后期老年人支援费,随着实施按照国保及被雇佣者保险的加入者人数负担的财政调整,关于退职者医疗制度,以至 2014 年度期间的未满 65 岁的退职者为对象,采取过渡性的措施继续实施。

养的给付等保险医疗的制度框架看,基本上依据的是社会保险的机制[⑭]。诚然,应将被雇佣者保险的被扶养人即老年人,定位成缴费及给付的主体即被保险者这点,可予以肯定。但是,将75岁以上的老年人从被雇佣者保险和国民健康保险中分离出来,完全置之于另外建立的制度之下,几乎将其作为单方面的收入转移的受益者来定位这点,存在疑问。在这个意义上,因2009年秋的政权交替,明确了在2012年度末之前废除后期老年人医疗制度的方向性,无论其理由如何,可以予以积极的评价。

这意味着,在1999年8月厚生省医疗保险福利审议会制度计划分会提出的《关于新老年人医疗制度的应有状态》报告中所指出的老年人医疗制度即可称之为理念型四种方案(①独立型、②通过型、③风险构造调整、④一体化)中,笔者最不希望选择的①案,在2006年医疗制度改革中被予以采用[⑮]。

此外,向现在受限制的第2号被保险者扩充介护保险给付,降低介护保险被保险者的年龄基准等,也由于2009年秋的政权交替明示了废止障碍者自立支援法的方向性,其政策意义的实现可能性渐行渐远,但从和关于老年人医疗的所述内容相同的观点看,应积极地朝着实现的方向进行讨论[⑯]。

第二,对作为社会性风险的"障碍"之政策应对,围绕着强化社会保障的法基础,今后势必会成为大关键。在作为社会保障要应对的社会性风险中,

---

[⑭] 但是,对于有关社会保险财源的公费投入,有规范性的界限,在此意义上保险费当初是一成的制度,能否称之为原本意义上的社会保险存有疑问。菊池,前揭注7书,第159页。

[⑮] 笔者基本上支持一体化方案,对现行法上的被雇佣者保险和国民健康保险这个框架存在自身的合理性持有疑问。参见本书第六章。

[⑯] 在社会保险审议会介护保险分会《关于介护保险制度的修改意见》(2004年7月)中,关于降低介护保险的被保险者和受给者的对象年龄,在介绍对此的积极看法时指出,"取消对象者的'限制',实现解决具有连带性的全体国民的介护问题之机制,进一步加强使国民安心的安全网的作用","更长远看,对障碍者的服务,将成为以社会连带为理念的介护保险制度的对象,为此要求国民缴纳保险费之事,可以成为使障碍者福利作为国民切身问题而被接受的契机。对此,并非仅仅强调财源问题这点上应予以注意。

关于最不具一般性、很难有共通化特征的[159]"障碍",通过进一步充实障碍儿(者)的政策应对,实现实质性机会平等的保障,进而言之,将这些保障作为社会可共同约定的规范性价值予以接受的各个人的意识若能得以普遍化,社会保障的法基础或许更加稳定且具有可持续性。关于这点,在即使是重度障碍者为实现其在社区生活成为可能的 2005 年《障碍者自立支援法》,以及将减轻国民育儿的不安感写入法目标,与进行育儿支援的一般讨论相关联的 2004 年《发育障碍者支援法》等中,可以看到在最近的障碍者福利相关立法中所体现的这种政策的方向性。根据同年修改的《障碍者基本法》,其在规定"任何人,不得以障碍为理由,对障碍者进行歧视及其他损害其权益的行为"(第 3 条第 3 款)这个理念之同时,还规定了国民的义务,即"国民,基于社会连带的理念,应为实现尊重障碍者的人权,不歧视障碍者,使其能够参加社会、经济、文化及其他领域的活动而努力作出贡献"(第 6 条第 2 款),对此可以进行积极的评价。2005 年《障碍者雇佣促进法》的修改等,可以看到以充实促进障碍者就业自立之施策为目标的政策动向。但是,仅以这些诸如福利、医疗、保健等各种服务及雇佣施策的充实、障碍者基本法的修改,进而障碍者基本计划决策等的政策性应对,仍十分不够。根据《宪法》第 25 条生存权的规定,可以说在某种意义上一定的"结果之平等"得以保障的我国法状况下,仅靠谋求充实对象者的个别服务这种探索,将大有可能仅停留于通过国家和个人间的保障关系来提高有此需求者的保障水平,而不具有社会共通的问题意识[160]。

---

[159] 虽说如此,成为特别支援教育对象的幼儿、儿童、学生约占 1.4%(其中义务教育阶段约占 1.6%),因 LD、ADHD、高功能自闭症而需要特殊教育支援的儿童、学生约占 6%,应十分注意这决不是低数值。中央教育审议会《关于为推进特别支援教育的制度之应有状态(答复)》(2005 年 12 月)第 2 页。

[160] 关川在"'生存权还是平等权'二者择一的思考"一文中指出,成为建设性论证的阻碍,"应质问的是,仅仅是对于障碍者而言,默认对差别性社会结构的容忍,力求充实对有障碍的社会弱者的再分配体系,是否能够确保障碍者在社区中作为'普通的市民'而有尊严地生活"(载河野正辉、关川芳孝编:《讲座障碍者的人权①——权利保障的体系》,有斐阁 2002 年版,第 59—61 页),"对于构成人权核心部分的自由和平等,因不公正且差别的对待而被否定、制约的状态,也靠生存权的探讨来应对,存在着很大的疑问。这些使得障碍者的自由和平等被形骸化、空洞化,易产生差别的构造"(同书第 215 页)。

52　社会保障法制的将来构想

　　基于上述观点,全面导入禁止歧视障碍者法制被予以正当化[161]。制定综合性的具有一定的法之强制力的《禁止歧视障碍者法》,这是从歧视这个视角横断审视一直以来按雇佣、交通、通信等生活的每个别领域所采取的障碍者施策,并且也是基于保障障碍者权利的视角而进行的立法[162],可以成为实现作为社会保障规范原理的(个人的)"自律"、"实质性机会平等"的强有力手段。不仅如此,同法的制定,也将成为重新构建能够促进社会保障的法基础更加稳定且具有可持续性的社会性和市民性基础的有效方法[163]。但是,禁止歧视本身,仅仅停留于在和健康正常者的关系上要求采取公正对待

---

[161]　联合国通过的《障碍者权利公约》于 2008 年 4 月生效,日本也于 2007 年 9 月签署了该公约,但是,目前正处于政府内部国内法的完善研究阶段,尚未批准。关于《障碍者权利公约》,参见长濑修、东俊裕、川岛聪编:《障碍者权利公约和日本》(生活书院 2008 年版);"特集·障碍者权利公约与日本的课题",载《法律时报》2009 年第 81 卷第 4 号;松井亮辅、川岛聪编:《概说障碍者权利公约》,法律文化社 2010 年版等。另一方面,在自治体也开始进行有关禁止歧视的条例立法工作。作为最早的例子,在千叶县,在认识到改变社会机制本身的必要性之同时,进行了禁止歧视障碍者条例的制定工作(野泽和弘:《有条例的城市》,葡萄社 2007 年版),2006 年 10 月,县议会表决通过了《建设障碍者和无障碍者共同便利生活的千叶县条例》。参见千叶县障碍者条例信息发布项目组编:《致需要障碍者条例的你》,行政 2009 年版。

[162]　笔者并非仅仅基于重新构建社会保障之法基础这个战略性观点主张制定《禁止歧视障碍者法》,就障碍者施策本身来看,现行法制的规定也不充分,所以支持制定该法。例如,在以比例雇佣制度为中心的现在的障碍者雇佣支援对策中,不得不说的是,各个障碍者只不过是基于雇主的雇佣义务而享受反射性的利益而已,缺乏权利保障的思想。竹中康之:"障碍者的雇佣支援对策的现状和课题",载《劳动法律旬报》2004 年第 1586 号,第 11 页;竹中康之:"关于障碍者雇佣保障法制的现状",载《修道法学》2008 年第 31 卷第 1 号,第 217—218 页。

[163]　在我国以制定《禁止歧视障碍者法》为目标所做的努力有,日本律师联合会人权拥护委员会编:《障碍者的人权和禁止歧视法》,明石书店 2002 年版;河野正辉、关川芳孝编,前揭注 160 书。其时,有关美国的禁止歧视障碍者法(ADA)和美国障碍者歧视法制,主要参见:矢野里绘:"美国的障碍者政策",载竹前荣治、障碍者政策研究会编:《障碍者政策的国际比较》,明石书店 2002 年版,第 69 页以下;理查德·K.斯克齐:《美国最初的禁止歧视障碍者法诞生记》,竹前荣治监译,明石书店 2000 年版;小石原尉郎:《禁止障碍歧视的法理论》,信山社 1994 年版;川岛聪:"2008 年 ADA 修改法的意义及对日本的启示",载《海外社会保障研究》2009 年第 166 号,第 4 页以下;长谷川珠子:"关于禁止歧视法'障碍'(disability)之定义",载《季刊劳动法》2009 年第 225 号,第 40 页以下。2009 年 12 月,在新政权下,我国因缔结《障碍者权利条约》而开始进行国内法的完善,为了进行障碍者制度的集中改革,根据阁僚会议决定,设置了障碍者制度改革推进本部。该本部下设的"障碍者制度改革推进会议"于 2010 年 6 月提出了"障碍者制度改革推进的基本方向(第一次意见)",基于此,该本部整理形成了"推进障碍者制度改革的基本方向"。据此,关于制定禁止以障碍为理由的歧视法律,设定的目标是 2013 年提出法案。

的规范性方针,并非一定是以促进雇佣为直接目的。若从实质性机会平等等角度看,这种研究的导入和(至少应过渡性地承认)促进雇佣等相关的积极措施,并不是矛盾的,而应认为是两立的[164]。

在现今的政策性应对中被广泛认识的"构筑可持续的社会保障制度"这个目标本身虽然正确,但不应仅仅将其作为财源的问题[165]来对待。正如本章中所论及的那样,有必要从规范的视角进行分析。这在与《宪法》第 11 条的后段所规定的"本宪法所保障的国民的基本人权,……赋予现在及将来的国民"之关联上,可以认为是对现代国家及其生活的诸个人所课加的规范性要求[166]。

第七节　结语

对于社会中处于不利地位的人们,在法的应对上,采用禁止歧视理论的代表性国家是美国。即使说 20 世纪后半期美国社会改革的一个方面,是禁止歧视的历史,亦不过分[167]。肇始于 1964 年《民权法》的禁止种族歧视,与

---

[164]　2003 年 3 月,在关于《障碍者权利公约》的"日本政府的见解"中认为,"障碍者雇佣比例制度和障碍者雇佣禁止歧视法制,从其基本理念的不同看是很难两立的,像障碍者雇佣比例制度这样的积极性措施不属于障碍者歧视,这有必要明确在条约中定位"。对此,在障碍者相关团体的意见书中认为,比例雇佣和禁止雇佣歧视不是二者择一,为实现对个人性差异进行照顾的实质性平等,对雇主课以必要的照顾义务被认为是"积极的措施"。金政玉:"障碍者权利的国际状况和对国内法制的影响",载《国际人权》2005 年第 16 号,第 22—23 页。竹中在前揭注 162"障碍者雇佣支援对策的现状和课题"第 12 页中,提出了废止比例雇佣制度的疑问,支持在保留基于社会连带的比例雇佣这种思想和优点之同时,课以雇主禁止歧视障碍者和对雇佣环境的合理性个别照顾之义务这种方案。

[165]　参见小盐,前揭注 15 书,第 156、261 页;经济财政咨问会议前揭注 11"关于经济财政运营和构造改革的基本方针 2006",第 25 页。

[166]　若着眼于《宪法》第 11 条后段的意义,尾形健"关于'健康的具有文化意义的最低限度的生活'之水准",载日本社会保障法学会编:《社会保障法》2003 年第 18 号,第 16 页认为,"即使在作为国家权力的最高机关《宪法》第 41 条),且具有财政决定权(《宪法》第 83 条)的国会,关于社会保障制度的创设,对为实现将来国民自律的和自主的生活之制度设计,要求经深思熟虑后决定之"。

[167]　参见长谷川珠子:"美国做了什么",载森户英幸、水町勇一郎编:《禁止歧视法的新展开》,日本评论社 2008 年版,第 45 页以下。

禁止性别歧视、禁止年龄歧视[168]、禁止障碍者歧视[169]相关的法规制和判例法理得以发展。在美国的状况是,以《合众国宪法修正案》第14条第1款的平等保护条款及其具体化的禁止歧视理论为轴心,谋求对需要社会性保护的群体进行法的保障。另一方面,美国联邦宪法上并无相当于我国《宪法》第25条的明文规定,与实体性的生存权保障相关的理论积累也称不上充分[170]。在程序性保障或一定的机会平等这种含义上的保障方面,虽说相对注重,但结果对产生的贫困和社会排斥等问题,就连最低水准的生活都未必得到实体法的保障[171]。反观我国的讨论状况,作为明文规定的《宪法》第25条已然存在,虽说根据判例和通说被广泛地委以立法裁量与行政裁量,但至少该条并不单纯被解释为是纲领性规定,而被承认具有一定的法的效力[172]。这意味着,虽然侧重于收入保障方面[173],但每个人的生活保障,即使是"微薄的"保障,也可以作为宪法上的实体性权利保障问题来对待。然而,置身于这样的法环境,反而会弱化推动社会保障的规范性基础依据这个理论性工作,并且,会轻视自律性个人对生活的追求这种动态性乃至过程性价值的重要性,导致出现了诸如此类的理论性问题[174]。

在这种探讨中,笔者对社会保障的规范性依据,通过不仅求证于通说的《宪法》第25条,而且求证于更具有根源意义的《宪法》第13条,加入动态性乃至过程性的视点,试图揭示新的社会保障法理论。但是,基于这些

---

[168] 参见柳泽武:《关于雇佣年龄歧视的法理》,成文堂2006年版;樱庭凉子:《禁止年龄歧视的法理》,信山社2008年版。

[169] 参见本章注163。

[170] 菊池,前揭注7书第2章,葛西真由子"生存权的规范意义",载《法学政治学论究》2005年第64号,第245页以下。

[171] Cf. Joel F. Handler, Social Citizenship and Workfare in the United States and Western Europe: The Paradox of Inclusion(2004).

[172] 参见最高裁大判决1967年5月24日,载民集第21卷第5号,第1043页(朝日诉讼);最高裁大判1982年7月7日,载民集第36卷第7号,第1235页(堀木诉讼)。

[173] 参见本章第三节第二部分。

[174] 如反复所讲,笔者的论证有一个目标在于,特别是关于对障碍者和儿童的实体性照顾、对努力朝着自律发展的个人建立和完善支持体系等,超越狭义的社会保障这个旧有框架,比之前更加对准焦点而展开。

理念建立的法基础，经过重新构建通过立法化的社会性、市民性基础这种探索，亦具有将变得更加稳定且可持续之特点。因此在本章中，不止于金钱和服务"给付"这种旧有型的保障方法，也提出了导入禁止歧视理论的制度改革⑮。

不过，笔者的理论尝试亦留有问题。包括第六节中论证的进一步深化在内，总之只能留待今后研究。在此，仅指出以下两点。

首先，本章中依据"自律"、"实质性机会平等"等规范性价值而提出的社会保障的基础依据论，不只是停留于各个宪法条文的解释论，也是具有突出的社会保障法学固有体系性规范内容之论⑯。还有，本章中的社会保障法理论也牢记着第一要义是作为政策决策方针的法政策论而展开。但是，假使国民根据选举选出代表而组成的国会，于现实中显著偏离此方向而推进立法之情形，在与个别的宪法条文的关联上，这些规范性诸原理的规范内容和裁判的规范性将再次受到质问，有必要重新开展质疑《宪法》第 25 条等违宪审查基准的理论性工作⑰。

其次，政治性自由和民主的关系性如何。在笔者的规范性论证中，尤其是在"实质性机会平等"之下，只有确保为使障碍者等现实中能够行使选举权的诸种服务，才可以成为完善有效保障参政权的前提条件⑱。再者，即使不能说仅凭政治性自由和民主就构成《宪法》第 25 条的"健康的、具有文化意义的最低限度生活"保障的基础⑲，至少有一方面是，通过提供以《宪法》第 25 条和第 13 条为基础的收入保障等"生活保障"，使政治性自由得以有

---

⑮ 在这个意义上，本章中私论的展开，可以说是将高井裕之所说的生存权理论、平等理论、自己决定权理论进行统合的理论化尝试。参见高井裕之"源于因障碍歧视的自由"，载《岩波讲座现代之法 14 自己决定权和法》，岩波书店 1998 年版，第 203 页以下。

⑯ 西原，前揭注 47 书，第 75 页。

⑰ 以美国州宪法的规定和判例为线索，或许对于我国有关生存权的立法裁量论之新展开有所启发，参见葛西真由子："生存权和立法裁量"，载《法学政治学论究》2005 年第 67 号，第 199 页以下。

⑱ 关于障碍者和参政权，井上英夫编著：《障碍者和参政权》，法律文化社 1993 年版，等等。

⑲ 参见远藤，前揭注 76 论文，第 340 页。

效确保,民主能实质性发挥作用的基础充分具备[180]。

最后,笔者所主张的社会保障法理论,并非是像以往的生存权论那样,仅仅以涉及直接与"贫困"紧密结合的"健康的、具有文化意义的最低限度生活"保障的社会保障(这本身是重要的视角,是笔者主要关心的问题之一[181])为焦点。笔者试图将诸个人,即不仅有低收入者和无工作者,还包括自营业者、一般劳动者、企业经营者[182]等具有各种属性的社会保障之法主体,总括性地纳入研究范围,尝试论述在我国整个法体系中社会保障法制的应有状态。如果仅仅关注最大限度改善处于社会中最不利境遇人们的状况和地位之法理论,对除此之外处于各种境遇的人们之负担和给付方式,就有可能出现不关心的情形。但是倘若如此,就将产生这种社会保障法理论可否支配整个社会保障法制,乃至顾及个人的负担和给付方式这个疑问,在与笔者关心的问题之关联上来说,结果反而招致社会的分裂,易导致支撑社会保障制度的社会性和市民性基础崩溃。

---

[180] 从熟议民主制的观点探讨社会福利的权利,论述"熟议能力的平等"的有:平地秀哉:"熟议民主政治和社会福利",载《早稻田法学》2004 年第 79 卷第 4 号,第 173 页。此外,关于论述民主和福利原理的有:田村,前揭注 44 论文,第 38 页以下。

[181] 参见本书第八章、第九章。

[182] 企业的董事作为"被采用企业所雇佣者"(参见《健保》第 31 条第 2 款、《厚年》第 6 条第 1 款第 1 项)成为社会保险的被保险者,负有缴费义务,获得受给资格。参见本书第 3 章。例如,论述提及社会保障的权利主体说到底是作为一个被害者集体的劳动诸阶层,若从"正是作为从加害者向被害者支付的一种补偿"的社会保障等观点看,这是特殊的[西谷敏:"社会保障法的人像",载《法学杂志(大阪市立大学)》1972 年第 19 卷第 2 号,第 38 页];若非如此,就不得不论述包括这些董事及其他高收入者等在内的,社会保障法的法主体性。参见本书第二章。

第二章　社会保障法的人像

第一节　序言

　　与西欧诸国相同，即使在我国，社会保障制度真正的发展是肇始于20世纪以后，特别是第二次世界大战后。因此，以这样的法制度为分析对象的社会保障法的历史也并不悠久。在这种状况下，社会保障法为获得作为实定法学一个领域的独立地位，不容忽视的是围绕着人像的讨论将发挥大的作用。本章的目的在于，立足于这样的观点，围绕着社会保障法的人像这个题目进行若干考察。

　　以下第二节，将概述在社会保障法学上，迄今为止围绕着人像，历史上进行了怎样的讨论这个问题。接着在第三节，对于作为社会保障法的法主体之人在实体法上被如何看待这个问题，亦在参考其他的法领域之同时，进行概述。在此基础上，在第四节，关于围绕着社会保障法的人像目前的理论状况，结合笔者所主张的社会保障法理论，进行若干的整理。

第二节　社会保障法的人像

　　我国社会保障法的形成可以追溯至20世纪50年代后半期[①]。其后，进入60年代后半期，随着经济的高速发展，社会保障制度也逐渐得以健全，似乎与此相呼应，对社会保障法这个法领域的学术性关注也开始增加。在

[①] 不过，在应称为研究者最初的体系书即吾妻光俊的《社会保障法》(有斐阁1957年版，第14页)中也只是论述指出，"关于作为社会保障法的统一性观念能否成立问题，未能进行确定的解答，并且，关于其概念的内涵，也不能确定之"。

经济整体水平提高中社会保障制度的充实并未跟上的状况下,正如在因生活保护基准的低下而引发的朝日诉讼②中所见,以生存权为核心的权利论研究③也在这个时期积极地开展起来。

作为社会保障法研究的源流,可以追溯到若干既存的实定法领域,应称为其主流的是劳动法。现今的日本社会保障法学会,若追根溯源,其也于1977年得到日本劳动法学会的援助,以其会员为主要基础组织了社会保障法研究会④,正是这个研究会于1982年成为学会。在学术上,工伤保险等劳动者保险,以及具体体现生存权的生活保护制度等受到关注。

进而,由于社会保障是开展给付行政的重要场地,作为行政法分论的一个领域,其也成为行政法研究者关心的对象。在此,例如,阐明围绕与社会福利服务利用关系相关的措置制度*之法律关系等成为研究的焦点。

此外,社会保障具有将家庭的经济性和身体性扶养社会化的性质,从生活保护等与扶养义务的关联看,也受到来自家庭法领域的关注。

从以上经过可见,即使在若干的源流中,社会保障法,特别是与劳动法的关系上,有主张其相对的独立性之侧面。这些讨论具有象征意义的展开,正是围绕着社会保障法的人像之讨论。并且成为其讨论核心的是,荒木诚之的"生活主体"论⑤。即:荒木认为,"劳动法以具有从属关系的劳动者为对象,无法涵盖农民、渔民、中小微企业主、个体劳动者等广范围经济弱者的生存权"⑥,"劳动法以'劳动者'为法主体,但是这个劳动者是指,在从属劳动关系中被置于资本支配下的人。……劳动法上的劳动者,并非是将人的

---

② 最高裁大判决1967年5月24日,载民集第21卷第5号,第1043页。
③ 参见小川政亮:《作为权利的社会保障》,劲草书房1964年版。
④ 河野正辉(原理事长):"学会成立20年之际"(引自日本社会保障法学会网站http://wwwsoc.nii.ac.jp/jassl/index.html)
* 措置是指,在社会福利领域,根据法律法规,对需要援助的对象决定适用某一制度的行政行为。——译者
⑤ 荒木对社会保障法的学术贡献也在于,其代替了至此为止的通说即按制度分的体系论,建立了所谓的按给付分的体系论。但是私见以为,从社会保障法的学术独立性这点看,"生活主体"论的命题更为重要。
⑥ 荒木诚之:《社会保障的法之构造》,有斐阁1983年版,第66页。

生活作为核心来把握,在劳动力具有商品的性质上其被看作是具有交换作用的人","社会保障法的法主体,并非是根据具体的生活手段,而是作为生活主体被对待的国民。在此,劳动者也并非是在立足于劳动关系所表现出的性质上,而是根本上与农民、渔民及小企业经营者处于同一水平上,即在作为生活主体的性质上予以把握"[7]。在牢记从既存的劳动法中划分出社会保障法之同时,其核心的法理论是从与人像相关的论述而展开的。

针对荒木说,以劳动法学者为中心展开了反对论[8]。作为其论者之一,在此,以西谷敏的观点为例。西谷认为,荒木的生活主体论存在的问题在于,"由于社会保障的适用范围以全体国民来把握,将以资本家阶级(特别是垄断资本)和以劳动者为中心的劳动诸阶层均作为等质性国民来把握,将两个社会阵营的对立暧昧化"。西谷认为,"社会保障的权利主体归根结底应看成是'根据其社会性特质所决定的具体的人'即劳动诸阶层,即使有不需要保障者被置于现实的社会保障制度覆盖之情形,亦不应承认其中的不止于技术性乃至意识形态性内容的本质性含义"[9],在此基础上指出,"劳动诸阶层在现代社会组成了所谓的一个被害者集团,以这些被害者集团的抗议运动为媒介,生存权在实定法上得以确立和扩大,至此形成了社会保障法[10]",并提出了社会保障"正所谓是加害者向被害者支付的一种补偿"之见解[11]。但是,西谷对人像的关注在于,"追求社会保障的权利性时,权利主体之法的映像,换言之法的人像问题具有重要的意义"[12],在其专门对社会保

---

[7] 荒木,前揭注6书,第76—77页。

[8] 关于荒木理论的背景和反对说的争论,参见荒木等:"特集·社会保障法学的轨迹和展望(座谈会)",载《民商法杂志》2003年第127卷第4·5号,第514—516、521—523、526—528页。

[9] 西谷敏:"社会保障法的人像",载《法学杂志(大阪市立大学)》1972年第19卷第2号,第24—26页。

[10] 西谷,前揭注9论文,第31页。

[11] 西谷,前揭注9论文,第38页。西谷以这样的立论为背景,将重点放在"作为国家的保护对象,抹杀了相互间同质的差异之全体人"=福利国家的人像是将人作为国家保护的对象这个侧面,抓住对其自主性和自发性未充分进行法的评价这个弱点,基于"决非仅仅是被动的保护对象,而应是具有自立性、主体性和实践性的人"这个问题意识展开了人像的论述,这点与后述的私见有共同之处,颇有兴趣。同论文第25、38页。

[12] 西谷,前揭注9论文,第2页。

障的权利及权利主体的应有状态进行研究这点上,对其与荒木说论述的方向性不同之点有必要予以留意。

如上,围绕着社会保障法人像的讨论,具体地应秉持何种思想而展开,对此,尽管存在着侧面不同之处,但却是有关如何看待社会保障法的本质讨论。不过,20世纪70年代后期以降,围绕着人像的讨论[13]基本结束,直至后述的私见等提出之前未成为讨论的目标。

第三节　关于社会保障法之人

在实定法上的用语中,关于社会保障法之人,并非以一般形式出现。针对劳动法上的"劳动者"(《劳基》第9条、《劳组》第3条)、消费者法上的"消费者"(《消费基》第2条第1款)是实定法上的概念,作为社会保障法上的被保障主体之人,虽然实定法上有诸如"被保险者"、"被扶养者"、"受给权者"、"要介护者"、"要支援者"、"要保护者"等各种称谓出现,但是,作为将其划一且概括的实定法上的概念是不存在的。因此,第二节中所提及的"生活主体"或"劳动诸阶层"等概念,其自身也并非是依赖于条文解释的用语,而是学者们在探讨社会保障法上的理论性诸问题时作为规范性道具概念所具有的含义。

然而20世纪90年代后半期以降,所谓的社会保障构造改革正式进行,随着对社会保障法含义理解的变化[14],围绕着各相关当事者的法律关系也

---

[13] 柳泽认为,在这个时期的讨论中所提出的问题是,与劳动法的"劳动者"相比,如何能赋予社会保障法的法主体以阶级性。柳泽旭:"荒木'社会法'论的法构造和特质",载《山口经济学杂志》2007年第56卷第2号,第52页。

[14] 即使阅读主要的教科书,从"所谓社会保障,是国家对于生存权主体即国民,以保障其生活为直接目的,进行社会性给付的法关系"(荒木诚之:《社会保障法读本》(第3版),有斐阁2002年版,第249页)这个解释,朝着有力的主张,即社会保障是"在规范社会保障制度(即社会保险、公共扶助、社会福利、儿童补贴、公众卫生和医疗——笔者注)中出现的各种当事者的组织、管理运营及对其监督之同时,规范这些当事者相互间所产生的各种法律关系、权利义务关系之法"(岩村正彦:《社会保障法1》,弘文堂2001年版,第15页),诸如此类将焦点置于阐明无法全部依靠国家和国民间的给付关系所解释的多样的法主体之间的法律关系之观点转变。

发生了大的变化。譬如,正如"从措置到契约"这个口号所示,一直以来,在提供社会福利服务时,主流的情况是根据行政机关对国民所作出的行政处理(措置)而设定有关福利服务利用的法律关系,对此,通过《介护保险法》、《障碍者自立支援法》的制定,以老年人、障碍者(儿)领域为中心,依据服务提供者和利用者之间的直接契约而设定福利服务利用关系的情形有所增多。面对这种也可以称为"社会保障法的私法化"⑮之状况变化,一直以来的"人像"论亦被迫重新展开。

例如,在前述的荒木说中论述到,"某人作为劳动力的承担者、家庭的一员以及财产交易的当事者,分别以劳动法、亲属继承法、民商法上的法主体出现,而其在社会保障法上是作为生活主体出现在法关系中。正因如此,尽管社会保障法其适用对象具有普遍性,但与既存的法律不产生竞合重复关系。毋庸置疑,除既存的法律各自的法范围之外的生活领域,则由社会保障法来统一掌握"⑯,"社会保障法的法主体,从市民法角度看是法人格者,但社会保障法,将自然人作为法人格者在被抽象化基础上的社会实在性,换言之,将在抽象化的过程中被抛弃的生活主体之侧面,积极地置于法概念的核心之中。"⑰然而另一方面,由于从近代市民社会向现代市民社会的变迁,作为私法核心的民法之人像也发生了大的转变,正在与市民社会的扩大现象紧密相关,在民法所涉及的社会关系不断扩大中,"人,一方面从事以生产活动为中心的经济活动,但这并不是全部,与此同时作为具体的人要经营多样的生活","就是说,在经济活动的外部有'生活世界'的人间关系"需要把握⑱,实际上,对有关社会福利领域的服务契约理论⑲,包括成年监护制度在

---

⑮ 菊池馨实:"社会保障法的私法化?",载《法学教室》2001年第252号,第119页以下。
⑯ 荒木,前揭注6书,第34页。
⑰ 荒木,前揭注6书,第54页。
⑱ 吉田克己:"民法中的'人'——总论——从近代至现代",载《法学研究会》1999年第529号,第35页。
⑲ 参见岩村正彦编:《福利服务契约的法研究》,信山社2007年版等。

内的福利受给者等权利保护[20]进行跨学科研究的必要性急速增加，不论是私法（乃至民法）还是社会保障法，法理论研究出现了要求将"具体的"人置于头脑中的状况。于此意义上，在"社会保障法是生存权的原理直接支配之法"[21]这点上即使有其独自性，但作为人像的"生活主体"本身之含义，不得不说也有其正在相对化的一面。

第四节 "自律"指向性的社会保障法论和人像

对于如何认识社会保障法的人像，这个话题最近又开始热议起来。其发端之一似乎是，笔者所主张的"自律"指向性乃至"自由"基础性社会保障法论[22]之提起。笔者的基本问题意识在于，社会保障制度的规范性依据如何这点。诚然，毋庸置疑，《宪法》第 25 条在战后我国社会保障制度的形成过程中成为具有核心意义的规范性基础，在国际上也是应引以为自豪的予以明文化的社会权规定。但是，若只存在这样明文化的宪法条款，并不足以成为社会保障的法基础[23]。以饱受国家财政严格的财源制约之诸般现状为前提，不可能产生凌驾于这些制约之上，并且展开能够统领社会保障法制"整体"、具有说服力的生存权论之理论状况。

对于生存权的根据为何这个问题，一般进行的历史性说明是，为克服

---

[20] 参见新井诚、秋元美世、本泽巳代子编著：《福利契约和利用者的权利保护》，日本加除出版 2006 年版等。

[21] 荒木，前揭注 6 书，第 29 页。

[22] 尽管笔者当初将自身的规范性理论称为"自由"基础性社会保障法论，但由于自由概念的多义性等，现在认为将之称为"自律"指向（乃至基础）性社会保障法论或许更为确切。参见本书第一章注 41。

[23] 远藤美奈（"《宪法》规定第 25 条的意义"，载《季刊社会保障研究》2006 年第 41 卷第 4 号，第 336 页）指出，社会保障在实定宪法上的根据是第 25 条，社会保障法为实现生存权而存在这个说明，就难以回避地产生了"那么为何生存权必须规定在《宪法》中"，这个更加根源性的质问。

第二章 社会保障法的人像

近代资本主义国家在发展过程中产生的诸种矛盾,要求政府采取干预和调整措施,在这种背景中,产生了作为历史性产物的生存权。战后,暂且不管在《宪法》第25条的起草过程中进行了怎样的讨论[24],这种历史性的说明本身是不应否定的。但是,历史是变化的。即使生存权是历史性的获得之物,并且,即使也应高度评价并尊重其意义,与此同时,继续研究超越时代的、妥当的,即在本源水平上的规范性依据这项工作也是必要的[25]。

从这些问题意识出发,私见对以《宪法》第13条作为终极性的规范性依据的社会保障之法的基础构建进行了研究[26]。在此成为理论展开的一个轴心是,社会保障的目的论[27]。即认为:社会保障之目的并不止于以往通说所谓的国民生活保障[28],更具有根源性的是,"对个人自律的支援",即"为使个人作为人格性的自律存在可以自主地追求自己的生活方式之条件完善"。从此,作为应被尊重的规范性价值,导入了①"个人"基础性;②"自律"指向性;③(关于生活舞台各阶段)"生活方式选择范围的平等"乃至"实质性机会平等"。与③的关系上重要的是,为了使各个人能够构筑自主性、自律性的生活,仅仅实现财源分配的形式性平等仍不充分。这样的视点,与对未满足最低生活的个人进行其不足部分的经济给付即可这种一定意义上的归结主义的(或者结果平等的)视点是相异的。

成为笔者理论展开的另一个轴心是,围绕人像乃至个人像的论述。笔

---

[24] 参见本书第一章注40。

[25] 笔者的论述是"基础构建主义"性的,即使与议会制民主主义的关系如何成为问题(参见仓田聪:《社会保险的构造分析》,北海道大学出版会2009年版,第61页),"控制政治过火的法和权利之作用,还有,通过法和权利的价值创造与实现之意义是巨大的"(佐藤幸治:"关于'人格性自律权'的补论",载佐藤等编:《现代社会的国家和法:阿部照哉先生喜寿纪念论文集》,成文堂2007年版,第12页)。

[26] 参见菊池馨实:《社会保障的法理念》,有斐阁2000年版,第三章及本书第一章。

[27] 着眼于社会保障目的之法体系论(按目的分的体系论)等规范论,最近展开的讨论有,河野正辉《社会福利法的新展开》,有斐阁2006年版,第一章。

[28] 荒木,前揭注14书,第249页。

者所提出的"人像"[29]，与所谓的人格性自律权论具有亲和性[30]，是以自律的个人为前提之存在[31]。

对于这种笔者的自律性个人像，虽如在前章所述那样进行了批判[32]，但是私见不是论述在现实政策的开展中应以具有完全自律能力之人为基准（反过来说，不符合这个基准之人不作为保护的对象）这个宗旨。作为社会保障的所谓元理论性依据构建，即使在阐述社会契约意义的说明时所设想的个人是自律的人，有关个别制度的适用情形中现实具体的人之状态各有差异亦为理所当然。私见的着眼点在于，要求以下方面予以规范化：为了应对依靠各个人的力量所无法应对的社会性风险而建立的社会保障制度这个机制，应基本理解为，在立宪主义体制下，人自出生朝着自律性个人而成长，（即使是不完全的）在保持自律性的同时，追求自主的生活方式，在此基础上，作为规范性的前提条件即所谓社会契约性地依据诸个人的合意而形成这个机制[33]，并且，在现实制度的适用情形，"例如，认知症老年人不失去自我同一性的生活姿态，以及智力和发育障碍者等即使比一般人的速度更缓慢，在其发育成长过程中可以认为具有'自律'（指向）性，为对此"营生"进行支持的法制度应完善和充实。"[34]并且其中，基本上不包含对于各个人所追

---

[29] 对比荒木的生活主体论与笔者的人像论，有观点指出，前者是主要着眼于阐明围绕社会性给付的权利义务法关系，对法的人像进行了分析，而后者立足于决定社会保障政策时作为模本的人如何设定这个设想，而尝试接近人像，理论上有不同的分析。参见荒木等前揭注8座谈会第529页中有关河野正辉的发言。的确，荒木等，与以阐明"社会福利的权利构造"为目标的河野不同，私见认为，对于不具有能够称为权利之强度的规范性诸原则，作为在政策制定阶段应依据的重要方针，或者作为裁判规范水平上的一个解释方针而试图去承认其效力的论述，在这点上，河野的分析有能够首肯之处。只是笔者使用"人格性"这个用语的一个着眼点，并不止于作为裁判规范的"权利"，还在于试图对包含相当于"人格性利益"的保护法益在内的社会保障制度之应有状态展开规范性论述。

[30] 本书第一章页边码第14页。

[31] 但是，也论述提及了这里所谓的自律性个人，是以共同体中个人之间的关系性为前提之存在，还有，不能考虑仅仅追求自己利益的存在。本书第一章注44。

[32] 参见本书第一章第五节第三部分。

[33] 本书第一章页边码第13页。

[34] 加藤智章、菊池馨实、仓田聪、前田雅子：《社会保障法》（第4版），有斐阁2009年版，第65页（菊池执笔）。

求的特定的"良好的生活方式",国家进行有选择的保障这个含义。但是,若兼顾结合笔者最近的论述而言,即使是作为"为维持保全共同体的机能之被动物"㉟,立足于为确保"可持续的社会保障制度"之社会性和市民性基础而完善社会保障制度这个方向,私见也主张完善相关法制㊱,在此,留下了与多元主义社会中公共性"善"㊲的构想如何处理位置关系的研究课题。

第五节　结语

如本章所述,社会保障法的人并非是作为贯穿整个该领域的实定法上的解释概念而登场。但是,无论在历史上,抑或在现实中,其作为为了规范性理解社会保障法是什么的重要关键性概念,积累了一定的研究。可以说正是一个亦旧亦新的问题。只是其时,正因为不是实定法上的概念这个缘故,论者展开人像论的文脉(论述的方向性)、论述范围(例如,是整个社会保障还是社会救助)若不充分,特意进行的讨论有可能结果是王顾左右而言他,对此有必要充分留意。

㉟　盐野谷祐一:《经济和伦理》,东京大学出版会 2002 年版,第 132 页。
㊱　参见本书第一章第六节第二部分及终章第一节。
㊲　玉木秀敏:"自律的价值和卓越主义性自由主义",载田中成明编:《现代法的展望》,有斐阁 2004 年版,第 303 页。

第三章 非正规雇佣和社会保障制度
——以公平和公正的视点为线索

第一节 序言

面临雇佣的流动、分层社会的到来这种社会状况,部分时间工作、承包和派遣等非典型雇佣问题正在成为焦点。本章的目的是,从社会保障法学的角度,对非典型雇佣的法之保障状态,试图获得一定的改革视点。作为其时的研究路径,在本章中,以最近的政府相关报告书等为线索,梳理与围绕我国社会保障制度状态的"公平"、"公正"相关的讨论,以"公平"、"公正"的视点为一个轴心,探讨非典型雇佣中短时间劳动者(部分时间工作者)的社会保障制度,其中也论述社会保险(含劳动保险)的应有状态。因为"公平"乃至"公正"(特别是"公平")是对社会保障制度进行研究时使用较多的评价概念。还有,研究政府相关报告书,不仅反映了其对以往社会保障制度改革时发挥了一定的作用,而且在一定程度上反映了社会的、经济的时代状况和人们的价值观之变化等。

以下,在第二节,概括梳理经济学、财政学、法学等社会科学诸领域如何使用"公平"、"公正"这个概念。之后,在第三节,对于社会保障领域的这些研究方法,以政府相关报告书等为线索,阐明其特征。接着,在第四节,聚焦于社会保险,阐明有关短时间工作的社会保障制度的适用关系。在此基础上,在第五节,从"公平"、"公正"的视点,关于短时间劳动者适用社会保障制度的应有状态,进行若干的考察。

第二节 "公平"和"公正"的学术性词语用法

首先,关于"公平"、"公正"概念在社会科学上如何使用这个问题,以与经济学、财政学、法学相关的若干文献为基础进行确认。

在(公共)经济学上,有公平(性)(Equity)和效率(性)(Efficiency)的相对关系这种说法①。政策决定必须考虑公平(分配)和经济效率两个方面,屡屡对二者进行调和②。为了实现公平性这个目的,对贫困者进行收入转移。但是,在同样的含义上,也可以看到公正和效率的相对关系这个用法在使用,"公平"和"公正"之间的互换性亦被认可③。

在租税理论上,公平性作为租税的原则之一,与中立性(资源分配的效率性)、简便化相并列。作为公平要素的判断基准,有应益原则(benefit principle)和应能原则(ability principle),其中后者在许多公共服务中适用④。基于后者的公平原则是指,具有横向的公平和纵向的公平这两个具体性基准,其中前者意味着具有相同经济能力的个人和家庭应负担同一数额的税,后者意味着具有不同经济能力的个人和家庭应当公平地负担租税,更具体的是指,经济能力强的人应负担重的租税,经济能力弱的人应负担轻的租税⑤。

有论者认为,经济学的"公正"(fairness)主要有三个规范:①私有财产的市场参与条件(例如禁止垄断和差别对价,劳动基本权和男女雇佣机会均

---

① 井堀利宏:《公共经济的理论》,有斐阁1996年版,第33、61页。
② J. E. 斯蒂古里茨:《公共经济学·上》,薮下史郎译,东洋经济新报社1996年版,第89页。
③ 柴田弘文、柴田爱子:《公共经济学》,东洋经济新报社1988年版,第250页。在加藤宽、滨田文雄主编的《公共经济学的基础》(有斐阁1996年版,第107页)中,以"公共支出的目标是追求公正的收入分配,为贯彻各种社会保障和社会福利政策而使用"为理由,使用"公正"的用语。
④ 麻生良文:《公共经济学》,有斐阁1998年版,第124—125页。
⑤ 贝塚启明:《财政学》(第2版),东京大学出版会1996年版,第197页。

等等);②生产附加价值的分配和再分配(如社会保障制度等);③公共财产的利用和费用负担(较多使用"公平"这个用语)⑥。上述有关租税理论的词语用法应相当于其中的③。

由上可见,公共服务的利用和负担关系中的"公平"这个词被较多地使用。

其次,考察一下法学领域的用法。在税法上,租税制度被认为应符合公平和中立性的要求以及效率和简便化的要求(这两者经常处于相对关系),其中公平和中立性的原则,以《宪法》第 14 条第 1 款的"平等对待原则"和"禁止不平等对待原则"为内容,在课税的基础上,要求应对于相同状况相同对待,对于不同状况按其状况不同对待⑦。相当于如前所述的横向的公平和纵向的公平。在此公平的依据是,《宪法》第 14 条规定的法律面前平等。

从法政策学的立场出发,有观点认为,作为法制度设计的一般性评价基准,包括效率性和正义性两个基准⑧。这里所谓的正义性是指,于应将稀少的财产分配给谁,从谁那里劫取之情形,其思考方式所应依据的价值。虽然可以用"公正"这个词代替,不过"收入分配的公正程度"这个问题,若抹去"收入"这个词的经济学色彩而译成法学用语,就只是"正义"的问题。但是,围绕正义概念的研究可以有多种,作为其中之一的分配正义论的观点,可以列举出公平理论(equity theory),以及对此进行批判的平等理论(equality theory)。根据公平理论,"若产生违反公平的事态,据此获得利益者(与应得份额相比多得者),因违反了被广泛接受的应公平对待他人的道德规范而产生心理烦恼,为了消除这种情况试图恢复公平,为此,或进行补偿,或使用相信不是歪曲现实的不公平(非难对方,否定责任等)之手段",这是中心的命题。这种观点是将 input 和 outcome 之比作为分配正义的尺度。另一方面,平等理论主张,"与 input 无关的资源被平等地分配能使人感到正义的

---

⑥ 田中滋:《医疗政策与保健经济》,日本评论社 1993 年版,第 24 页。
⑦ 金子宏:《租税法》(第 14 版),弘文堂 2009 年版,第 76—77 页。
⑧ 平井宜雄:《法政策学》(第 2 版),有斐阁 1995 年版,第 97—99 页。

情形与公平的情形相并列存在"。作为分配性公正的基准,除上述公平理论中所谓的公平、平等之外,必要和程序这种基准也应具有⑨。

　　虽然有这些用语,但是一般地,在法学领域,也有所谓法的重要目的在于实现正义之说,作为正义论的一环分配正义被论及,因此,自由、平等、效率这三个价值的概念解释和相互关系的确定被认为是中心争点⑩。虽有时将 Equity 译为"衡平"而使用,这在多数情形,"若将实定法的一般性准则原封不动地适用于个别的事例,从实质正义的观点来看当产生显著的不合理结果时,其具有发挥限制乃至抑制法的准则之作用"⑪这种,与如上所述含义上的"公平"不同的含义⑫。因此,公平这个用语作为一般意义的法概念而被使用的情形并不那么多。作为更一般性的规范概念,除"正义"外,还使用"公正"的概念。譬如,作为对抗自然活动世界中的冲突并解决之,以实现一定的均衡状态为目标的规范性理念,按照所举公正的理念之见解,作为以适当的形式调整自由和平等的上位价值,设定了公正的理念⑬。

　　据上所见,公平这个概念,在法学领域一般并不怎么使用,相比较而言,在经济学领域,一般认为典型的是在公共服务之利用和负担关系中被使用。可以说社会保障制度是公共服务的典型例之一。实际上,在最近的社会保障制度的改革讨论中,"公平(性)"一词比"公正(性)"较频繁地被使用。因此,在下节,将以 20 世纪 90 年代以降的政府相关报告书为线索,分析在最近的社会保障领域中公平(乃至公正)概念在怎样的意义上被使用这个问题。

---

⑨　棚濑孝雄编:《现代法社会学入门》,法律文化社 1994 年版,第 299 页。
⑩　田中成明:《法理学讲义》,有斐阁 1994 年版,第 184 页。
⑪　田中,前揭注 10 书,第 185 页。
⑫　将这种 equity 的原理制度化的是英美法上的衡平法。
⑬　长谷川晃:《权利、价值、共同体》,弘文堂 1991 年版,第 107—117 页。

第三节　社会保障的公平和公正

一、20世纪90年代以降的讨论

（一）1995年社会保障制度审议会劝告

在1995年社会保障制度审议会劝告《社会保障制度的重建》中，作为推进社会保障时应依据的一个方针，与普遍性、综合性、权利性、有效性相并列，提出了公平性。进而在公平性之项中指出，"尽管现行的社会保障制度在重视公平性之同时开展推进，但在制度间、地区间、职种间、男女间等依然仍存在着差别，其中有些欠缺合理性依据。为了确保国民相信社会保障是为了大家且依靠大家支撑的制度，在给付和负担的两个方面，使其成为更加公平的制度是不可欠缺的"，作为对缺乏合理性依据的差距进行否定评价之概念，使用了公平性的用语，其时，带来的启示是，在掌握差距的有无及程度基础上，应考量给付和负担两个方面。

（二）医疗

于医疗领域，在医疗保险审议会"关于今后的国民医疗和医疗保险制度改革的应有状态（第二次报告）"（1996年6月）及应称为医疗保险制度改革案之缘起的厚生省"21世纪的医疗保险制度"（1997年8月）中，以有关老年人医疗代际间（负担的）公平问题为中心，与此同时，对有关被雇佣者保险及国民健康保险等制度各自不同负担方式所引起的世代内的公平等问题，进行了论述。

（三）年金

根据2000年修改讨论之原案即厚生省年金局"年金改革和五个选择"（1997年12月）及年金审议会"关于修改国民年金、厚生年金保险制度的意见"（1998年10月），与医疗相同，在年金领域，代际间（负担的）公平也成为主要的问题。但是，具有特点的是，不仅仅特定时段代际间现实的收入转移,与至今仍然未诞生的将来世代的公平也成为问题。还有尽管医疗、年金均采取家庭单位的制度设计(如后所述在医疗保险中也能产生家庭间的不公平问题),但具有特点的是,仅在年金领域,第3号被保险者问题等家庭类型的公平性受到质疑。

(四) 福利和介护

根据老年人介护和自立支援体制研究会"以构建新型老年人介护体制为目标"(1994年12月)、老人保健福利审议会"关于新型老年人介护体制的确立(中期报告)"(1995年7月)、中央社会福利审议会社会福利构造改革分科会"关于社会福利基础构造改革(中期总结)"(1998年6月),在以老年人介护为中心的福利领域,也与医疗相同,老年人介护费用的公平负担问题成为焦点。但是在此,不仅仅是代际间的收入转移,与对家庭介护依赖相关联的负担之公平、设施入所和居家负担的公平等视点也提了出来。还有,一直以来的措置制度是公平的服务提供体制,因介护保险的导入而利用形态变更后,基于公平性的观点也说明有必要进行一定的公共介入。所有这些表明,与医疗、年金领域不同,在福利领域,总的说来服务的绝对性供给量本身不足有其历史的原因,估计导入介护保险后当前也无法摆脱这种状况,给付分配的应有状态自身之公平必然成为问题。

(五) 小结

由上所见,所谓社会保障的公平,即使在现实的制度改革讨论中,于多数情形,亦被当作适当平衡负担和给付的问题来对待。还有,这种对待方法,如前节所介绍的那样,可以说在公共服务的利用和负担关系中符合一般的学术性词语用法。其时,代际间的公平,不论医疗、年金、福利(介护)各领域,都成为重要的争论点。不过,鉴于各个制度的基本特征、服务的充足状况等,其公平成为问题的情况有微妙的差异。

下面,通过进入21世纪初以来至今的社会保障改革讨论,对于在公平和公正的关联上展开了何种讨论这个问题进行分析。

二、最近的改革讨论

（一）总论

社会保障审议会《关于今后社会保障改革的方向性之意见》（2003年6月）

2001年1月中央部委机关再编后，根据承担研究社会保障政策任务的社会保障审议会2003年提出的意见书，作为社会保障改革的基本视点，以①与社会经济的调和；②公平性之确保；③施策和制度的综合化为重要。其中，关于"公平性"指出，"不拘于代际间、世代内，在男女间、职业间、制度间等各种各样的侧面，要求确保之"，"从这些观点看，在急剧的人口变动中，为了避免让特定的世代有过重的负担，还有，重要的是，在整个人生历程中社会保障制度对于个人的选择为中立之同时，避免特定的时期给付和负担畸轻或畸重。再者，亦为了坚持国民皆保险和皆年金体制，确保对消除国民年金等的未缴费和未加入制度的信赖，有必要进行强化征收工作"，着力于：①代际间负担的平衡；②对个人选择的中立性制度设计；③个人的整个人生中给付和负担的平衡。这些其中，①是一直以来的强调之点，可以说②和③是新视点。

有关社会保障的应有状态之恳谈会《关于今后社会保障的应有状态》（2006年5月）

由内阁官房长官主持的恳谈会所提出的报告书里，"公平性"的问题在总论部分中没有正面提及。但是，在分论中指出，在与医疗制度改革的关联上，"谋求现世代和老年世代的公平化"；在与公费负担状态的关联上，"关于年金、医疗、介护等，与全体国民互相支撑的社会保障给付相关的公费负担，为了不将其转嫁给未来世代，现世代有必要广泛且公平地互相分担"；在与税制的关系上，"谋求世代内及代际间的负担公平"；在与公共年金一元化的关联上，特别是从确保被雇佣者年金制度的公平性和安定性这个视点看，"面向将来，若是同一报酬，负担同一保险费，接受同一公共年金给付这个确保公平性视点"非常重要等。

主要地，着眼于代际间的公平这点与之前没有变化，不过，特别引人注目之点是，提出了有关被雇佣者年金制度间同一报酬＝同一保险费＝同一给付这个框架。

社会保障国民会议中期报告及最终报告(2008年6月、同年11月)

在内阁总理大臣之下，为广泛讨论社会保障政策而设置的社会保障国民会议于2008年6月提出了中期报告，同年11月提出了最终报告。

虽然这些报告在进行有关基础年金、医疗、介护的估算等方面具有特点，但是关于"公平性"并未有引人注目的表述。在中期报告的"前言"中可以看到，"制定简便、效率且公平透明的制度应是改革的基本"这种表述，在"社会保障制度设计时的基本思路"部分中，可以看到社会保障制度通过"收入再分配的作用"实现给付的平等和负担的公平这个"社会性公正"这种表述(最终报告亦同)等。

(二) 医疗

厚生劳动省《医疗制度构造改革试行方案》(2005年10月)

在厚生劳动省提出的2006年医疗保险制度修改法案之同试行方案中，作为医疗制度构造改革的三个基本方针之一，提出"为了能够得到国民对医疗费负担的理解和同意，应将给付和负担的关系变成所有老少都易懂的公平且透明之关系"，在分论部分，从与老年人相关的医疗费负担的公平化乃至代际间负担的公平化之观点，也阐述了后期老年人保险费总额负担比例的提高和现世代负担的减轻等。关于高额疗养费的基准额(自己负担限度额)，提出为了实现负担的公平，将定额的限度额从月收入的25％，改为以包含奖金在内的总报酬额为基础的月额25％，虽然也考虑了世代内的公平，但总体上，更加强调了一直以来认为的代际间负担和给付之均衡这个视点。

(三) 年金

社会保障审议会年金分会《关于修改年金制度的意见》(2003年9月)

根据成为2004年年金制度改革之基础的该意见书，年金改革的基本观点是,"为了确保对制度的信赖,同时考虑到不使将来的现世代负担过重,基于代际间和世代内公平的观点,应对给付和负担的应有状态进行重新认识",着眼于世代间和世代内的公平。具体地,在论述代际间的公平时,认为"有必要从整体上讨论不仅包括扶养负担,而且包括教育、继承、社会资本的充实等家庭和社会的行为;在导入保险费水准固定方式时,提及"基于代际间负担公平的观点为了消除有关现世代负担的不安,在法律上应明示最终的保险费水准,明确表示负担的限度";在导入宏观经济调整时,"从代际间公平的观点看,希望所有的世代共同分担痛苦,裁定后的年金也应成为给付水准的调整对象,较之于物价下限型,更希望实行名目年金下限型"。再者,关于公积金的作用,以"减轻将来世代的负担,为代际间的公平做贡献"为宗旨。如此,大致可以认为基本上沿袭了一直以来的代际间的给付和负担均衡的做法。进而,在提出与世代内的公平相关的第3号被保险者制度这点,也可以看成是在以前的延长线上。但是,"为谋求公共年金制度的安定化和公平化,应尽快实施被雇佣者年金统合的意见"提了出来,从公平的观点提出被雇佣者年金一元化这点,与之前提出的"有关社会保障的应有状态之恳谈会"报告书具有共通性。

(四) 福利和介护

社会保障审议会介护保险分会《对介护保险制度的重新认识》(2004 年 7 月)

成为2005年《介护保险法》修改之基础的同报告书中,关于重新认识的基本视点,指出,"从力求公平且有效的制度运行的观点出发,关于'对必要的人进行适当的给付,能否真正起到作用','制度运行有无浪费'等问题点,有必要用比之前更加严格的眼光检查实施状况,大胆推进给付的'效率化和重点化'。并且,这种应对也与提高负担的公平、公正和支持性相联系"。在此基础上,在分论领域列举指出的问题有:在确保服务质量上介护支援专业人员发挥公平和公正的作用亦不可欠缺问题;从居家和设施利用者负担的公平性等观点看,"设施给付的重新认识"之重要性问题;为了指定公平、公正的介护服务事业者等,要确保指定过程的透明性较高问题;从确保对需要介护进行认定的公平性、公正性之观点看，对认定审查的委托重新评价问题，即不认可对申请者正在入住的设施进行委托等，委托对象的范围应予以限制问题等。如此，在介护保险中，法的施行已经过了四年，给付和负担适当平衡的视点未被从正面当作问题来对待，当然也有保险费水准还不是那么高的因素影响，无疑，为了谋求制度的正确运行，对浮现出的个别问题之应对从"公平"（或者"公正"）⑭的视角进行质疑这点具有特色。这种对待方法，部分缘于介护保险的特殊性，其与将是否需要给付及其程度的判定委托给专业医师（保险医）即可的医疗保险相异。

（五）生活保护

关于生活保护制度的应有状态之专门委员会报告书（2003年12月）

生活保护不以受给者是否缴费为前提，为单方性的给付制度。因此，至此所述的在"缴费和给付的均衡"这种意义上的公平性不会成为问题。实际上，在论述生活保护制度的应有状态之报告书中，公平概念也未出现。然而，引人注目的是，唯一，在资产活用的应有状态中，有观点指出，"于持有居住用不动产的被保护者死亡之情形，从公平的观点来看扶养义务人继承其不动产存在问题"。在将以居住用不动产作为担保的生活资金借贷制度和关于继承时费用返还的机制等一并被提出来这点上，意识到费用负担和给付的关联性，仅在此限内包含在一般性词语用法的范畴之内。

三、最近讨论的特点

将2000年以后主要的政府相关报告书与20世纪90年代的相比较，发现对"公平"的基本看法本身，并无多大的变化。正如代际间给付和负担的状况所反映的那样，无疑有较之前更加强调的一面。但是，正如围绕着修改介护保险制度的讨论所见，显然，反映有关各制度特殊性的词语用法也在开展。

---

⑭ 与事业者的指定、要介护认定相关联，在同报告书中以"公平和公正"为准，列出公平和公正之点具有特点。这点与以下所述相关联，即这里所提出的公平与其说是实体性问题，不如说是程序性乃至过程性问题（在这个意义上，也接近公正、正义的法律学的词语用法）。

这其中,围绕被雇佣者年金一元化问题进行讨论时,引人注目的较新视点是,若是相同报酬,应缴纳相同保险费,得到相同给付才是公平的。还有,在总论部分的讨论中,对于个人的选择只有设计中立性的制度才符合公平这个视点,在20世纪90年代以前社会保障领域的政策讨论中并未受到那么重视。再者,贯穿个人生命历程的给付和负担的公平这个视点,不是将公平作为某一个时点各当事人之间状况的差异来静态地对待,而是采用了一个人的生命历程这个时间轴的动态性视点,在这点上可以说是全新的对待方法。

第四节　短时间就业和社会保障

一、短时间就业和社会保险

在坚持到前节为止的考察中所探讨的公平、公正视点之同时,在本节,将目光转向有关社会保障制度的个别的实体性诸问题。以下,将以非典型雇佣中的短时间就业为中心,概观社会保障制度中亦与劳动者有着较深关联的社会保险的适用关系,在论证其中对待的差异之合理性基础上,从公平和公正的视角,试图对短时间劳动者适用社会保险的应有状态进行若干的探讨。

以下,分别从劳动保险(劳动者灾害补偿保险、雇佣保险)与其他的社会保险(健康保险、厚生年金保险、介护保险)角度,梳理社会保险的适用关系。

二、有关劳动保险的规定

(一)劳动者灾害补偿保险(劳灾保险)

与其他的社会保险不同,劳灾保险中被保险者这个概念不存在。劳动者可以得到有关工作伤害、通勤事故等劳灾保险法所规定的保险给付(《劳灾》第7条第1款)。《劳灾保险法》中虽无劳动者的定义,但基本上理解为与《劳动基准法》第 9 条所谓的"劳动者"是同一概念[15]。与下述的雇佣保险不同，若属于《劳动基准法》上的"劳动者"，可以得到广泛的保险适用。

(二) 雇佣保险

在《雇佣保险法》上，成为被保险者的是"劳动者"(《雇保》第 4 条第 1 款)。与劳灾保险(《劳保征》第 3 条)相同，于事业开始之日，有关其事业的保险关系成立(同法第 4 条)，企业主对于其雇佣的劳动者，有向厚生劳动大臣报告其成为被保险者等事项之义务[16]。围绕着这个劳动者概念，根据一直以来的下级审裁判例，可见采取了与劳灾保险类似的判断方法。例如，"为了成为所谓的有关《雇佣保险法》上的劳动者，与企业主之间存在雇佣关系是必要条件，所谓这个雇佣关系，不限于《民法》第 623 条缔结雇佣契约的情形，还应解释为是指：①劳动者接受企业主的支配，在其指挥下提供劳动(指挥监督下的劳动)，②作为其劳动的对价接受企业主支付的工资、报酬以及其他与之相当物(劳务对偿性)之关系"[17]。

在将"劳动者"概念基本化这点上，虽与劳灾保险相同，但是关于雇佣保险的适用，要加上劳动时间和就业可能时间这些要素[18]。再者，关于这点，

---

[15] 横滨南劳基署长案件(最高裁一判决 1996 年 11 月 28 日，载讼月第 44 卷第 2 号，第 211 页。否定佣车司机的劳动者性质之例)，藤泽劳基署长案件(最高裁一判 2007 年，载裁时第 1438 号，第 1 页。否定木匠的劳动者性质之例)。

[16] 报告取得资格，使劳动者能够享受失业给付等的照顾义务，作为雇佣者诚实信用原则承担的雇佣契约的付随义务，大真实业案件(大阪地裁判决 2006 年 1 月 26 日，载劳判第 912 号，第 51 页)即为一例(但是，在本案中，即使是与事实不同的报告，被认为与无法获得失业等给付之间无因果关系)。在全球眼案件(东京地裁判决 2006 年 11 月 1 日，载劳判第 926 号，第 93 页)中，也认定未意识到漏加保险的雇主违反了雇佣契约的付随义务，判决其支付慰谢料。最近，围绕着雇主懈怠提出雇佣保险中被保险者资格取得的报告之裁判争议案件不少。上记两判决之外，参见艺术株式会社案件(东京地裁判决 2005 年 10 月 27 日，载劳判第 907 号，第 84 页。即使在满足雇佣保险的加入要件时点上没有办理作为被保险者的手续，原告不期望负担保险费加入雇佣保险，无疑可理解为是想回避)，认定不构成不法行为)。

[17] 池袋职业安定所所长(锚工业)案件(东京地裁判决 2004 年 7 月 15 日，载劳判第 880 号，第 100 页。否定个体锚工匠的劳动者性质之例)。

[18] 最近，我国的失业者中领取失业给付者数的比率不过约 20% 这点(雇佣保险发挥作用之小)被视为问题。木下秀雄："失业劳动者的生活保障和雇佣保险法"，载《劳动法律旬报》2009 年第 1697 号，第 54—55 页；丸谷浩介："作为失业时的生活保障之雇佣保险"，载日本劳动法学会编：《劳动法安全网的重新构建》(日本劳动法学会杂志第 111 号)，法律文化社 2008 年版，第 32—33 页。

基于强化非正规劳动者的安全网之观点,最近正在进行法的修改。即一直以来,短时间劳动者是指,"一周的所定劳动时间,与被雇佣从事相同工作的一般劳动者一周所定劳动时间相比短暂,并且,未达到厚生劳动大臣所规定的时间数者"(《雇保》第 6 条第 1 款),按照厚生劳动大臣所规定的基准,一周所定劳动时间超过 30 小时以上时,作为被保险者(《雇保》第 4 条第 1 款)适用雇佣保险;一周所定劳动时间未满 30 小时时,限于一周所定劳动时间 20 小时以上,1 年以上有继续被雇佣可能的情形,作为短时间劳动被保险者(同法第 13 条第 1 款第 1 项)按给付对象对待[19]。对此,根据 2007 年修改后的《雇佣保险法》,取消了短时间劳动被保险者的被保险者资格区分,在将其作为一般被保险者统一对待之同时,将通常的劳动者和短时间劳动被保险者的给付资格要件(通常为 6 个月,每月 14 日以上;短时间为 12 个月,每月 11 日以上)也统一化,规定被保险者的期间离职前 2 年间为 12 个月以上,解雇、破产时被保险者的期间离职前 1 年间为 6 个月以上(每个月为 11 日以上)。再者,根据 2009 年修改后的同法(2009 年法律第 5 号),扩大了雇佣保险的适用范围,将一直以来的雇佣希望从 1 年以上缩短为 6 个月以上。还有,关于有停止雇佣期限的契约劳动者(特定理由离职者),放宽了给付资格要件,与解雇等情形相同,将被保险者期间缩短为离职前 1 年间 6 个月以上(各月 11 日以上)[20]。

三、有关其他社会保险的规定

(一) 健康保险

具有被雇佣者保险性质的健康保险中,存在被保险者这个概念。所谓健康保险法上的被保险者是指"被采用企业所雇佣者"(《健保》第 3 条第 1 款)。

---

[19] 此外,对短期雇佣特例被保险者(《雇保》第 38 条)、日雇佣劳动者(同法第 42 条),进行另外方式的给付。

[20] 根据 2010 年的法修改(2010 年法律第 15 号),雇佣保险的适用范围进一步扩大到有 31 日以上雇佣希望者。但是,考虑到防止出现给付和离职反复进行现象(循环性给付)以及对雇佣保险财政的影响,维持了给付资格要件。

这个被保险者概念与《劳动基准法》上的劳动者概念未被作为同一物来对待,从专门以谋求劳动者及其被扶养者等生活的稳定和努力提高其福利为目的之法宗旨来看,对于不属于"劳动者"的董事长等,也承认了其被保险者的资格[21]。

对此,即使属于"劳动者",并不是都属于《健康保险法》上的"被雇佣者"。同法在与将临时性雇佣和季节性雇佣等作为适用除外的规定之关联上(《健保》第3条第1款第2项以下。但是有日雇特例被保险者制度),根据厚生劳动省1980年6月6日下发的通知,仅对于在该企业中所定劳动时间及所定劳动日数是从事同种业务的一般就业者的约四分之三以上的就业者,规定原则上作为健康保险和厚生年金保险的被保险者对待[22]。

另一方面,"为被保险者……的直系尊亲、配偶……子、孙及弟妹等,主要依靠被保险者维持生计者"(《健保》第3条第7款第1项),作为"被扶养者"成为家族疗养费的对象[23]。这个基准,与被保险者为同一户时,原则上为年收入未满130万日元,且收入不满被保险者年收入的一半。

在国民皆保险政策下,以上不属于"被保险者"、"被扶养者"之人,加入作为地域保险的国民健康保险[24]。

---

[21] 广岛高裁冈山支部判决1963年9月23日,载行集第14卷第9号,第1684页(关于法人代表,作为属于"被企业所雇佣者"之例)。

[22] 只是,根据该通知,规定应按照该当就业者的就业形态等各个具体性事例进行判断。另,作为该通知合法性前提所进行判断的先例,参见京都市政府案件(京都地裁判决1999年9月30日,载判时第1715号,第51页)。对此,根据2007年第166次国会提出的为实现被雇佣者年金制度一元化的《厚生年金保险法》等的部分修改法律案,缓和了以前的条件,即①一周所定劳动时间在20小时以上;②工资月额为98000日元以上;③工作时间为一年以上,在这三者中,规定满足所有条件,与以前不同在法律上进行了明确规定(只是,对学生不适用,在从业者300人以下的中小微企业工作的短时间劳动者,"在另外的法律中规定之日到来之前这段时间",也适用除外)。但是,同法案在众议院被当作闭会中的审查对待,没有通过。

[23] 与被扶养者的存在如何无关,企业主及被保险者不需要缴纳追加性的保险费。法律上虽然采用的是向被保险者本人支付费用的形式,实际上根据所谓的代理受领方式实现实物给付化。但是,被扶养者围绕着被保险者的资格没有获得可诉的法的地位。东京地裁判决1983年1月26日,载《判例时代》第497号,第139页(关于妻子被采用企业所雇佣,原告向社会保险事务所长提出请求确认取得被保险者资格的诉讼,认定作为被扶养者没有确认之利益之例)。

[24] 关于国民健康保险,包括孩子在内所有加入者全部成为被保险者,是缴纳保险费的单位。还有,与健保法不同,伤病补贴金制度是任意建立的制度。(《国保》第58条第2款)

(二) 厚生年金保险

与健康保险相同的具有被雇佣者保险性质的厚生年金保险中,也存在被保险者的概念。即在《厚生年金保险法》中,"在采用企业被雇佣的未满70岁者"为被保险者,"是否符合"被雇佣的……者",在与健保法共通的范围内(所谓的四分之三要件)判断(《厚年》第9条)[25]。与健康保险相同,采用企业的企业主承担关于被保险者资格的取得及丧失等报告义务(同第27条、《健保》第48条)[26]。

另一方面,关于厚生年金保险,与健康保险不同,没有被扶养者这个概念。但是,在与国民年金法的适用之关联上,对于被保险者(第2号被保险者即"被雇佣者年金各法的被保险者、工会会员或加入者"《国年》7条第1款第2项))以外的20岁以上者,采取了区别对待。即:若为"第2号被保险者的配偶,主要依靠第2号被保险者的收入维持生计者"(第3号被保险者〈同款第3项〉),无自己支付国民年金保险费的必要即可取得领取老龄基础年金的资格,于不符合此种情形(第1号被保险者〈同款第1项〉),就产生自己缴纳国民年金保险费的义务。这个标准,众所周知,设定为年收入130万日元(所谓的第3号被保险者问题)。

㉕　与《健康保险法》的待遇相同,关于被提出的缓和以前条件的法案,参见本章注22。

㉖　与雇佣保险相同,最近,关于向社会保险厅长官(现行法上为厚生劳动大臣〈厚年第27条〉)报告义务的懈怠和加入程序的法的纷争之例不少。在前揭注16大真实业案中,《厚生年金保险法》上的报告义务,采取了在诚实信用原则上由雇佣者应负担的雇佣契约上的附加义务之宗旨的法律构成(但是,在本案中,关于报告义务的懈怠认定为没有损害)。在丰国工业案(奈良地裁判决2006年9月5日,载劳判第925号,第53页)中,判决认定报告义务的懈怠构成了劳动合同上的债务不履行,部分认定了损害赔偿的请求。在装置设计案件(大阪地裁判决1999年7月13日,载赁社第1264号,第47页)中,虽然报告义务归根结底是公法上的义务,但在雇佣契约的具体性内容如何上,应认可履行报告程序是付随于雇佣契约的诚实信用原则上的义务(但是,结论是否定的)。此外,围绕雇主违反报告义务的不法行为被认为成立之例,有前揭注22京都市政府案(《地方公务员法》第3条第3款第3项所谓的非常勤嘱托员)、鹿濑町案(新潟地裁判决2005年2月15日,载《判例自治》第265号,第48页。基于《地方公务员法》第22条第5款的临时任用的保育所职员)。与此相关联的其他判例是,麹町社会保险事务所案(仙台高裁判决2004年11月24日,载判时第1901号,第60页。关于未向社会保险事务所缴纳公司从员工的报酬中先行扣除的部分厚生年金保险费,以将来能够获得给付的年金会减少为由,提起以国家为被告的请求损害赔偿案件,社会保险厅即使未进行入室调查等,亦不能认定为违法之例)。

如此，在作为被雇佣者保险的健康保险和厚生年金保险中，从考量"被采用企业雇佣者"这个社会保障制度的宗旨目的之独特的观点看，虽然设定了被保险者的范围[27]，但与雇佣保险相同，这成为以劳动时间、劳动日数和收入等为基准，将一定的短时间劳动者排除在适用对象之外的机制。

（三）介护保险

审视短时间就业和介护保险的适用关系时，关于未满40岁的劳动者不成问题。关于40岁以上未满65岁者，若是医疗保险的加入者，就成为介护保险第2号被保险者（《介保》第9条第2项）。即使是未加入健康保险者，由于以加入国民健康保险为前提而成为第2号被保险者，纵然按照健康保险和国民健康保险法的结构差异保险计算方法等有所不同[28]，也不发生因排除健康保险的适用而不能接受介护保险给付这种介护保险制度固有的事态。

四、生活保障与短时间就业

如上，考察包括劳动保险在内的有关社会保险各种制度上对短时间劳动者的适用关系时，除去劳动灾害保险，不满足一定的基准，就不能成为适用对象，进而，根据企业主和劳动者进行的劳动调整，留下了能够控制有无适用的余地。

社会保障法学上通说性社会保障的理解，即从要保障风险变为现实时的国民生活保障[29]这个观点来考察时，最终即使能够适用最低生活保障制度，如何考量对不在社会保险适用覆盖范围的对象者的保障方法，这成为问题。具体涉及对待的人员是：第一，有关雇佣保险一周工作未满20小时的

---

[27] 仓田聪（"短期、断续性雇佣者的劳动保险、社会保险"，载日本劳动法学会编：《讲座21世纪的劳动法2劳动市场的机构和规则》，有斐阁2000年版，第271页）指出，关于被雇佣者保险的"被雇佣者"，是可依据法的目的解释得以扩张，其时作为可以考量的应被重视的要素是，根据劳动能力的丧失所产生的经济性贫困状态的发生，即经济的从属性之存在和依靠劳动能力生活的依存度，反而对"劳动者"概念来说被认为重要的人之从属性，并不那么具有重要的意义。

[28] 例如，关于加入健康保险者，被扶养者自身不负担保险费。

[29] 加藤智章、菊池馨实、仓田聪、前田雅子：《社会保障法》（第4版），有斐阁2009年版，第6页。

短时间劳动者;第二,有关健康保险停留于不满足四分之三要件的劳动时间和劳动日数者。

其中就雇佣保险而言,一般认为,即使是短时间就业,不能说没有进行失业时收入保障的必要性。尤其是关于依靠低工资且被复数雇佣来维持生计的劳动者,就属于这种情况。但是,与 2009 年修改的适用范围所划定的期间要件的缩短[30]不同,关于一周未满 20 小时的短时间就业,不能说无论是多短的时间,都应包含在适用范围里。加之,作为防止循环性给付的必要性这种保险事故上的"失业"之特质,即使对仅有微薄收入的劳动者强制性征收保险费,也有必要思考不是实质性意义的生活保障之可能性[31],以及行政事务成本费用等情况。但是,若从上述宗旨看,于有一定数额[32]以上收入预期之情形,可以考虑不管预期劳动时间数而包括在适用范围内[33]。

对此,提及健康保险,诚然,在国民皆保险体制下,若加入包括国民健康保险在内的任何一个医疗保险制度,可以说是没有问题的(特别是若年收入未满 130 万日元,可以成为主要维持生计者的被扶养人),但是,考虑到收入保障面,不能无视伤病津贴制度的存在。这对单身等作为主要维持生计者的短时间劳动者在伤病期间的收入保障之必要性进行分析时,尤为重要。

于养老保险之情形,若是 20 岁以上者,由于基本上属于国民年金的任一类型的被保险者,所以在给付方面不进行保障这个问题,至少在基础年金部分不会产生。只是在这里,关于以个人为单位进行给付设计的基础年金之适用关系,缴费和给付的不同做法,作为公平的问题,以第 3 号被保险者

---

[30] 关于在 2010 年的修改中进一步缩短期间这点,参见本章注 20。

[31] 在仓田聪所著的《社会保险的构造分析》(北海道大学出版会 2009 年版)第 117—118 页评价指出,虽然是与被雇佣者保险的关系,但于因雇佣只能得到非常少的收入之情形,对于劳动者根据雇佣所得收入维持生活来说,不具有什么意义,可以得出没有收入保障需要的结论,因此,对只能获得一定水准以下收入的被雇佣者强制适用被雇佣者保险反而是不合理的。

[32] 例如,本章注 34 所述,可以考虑为扩大适用厚生年金保险而进行制度修改时曾说的以年收入 65 万日元为基准。

[33] 着眼于这点,不仅是劳动时间(人的从属性),工资水准(经济的从属性)也要考量,只要所定劳动时间是在一定规定以上,或者可预期年收入在一定数额以上,应承认被保险者的资格,对此参见丸谷,前揭注 18 论文,第 36—37 页。

问题的形式，浮现了出来。另一方面，于考察厚生年金的适用之情形，所谓不满足四分之三要件无法获得给付（不仅老年厚生年金，也包括障碍厚生年金、遗族厚生年金）这点会成为问题。从四分之三到二分之一，或者从130万日元到65万日元，以这种形式进行讨论而修改制度的必要性[34]，从社会保障的目的是保障国民的生活（特别是保障以前的生活水准）之必要性的观点看，也有可以被正当化的侧面。这点，从包括根本解决第3号被保险者制度在内的公共年金制度体系的应有状态这个侧面看，最有研究的必要。

五、公平的视点和社会保险对短时间就业的适用

从公平的角度思考短时间劳动者的社会保险适用问题时，如前所见，迄今为止的政策讨论中成为问题的给付和负担适当平衡这个视点亦是必要的。譬如，适用健康保险时，有如何看待对有一定收入的被扶养者不征收追加的保险费问题，或者第3号被保险者问题等[35]。这种给付和负担的适当平衡的视点，从将社会保障理解成作为第一要义的国家对国民的给付关系这个社会保障法学的传统立场看，可以说并不是充分透彻的观点。

进而，如刚才所见，围绕有关最近的社会保障政策讨论的公平性新视点，就笔者的立场看，可以认为这是与以往不同的对社会保障的认识，也是包含朝着将来社会保障制度改革的一个应有的方向性之见解。即：首先，将公平性的根据求证于个人选择这个中立物的视点，与立足于社会保障的目的不仅在于对国民的生活保障这种物质层面的保障，也在于对"个人的自律

---

[34] 在关于雇佣和年金的研究会报告"以建立能够应对多样的就业方法的中立性养老制度为目标"（2003年3月）中，表明了可以考虑"对于一周所定劳动时间在20小时以上，或者，年收入65万日元以上者适用厚生年金"这个基准的方向性。

[35] 在日本经团连2004年8月"关于社会保障制度改革的方向性"中，关于对短时间劳动者扩大适用厚生年金，也指出"适用扩大应慎重研究。但是，当初的厚生劳动省方案中标准报酬下限降低的应对，是比国民年金保险费低的保险费，给付标准报酬部分，不仅欠缺公平性，而且长期看年金财政上的检验不明"，在这里从所谓的给付和负担的适当平衡的观点看，也可以说公平性成为问题。关于此点，笔者认为无法避免健康保险的被扶养者和第3号被扶养者的追加性保险费的负担。菊池馨实："女性和社会保障"，载三木妙子等：《家族、性别和法》，成文堂2003年版，第121页。

之支援"这种人格性利益的保障这个坐标上来看待的认识㊱具有亲和性。社会保障制度适用的应有状况,若在个人自主地"追求生活方式"时不中立,就可能会受到基本上不希望有这样的制度之评价,这些观点会成为支持对短时间劳动者扩大适用社会保险的一个根据㊲。立足于雇佣的视点,论述针对劳动方式建立中立性的社会保险制度㊳,从同样的见地,也提及对部分时间劳动者适用被雇佣者保险,对此可以予以积极的评价㊴。

  下面,仔细推敲若为相同的报酬,缴纳相同的保险费,接受相同的给付基本上是公平的这个视点,这和基于接受同一报酬者,缴付同一保险费应接受同一给付的公平观而对短时间劳动者扩大社会保险的适用要求相联系。但是,这种意义上的公平性,在现实中与公共年金一元化相联系被提出,正如现实中在第 166 次国会上提出的被雇佣者年金一元化的法案所明示的那样,这个视点,质言之,具有促进对被雇佣者保险和地域保险这个一直以来的我国社会保险体系进行重新整编的内容,对此有必要留意。固然"公平"的视点只不过是论述社会保障制度改革时的一个切入口,随着非典型劳动者比例越来越大,鉴于作为实态的被雇佣者保险之基础已然产生动摇的现

  ㊱ 参见本书第一章,页边码第 9 页以下。根据这种见解,个人自主的、主体性"选择"之契机受到重视。

  ㊲ 只是,在这里应被尊重的个人自主地"追求生活方式",并不是包括以通过就业调整等试图接受社会保障制度的有利适用为主的个人之"选择"。

  ㊳ 目前的研究是,通过对法国和德国的比较法之分析,关于对部分时间劳动者适用社会保险,从对劳动的"中立性"的观点进行探讨,特别是关于老年年金以谋求应对"负担"和"给付"的"中立性"制度设计为重要的课题(水町勇一郎:《部分时间劳动的法律政策》,有斐阁 1997 年版,第 255 页),应按照报酬负担保险费以此来体现养老给付(同"部分时间劳动者和法",载《岩波讲座现代和法 12 职业生活和法》,岩波书店 1998 年版,第 261 页)。

  ㊴ 在 2002 年 7 月部分时间劳动研究会最终报告"部分时间劳动的课题和应对的方向性"中,以"关于劳动方式的中立性税・社会保险制度的构建"为题,其中认为,"就业调整行动难以开展,希望对劳动方式中立性制度重新进行研究",而且,"关于厚生年金的适用,从建立与被雇佣者相适应的年金保障,特别是从对部分时间劳动居多的女性进行充分的年金保障这个观点,立足于对企业活动和劳动市场的影响、效果,以及对年金财政的影响等,在沿着适用扩大方向进行研究的同时,关于被雇佣者保险的适用对象,在依据共通的基准而运营的医疗保险制度中,关于其对待方式的研究也是重要的"。此外参见本章注 34。

第三章　非正规雇佣和社会保障制度　85

状,的确有必要进行与这种将来像总体设计的构建相关的讨论⑩。

综上,在围绕着包括短时间劳动者的劳动保险在内的社会保险之适用的目前政策讨论中,可以肯定正在沿着适用扩大的方向进行努力这点。但是,包括雇佣保险和健康保险法上的伤病补贴乃至税制,从短时间劳动者的生活保障这个侧面进行整体把握的视点是薄弱的。再者,特别是兼具雇佣保险改革的讨论,在认识到我国还没有对长期失业者进行综合性收入保障乃至职业训练机制的基础上,应进行包括《生活保护法》的修改、该法与《雇佣保险法》的衔接、附带恒久性职业训练的失业扶助之导入等综合性的讨论㊶。

第五节　结语

本章中,除了对短时间劳动者收入保障的必要性这个观点外,还从最近的政策讨论中所显现的新的公平性这个视点,开展了一定程度扩大《雇佣保险法》、《厚生年金保险法》、《健康保险法》之适用的讨论㊷。但是应留意的是,这些关于被雇佣者保险的公平论,仅仅是围绕着非典型雇佣形态之一的

---

　⑩　私见以为,医疗保险和介护保险相同,统一为地域保险,支持年金保险在包括自营业者等基础上将基础年金、报酬比例年金统一化的方案。参见本书第一章注 54 及第六章,页边码第 149—150 页。

　㊶　丸谷,前揭注 18 论文,第 40—44 页,小西康之:"关于长期失业者的失业给付制度的展开与误题",载日本劳动法学会编:《讲座 21 世纪的劳动法 2 劳动市场的机构和规则》,有斐阁 2000 年版,第 250 页。

　㊷　在《国民年金法等部分修改的法律》(2004 年法律第 104 号)附则第 3 条第 3 款中规定,"关于对短时间劳动者适用厚生年金保险法,立足于就业形态的多样化发展,从充实被雇佣者的年金保障观点及谋求<u>企业间公平负担</u>的观点,考虑社会经济的状况、对短时间劳动者就业居多的企业之影响、事务程序的效率性、短时间劳动者的意识、就业的实态及对雇佣的影响、与有关其他的社会保障制度和雇佣的实施方案及其他实施方策的整和性,为了在选择有关企业和被雇佣者的雇佣形态时尽可能建立中立性的机制,以该法律施行后的 5 年为目标,进行综合性的研究,并基于这个结果,采取必要的措施"(下划线为笔者注)。若从本章的关心问题来看,在与(企业间的)负担的均衡上论述公平性这点引人注目。

86　社会保障法制的将来构想

短时间就业各种问题的某个方面而已,还有,并不是为根本解决短时间劳动者低工资等的待遇差距问题本身而进行的讨论(参见《短时间就业法》第 3 条)。即使试图对被雇佣者保险在一定程度进行扩大适用,作为社会保障给付的受给差距,亦有可能反映出短时间劳动者的工资差距。在这个意义上,应该说,本质上也是与包括导入同一价值劳动同一工资原则的劳动法领域非常相关的课题[43]。

---

[43]　与工资的男女差别有关的案件是,在昭和壳牌石油案(东京高裁判决 2007 年 6 月 28 日,载判时第 1981 号,第 101 页)中,以工资的差别性对待是不法行为为理由,对损害赔偿请求进行部分认定时,判决的理由是在不涉及消灭时效的限度内损害了公共年金的差额相当额(扣除保险费增加额部分之额)。

第四章 关于既裁定年金减低的规范性考察

第一节 序言

20世纪90年代以降的公共年金改革,诸如通过1994年及2000年的修改,老龄厚生年金支给开始年龄阶段性提高(改为65岁支付),通过2000年的修改,厚生年金给付需乘系数降低(5%)等,力图实现未来给付的适当化。进而直到最近的2004年的修改中,在改变一直以来的给付水准维持方式而导入了保险费水准固定方式这点,以及取代一直以来的根据可处分所得变动及物价浮动进行的给付水准调整而改为根据宏观经济变化进行的给付水准调整这点上,对于不仅是今后领取年金者,也包括已经正在领取年金者(既裁定年金领取者),创设了给付水准减低的机制。

这种制度改革的背景是,在我国今后很难再期待经济的大幅度增长,并且预计少子老龄化现象更加严重,以年金、医疗为中心的我国社会保障制度已经发展到了一定的阶段,在这种状况中,领取年金世代和现世代、将来世代之间的负担和给付的公平问题已日益显现,等等。

在进行社会保障的制度设计时,作为提供有益视角的学问性探讨,可以列举出财政学、社会学、经济学等。对此,法学(特别是社会保障法学)至少在历史上,通过《宪法》第25条规定的所谓"生存权论"之展开等,作为做大国家经济的蛋糕即所谓给予的前提,具有旨在扩大有关社会保障给付权利的侧面。这种"权利主义的社会保障论",被其他领域的研究者评价为随着进入经济低成长时期而失去了有效性,这也并非没有道理①。但是,社会保障既然也是立宪民主制国家的法制度,那么诚然,白地的画布上不允许完全自由地描绘制度设计。处于社会保障制度的变革期,在强烈要求应有领导制度改革的政策制定方针或基本理念的过程中,以权利概念为首的法律学固有的规范性视点,今后也在与以往不同的意义上,应提供有力的观点②。

从这些观点出发,在本章中,进行有关既裁定年金领取者给付减低的法探讨。具体地,在与规定财产权保障的《宪法》第 29 条,以及规定国家有增进社会保障的义务等《宪法》第 25 条等的关系上进行探讨。

在本章中,鉴于既是公共年金的主要支柱也是现在的讨论中心,以及年金给付中存在具有另外的法构造之制度③,将以《国民年金法》及《厚生年金保险法》上的老龄基础年金、老龄厚生年金为主展开探讨。关于作为私性质年金之企业年金,现在产生了与不利益变更相关的问题,该不利益变更的适当与否,尽管在裁判上有争议④,但基本上是私法上的权利义务关系之问题⑤,

---

① 福武直:"社会保障和社会保障论",载社会保障研究所编:《社会保障的基本问题》,东京大学出版会 1983 年版,第 1 页。

② 菊池馨实:《社会保障的法理念》,有斐阁 2000 年版,第 248—250 页。

③ 例如,可以认为,为了请求《国家公务员灾害补偿法》上的补偿年金,不以本章所述的相当于行政机关的裁定之行为为必要条件。东京地判 1970 年 10 月 15 日,载行集第 21 卷第 10 号,第 1218 页(关于灾害补偿实施机关长作出的不认定国家公务员的死亡为公务上的死亡之行为,否定其行政处分性之例)。

④ 作为厚生年金基金的案件,有利索那银行案(东京高裁判决 2009 年 3 月 25 日,载劳判第 985 号,第 58 页。维持原审不同意老龄年金减额的受给者的年金减额为有效判决之例);作为税制适格年金的案件,有 Bayer 药品等案(东京高裁判决 2009 年 10 月 28 日,载劳经速第 2057 号,第 7 页。撤销了原审关于税制适格年金的废止无合理性的判决,同意支付临时金之例)。此外,所谓的自社年金的案件,以名古屋学院案(名古屋高裁判决 1995 年 7 月 19 日,载劳判第 700 号,第 95 页)、幸福银行案(大阪地裁判决 1998 年 4 月 13 日,载劳判第 744 号,第 54 页,大阪地裁判决 2000 年 12 月 20 日,载劳判第 801 号,第 21 页)等为切入口,最近有松下电器产业案(最高裁一判决 2007 年 5 月 23 日,载劳判第 937 号,第 194 页,大阪高裁判决 2006 年 11 月 28 日,载裁判时第 1973 号,第 62 页)、早稻田大学案(东京高裁判决 2009 年 10 月 29 日,载裁判时第 2071 号,第 129 页)等。

⑤ 对此,关于规约型企业年金的规约变更,对厚生劳动大臣的不承认处分的合法性存在争议,其取消请求被驳回的案件,有 NTT 集团企业案(东京高裁判决 2008 年 7 月 9 日,载劳判第 964 号,第 4 页)。

适用另外的法理⑥,因此本章不进行讨论。

以下,第二节阐明年金受给权的构造;第三节对其财产权保障之侧面进行探讨;第四节对给付减低和《宪法》第 25 条的关联进行探讨;第五节概述信赖保护原则;第六节围绕着 2004 年修改的宏观经济变化方式进行若干探讨。

第二节 年金受给权的构造和财产权的性质

首先,以实定法规和判例法理等为线索,明确年金受给权的构造。

根据《国民年金法》和《厚生年金保险法》接受年金给付时,基于享有接受给付权者的请求,厚生劳动大臣应有必要进行裁定(《国年》第 16 条、《厚年》第 33 条)。即使满足接受保险给付的支给要件(例如,若为老龄基础年金,已完成缴纳保险费期间和保险费免除期间之合算期间为 25 年以上者满 65 岁,《国年》第 26 条),仅凭此并不能进行给付。需要这个裁定的宗旨在于,根据所谓的本村诉讼最高裁判决,其认为,"为了通过划一公平的处理防止无意义的纷争,保证给付之法的确实性,关于其权利的发生要件之存否和金额等,同(社会保险厅——笔者注〈当时〉)长官公权性的确认是适当的,基于这个观点,关于作为基本权利的受给权,明确了接受同长官的裁定后才可以支付年金的宗旨"⑦。

根据同判决,裁定的法的性质为确认性行政处分。还有,只有根据这个裁定年金的支付才成为可能(即请求给付的具体性权利发生)。关于这点已

---

⑥ 森户英幸:《企业年金之法和政策》,有斐阁 2003 年版,第七章;嵩清香:"关于企业年金的领取者减额之裁判例",载《法律家》2009 年第 1379 号,第 28 页以下。

⑦ 最高裁三判决 1995 年 11 月 7 日,载民集第 49 卷第 9 号,第 2849 页(在有关老龄年金和障碍雷利年金的并给禁止规定之合宪性的争讼中,原告死亡时,不承认继承人的继承诉讼之例)。在《厚生年金保险法解说》(法研 2002 年版)第 591 页中指出,"保险者不可能知晓所有被保险者的受给双是否发生之事"。

经在作为统领性案例的劳灾保险最高裁判决中指出,"根据《劳动者灾害补偿保险法》的保险给付,按照同法所规定的程序,行政机关根据保险给付的决定具体确定给付的内容,受给者据此开始对政府取得了请求其保险给付的具体性权利,因此,在此之前,原判决所做出的不具有具体性的、一定的保险金给付请求权之解释是正当的"⑧。

如上,年金受给权若仅仅满足支给要件则停留于抽象性的规定,通过裁定这种行政行为的介入始得以具体化。但是,这里具体化的是基本权。法律上,请求各期的利息、工钱、工资等现实性的各个债权叫支分债权,这些各个债权在一定期间或一定条件下可以请求的基本性债权叫基本债权。现在几乎不使用的民法上的终身定期金契约(《民法》第689条以下),也被区分为特定人终身期间应接受一定的定期金的给付内容的一个总括性债权(基本债权),和由此随着每期的支付期到来所发生的各个支分债权⑨。按照这种分类,关于社会保险的年金受给权,亦被区别为基本权和支分权,各个支分权,仅以基本权的存在为前提而发生,根据其消灭而消灭。但是,一旦发生的支分债权,其后成为独立的权利⑩。

因此,如刚才所提及的本村诉讼最高裁判决的判旨中所给予的启示,作为基本权的受给权,虽然随着给付要件的满足而发生,但为了使其作为具体性权利得以确定,必须进行裁定,五年期间不提出裁定之请求时,受给权因消灭时效的规定而消灭(《国年》第102条第1款,《厚年》第92条第1款)⑪。还有,在与老龄福利年金相关的支付停止的期间争讼事例中,有下级审裁判例指出,即使进行了裁定,"应该说随着各月的到来该月份的支分权发生,关

---

⑧ 最高裁二判决1954年11月26日,载民集第8卷第11号,第2075页(维持第一审驳回遗族补偿费等的给付请求判决之例)。

⑨ 西村健一郎:"社会保险给付的消灭时效",载《周刊社会保障》1991年第1661号,第23页。

⑩ 青谷和夫:"年金的基本权和支分权及其消灭时效",载《民商法杂志》1996年第54卷第2号,第168页。

⑪ 前揭注7书,第1042—1043页。还有,关于支分权的消灭时效年金法上无明文规定,国家支给的给付根据《会计法》为5年(同法第30条),厚生年金基金支给的给付为10年(民第167条第1款)。同书第1043页,西村,前揭注9论文,第23页。

第四章 关于既裁定年金减低的规范性考察

于未到来之月的支分权未发生,因此,未到来之月的支分权不能成为财产权或既得权"[12]。但是,在不满足支给要件的阶段,被保险者"将来在具备支付要件的阶段,只不过是处于能够期待取得作为基本权或支分权的年金受给权的地位而已"[13]。

由此,应按照时间发展阶段考察有关年金给付的法保护的应有状态。第一,在未满足给付要件的阶段,在此时点年金受给权还未发生,基本上只不过有与年金受给相关的事实上的期待利益而已。第二,尽管满足了给付要件,但在还未裁定的阶段,作为基本权的受给权虽然发生,但现实还不处于年金可能给付的状态。第三,满足了给付要件者在经过裁定后的阶段,作为基本权的受给权现实上处于给付可能的状态,随着各月的到来作为支分权的年金受给权随时发生。第四,由于年金是在每年的偶数月(一年六次)支付各自至前月为止的部分(《国年》第18条第3款,《厚年》第36条第3款),可以认为已是支分权具体发生的阶段。

其中,在第四阶段,设立了因受给权者死亡的未支给年金制度(《国年》第19条,《厚年》第37条),正如法律上的考量所表明的那样,可以说是与私有财产最具有相近性质的部分[14]。但是,本章的主要关心问题在于,对基本权本身加以制约的法修改的合宪性乃至合法性,还有在第四阶段具体发生的支分权,由于金额不能特别高额,在下节中,试图从《宪法》第29条第1款

---

[12] 广岛高裁松江支部判决1981年5月13日,载讼月第27卷第8号,第1526页(《国民年金法》所规定的老龄福利年金受给者以因收入超过而被停止给付的处分具有违法性所提起争讼的损害赔偿请求被驳回之例)。东京地裁判决1991年1月23日,裁判例时代第777号,第121页(因1985年《国民年金法》的修改,与旧法下有望受给的老龄年金的年金额相比较,老龄基础年金的给付水准明显低下,以在侵害被保险者将来的受给权或期待权的限度上违反《宪法》第25条属于无效为由而提起的损害赔偿请求等未被支持之例)中指出,"年金的受给权,要求受给权者满足其支给要件而取得接受年金给付的权利(所谓基本权),然后请求社会保险厅长官裁定确认作为基本权的受给权,对此社会保险厅长官进行受给权的裁定,待其确定后,才可以接受各支付期月的一定的年金给付,即可能行使的具体性请求权(所谓的支分权)才可以成立"。

[13] 前揭注12东京地裁判决1991年1月23日。

[14] 但是,关于这部分,若不经过《国民年金法》第19条第1款等所规定的请求和对此社会保险厅长官(现行法是厚生劳动大臣)所作出的给付决定(行政处分),不能认为法所规定的遗族确定性地取得了请求权。前揭注7最高裁三判决1995年11月7日。

所保障的财产权观点出发,以也是本章题目的既裁定年金(第三阶段)为中心,附带也对第一、第二阶段加以探讨。

第三节 对年金受给权的财产权保障

首先,关于在前节中所述的针对第一阶段将来应获得给付的给付额减低和给付开始年龄提高等给付抑制措施,已缴纳的保险费相当额的处理有可能成为问题,这个另当别论,既然受给权基本上还未发生,不得不说从正面探讨财产权侵害是困难之事。本来,以前因年金法的修改而导入对未来受给者的给付抑制措施时,将开始给付年龄阶段性地提高(1994年修改、2000年修改),对将来的被保险者期间适用给付需乘系数减低等(2000年修改),对被保险者进行了一定的考量。但是,这种不利益缓和措施,与其说是财产权保障,毋宁说有必要思考在下节中所探讨的与《宪法》第25条等的关联。

其次,在思考第二阶段时,有必要阐明依据裁定而使接受给付的权利得以具体化之意义。关于这点,从前节中所述的裁定制度的宗旨来看,结果,也可以理解为,通过将大量的行政事务划一且公平地处理以防止无意义的纷争,在行政机关的决定未作出的阶段,不承认受给权者的直接给付请求,对有关这样的给付之原处分不服时,经过行政不服审查法的特则即不服审查程序(《国年》第101条、《厚年》第90条及第91条之2),最终以撤销之诉的形式使其提起争讼。这样,受给权本身(是抽象的)既然发生,至少在有关给付减低措施的财产权保障这个问题设定之情形,没有必要与第三阶段严格地予以区别,将处于第二阶段者的法的地位置于相对弱的一方。因此,以下将专门对第三阶段(所谓的既裁定年金)进行考察,关于第二阶段,暂且将其视为准同对待。

在《宪法》第29条第1款中,不得侵犯的财产权,根据通说,是指包括物权、债权、无形财产权、公法上的权利等在内的,具有财产性价值的所有

第四章　关于既裁定年金减低的规范性考察　　93

权利⑮。关于《厚生年金保险法》上的保险给付请求权,也有对此明确说明的下级审裁判例⑯。关于同条的性质,最高裁判例判决指出,"不仅只保障私有财产制度,构成国民社会性和经济性活动之基础的各个财产权也作为基本的人权加以保障"⑰。另一方面,同条第 2 款规定,"财产权的内容,为符合公共福利,由法律规定之",对财产权通过法律规定制约。关于此点,1978 年最高裁判决指出,"即使通过事后的法律变更法律曾规定的财产权内容,其亦仅限于符合公共福利之内容,据此不能进行违宪的立法是明确的",其变更的合宪性判断基准,综合考量的是,①基于一旦所制定的法律的财产权之性质;②变更其内容的程度;③根据这种变更所保护的公益之性质,等等,应判断其变更对于该财产权作为合理的制约是否应被承认⑱。

关于我国的年金给付,除去 1989 年的 JR 共济年金(算定年金额时,减低工资的与退休时特别升给相关的部分)、2001 年的农业者年金(经营转让年金给付平均减低 9.8%)之例外,根据所谓的物价浮动制,与物价的下落相抵而减低是制度上的设定(《国年》第 16 条之 2、《厚年》第 34 条),此外,

---

⑮　佐藤幸治:《宪法》(第 3 版),青林书院 1995 年版,第 565 页;伊藤正己:《宪法》(第 3 版),弘文堂 1995 年版,第 368 页。

⑯　札幌地裁判决 1989 年 12 月 27 日,载劳民集第 40 卷第 6 号,第 743 页(劳灾保险金变更给付处分取消请求、请求驳回)中判决指出,"根据《宪法》第 29 条第 1 款保障的财产权中也包括公法上的权利,因此,《劳灾保险法》或《厚生年金保险法》上的保险给付请求权根据《宪法》第 29 条第 1 款而受保障是明确的"。但是在这个案例中,关于劳灾保险法的伤病补偿年金和厚生年金保险法的障碍年金的并给调整规定的合宪性,在引用了先述的 1954 年最高裁判决(参见本章注 8)之同时,判决认为,有关并给调整的规定,其宗旨并非是根据并给调整剥夺或限制劳动者即受给权者一旦所拥有的保险给付请求权,而只不过是劳动者取得了从当初到被并给调整后的内容之保险给付请求权而已。

⑰　最高裁大判决 1987 年 4 月 22 日,载民集第 41 卷第 3 号,第 408 页(关于共有森林,限制《民法》第 256 条第 1 款所规定的共有物分割请求权之《森林法》第 186 条违反了宪法为无效之例)。

⑱　最高裁大判 1978 年 7 月 12 日,载民集第 32 卷第 5 号,第 946 页(关于以前的所有者(地主)买回国家为解放耕地曾购买的租种地制度,将买回的价格以相当于农地法上的买收价格,变更为相当于时价的 7 成之"有关国有农地等卖出的特别措置法"第 2 条等,在能以买收对价相当价格买回的意义上没有侵犯财产权,不违反《宪法》第 29 条之例)。学说也大都认为这个判断基准是妥当的。手岛孝:本案评释,载《判例评论》1979 年第 241 号,第 7 页;户波江二:本案评释,载《法律家》1979 年第 693 号(1978 年度重要判例解说),第 26 页。

没有减低既裁定年金的给付额。

针对2001年修改农业者年金制度时有关受给者负担等质询意见书（2001年2月8日钵吕吉雄众议院议员提出），政府的答辩书[19]在指出关于既裁定年金额的减低亦适用上述的1978年最高裁判决的判断框架之基础上，关于合宪性的判断基准所列举出的①至③，如下所述。

① 作为年金额减低对象之年金，仅为经营转让年金，但这不仅对老年后的生活稳定有所帮助，而且具有实现农业经营的现代化和农地保有的合理化这种农业上的政策目的之性质，其财源专门依靠国库的补助供给。

② 年金额减低的水准，从月额2000日元到4000日元，仅为高龄夫妇家庭消费支出的1%程度，并不会对农业者老年后的生活稳定构成威胁。

③ 不采取年金额减低措置时，将不可避免地更增加财政负担，但是，由于采取这个措置，可以避免增加国民一般的负担。

如上所述，政府的见解表明，即使农业者年金制度将保有一定规模以上农地的农业者作为当然加入对待，该减低措施，作为对财产权的合理性制约，比照《宪法》第29条也是被允许的。还有，关于国民年金、厚生年金等也有所言及："在此次的农业者年金基金法的修改案中成为年金额减低对象的经营转让年金，具有农业上的政策目的，给付所需要的财源专门由国库资助，其成熟度也明显地处于较高状况，对此，国民年金、厚生年金等公共年金，在社会保险方式下，以现世代所缴付的保险费财源为基本筹措给付所必要的费用，依靠这种代际间扶养的机制来运营，成熟度也不及农业者年金的状况等，现在两者所处的状况有很大差异。在这种状况下，关于国民年金制度、厚生年金制度等公共年金制度，2000年的制度修改采取了确保给付和负担的均衡、谋求制度长期稳定发展的措施，并且，其时采取了可保障以前的年金额之措施"。可见，虽然政府答辩未明确陈述，但至少在与农业者年金没能相提并论这点上，对减低采取了慎重的态度。

在一直以来的学说中，亦可以看到，减低已正在领取者的年金额之情

---

[19] 2002年7月2日第六次社会保障审议会年金部会参考资料及厚生劳动省资料。

形,侵害了财产权,是违反《宪法》第 29 条"没有无可能性之事"宗旨所给予的启示[20]。

在将以上与财产权保障一般相关的判例、学说,以及与年金额减低相关的政府见解等作为前提来考量时,从"私有财产,在正当的补偿下,可以将之用于公共目的"之《宪法》第 29 条第 3 款的规定,以及判例法上承认变更包括私权在内的财产权的法律内容之余地来看,大凡若是《宪法》第 29 条保障下的财产权,根据法律的权利制约一切不被承认这个解释很难采用。但是,即使承认了年金受给权的财产权性质[21],关于其性质有必要进一步斟酌。这意味着目前承认了(①财产权的性质,②内容变更的程度,③根据变更所保护的公益之性质)前述 1978 年最高裁判决的判断框架,其中①的理解方式最为重要。

关于这点,根据刚才所列举的农业者年金制度修改时的政府见解,其指出,这不仅有助于老年后的生活稳定,而且具有实现农业上的政策目的这个特别的性质,财源仅为国库资助。对此,国民年金和厚生年金的老龄给付以保障老年生活为目的,基本上以保险费作为财源(的一部分)。从此,若承认这些年金受给权具有与私的年金即储蓄型个人年金有关的保险金请求权相类似的性质,那么可以说应努力实现如同私有财产的宪法上的有力保障。诚然,有学者指出较之于税方式,社会保险方式的优点在于,基于缴费的给付其权利性之强[22]。在裁判例上,提出了有关社会保险的缴费和给付之对

---

[20] 堀胜洋:"关于老龄社会的年金",载《民商法杂志》1998 年第 118 卷 4·5 号,第 505 页。但是,在同论文中接着指出,"然而,如前所述明确了国家也采取所谓的从前的年金额保障方式,这点姑且不成问题",并未从正面回应问题。同论文的主要着眼点在于,根据以前的法律规定减低"能够期待的"受给年金额,是否构成对财产权的侵害,"被减低后的年金额与所缴付保险费额相比,只要不是显著的低下,年金水准的减低,应该说并不直接违反《宪法》第 29 条的规定。"

[21] 有学者认为,作为公法上的权利之例,以国民年金的给付请求权为研究,单从财产的价值有无来看,与一般私法上的财产权之间即使没有径庭,具有财产性价值的权利一律作为财产权保障的对象这种无条件的定式化,决不是自明的。石川健治:"财产权条款的范围扩大论及其相位(1)",载《国家学会杂志》1992 年第 105 卷第 3·4 号,第 9—10 页。

[22] 菊池馨实:"是社会保险还是税",载《法学教室》2001 年第 251 号,第 108 页。

价性(对价关系)[23],或者牵连性[24]。在社会保险中,一定的缴费成为给付要件,在没有缴费也不给付这个意义上的一对一的对应关系被予以承认,这亦符合我国所遵循的市场交换经济原理[25]。在此意义上,较之于依靠税收财政和企业主负担来维持,不需要本人缴费的公共扶助和儿童补贴等,论述宪法上的财产权之性质时,应看成是以更丰厚的保护为必要之公权[26]。然而,将适合私人保险的保险原理,修正为符合社会政策目的之扶助原理(扶养原理),既然社会保险切断了私法意义上的缴费和给付的对价关系[27],就不能将"针对缴费的权利"之观念与商业保险的保险请求权相提并论。还有,不

---

[23] 对国民健康保险费的征收进行了规定的市条例,因违反规定了课税要件法定主义(赋课要件条例主义)及课税要件明确主义(赋课要件明确主义)的《宪法》第84条的租税法律(条例)主义等,而要求取消保险赋课处分等的案件即札幌高裁判决(1999年12月21日,载判时第1723号,第37页)指出,"关于国民健康保险的被保险者的保险费缴纳义务,是与保险给付相关的受益权利相对应的规定,保险费具有基于和保险给付的对价关系的费用负担之性质",即使事业所需经费的约三分之二依靠公共资金来维持,但这不过是因保险费的对价性欠损而进行的补充,不直接适用将保险费视同租税的租税法律(条例)主义,推翻原审作出了不违反《宪法》第84条处分亦适当的判决。对此,上诉审(最大判2006年3月1日,载民集第60卷第2号,第587页)指出,与原审相同,关于国民健康保险费在否定《宪法》第84条的直接适用时,"有关市国民健康保险事业所需要经费的约三分之二是根据公共资金来维持,但据此,并不能切断与能够接受保险费和保险给付地位的牵连性",使用了牵连性这个用语。参见本章注24。

[24] 最高裁判所在因不法行为死亡者的继承人将被害者应得的年金作为逸失利益来请求的损害赔偿诉讼中指出,障碍基础年金和障碍厚生年金,"原则上是缴纳保险费的被保险者符合所定的障碍等级状态时被支付之物……,虽然有程度之差,但无论哪个都具有基于保险费缴纳的给付之性质",在承认逸失利益的同时,另一方面,关于子及妻的加给部分,"在根据是否存在与受给权者有一定的关系全来决定给付的有无这个意义上,不能说和缴付的保险费有一定的牵连关系,而是社会保障性质较强的给付",鉴于此,否定了逸失利益性(最高裁二判决1999年10月22日,载民集第53卷第7号,第1211页)。其后,关于遗族厚生年金,以"受给权者自身没有缴纳保险费,给付和保险费的牵连性为间接,是社会保障性质较强的给付"为理由之一,否定了逸失利益性(最高裁三判决2000年11月14日,载判时第1732号,第83页);关于军人优待的扶助费,也以扶助费为全额国库负担,是社会保障性质较强的给付为理由之一,否定了逸失利益性(最高裁三判决2000年11月14日,载判时第1732号,第83页)。参见本章注23。

[25] 堀胜洋:《年金制度的再构筑》,东洋经济新报社1997年版,第166页。

[26] 和社会保险相同的财产权保障在公共扶助给付上试图予以承认的讨论相关联,让人直接联想到的是,C.莱克的"新财产权"论。菊池,前揭注2书,第45—47页。但是,至少在论及宪法上的财产之性质时,不应将社会保险与公共扶助、社会补贴等同考量。不过,关于公共扶助等也会产生《宪法》第25条第1款的问题。

[27] 加藤智章、菊池馨实、仓田聪、前田雅子:《社会保障法》(第4版),有斐阁2009年,第21—22页。

能无视的是,严格承认年金受给权的财产权保障,将使未来立法者的决定余地和应对社会经济状况变化之灵活性丧失[28]。加之,在先前分类的第三阶段(或第二阶段)的时点,考量将来(一生)年金受给权的宪法之保障时,有必要认真思考至今仍停留于基本权正在发生,而将来每月的支分权尚未发生之情况。

对此,作为根据变更被保护的公益之性质(③),可以列举出:缓和修改储蓄方式下的对现世代课加的过重保险费负担,减轻基础年金过重的国库负担,以及伴随着采取这些措置有可能使奠定社会保险制度基础的社会连带乃至代际间连带意识得以保持等。

鉴于这些情况,即使是既裁定年金,并非不可能减低,即使减低时,应该说不要出现像农业者年金制度的例子,即若不变更,年金财政迟早会出现破绽(该年金被认为最迟于2002年出现破绽)的情况。但是,内容变更的程度(②),第一,对受给者老年后的生活带来直接影响;第二,如前所述不应无视社会保险的积极意义;第三,与第二点相关联,基于缴费制,有必要将对制度的信赖保护之契机纳入考量范围(参见第五节);第四,根据受给者的情况低于基础性生活保障水准(《宪法》第25条第1款)那样的立法之减低,具有通过财产权的缩减而侵害个人的人格利益之侧面[29]。若从这些内容来看,应在必要的最小限度内进行。还有,在考量《宪法》第29条第3款的宗旨时,也有必要采取阶段性的实施等过渡措置[30],最不理想的是,完全不采取更加非权利制约性的措置[31],仅仅是进行既裁定年金的减低。

---

[28] 太田匡彦:"'社会保障受给权的基本权保障'之意味",载《法学教室》2000年第242号,第119—121页。

[29] 参见菊池前揭注2书,第三章及第156页等。

[30] 参见斋藤孝"'社会保险给付请求权'的法作用(3)",载《圣德学园岐阜教育大学纪要》1998年第35集,第154—158页。

[31] 这个措置中,包括对年金的适当课税、医疗、介护保险费及利用者负担的强化等相关联的诸和实施政策。

第四节 《宪法》第 25 条和
既裁定年金的减低

作为论述与《宪法》第 25 条关系的前提,成为问题的是,如何看待该条的规范性意义内容。关于这点,私见认为,正如一直以来宪法学上的通说所主张,并非将第 1 款和第 2 款作为一个整体看待,而应理解为"健康的、具有文化意义的最低限度生活"的保障(第 1 款)和超过之上更加舒适的生活保障(第 2 款)这种具有二重的规范性含义[32]。

其中在与《宪法》第 25 条第 1 款的关系上,因年金额的减低而产生同款保障水准下降情况时将成为问题。但是,同款保障情况如何不应仅根据年金制度进行评价。生活保护是直接具体地体现同款的宗旨,成为收入保障的最终性依据之制度[33]。因此,应该说,即使因既裁定年金的减低而使年金额处于生活保护基准(《生活保护》第 8 条)以下,基本上不产生违反同款的问题[34]。

关于给付水准的减低等,毋庸赘言,与规定国家提高增进社会福利等义

---

[32] 籽井常喜:《社会保障法》,综合劳动研究所 1972 年版,第 86 页以下;堀胜洋:《社会保障法总论(第 2 版)》,东京大学出版会 2004 年版,第 141 页;岩村正彦:《社会保障法Ⅰ》,弘文堂 2001 年版,第 35 页。私见认为,有必要更进一步区别政策乃至立法策定方针的含义和裁判规范的含义来进行讨论(后者在与裁判所的违宪判决相关联的意义上适用严格的基准)。菊池,前揭注 2 书,第 32—33 页(注 48)。

[33] 参见堀,前揭注 20 论文,第 502—503 页。

[34] 年金以外即使无收入,关于在生活保护基准以下住民税是非课税,尽管无负担能力,被征收介护保险费之事是否违反《宪法》第 25 条及第 14 条的争讼案件(最高裁三判决 2006 年 3 月 28 日,载裁时 1409 号第 3 页)判决指出,"鉴于已有对于低收入者考量的规定,以及介护保险制度是基于国民的共同连带理念而建立的制度(《介护保险法》第 1 条),本案条例,关于介护保险第 1 号被保险者中为《生活保护法》第 6 条第 2 款规定的要保护者,根据《地方税法》(2004 年法律第 17 号修改之前的法)第 295 条对于市町村民税为非课税者,即使没有一律不赋课保险费宗旨的规定或全额免除保险费宗旨的规定,不能说其显著欠缺合理性,还有,关于经济的弱者不能进行无合理的理由之差别对待",认定不违反宪法。

务的《宪法》第 25 条第 2 款之关系成为问题。关于这点,曾经有学说认为,"某求保险费的增征和社会福利服务行政费用征收的强化,而且给付减低这种……社会保障的改恶,难道不是违反了国家应努力提高增进社会保障的《宪法》第 25 条第 2 款之规定? 存在这种重大的疑问"[35]。此外,有裁判例指出,在将第 1 款、第 2 款作为一体来对待的基础上,作为一般论,同条的"将理念具体化的法律一旦赋予国民权利及利益,即使根据立法也不允许剥夺之,无合理的理由却制定妨碍以上权利和利益实现的法律制定行为,违反了《宪法》第 25 条的宗旨"[36]。

对此,在最近的学说中,于国民要求减低保险费之情形,或者为维持社会保障的给付水准有提高租税和保险费之必要,但国民不同意之情形,进行社会保障给付的削减等为被认为是迫不得已,若加上以下考量,即:第一要基于合理的理由,第二应在必要的最小限度内,第三尽可能尊重既得权和期待权,第四为避免出现激烈的变化规定过渡措施,等等,假使是进行社会保障给付的削减等立法,也被认为并不违反《宪法》第 25 条第 2 款规定的宗旨[37]。再者,有观点认为,第 25 条第 2 款所谓的"社会福利、社会保障及公众卫生"的"提高和增进",不应仅理解为是提高给付水准这种狭窄的含义,而应理解为是对全体国民而言的立足于中长期规划及政策目标基础之上的含义,关于伴随给付内容的缩减、给付水准的减低等对既存制度的重新设计和修改,属于与立法机关的政策判断相关的广泛裁量,基本上不产生违反同款的问题[38]。

---

[35] 小川政亮:"宪法和社会保障",载沼田稻次郎、小川政亮、佐藤进编著:《现代法和社会保障Σ》,综合劳动研究所 1982 年版,第 31 页。

[36] 东京地裁判决 1974 年 4 月 24 日,载行集第 25 卷第 4 号,第 274 页。但是,在老龄福利年金给付停止的合宪性争讼判决中,就结论而言,广泛承认了立法机关的裁量,作出了没有违反《宪法》第 25 条的判决。即使根据本文中所说的同判决的一般论,是与"合理性理由"的内容如何相关,并不是给付减低等一切不被承认。

[37] 堀,前揭注 32 书,第 147 页,堀,前揭注 20 论文,第 503—504 页。该论文在第三和第四考量的关联上,牢记所谓的以从前年金保障方式的采用为前提之年金水准的减低,并不一定是以作为本章研究对象的既裁定年金为考察对象。

[38] 岩村,前揭注 32 书,第 35—36 页。更为具体的考察研究,还有岩村:"社会保障改革和《宪法》第 25 条",载江头宪治郎、碓井光明编:《法的再构建Ⅰ 国家和社会》,东京大学出版会 2007 年版,第 83 页以下。

或者更鲜明的观点认为，"社会保障给付当然与财政负担的问题相关，于因财政恶化等关系而减低给付、对支给要件进行更为严格规定和限制等情形，对此，作为立法机关的政策选择问题，应认为不产生违反《宪法》第 25 条第 2 款的问题"㊲。

关于这点，虽说承认了《宪法》第 25 条第 2 款自身独有的规范性含义，但是，第一，社会保障的给付水准，有受制于社会经济的状况变化和财政性制约要因而不得不进行规定的侧面，特别是，应与围绕应有负担水准的争论结合起来论述。第二，并非抓住个别制度的改废来进行给付水准减低的论述，而应以整个社会保障制度为对象进行其水准的论述。第三，生活保护制度作为最终性的收入保障制度而存在。第四，根据立法减低给付水准时，一般认为应保证通过国会的民主正当性，若从这些内容来看，倘若是基于合理性理由而进行必要最小限度的减低，应该说裁判规范自不待言，即使作为立法及政策制定的方针，根本上给付水准的减低等也不违反 25 条第 2 款的宗旨。关于承认财产权性质的既裁定年金之减低，可以认为，只要没有不基于合理性理由而超过必要最小限度的减低，以及完全不采取更加非权利制约性的措施这些特殊的情况，很难说违反了《宪法》第 25 条第 2 款。

第五节　信赖保护和既裁定年金的减低

本来规范私人间民事上的法律关系的法原则即诚实信用原则（信义则）（《民法》第 1 条第 2 款），也有适用于行政上的法律关系之情形。一方当事人信赖他方当事人所表明的见解，基于此采取一定的行动时，关于其信赖应否受到法的保护（信赖保护原则），虽然也需要和依法行政原理进行调整㊵，但是，在行政法领域其适用被予以肯定㊶，关于年金也有肯定这点的下级审

㊲ 西村健一郎：《社会保障法》，有斐阁 2003 年版，第 40 页。
㊵ 盐野宏：《行政法Ⅰ》（第 5 版），有斐阁 2009 年版，第 83 页。
㊶ 小早川光郎：《行政法·上》，弘文堂 1999 年版，第 145 页。

裁判例[42]。不过,若提及有关本章的问题关心,成为问题的,并非是有关行政活动的国民信赖保护,而是损害当事人信赖的那种立法及法律修改的适当与否[43]。与社会保险给付的减低相关联,对立法机关的信赖保护之要求,已经介绍了德国的研究[44]。这个原则被认为由来于诚实信用原则,将法治国家原理作为法的根据[45]。在我国尽管并不能当然地找出明确的法的根据[46],但是正如第3章所述,在与财产权保障等的关联上,可以说是在一定程度应被尊重的规范概念。

第六节　宏观经济调整

如本章开头所述,根据2004年的修改,作为裁定者的年金额的调整方式,法律规定了新的调整方式(《国年》第27条之2及第27条之3、《厚年》第43条之2及第43条之3)[47]。但是,作为在负担的范围内与给付能取得财政上的平衡为止(调整期间)的措施(《国年》第27条之4及第27条之5,《厚年》第43条之4及第43条之5),导入了不原样反映工资和物价的变

---

[42]　东京高裁判决1983年10月20日,载行集第34卷第10号,第1777页(关于在适用旧国民年金法时需要国籍要件之当时,接受区的劝说而加入年金的在日韩国人,信赖将来的国民年金会予以给付,一直缴纳保险费,满足给付要件案,判决驳回国民年金的支付裁定请求处分为违法之例)。

[43]　关于行政法上的信赖保护原则,乙部哲郎:"西德公法的信赖保护原则之动向",载《神户学院法学》1975年第6卷1号,第181页以下;同"行政法的信赖保护",载《公法研究》1997年第39号,第166页以下等。

[44]　斋藤孝:"关于社会保险给付额减低的宪法问题",载《法学新报》1992年第98卷第5·6号,第110—113页。

[45]　斋藤,前揭注论文,第110页。

[46]　在斋藤前揭注论文第120页中,向《宪法》第13条寻求根据。参见乙部,前揭注"西德公法的信赖保护原则之动向",第223—259页。

[47]　一直以来,新裁定者按名义纯收入工资变动率、既裁定者按物价变动率进行调整,对此,改为未满68岁的裁定者按名义纯收入工资变动率、68岁以上的裁定者按物价变动率调整。

动,而是伴随给付水准减低的宏观经济调整⑱。据此,有关调整期间作为年金额调整计算基础的改定率及再评价率,并非就反映名义纯收入工资变动率和物价变动率,而是综合考量前两年度的公共年金被保险者等总数除以有关该年度的公共年金被保险者数总数之比的立方根乘以 0.997 的调整率⑲。但是,年金改定率⑳成为负数时,不进行宏观经济调整。据此年金的名义额得以维持。

由于宏观经济调整的导入,预计标准家庭的年金额收入替代率,将从 59.3% 减低为 50.2%(2023 年度)㉑。

这种伴随着减低既裁定年金的给付水准所采取的宏观经济调整,与《宪法》第 29 条及第 25 条第 2 款相关联进行评价时,在确保国民对年金制度的信赖,构建与社会经济调和的可持续制度这个有助于公益的目的下,采取了确保现世代的平均收入之 50% 的给付水准这个抑制措施(2004 年修改法附则第 2 条),若从必要最小限度,长期的阶段性减低,国库负担比例的提高及伴随在职老龄年金的修改等有助于修改目的的其他制度之修改,还有维持年金的名义额来看,可以说是有合理性的制度㉒。但是,关于老龄基础年金也适用宏观经济调整,减低给付水准时,也可以预想现行生活保护水准将有相当程度的下降。如前所述,这虽然不直接招致违反《宪法》第 25 条第 1 款的评价,但其政策的妥当性有必要另外进行评价。

---

⑱　但是,从 2000 年度到 2002 年度,若按原来的话,因物价变动而应减低的给付额份(1.7%)根据立法不变化,到这部分因物价上涨被相杀消除为止,不进行宏观经济调整(物价调整特例措施。2004 年修改法附则第 7 条和第 17 条)。如 2006 年度那样物价下落、年金额负改定的年份也有,至 2009 年度还没有进入到相杀抵消阶段,宏观经济调整还未实施。

⑲　这种算法与经济动向无关,是考量了劳动力人口即被保险者数的减少和平均寿命的延长之结果。

⑳　从名义纯收入工资变动率和物价变动率减去调整率所得数值。

㉑　《2004 年年金修改的机制》,社会保险广报社 2005 年版,第 18 页。

㉒　同样地,认为给付水准减低合宪的论文有,中野妙子:"老龄基础年金、老龄厚生年金的给付水准——基于法学的视角",载《法律家》2005 年第 1282 号,第 69—73 页;小山刚、葛西眉子:"年金改革关联法和宪法",载《法学会议》2004 年第 598 号,第 68—71 页。

第七节　结语

以上，主要在与《宪法》条款的关联上，围绕着既裁定年金之减低展开了法律论的探讨。本章在与宪法和法的一般原则的关联上，以既裁定年金的减低受到违宪和违法的评价为焦点而进行论述，并非是至界限点为止而开展的应进行制度修改的规范性论述。应有的年金制度之状态，不仅进行这样的法律论探讨，还应结合诸种考虑要素进行综合性的论述。

第五章　企业年金的状况和社会保障的方向性

第一节　序言

根据政府的将来人口推算预计①，中位假定的长期总和生育率1.26和上次推算预计（2004年1月）的1.39相比更低（高位假定1.55），少子化比以前预想的发展更快，另一方面，关于老龄化，中位假定2050年的老龄化率（65岁以上人口的比例）为39.6％，大幅超过了之前的推算预计35.7％。

如此在少子老龄化加速发展的预想中，社会保障制度的应对是非常重要的政策课题。其中超长期的制度设计很有必要，关于会受到人口结构变化之巨大影响的公共年金，因2004年的修改导入保险费水准固定方式和宏观经济调整②等，与之前的修改相比，这次修改的构思发生了大的变化，目的在于进一步增强制度的可持续发展。再者，在2009年夏的众议院选举前发表的民主党的宣言中倡导，①所有人加入同一个年金制度，即使变换职业，为了避免烦琐的手续，应无例外地将年金制度一元化。②所有人负担"若相同收入，相同保险费"，创设以缴纳的保险费为基础计算给付额的"收入比例年金"。③创设以消费税为财源的"最低保障年金"，目标是让所有人能够获得七万日元以上的年金（对于可以获得一定额以上的"收入比例年金者"，减少"最低保障年金额"），实现年金制度的一元化、收入比例年金的

---

① 国立社会保障·人口问题研究所：《日本的将来推算预计人口》（2006年12月）。
② 参见本书第四章，页边码第99页以下。

第五章　企业年金的状况和社会保障的方向性　105

统一化,创设全额公费运营的最低保障年金③。

　　暂且不论与公共年金基本框架自身的彻底性修改相关的大改革是否实现,有鉴于如前所述的超少子老龄社会的到来,即使以现行制度的存续为前提④,不得不承认,老年后收入保障也像以前那样很大程度上以依存于公共年金的形式进行制度设计,这具有局限性⑤。于是,企业年金、个人年金等私性质的收入保障手段应发挥的作用,也比以前有增大的可能性。但是,在上述的民主党宣言中,关于企业年金并未特别论及。

　　另一方面,根据2007年7月厚生劳动省企业年金研究会总结的"企业年金制度施行状况的检查结果",今后企业年金制度的方向性,提出了两点:(1)以劳资合意为基本,立足于企业和从业人员之实情及需要的尽可能自由的制度;(2)重视与公共年金关系、更加强化从业人员老年后收入保障作用的制度。在此基础上,"关于企业年金,鉴于期待其发挥巨大的作用,虽然有从重视与公共年金关系的制度中心向劳资合意为基本的自由制度中心转变的历史,但在现时点,关于企业年金今后的方向,即应以什么方向为目标,被认为还处于相关者间没有合意的状况"。企业年金的应有状态,与公共年金改革的方向性亦相结合,可以说是今后有待认真讨论的题目。

　　本章的目的是,从最近社会保障(法)的范式转换之视角阐明企业年金的法定位之变迁,同时,从社会保障法的观点,得出关于今后企业年金改革方向的若干建议。为此,首先,在第二节,明确我国社会保障(法)的范式转换;在第三节,从这些视角出发勾勒出企业年金的法定位之变迁过程;在第四节,从笔者提倡的社会保障法论的立场出发,揭示思考企业年金状况时的

---

　　③　关于以内阁总理大臣为议长的新年金制度的研讨会于2010年6月提出的中间总结"关于新年金制度的基本思路——以安心、认同的年金为目标"指出,现行制度的存续是困难的,创设新的年金制度已成为必要,在此基础上提出新年金制度的七原则是:①年金一元化;②最低保障;③负担和给付的明确化;④可持续;⑤"不消失的年金";⑥未缴纳、未加入者为零;⑦国民的讨论。

　　④　提出以现行制度的存续为前提之基础上的改善措施有,堀胜洋:《社会保障、社会福利的原理、法、政策》,密涅瓦书房2009年版,第366—376页。

　　⑤　根据2004年的修改导入的宏观经济调整,标准家庭年金额的收入替代率,预想从59.3%减低为50.2%(2023年度)。《2004年年金修改的框架》,社会保险广报社2005年版,第18页。

规范性视角;在第五节,尝试论述企业年金改革的应有状态。

第二节 社会保障(法)的范式转换

一、社会保障构造改革

20世纪90年代后期至21世纪初始,社会保障构造改革成为重要的政策课题。其内容有2000年《国民年金法》等修改、2001年所谓的企业年金二法制定等,不局限于年金领域。在医疗领域,根据2000年《健康保险法》、《医疗法》等的修改,规定了老年人部分负担的部分比例化(一成)、与上位收入者的高额疗养费相关的自己负担限度额之提高、病床区分的变更等,接着,2002年实施了老年人部分负担的完全比例化(一成,但高收入者二成),老人医疗对象年龄从70岁提高到75岁及公费负担比例从三成提高到五成,被雇佣者本人的自己负担提高到三成,导入与课加保险费相关的总报酬制等。还有,在福利领域,1997年也制定了《介护保险法》,于2000年4月施行。此外,根据1997年《儿童福利法》的修改,进行了保育所入所制度的改革等。再者,2000年进行了所谓的社会福利基础构造改革,将《社会福利事业法》改称为《社会福利法》,在障碍者福利领域进行了诸如导入支援费给付制度等大的修改。

其后重要的社会保障制度改革也在继续,除了第一节中所述的2004年《国民年金法》等的修改之外,在医疗领域,根据2006年《健康保险法》等的修改,制定医疗费合理化计划,废止介护疗养型医疗设施,创设后期老年人医疗制度,向政府管掌的健康保险公法人(全国健康保险协会)移交管理等。此外,在福利领域,进行了大幅度的制度修改,如根据2005年《介护保险法》的修改,创设对需要支援者的新预防给付,创立地域支援事业,确立地域密着型服务等新服务体系等。并且,同年制定了《障碍者自立支援法》,实现了将身体、智力、精神障碍分立的障碍福利服务事业的一元化,导入了利用者负担(原则为一成)等。

这些修改,不仅带来了其规模的变化,而且带来了构成制度基础的思想之变化,在这个意义上,也还带来了我国社会保障的大转换。

二、社会保障(法)的范式转换

战后形成我国社会保障制度基础的所谓1950年《社会保障制度审议会劝告》,在开头提出了《宪法》第25条的规定,明确国家有保障国民生活的责任,强调了社会保障的国家责任。对此,在1993年同审议会社会保障将来像委员会第一次报告中,收入保障、医疗保障、社会福利等"给付"属于"狭义的社会保障",另一方面,若以给付为要件,关于医疗和社会福利的资格制度、人才确保、设施完善、各种规制措施等可以作为"广义的社会保障"来看待。至此,有关社会保障的国家关联,可以看成是不止于直接性给付的多样化形态。

在这种背景下,处于战后复兴时期,确保《宪法》第25条第1款所象征的'健康的、具有文化意义的最低限度生活"水准是整个国家性课题(即"预防贫困"、"脱离贫困"成为紧急的课题),与那个时代相比,在国民生活显著富裕的今天,对"于国民生活的稳定受到损害之情形,以保障国民过上健康的、能够安心的生活为目的,通过公共责任进行支持其生活的给付"(前揭社会保障制度审议会第一次报告)为特质的社会保障,潜在着理解的变化。确保"健康的、能够安心的生活"这种相对高水准的生活时,国家及地方公共团体这种公性质的主体直接且全面地承担责任几乎是既不可能亦不适当,不得不承担包括计划、行政规制、最低基准的制定、费用负担等,还包含间接性多样化的内容。在此,公性质的主体之作用得以相对化,不是国家对公民这种两当事人之间的前者对后者的单方面给付关系,而是将之作为也包括私人之间关系的多面性、双务性法律关系来把握[6]。例如,有关社会福利领域

---

[6] 岩村正彦《《社会保障法Ⅰ》弘文堂2001年版,第15页)指出,社会保障法的概念是,"在规范前述意义上的社会保障制度(①社会保险;②公共扶助;③社会福利;④儿童补贴;⑤公共卫生、医疗——笔者注)中出现的各种当事人的组织、管理运营及对其的监督之同时,并规范这些当事人相互间发生的各种各样的法律关系、权利义务关系的法"。

的服务利用关系,一直以来,一般理解为是作为在措置制度下行政机关单方面的意思表示之行政处分,直接地在行政机关和利用者之间设定。对此,伴随着介护保险和支援费给付制度、障碍者自立支援制度的导入,这种利用关系基本上是以服务提供者和利用者间的契约关系为轴来理解。

像这样,将蛋糕(财源)扩大作为所给的前提,并非仅从专门的给付侧面来看待社会保障,而是从由负担和给付构成的双务性关系来把握社会保障时,所谓其中的应成为基础性法主体之个人,不单是消极的被动性受给主体,而是积极的能动性权利义务主体,必须以此作为前提。并且,从于此意义上的个人视点出发再次统一地重新把握社会保障法才成为可能。即:社会保障作为给付行政的典型领域被对待,历史上有将其定位为所谓行政法分论的一个领域之经过[7]。社会保障法学的通说,也像"所谓社会保障,是指国家对于作为生存权主体的公民,以保障其生活为直接目的,进行社会性给付的法关系"[8]这个学说所代表的那样,将社会保障基本上作为是国家对国民的给付体系来对待。另一方面,最近的倾向是,如前所举的社会福利服务的利用关系之例,社会保障相关的法关系以私人间的契约为轴进行规制的领域正在扩大。即使一直以来的实体性和程序性意义上的公法、私法二元论是不妥当的[9],但这在某种意义上被允许说成是社会保障法的"私法"化现象[10]。不过,不应根据这种现象将社会保障法看成是转化为"异质"之物。正是因为有国家通过运营制度进行直接给付,或通过对民间事业进行规制和费用负担等形式进行间接支援这种手段的不同,才承认各个人自主追求生活方式本身的价值,以充实其成为可能的条件为终极目的[11],在以《宪法》第13条及第25条为基础,直接和间接地保障人格性、财产性权益之法这点上属于同质,其中可以发现作为社会保障法的统合性视点[12]。

---

[7] 园部逸夫、田中馆照橘、石本忠义:《社会保障行政法》,有斐阁1980年版,第2页。
[8] 荒木诚之:《社会保障法读本》(第3版),有斐阁2002年版,第252页。
[9] 盐野宏:《行政法Ⅰ》(第4版补订),有斐阁2008年版,第43—46页。
[10] 参见菊池馨实:"社会保障法的私法化?",载《法学教室》2001年第252号,第119—124页。
[11] 本书第一章,页边码第9—10页。
[12] 参见山本敬三:《公序良俗的再构成》,有斐阁2000年版,第246页以下。

第三节 企业年金的定位

一、企业年金的定义

一直以来,所谓企业年金,除①厚生年金基金(《厚年》第106条以下)和②适格退职年金(《法税令》第159条第1款)之外,还包括均不属于以上的(因此不享受税制上的优惠待遇)③自社年金,即作为包含三者的总括性概念被使用[13]。在这些意义上的企业年金即使以临时金的形式可以予以给付,在属于公司外累积的制度这点上,与雇主从内部保留所支付的退休临时金具有不同性质。

对此,根据2001年制定的所谓企业年金二法,我国企业年金法制的结构发生了大的变化[14]。即除以《厚生年金保险法》为根据的厚生年金基金外,作为以《确定给付企业年金法》为根据的制度,设立了"规约型"、"基金型"两个确定给付企业年金,还有,作为以《确定缴费年金法》为根据的确定缴费型年金,设立了"企业型年金"制度。再者,一直以来的适格退职年金,自2002年4月以后不承认新订立的契约,既存的也至2012年3月为止被废止(《企业年金附则》第24条、《法税附则》第20条第3款、第4款)。

尽管自社年金仍然有存在的余地,但根据《确定给付企业年金法》的制定,在谋求一直以来基本上不过是向企业主提供税法上的优惠措施而已的适格退职年金的过渡之同时,导入了与给付、缴费金、累积金等相关的单独的法规制。还有确定缴费企业年金法的制定带来了与以前的确定给付年金不同形态的确定缴费年金(除了"企业型年金",包括"个人型年金")之导入

---

　　[13]　参见竹内昭夫、松尾浩也、盐野宏主编:《新法律学辞典》(第3版),有斐阁1989年版,第212页。

　　[14]　关于改革的背景,参见岩村正彦:"迎接新时代的企业年金法",载《法律家》2001年第1210号,第12—15页。

和固有的法规制。即使面临着从适格退职年金的过渡没有进展,无法向其他制度过渡而导致解约的情形居多问题、厚生年金基金数激减问题、主要是中小企业加入的综合型厚生年金基金占厚生年金基金的八成问题、确定缴费年金的自动转换问题等诸问题受到批评的情况下[15],2001 年的立法在朝着企业年金法制的统一性、总括性规制迈出了大的一步这点可以予以积极的评价。

二、企业年金和社会保障法

在法律学领域,企业年金成为劳动法和社会保障法视角关心的对象。如美国的 ERISA(《被雇佣者退职收入保障法》)的比较法研究[16]、我国有关企业年金给付额减额等裁判例的研究[17],以及受给权保护的状态[18]等。但是,由于根本上是与从业人员的就业相关联的给付制度,所以其理论的探讨无论从哪个方面说主要以劳动法学的探讨为中心[19],社会保障法学关心的问题若除去受给权保护,只能说相当限定,一直以来,主要集中于企业年金有无社会保障的性质,特别是在与由代行部分和附加部分构成的厚生年金

---

[15] 关于这种企业年金制度的现状,参见西村淳:"企业年金制度的现状和课题——以适格退职年金的过渡为中心",载《法律家》2009 年第 1379 号,第 12 页以下;同"有关企业年金的现状和课题——为守卫企业年金",载《年金和经济》2009 年第 27 卷第 4 号,第 47 页以下;野村亚纪子:"确定缴费年金的现状和课题",载《法律家》2009 年第 1379 号,第 21 页以下。

[16] 森户英幸:《企业年金的法和政策》,有斐阁 2003 年版,第 159 页以下;畑中祥子:"关于企业年金制度的受给权保障之法的框架",载《日本劳动法学会志》2008 年第 112 号,第 164 页以下;河合塁:"关于美国私性质退职计划的法考察(上)(下)",载《季刊劳动法》2001 年第 195 号,第 110 页以下,2001 年第 196 号,第 123 页以下等。

[17] 包括社会保障法研究者在内的研究成果有,嵩清香:"关于企业年金的受给者减额之裁判例",载《法律家》2009 年第 1379 号,第 28 页以下;根岸忠:"关于自社年金制度的受给者减额之法的问题点",载《劳动法律旬报》2006 年第 1620 号,第 33 页以下等。

[18] 岛崎谦治:"关于企业年金的受给权保护",载《年金和经济》2009 年第 27 卷第 4 号,第 13 页以下。

[19] 山川隆一:"研讨会的宗旨和综述",载日本劳动法学会编:《日本劳动法学会志》2004 年第 104 号,第 3 页以下;森户英幸:"企业年金的劳动法考察——以不利益变更为中心",同第 8 页以下;河合塁:"基于'退职金'视点的企业年金改革之再探讨",同第 22 页以下等。

基金的关联方面进行研究等[20]。

关于这点,如前节第二部分中所述,可以说,社会保障的法体系上,在并非是国家保证直接支付的给付这个意义上,必须将企业年金法制当然地置于其范围之外的必然性已不复存在。还有,考察实际的法制度时,国际上,对强制加入企业年金、从强制加入的政府年金脱离(contract out)及加入企业年金和个人年金等,应该说可以看到公共年金和私性质年金的"融合化"现象[21];在国内,像政府直接干预的国民年金和厚生年金等公共干预程度大的年金制度,与像民间保险公司的商品之个人年金,基本上在市场交易下依靠保险法上的公共规制作为相反的极端,公共干预的程度有各种各样的变化[22]。评价为公共年金,或者承认年金的社会保障性时,既无那么自明的评价基准,也不是从中直接导出特定的法的效果。这与应将企业年金法制的规制和补助方式与公共年金接续起来思考之视点相联系。

第四节　应有的社会保障制度像和企业年金

一、个人的"自律"支援和企业年金

如前所述[23],私见认为,着眼于社会保障的根本目的在于确保"个人的自由"(=个人作为人格性自律的存在,能够自主地追求生活方式),这种所谓的"自由"之理念,在以个人主义思想为基础的我国宪法体制下,应作为社

---

[20] 小岛晴洋:"企业年金的法理论",载《季刊社会保障研究》1996年第32卷第2号,第199页以下。

[21] 关于正在进行的公共年金制度设计修改,以及以重新审视与企业年金、个人年金的作用分担为指向的制度修改,堀胜洋,前揭注4书,第297—299页;江口隆裕:《变化的世界和日本的年金》,法律文化社2008年版,第212—219页;西村淳:"企业年金的现状和课题",载《法律家》2009年第1379号,第53页等。

[22] 堀,前揭注4书,第293—297页。

[23] 本书第一章第三节第四部分。

会保障的根本性指导理念来定位。这并非如一直以来的通说那样，将社会保障的目的单纯地作为根据财富、财产这种基本财产分配（还有基于此的物质需要之满足）的生活保障这种物理性现象来对待，而是根本上为实现自律性个人自主追求生活方式的人格性利益（这和尊重自己决定的观点相重合）而完善条件来对待，在与宪法的关联上，向第13条寻求最终性的规范依据。为了谋求实现这种人格性利益，如《宪法》第25条所规定的那样，国家完善社会保障制度，承担确保一定的财产和服务供给的责任，与此同时，通过与之相对应的形式，国民在一定的限度内承担财政负担的责任，必须甘愿忍受以强制加入和按能力负担这种形式的对其财产权的制约（参见《宪法》第29条第2款）。

这里所谓的发挥"完善条件"的作用，并非限于公共年金，当然包括企业年金也在内。进而私见提出的视点是，2007年企业年金研究会报告书指出的企业年金的两个侧面[24]中，与以劳资合意为基本的自由制度之侧面相比，立足于重视与公共年金共通的老年后收入保障以及生活保障之侧面的前提上，期望并非是国家对国民的威权性保护，而是以个人为轴自主性地参与制度。

从将价值置于个人自主性参与的视点看，确保个人的自主性"选择"权，确保对制度设计和运营的"参加"权至关重要。在这个意义上，为包括确定缴费型的老年后收入保障而提供的多样化手段本身，应予以积极的评价，扩大确保便利的方策也应予以积极评价。还有根本上期望建立能够反映加入者意思的参加型机制[25]。

再者，作为根本而言并非是规制而是给付的机制，也有必要留意之点是，对个人生活方式的国家介入，以及对选择幅度的制约这个侧面。从这些观点看，与不到60岁老年给付金不能给付（不能选择）的确定缴费型相同，关于确定给付型是否也应贯彻这种方向性，要与企业年金的退职金性质或

---

[24] 参见本章第一节。
[25] 在其范围内，企业年金的两个侧面中，劳资的自由合意以及劳资自治的侧面也有被尊重的余地。

第五章 企业年金的状况和社会保障的方向性 113

劳资自治这种论点分开,进行慎重的研究。但是这点,如下所述,和如何考量有关老年后收入保障的国家作用这个问题有密切的关联。

二、关于收入保障的国家之作用

关于国家通过社会保障制度等对国民应保障的水准,成为强力规范性的基准是《宪法》第25条第1款中所保障的"健康的、具有文化意义的最低限度的生活"水准。现行法上可以说生活保护基准大致相当于此。围绕企业年金状况的讨论,一般是将超过这些所谓的"最低生活水准"层次上的老年后收入保障谨记于心。另一方面,厚生年金的给付水准所立足的观点,并非是最低生活水准的保障,而是工作时的"从前生活水准"之一定部分的保障。与《宪法》第25条第1款具有直接关联性的最低生活保障相比较时,不得不说的是,关于国家负有责任应保障达到"从前生活水准"的规范性要求之程度,比"最低生活保障"相对较弱。还有,在私见中,围绕着将强制加入的保险费缴纳作为义务规定的社会保障制度所应设定的范围和保障水准,在要求应考虑"国家对个人的过度干涉之警戒"这个规范原则中,关于国家负有责任应保障达到超过基础性生活的从前收入水准的规范性要求之程度,不得不说还是弱的[26][27]。

但是,在考虑企业年金的制度设计时,无论和这些"最低生活水准"乃至"从前收入水准"原样重合与否,应依靠公共年金维持的保障水准,有可能具有一个重要的规范性含义。即:根据2004年年金修改所导入的宏观经济调整方式所预想的收入替代率50%的年金额,在考量平均覆盖加入企业年金退职者的生活费中的哪部分时,假设是依靠公共年金平均确保比最低生活

---

[26] 关于这点,笔者曾经对公共年金的报酬比例部分提出质疑,但现在认为若是美国型的收入比例年金,其可能是正当的。参见本书第一章注54。
[27] 但是,这样的讨论基本上是将老年年金谨记于脑海中。对此,预想有相当高的概率发生,而且,为应对其准备期间与作为充分存在的要保障事故的"老年"不同,属于工作期间突发性事态的"障碍"、"失业"、"工伤"等要保障事故发生时,应维持有报酬比例年金的以前收入保障机能予以更强的正当化。

水准(＝生活保护水准)更高水平的"基础性"[28]生活部分,更加承认其附加之上的企业年金中劳资合意及劳资自治的余地,对于这个可能具有的方向性,若为达到部分确保"基础性"生活部分而期待依靠企业年金来承担,在此的企业年金制度设计,自然也可以说是具有很强的相当程度公共性质的准公共年金。

三、支撑社会保障的社会性和市民性基础

最近,在少子化、老龄化社会到来之际,着眼于社会保障的可持续这个观点的讨论正在进行。然而,这里所谓的可持续性,一般是指财政面的可持续性。自不待言尽管从财政的角度看这是重要的,但从支撑社会保障制度的社会性、市民性基础正在动摇这个意义上,在市民意识方面上可持续性之重新构建,今后也是重要的课题[29]。在不仅不能损害成为社会保障基础的相互扶助(连带)意识,而且有必要更积极地朝着培养的方向重新设计制度,与此同时,在老年后收入保障这点上具有共通的制度目的之企业年金,亦应在留意确保个人选择的契机和参加权之同时,作为互相审视的某种"连带"制度,应采取更加积极的公共资助和受给权保护之措施,重视强化公共规制。另一方面,从全体国民老年后收入保障这个侧面进行审视时,企业年金的对象是(原)被雇佣者,在厚生年金被保险者中加入企业年金者还不满半数[30],在与其他国民的公平上,对于未加入企业年金的被雇佣者和自营业者

---

　　[28]　这个"基础性"生活部分是指,不仅包括与基本的食费、被服费、光热费等衣食住相关的部分(这基本上接近于现在的生活保护基准的想法),也包括可以成为"社会排斥"指标的交际费、一定的教养娱乐费等。导入宏观经济调整后,这种生活水准仅依靠公共年金将来能否覆盖成为问题。根据厚生劳动大臣领导下总结的国民最低生活研究会中期报告(2010年6月),其中指出,"国家基于《宪法》第25条保障全体国民'健康的、具有文化意义的最低限度的生活'水准……,大致上仅依靠收入和资产等经济性指标对其进行论述较多,但是将这些与人际关系和社会活动的参加等社会性指标的关联考量是重要的,在多面地、复合地看待国民生活的过程中,有必要确定国民的最低生活"。

　　[29]　参见第一章第六节第三部分及终章第一节。

　　[30]　山口修:"企业年金制度设计的变迁和今后的展望",载《年金和经济》2009年第27卷第4号,第3页。

等采取公共资助措施也是必不可少的。从这个观点看,国民年金基金制度的充实、个人型确定缴费年金的适用范围扩大及公共资助等成为研究的课题。但是,此时,采取何种程度的公共规制及资助措施,如前所述,还是很大程度受制于如何考量中长期性的公共年金之作用和机能之点。

第五节 企业年金改革的应有状态

下面,与前节中的考察虽有重复之处,但对今后企业年金改革的应有状态再稍加详细论述。不过,归根结底如开头所示,仅从本章角度进行考察,因此不涉及企业年金改革的综合性全面评价。

一、确定缴费年金

在重视个人的"选择"这点上,确定缴费年金这种旨在保障老年后收入的选择增加本身,应予以肯定对待。这里的个人像,是以欲自主地构建老年期的收入保障计划为主的能动的积极的个人。在企业型年金中缴费时由于每个人的运用资产是确定的,因此也具有有益于受给权保护之侧面。

在确定缴费年金中,因缴纳费用的筹资所形成的资产,从三个以上的运用商品中选择(《确定缴费年金》第23条第1款、第73条),加入者亲自计划并运用之。虽说必须提出一个以上的本金确保型商品,实际上本金确保型的利用者达到所剩额的六成[31],但随着运用的情况老年后收入保障的"厚度"也必然变得有很大不同[32]。就是说,资产运用的巧拙对于将来具有决定的重要性。由此,为了作出适当的计划,就产生了获得充分信息的要求(同法24条)。但是,由于许多加入者是不具有投资经验和专门知识的外行,为了不仅使其获得信息,而且为了使其充分咀嚼信息,并自行作出判断,作为

---

[31] 野村,前揭注15论文,第25页。
[32] 但是,由于因供给问题引发的金融市场的混乱,本金确保型以外的许多确定缴费年金的运用收益率破了本金。野村,前揭注15论文,第25页。

其前提,有必要对其进行持续性的投资"教育"。只有是在获得了这些意义上的判断能力基础上所作出的计划,才是实质意义上的对个人"选择"的尊重[33]。然而,假使加入者对结果性的运用不表示关心,若无积极的意思表示,基本上不应承认导入自动地诱导进行一定选择的方式。

在《确定缴费年金法》中,假设变换工作等,为确保企业型年金和个人型年金之间的可转移接续,采取了按个人管理资产(同法第2条第2款)的移管措施(同法80条以下)。若从将价值置于个人"选择"的视点来看,这点也可以予以积极评价。但是,存在企业年金的加入者个人的缴费不被承认、个人型年金的适用范围内不包括专业主妇等问题。其中关于加入者的附加缴费,所列的理由是,即由于有无缴费及缴费金额的设定是任意的,这个附加缴费部分就等同于"储蓄"本身,不能定位成是确保老年后收入的年金制度[34]。这点,在国民年金基金制度中,参考既以终身年金为基础又采取了人数制的增减人口制度[35]。由于将课以一定的缴费要件的"储蓄"性质得以减轻,承认附加缴费不是不可能。在这点上,在2009年向国会提出的法案[36]中,能够支持在缴费限度额的范围内,且不超过企业主缴费金的金额范围内能够支持缴费的方向性。还有对专业主妇的适用除外,如所列举的理由,存在没有成为税制措施(去除收入)对象的收入,以及所谓的第3号被保险者问题,对其现在正在研究[37]。关于这点,对有关女性的年金现行制度进行修改时,朝着年金的个人单位化方向推进,作为以要求第3号被保险者通过某种形式负担保险费进行制度改革之前提,应包括在适用对象中[38]。

---

[33] 行泽一人:"投资教育的法之义务",载《年金和经济》2002年第20卷第5号,第54页以下。
[34] 尾崎俊雄:"确定缴费年金制度导入的背景及其概要",载《法律家》2001年第1210号,第36页。
[35] 若举具体的事例,譬如,在东京都国民年金基金规约(2001年4月1日)第73条中,承认加入者增加缴费金单位(增口),或者减少(减口)。其他基金也采取同样对待。
[36] 为完善企业年金制度等部分修改确定缴费年金法等法律案(第171国会阁法第52号)。
[37] 尾崎,前揭注34论文,第35—36页。
[38] 参见《女性和年金(关于应对女性的生活方式变化等年金的应有状态之研究会报告书)》,社会保险研究所2002年版。

第五章　企业年金的状况和社会保障的方向性　117

还有关于缴费限度额,考虑厚生年金基金的期望水准,与公共年金对照兼顾退职前收入的六成这个水准来设定这点,在扩大"选择"的幅度意义上应更加灵活㊴。与特别法人税的状况相关联,有高额的年金收入者,因税制上的免除缩小等,可以考虑朝着要求其承担相应的份额方向发展。

还有如何看待老年给付金(含临时金)不到60岁不能给付(无法选择)的问题(《确定缴费年金》第33条第1款)。和储蓄不同,从聚焦于"老年期收入的确保"之本法目的来看(《确定缴费》第1条),在停留于无法期待发挥实质性的老年后收入保障作用那种少额资产的情形,虽然不承认退出和中途取出的做法不合理㊵,基本上与制度目的关联上有必要对退出等进行制约。对此,加入年金者被认为是被实施事业者所采用的60岁以上的被雇佣者年金的被保险者等,在所谓的被雇佣者年金制度一元化法案㊶中,针对企业型年金加入者,关于若企业予以应对65岁之前加入是可能的这点,在与公共年金给付开始年龄相兼顾上,一律提高到65岁是妥当的㊷。

但是,即使如上所述彻底进行了信息公开和投资教育,若从将运用风险加之于个人的选择不变这点来看,也不得不承认老年后收入保障的局限。至少,不能说这是核心的手段。毋庸置疑,作为补充公共年金的个人年金型制度,期望扩充累积方式的确定给付型年金即国民年金基金制度(《国年》第115条以下)。加上税制上的优惠待遇规定,采取实行公共资助等措施也是可能的㊸,据此,作为包括自营业者在内的未加入企业年金者之个人年金型制度,可以对其发展可能性进行研究。再者,对于企业年金加入者,假设虽设立了个人账户,但资金运用整体进行,年金给付额基于按照变动的指标所

㊴　尾崎俊雄("关于确定缴费年金的应有状态、改善方策等",载《年金与经济》2009年第27卷第4号,第36页)主张,三阶段部分的期望给付水准提高到退职前的七成。
㊵　在这个意义上,依据2004年年金制度的修改,缓和中途取出要件的措施是妥当的。
㊶　为实现被雇佣者年金制度的一元化而部分修改《厚生年金保险法》等的法律案第11条(第166国会阁法第95号)。
㊷　野村,前揭注15论文,第23页。
㊸　关于与第1号被保险者相关的任意加入的附加年金给付费,四分之一由国库负担,关于国民年金基金,在附加年金的代行这种性质上规定与之相称的负担。

设定的保证利率决定(保证利率下降之运用风险由企业主承担)的现金平衡计划之普及,也基本可以支持。

二、确定给付企业年金

如上所述,面临要进一步修改老年后收入保障的核心手段即公共年金制度的情况,企业年金站在应对其进行补充完善的立场上,其受给权保护,通过规定累积义务(《企业年金》第59条、第60条、第62条、第63条)、明确受托者责任和基于信息公开规定设定行为准则(同第5条第3款、第69条及第73条)等形式予以法定化这点[44],若从将重点置于国民的生活保障及老年后收入保障的立场来看,可以进行积极的评价[45]。

对此,基于企业主怠于储蓄而过度进行风险投资所出现的所谓道德风险之观点,关于支付保证制度,经济界坚决反对,其导入最终被搁浅[46]。但是,如美国《被雇佣者退职收入保障法》(ERISA)上的年金给付支付保证公社(PBGC)那样,在作为保险制度之一的支付保证制度设计上,为防止道德风险并非不可能采取向企业主求偿等措施[47]。作为对于国民老年后收入保障的公共责任之一个方面,应创设支付保证制度和对其进行直接或间接性公共干预。

下面,于期望建立体现加入者意思的"参加"型制度这个观点看时,在与一直以来的适格退休年金相类似方式的规约型中,制定和变更规约时不设议决机关而仅凭同意(《企业年金》第3条、第6条),其程序是否充分仍是问题(参见同法第18条以下)。

关于制度相互间的年金原资移转,当初,只承认确定缴费年金之间和从

---

[44] 此外,有关企业会计基准的非继续基准的导入(1997年)和退职给付债务的计算(2000年)等的动向,年金的实质性维持方策(物价调整的导入)等课题,尽管并非是在法的意义上与受给权保护直接相关联,结果上是有助于加入者、受给者的利益保护,可以说与受给权相关。

[45] 关于和受托者责任的中心即忠实义务相关的法政策上的论点,参见森户英幸:"总论——企业年金之法的论点",载《法律家》1379号(2009年),第9—10页。

[46] 高梨升三、久保知行:"企业年金改革和人事战略",载《法律家》2001年第1210号,第60页。

[47] 河合,前揭注19论文,第34页。

厚生年金基金向企业年金联合会的移转，关于确定给付企业年金在确保可转移接续这方面仍不充分。对此，2004年年金修改时，在厚生年金基金、确定给付企业年金之间移转成为可能之同时，从厚生年金基金和确定给付企业年金向确定缴费年金的移转也成为可能，可以肯定在确保可转移接续方面有了大幅度的进展。但是，在依然不承认从确定缴费年金向厚生年金基金和确定给付企业年金的移转这点，以及向确定给付企业年金和厚生年金基金的资产移转，规约上仅承认接受资产情形这点上，有不充分之面[48]。再者，加上退出临时金制度（同法第29条第1款、第41条、第42条），根据2004年的修改，与厚生年金基金相同，关于确定给付企业年金，承认根据本人的选择向企业年金联合会移转年金原资，该联合会开拓出进行年金给付之路这点也予以肯定。

自不待言，在与法目的之关系上老年给付是基本，然而，在法律上，障碍给付金和遗属给付金是任意给付，但被附加这点引人注目（《企业年金》第29条第2款、第43条及第51条）。与厚生年金基金（《厚年》第130条第3款）和确定缴费年金（但不是遗属给付金而是死亡临时金。《确定缴费年金》第28条、第37条及第42条）一道，对于障碍和生计维持者的死亡这种要保障事故，作为构成企业年金的保障范围所涉及的开端之修改，可予以积极评价。

第六节　结　语

企业的退职金制度具有渊源，若重视作为广义上的企业福利制度之一环而发展起来的我国企业年金制度的历史的和现实的性质[49]，今后企业年金

---

[48]　森户，前揭注45论文，第6页。关于这些之中的后者，与劳资的自由合意及劳资自治相比，企业年金的老年收入保障之面是应予以优先考虑。此外，在同论文中指出，变换工作前的企业的制度是确定给付企业年金和厚生年金基金时，几乎都是因变换工作而产生金额上的不利情形。

[49]　高梨升三："新企业年金二法的评价"，载《年金与经济》2001年第20卷第4号，第53页；高梨、久保，前揭注46论文，第61页。

制度的方向,其倾向的立场也应是极力尊重劳资自治㊿,不期望过度的法规制。对此,若强调社会保障乃至公共年金的法目的即国民老年后收入保障之侧面,倾向于期望重视(相对较强)受给权保护等法的保护及规制。还有,这种立场的不同,也对围绕着具体性制度设计的讨论可以带来影响[51]。这点,在本章开头介绍的2007年厚生劳动省企业年金研究会报告书中得以明确。对此在本章中,导出了(原)被雇佣者的老年后收入保障这个企业年金法制的制度目的具有和公共年金的共通性这点,加上应思考与公共年金接续的规制和资助方式这个视点,考虑到企业年金的作用将来有不得不涉及"基础性"生活部分的部分保障之可能性,论述了今后应相对地重视老年后收入保障的视角(即社会保障法的视角)。已经在现行法的目的规定中,列入了宗旨在于谋求稳定"与公共年金的给付相结合"的国民生活和提高福利这点(《企业年金》第1条、《确定缴费年金》第1条),其也再次确认为好。不过,就私见重视选择和参加的契机这个立场而言,例如通过代议员会有效发挥作用等,在老年后收入保障视点的框架内实现适当的劳资自治,也可以说是应同时研究的重要课题。

　　在强调老年后收入保障的侧面时,现在大部分是有期年金的企业年金是否应实现终身年金化成为问题。关于这点,根据对于加入终身年金要素的一定的企业年金采取税制上的优惠措施这种激励付与型的制度设计[52],今后的方向是可以采取缓和的形式实现其普及。然而,鉴于越到老年期越有递减必要生活费的可能性[53],似乎不能说终身保障同额的年金就是必须之事。不过这点,也有必要思考老年期的医疗及介护保障的样态,特别是保险费、部分负担金的方式,前提是这些负担不为过度。

㊿　高梨、久保,前揭注46论文,第56—57页。
[51]　森户,前揭注45论文,第11页。
[52]　在2007年企业年金研究会报告书中指出,将特别法人税保留,对于满足一定基准的企业年金,应以非课税的方向为目标。报告书第17页。
[53]　生活保护制度上,与个人经费相关的生活扶助基准额(居家第一类费),对于70岁以上者比60岁年龄段者设定的低。

第六章 医疗保障制度的方向性
——以保险者单位的应有状态为中心

第一节 序言

在社会出现人口少子老龄化和疾病构造变化、医学技术高级化、经济增长钝化以及国家财政状况严峻等背景下，从20世纪末叶开始进行了彻底的医疗保险制度改革探讨。再者，依据2002年《健康保险法》等修改法，进行了比较大规模的法修改，如老年人部分负担实行完全定率化（原则上一成，上位收入者二成）；老年人医疗对象的年龄从70岁提高到75岁；被雇佣者本人自己负担提高为3成；导入与保险费征收相关的总报酬制，等等。接着，通过了2006年《健康保险法》与《医疗法》等修改法。此修改涵盖了医疗费适当化计划的决策制定、生活习惯病对策（特定健康诊断、特定保健指导）、疗养病床的重编、保险给付范围和内容的修改、保险费征收的修改、与保险外并用疗养费的创设，以及后期老年人医疗制度的创设和以都道府县为单位的保险者的重编与统合，是我国医疗保险制度史上罕见的彻底性改革。

然而，对于后期老年人医疗制度从创设当初开始批评不断，随着2009年秋的政权交替，新政权于同年11月设置了"后期老年人制度改革会议"，实施后不久就着手研究废止后期老年人医疗制度的问题。这样，即使2006年《健康保险法》、《医疗法》等法修改之后，医疗保险制度改革仍继续成为重要的政策课题。

本章主要围绕着医疗保险的保险者单位进行研究，探讨医疗保障制度应有的将来像。具体而言，在第二节，围绕1997年以来正式实施、经2006年修改的医疗保险制度改革概述其政策动向，在第三节，对于一直以来社会保障法学对医疗领域的研究,特别是对有关医疗保险的保险者论之讨论开展情况,进行一定的阐明。在第四节,从笔者主张的"自由"基础乃至"自律"指向的社会保障法理论视角出发,在论述医疗保险制度改革的方向性之同时,最后在第五节,对医疗保险者的制度框架的构成进行若干探讨。

第二节 医疗保险改革的政策动向

一、到 2002 年基本方针为止

追溯至 2006 年修改前的战后我国医疗保障制度史,可以列举出诸如国民皆保险的实现、老年人医疗的免费化、老人保健法的制定等若干的划时代的事件①。医疗保险制度改革的必要性在政府内部和相关当事人之间反复进行了讨论。尤其是,作为第二次桥本内阁的构造改革之一环,社会保障构造改革提出以来,制度改革的机会增多。但是,虽然 1997 年、2000 年、2002 年相继进行了《医疗保险法》等的修改,其内容仍停留于渐进性的修改。

以下,对 2006 年修改前为止的主要改革论述进行梳理,阐明其讨论的特征②。但是,医疗制度改革的讨论,由于以诊疗报酬体系、医疗提供体制为主涉及面非常广泛,在此兼顾后面的讨论,主要进行以老年人医疗为核心的与医疗保险的制度框架相关的论述。

作为 1997 年修改之发端的改革讨论,其重要的是,同年 8 月厚生省向执政党医疗保险制度改革协议会提出的"21 世纪的医疗保险制度"。在此,提出的目标是,为了建立使全体国民能够获得安心、良质的医疗服务之医

---

① 关于医疗保险制度的历史,参见吉原健二、和田胜:《日本医疗保险制度史》(增补修订版),东洋经济新报社 2008 年版;岛崎谦治:"我国医疗保险制度的历史和展开",载远藤久夫、池上直己编著:《讲座医疗经济·政策学 2 医疗保险·诊疗报酬制度》,劲草书房 2005 年版等。关于国民健康保险,佐口卓:《国民健康保险——形成和展开》,光生馆 1995 年版。

② 关于至 2006 年修改为止的医疗保险制度改革整体的轨迹,参见荣畑润:《医疗保险的构造改革——2006 年改革的轨迹和要点》,法研 2007 年版,第 20 页以下。

疗制度,在坚持国民皆保险制度的同时,实现关于医疗保险和医疗提供体制的根本性改革,其中,以"给付和负担的公平"为题,提出了关于(1)医疗保险的制度体系,(2)老年人医疗制度的应有状态之建议。其中关于(1),提出了基于制度一体化的地域医疗保险制度案(第1案,进而将其分为以市町村为保险者的A案和以都道府县为保险者的B案,对于都道府县间因年龄构成之差所造成的医疗费差距及收入差距进行调整),和被雇佣者保险与国民健康保险的两个支柱加上针对老年人单独制定的方案(第2案,关于国保原则上同一都道府县内市町村实行同一保险费率,对于都道府县间因年龄构成之差所造成的医疗费差距及收入差距进行调整。还有,给付费的二分之一改为由国库负担,实行与保险费同额的国库负担。在被雇佣者保险和国保之间,对因加入者的年龄构成之差所造成的医疗费差距进行调整)。并且,在与第2案的关联中,与年轻人的医疗保险制度分别建立的老年人医疗制度,提出了以独立的保险制度为主之A案,和作为各保险者的共同事业由市町村给付老年人的医疗之B案(与以前的老人保健制度相近)。

接受上述意见在执政党医疗保险制度改革协议会总结的"21世纪的国民医疗"中,创设了原则上以70岁以上者为对象,以保险费、自己负担、公费、年轻世代的支援为财源的新的老年人医疗保险制度,决定以2000年度为目标实施这种彻底的改革。在这个时间点,政府执政党内已经将创设新的老年人医疗保险制度列入彻底改革的内容。

其后,关于老年人医疗,1998年11月,医疗保险福利审议会制度规划部会提出了"关于老年人保健医疗制度的状况",作为新的制度框架,并列提出了将全体老年人的医疗与其他医疗相区分形成独立的框架之想法,和以全体老年人的医疗为对象的独立机制并非妥当之想法。其中前者指出,着眼于老年人与年轻人在医疗内容、疾病的发生程度等不同之处,其医疗费的负担机制以独立的保险制度为准,关于财源,主要是老年人的保险费负担、公费负担或年轻人的财政支援相结合,特别是对老年人医疗应重点投入公费(财源为间接税)的想法,据此制度有透明性高的优点。对此后者认为,以独立的方式反而有招致代际间对立的危险，因此通过收入形态和收入捕捉实态不同的被雇佣者保险组和国保组应负担各自的老年人医疗费用之想法，正在积极激活保险者的作用，重视被雇佣者保险组、国保组的各组内的老年人和年轻人之间的连带感和一体感。与老年人医疗费负担相关的制度的透明化这种视点在后面的政府案中也作为基础之同时，因独立方式引起的代际间对立的危险性视点，与后述私见的问题意识也具有共通性。此外在意见书中，附随地，还列举了应力求与介护保险制度统合的观点，以及应谋求地域保险一体化的观点。

1999年8月，医疗保健福利审议会制度规划部会总结了"关于新的老年人医疗制度的应有状态"意见书。其中，在对前一年同部会的意见书中的主要二案具体化基础上，附加提出了新的二案，成为四案。即：(1)设立将公费作为主要的财源、以全体老年人为对象的地域单位的新医疗保险制度之方案(独立方式，保险者为市町村)；(2)与国保组分开设立仅以被雇佣者保险组的老年人为对象的新医疗保险制度之方案(穿透方式，保险者全国统一)；(3)关于以现行的保险者为前提，基于不归责于保险者之事由(特别是年龄构成)的各组(保险者)间的负担差距，进行所谓的风险构造调整(并非如现行制度仅调整老年人的加入比例，而是以所有年龄为对象的调整)之方案(年龄风险构造调整方式)；(4)将现行医疗保险制度统一化设立新的医疗保险制度之方案(一体化方式)。

但是，在2000年法修改中，只是实现了老年人部分负担的部分定率化(1成)，提高了与上位收入者的高额疗养费相关的自己负担限度额等。

2001年3月，厚生劳动省老年人医疗制度改革推进本部公布了"医疗制度改革的课题和视点"，其后，这成为2002年彻底修改的讨论素材。其中，作为修改老年人医疗制度的视点，列举了如下两点：第一，提供适当有效的医疗(①提供基于老年人身心特性的适当医疗；②老年人医疗费增长的适度化)；第二，公平分担老年人医疗费(①老年人和年轻人的公平分担，②制度间的公平分担)。在此基础上，明确了关于上述1999年意见书中四个方案的要点、优点和缺点等。进而作为今后思考保险者的应有状态之视点，立足于保险集团的建立方式和保险者的作用这两个论点,关于前者(其中将被雇佣者保险和国保两个支柱的构造,归结于历史的形成、收入形态之差异及易酿成的连带感),列举了消除保险集团的分立(一体化)、实现保险集团规模之适当化(例如按每个都道府县)等改革案。结论指出,①修正有关年龄构成之差和收入差距这种不归责于保险者之财政差距;②目前,在维持被雇佣者保险和国民健康保险的框架基础上研究各个保险集团之状况;③为强化保险者的作用进行真正改革的必要性。

接着,2001年9月,厚生劳动省总结了"医疗制度改革试行方案——构筑应对少子老龄社会的医疗制度",提出了与保健医疗体系(保持健康、预防疾病、医疗提供机制)和医疗保险制度(除医疗保险制度本身以外,老年人医疗制度、诊疗报酬、药价基准等)相关的具体性改革方案,其成为紧盯2002年修改的改革案。在这其中,陈述了思考今后的国民健康保险时不能避开保险者之间的统合宗旨,这点引人注目。

按照2001年9月改革试行方案的大致框架,虽然2002年的修改是由老年人负担比例的完全定率化(原则一成,上位收入者二成)、老年人医疗对象的年龄从70岁提高到75岁、被雇佣者本人自己负担的比例提高到三成、导入与保险费相关的总报酬制等构成,但是依然没有进行彻底的改革。只是在同修改法附则第2条第2款中,关于包括保险者的统合及重编在内的医疗保险制度体系的状况和新老年人医疗制度的创设等,规定政府应制定基本方针,基于该基本方针尽可能快速地(关于老年人医疗制度以两年为目标)采取所需要的措施。在此同年12月,厚生劳动省公布了试行方案"《关于医疗保险制度体系的应有状态》、《关于诊疗报酬体系的修改》"。在这里,关于医疗保险制度体系的应有状态,在坚持"通过制度推进给付的平等、负担的公平,据此,在以实现医疗保险制度的一元化"之基础上,对于保险者的重编和统合,希望基本上以都道府县单位为核心进行,提出国保的保险者单位向都道府县扩大,政管健保在都道府县单位上实现财政运营等。还有,关于老年人医疗制度的改革,在废止现行的老人保健制度的基础上,提出了A.通过制度进行着眼于年龄构成和收入的财政调整方案;B.着眼于后期老年人创设保险制度的方案。其中 A 案维持了现行的被雇佣者保险和国保的框架,老年人属于各保险者,在此基础上,按照制度间年龄构成的差异进行调整,同时,在被雇佣者保险、国保各自的制度内,着眼于收入也进行调整(伴随之废止政管健保的国库补助,也废除退职者医疗制度);B 案以 75 岁以上的后期老年人为对象,设立保险者单位与国保相同的新保险制度,根据被雇佣者保险和国保的各制度的加入者数采取新的支援措施(退职者医疗制度存续)。

基于这个试行方案(以下称为"12 月试行方案"),2003 年 3 月,内阁会议决定提出了"基于健康保险法等部分修改法律附则第 2 条第 2 款规定的基本方针"(以下称为"基本方针")。在这里,关于医疗保险制度体系的基本性构想,指出①构建稳定可持续的医疗保险制度;②平等给付和公平负担;③确保良质且有效的医疗,在此基础上,在与②的关系上,与 12 月试行方案相同,将医疗保险制度的一元化作为目标而努力。关于保险者的重编和统合,提出以都道府县单位为核心的保险运营。但是关于国民健康保险,针对 12 月试行方案明示了以都道府县或都道府县单位的公法人为保险者的新保险者框架,陈述了通过市町村合并和事业的共同化等而谋求保险运营的广域化,通过活用广域联合保险等,在都道府县以实现更稳定的保险运营等为目标。关于国民健康保险组合,记录了从职域保险和地域保险的观点,对其应有的状态进行探讨的内容。关于政府掌管健康保险,与 12 月试行方案相同,以都道府县为单位进行财政运营。关于健康保险组合等,与 12 月试行方案相同,在全国开展的健康保险组合存续之同时,新提出了设立都道府县单位的地域型健保组合方案。关于老年人医疗制度,提出的基本方向是,废止老人保健制度和退职者医疗制度,以 65 岁以上者为对象,按照 75 岁以上的后期老年人和 65 岁以上未满 75 岁的前期老年人的各自特性设立新制度。并且,关于后期老年人,让其加入依靠加入者的保险费、国民健康保险及被雇佣者保险的支援(另建的社会连带性保险费)及公费运营的新制度。还有,关于前期老年人,调整因加入国民健康保险或被雇佣者保险而产生制度之间偏向前期老年人所造成的医疗费负担不均衡。在关于前期老年人因年龄构成而调整医疗费用负担，以及废止退职者医疗制度这些点上，加入12月试行方案的 A 案要素之同时，虽说保险者单位等比当时的 12 月试行方案变得不明确，但在设立后期老年人独自的保险制度这点上，采用了该B案。

二、2006 年法律修改之进程

2004 年 7 月，对于医疗保险制度体系的改革进行了具体研究的社会保障审议会医疗保险部会，沿着基本方针总结了"迄今为止的讨论整理（论点整理）记录"后，2005 年 8 月，发表了中期总结性的"讨论综述"。

与此同时，这个时期曝光了所谓的社会保险厅问题，2005 年 5 月在"关于社会保险厅的状况之有识者会议"报告书中，关于政管健保，提出设立与政府相分离的全国单位的公法人为保险者，以都道府县作为财政单位，认为让其实施"保险给付"、"保健事业"、"保险费设定"等事务更为适当，并在医疗保险制度改革的讨论中详细探讨了新组织的具体状况。还有，在强烈意识到讨论抑制医疗费总额的经济财政咨询会议上所提出的"2005 基本方针"（同年 6 月）中，表明的方向是，将政管健保的运营从政府中分离出来，设立全国单位的公法人。如此，在一直以来的改革讨论基础上，这个时期，又加上社会保险厅问题和医疗费抑制的要求高涨等，从中可见有关 2006 年法律修改的讨论已然进行这一侧面。

在 2005 年 8 月的众议院选举中自民党大胜这种政治情势下，同年 10 月，作为国民讨论的原案，厚生劳动省提出了"医疗制度构造改革试行方案"（以下简称为"试行方案"）。其中，言及了"Ⅲ. 以都道府县单位为核心的医疗保险者的重编统合等"、"Ⅳ. 新老年人医疗制度的创设"。具体地，关于Ⅲ，提倡有关政管健保的全国单位的公法人化和每个都道府县的财政运营、以都道府县为单位的地域型健保组合的设立、由每个都道府县的各保险者构成的保险者协议会的设置等。再者有关Ⅳ，针对后期老年人医疗制度，为分散、减轻财政风险而采取各种稳定性措施基础上，以市町村为运营主体，费用负担主要有：对后期老年人征收的受益加应能的保险费(一成);基于国保和被雇佣者保险的各保险者按加入者数提供后期老年人医疗支援金(暂称)之财政支援(约4成,将来随着老年人保险费总额的负担比例增加相应减低);与老年人保健制度相同的公费负担(约五成,调整因年龄差距引起的医疗费差距和收入差距)。还有,实行符合后期老年人身心特性的诊疗报酬体系。对此,关于前期老年人医疗制度,在加入国保和被雇佣者保险这种一贯的制度之同时,关于给付费,通过按照各保险者的加入者数进行负担财政的调整,以纠正保险者的负担不均衡问题。

在试行方案中,作为医疗制度构造改革的基本方针,指出"在以老人医疗费为中心的国民医疗费不得已增长的情况下,为获得国民关于医疗费负担的理解和同意,应将给付和负担的关系不分老少变得公平且透明易懂",这与Ⅳ有关,归结于重视和老年人相关的医疗费负担的公平化、透明化视点。还有,在试行方案中,言及了后期老年人医疗制度的具体性费用负担之状况。

这个试行方案作为原案在各界被讨论,2005年11月30日社会保障审议会医疗保险分部会总结了"关于医疗保险制度改革"的意见书。但是,由于次月即12月1日政府、执政党医疗改革协议会汇总了"医疗制度改革大纲"(以下简称为"大纲"),于是按照这个大纲的形式开始进行法案的制定工作。

在大纲中,改革的基本思路是,"在以老年人医疗费为中心的国民医疗费增加的过程中,由于在现行制度下,现一代和老年一代的负担不公平问题被提出……,因此,创设新老年人医疗制度,明确老年人一代和现一代的负担,使其成为公平且易懂的制度",从与试行方案相同的观点出发,在"Ⅳ.展望超老龄社会实现新的医疗保险制度体系"中,提出了关于"1.创设新老年人医疗制度;2.重编和统合保险者"的具体方案。基本上与试行方案没有大的差异,但关于后期老年人医疗制度的运营,引人注目之处在于,首次明记了由市町村征收保险费,由以都道府县为单位所有市町村加入的广域联合进行制度运营之宗旨。

基于以上过程,《健康保险法》等部分修改的法律于 2006 年 6 月 14 日议决通过(2006 年法律第 83 号)。

三、改革过程所体现出的特征

从已实现的制度改革的内容看,至少围绕着保险者框架的讨论,可以说 2003 年的基本方针已大致构成 2006 年改革的基础。但是,关于改革的讨论,有以下应指出的若干事项。

第一,关于保险者重编时以都道府县为单位的保险运营、单独的老年人医疗制度的创设这种基本的思路,从改革讨论的较早阶段就作为政府案的一部分被构想提出。至少不是 2006 年修改直前才被期望拙速实现的。但是若仔细研读,临时提出的国民健康保险以都道府县为单位运营之方向性并不明确,可以看到后期老年人医疗制度的运营单位从市町村转向都道府县等的变迁过程。

第二,关于国保、政管健保、健保组合这种既存的保险者各自所具有的问题之认识已一般化,其中多数已超越了利害状况而成为共有的问题,在这个过程中达成的大致共识是,自 20 世纪 50 年代确立基本维持至今的"国民皆保险"体制,今后也应坚持。然而,不得不说的是,改革讨论停留于医疗保险制度的框架内,缺少与其他社会保障制度(例如公共扶助)等兼顾考量的视点。

第三,在 1999 年 8 月意见书中所提出的四个方案中,围绕迄今为止的医疗保险制度体系的基本框架讨论,即亦应称之为理念型的计划几乎全部被囊括其中。在 2003 年基本方针中表明方向性且已经实现的改革方案,也具有组合了这些计划(独立方式和年龄风险构造调整)的要素。再者作为重编老年人医疗制度的框架,脱离长期改革讨论中所形成的上述理念型(和其组合)计划之事亦令人难以想象。

在下节,暂时不论迄今为止的医疗保险制度改革过程,而试图概观有关社会保障法学一直以来对医疗领域的学术探讨。

第三节　社会保障法学对医疗的研究

一、社会保障法和医疗

在法律学中具有一定之体系性、对医疗领域进行研究的代表性法领域，可以列举出的是医事法和社会保障法。其中关于医事法，其具体的内容虽然被认为难以确定[③]，但根据学界有力的研究者们所编著的教材，"医事法的目的在于，在考量法的作用和界限基础上，抑制医疗相关者的为所欲为和保障患者的权利"，"在诸种存在的医疗和法的关系中，将规范医师行为的医事法看成是狭义的医事法（医疗行为法），将涵盖医疗过错和脑死等在内的，以制度论为中心的保健、卫生法规关系看成是广义的医事法"[④]。正如定义所见，有关医事法的法考察之中心，主要是解明围绕医师和患者关系的民事法（民事契约、医疗过错等）及刑事法（安乐死、脏器移植等）上的诸问题[⑤]，似乎对医疗保险和医疗提供体制等并非主要关心[⑥]。

对此在社会保障法上，按照通说的理解，"所谓社会保障法，是国家对于享有生存权的主体即国民，以保障其生活为直接目的而进行社会给付的法关系"[⑦]，并且根据最近的有力说，社会保障法是"在规范社会保障制度（社会保险、公共扶助、社会福利、儿童补贴、公众卫生和医疗——笔者注）中登

[③]　野田宽：《医事法（上）》，青林书院1984年版，第3页。

[④]　前田达明、稻垣乔、手岛丰执笔主编：《医事法》，有斐阁2000年版，第3页。

[⑤]　在社会保障法学上，从确保医疗安全性的视点看，或从通过社会保障医疗对于具体医疗事故的损害恢复的新制度进行法理论可能性的探讨视点看，有着眼于医疗事故的论稿。原田启一郎："关于医疗服务保障的安全性确之责任课题"，载《社会保障法》2003年第18号，第167页以下；同"法国医疗事故和社会保障（1）～（3）"，载《驹泽法学》2004年第4卷第1号，第125页以下，2005年2号第97页以下，2006年5卷2号，第61页以下。

[⑥]　最近的教材（甲斐克则编：《Bridge Book 医事法》，信山社2008年版）中虽定义"所谓医事法学是指，为保障国民的健康而进行法的分析和研究，且提出一定的立法乃至政策建议之学问"，但未见从医疗保险和医疗提供体制来正面研究的内容。

[⑦]　荒木诚之：《社会保障法读本》（第3版），有斐阁2002年版，第249页。

场的各种当事人的组织、管理运营及对其监督之同时,还规范这些当事人相互间发生的各种各样的法律关系、权利义务关系之法"⑧。无论哪个定义,作为社会性给付的一环,或社会保险的一个部门,医疗保险本身作为分析对象被包含在内。

在社会保障法上,将医疗领域作为理论上自成一体的独立存在进行定位,对医疗保障进行思考是最有力的研究切入方式⑨。这里,包含两个视点。第一,不单止于作为社会性风险之伤病发生时的费用保障体系(在我国一般依据医疗保险而进行⑩),也包括对相当于提供服务的人的、物的主体之法规制,即医疗提供体制⑪综合考量这个视点。第二,不单单是对伤病的治疗,还包括预防—治疗—愈后的康复这个连续的过程进行综合考量这个视点⑫。在这种意义上的医疗保障,被认为是以《宪法》第25条生存权的规定等为媒介,在一定的公共责任下应确保之物⑬。进而,作为较之于医疗保障,能够包含广泛的实施政策的法概念,以《宪法》序言、第13条、第25条、

---

⑧ 岩村正彦:《社会保障法Ⅰ》,弘文堂2001年版,第15页。关于荒木、岩村两说的异同,参见荒木诚之等:"(座谈会)社会保障法学的轨迹和展望",载《民商法杂志》2003年第127卷第4·5号,第543页。

⑨ 本来医疗保障的概念并非社会保障法学所固有。参见佐口卓:《现代的医疗保障》,东洋经济新报社1977年版等。

⑩ 医疗保险制度的目的在于医疗费的保障,还是医疗本身的保障,这是社会保障法学上的争论点。参见籾井常喜:《社会保障法》,综合劳动研究所1972年版,第140—141页;加藤智章:"关于医疗保险制度健康保险组合的作用",载国武辉久编著:《老龄社会的政策问题》,同文馆出版1998年版,第142页等。实际上,有关医疗保险法的中心性给付是"疗养的给付"这种现物(《健保》第63条第1款、国保第36条第1款)的同时,规定接受这些给付时应支付一部分负担金(《健保》第74条第1款、《国保》第42条第1款)。关于将这点看成是给付的范围还是费用负担,看法更加分歧。荒木等,前揭注8座谈会,第548页。

⑪ 关于在与医疗提供体制的医疗保险等关联上的定位,田中伸至:"确保医疗提供体制的法定构造概观(1)",载《法政理论》2009年第41卷第2号,第48—50页。但是同论文在将医疗制度作为二位概念这点上与将医疗保障作为上位概念的多数看法不同。

⑫ 根据构建社会保障法学理论性基础的荒木诚之的理论,从构成其核心的所谓按给付分类的体系论的观点出发,不承认医疗保障想法的积极意义。荒木诚之:《社会保障之法的构造》,有斐阁1983年版,第123、135页。

⑬ 在社会保障法理论中首次将医疗保障的意义真正定位的尝试者是籾井常喜。籾井,前揭注10书,第138—145页。亦参见同编:《社会保障法》,Eidell研究所1991年版,第9—11页。

132　社会保障法制的将来构想

《国际人权公约》(A公约)12条为依据而成为健康权核心的健康保障这个视点也被提倡[14]。另一方面，关于一元化把握视点的必要性，也论述了作为具有与收入保障不同性质的服务给付之医疗和福利(介护)[15]。

　　在作为实定法一个领域的社会保障法学上，法解释论的重要性自不待言[16]。但是，在技术性强、频繁进行法修改的社会保障法领域，在政策论乃至制度论层次上，提炼有关统领法修改乃至制度改革的立法和政策决策制定方针也是重要的理论性课题[17]。在上述的医疗保障、健康保障、健康权等理论性框架内，总括医疗等，可以说一定程度内含这种视点[18]。

---

[14]　参见井上英夫："医疗保障法、介护保障法的形成和展开"，载日本社会保障法学会编：《讲座社会保障法4 医疗保障法、介护保障法》法律文化社2001年版，第2—5页；同"健康权和医疗保障"，载朝仓他编：《讲座日本的保健、医疗2 现代日本的医疗保障》，劳动旬报社1991年版，第86页；高藤昭：《社会保障法的基本原理和构造》，法政大学出版局1994年版，第163页以下；籾井常喜："总论性探讨——社会保障法的理念和制度体系"，载《社会保障法》1997年第12号，第146页等。根据健康权的讨论，认为"应保障的健康水准，在特定的时点，必须是能够到达的最高的水准"。井上，前揭"健康权和医疗保障"，第93页。但是，这个见解，也是在一定的行政裁量、立法裁量的范围被承认，"能够到达"这种说法，是指医学、卫生学、看护学等的学术水准、医疗保障等诸制度、经济能力等，是"基于所有事情可能实现的"这个含义，同90页。还有，也着眼于对裁量权制约原理的参加和平等的观点，同第93页。这里正如所揭示的那样，在《国际人权公约》A公约(所谓的社会权公约)第12条第1款中，作为"所有人享有能够到达的最高水准的身体及精神的健康权利"而被规定的健康权，与其直接论述作为具有日本国宪法基础的裁判规范的适用可能性和抽象的宪法原理和原则，毋宁从国际人权法的视角阐明其范围及内容等，基于国际条约机构的一般性意见等，第一要义上作为政策决策制定的方针论我国法制度的应有状态更加有益。栋居(椎名)德子："国际人权法的健康权(the right to health)保障之现状和课题"，载《社会保障法》2006年第21号，第166页以下。此外，在健康权的框架内论述医疗保障法的成果有，井原辰雄：《医疗保障法》，明石书店2006年版。

[15]　荒木将医疗给付与社会福利给付一起作为生活障碍给付来定位。荒木说的一个要点是，将具有与收入保障给付不同性质的医疗、福利等服务给付在法体系上进行区分。荒木，前揭注12书，第48—50页。虽然并非与荒木置于同样理论性系谱，井上，前揭注14"医疗保障法、介护保障法的形成和展开"第20—22页中提倡，将医疗保障法和介护保障法合并成"综合性护理保障法"。

[16]　作为重视这种视角的体系书有，岩村，前揭注8书。

[17]　参见菊池馨实：《社会保障的法理念》，有斐阁2000年版，第248—250页。在本书中其态度也一贯没有改变。参见本书第一章第二节第一部分。

[18]　仓田聪在"医疗保障法的现状和课题"(载日本社会保障法学会编，前揭注14书，第48—49页)中指出，在主张有关社会保障法学的医疗保障和健康保障的重要性的学说中，不少学者认为现行的医疗保险制度有局限性，试图推进代之以医疗供给的公设公营化(理想上是英国的NHS方式)。

第六章 医疗保障制度的方向性

此外,从最近社会保障法学对医疗领域的研究路径看,除了在第二部分中讨论的与医疗保险相关的业绩外,还有关于从医疗提供体制侧面来看各国医疗保障体制的比较法分析[19];通过医疗供给体制、第三方评价、意见处理程序、服务基准等对有关医疗服务的质量评价和保证的法探讨[20];与质量保证相关的医疗信息提供状况(信息获得权利的保障)的法探讨[21];有关医疗保障市场和竞争作用的法探讨[22]等。这些业绩的大部分以外国法研究为中心者居多,与日本的法制度等相关的分析[23]还并不多见。本来社会保障法学者的分论性研究领域,迄今为止有偏重于社会福利领域(包括生活保护)的倾向,在医疗领域的业绩,若结合财政规模的大小及对国民生活全面

---

[19] 国京则幸:"关于医疗保障的医师定位和医疗的责任(1)—(4)",载《大阪市立大学法学杂志》1998 年第 44 卷第 2 号,第 237 页以下,同卷第 3 号,第 399 页以下,同卷第 4 号,第 597 页以下,1993 年第 45 卷第 1 号,第 113 页以下;原田启一郎:"法国医疗提供体制的形成",载《九大法学》2000 年第 79 号,第 1 页以下;稻森公嘉:"法国开业医医业实现的诸规律(1)—(6)",载《法学论丛》2002 年第 151 卷第 1 号,第 24 页以下,同卷第 2 号,第 22 页以下,同卷第 3 号,第 24 页以下,同卷第 4 号,第 43 页以下,同卷第 5 号,第 70 页以下,同卷第 6 号,第 32 页以下等。

[20] 西田和弘:"关于保障优质医疗的法框架",载《九大法学》1996 年第 71 号,第 1 页以下,同"基于医疗服务质量保障视点的医疗供给体制的课题",载《社会保障法》2002 年第 17 号,第 118 页以下;石田道彦:"第三方评价医疗的质量确保",载《佐贺大学经济论集》1998 年第 30 卷第 6 号,第 79 页以下;"特集:医疗服务质量确保的诸问题",载《海外社会保障研究》1999 年第 129 号所收录的各论文(新田秀树、国京则幸、西田和弘、石田道彦、菊池馨实、上田真理执笔);原田启一郎:"关于医疗质量保证的法探讨",载《九大法学》2001 年第 81 号,第 93 页以下,同"医疗服务基准的法构造(1)(2)",载《驹泽法学》2008 年第 7 卷第 3 号,第 55 页以下,2008 年第 4 号,第 27 页以下等。

[21] 西田和弘:"关于医疗保障的医疗信息获得权保障",载《社会保障法》1998 年第 13 号,第 183 页以下;加藤智章:"法国医疗信息共有化的动向",载《海外社会保障研究》1999 年第 129 号,第 53 页以下等。

[22] 石田道彦:"医疗保障和竞争政策的交错(1)—(5)",载《金泽法学》2005 年第 48 卷第 1 号,第 141 页以下,2006 年第 2 号,第 45 页以下,2007 年第 49 卷第 2 号,第 31 页以下,2009 年第 51 卷第 2 号,第 1 页以下,2009 年第 52 卷第 1 号,第 33 页以下等。

[23] 除注 24 所载内容之外,新田秀树:"医疗的非营利性要求之依据",同"有关医疗保险的保险者和医疗机关导入直接契约制之可能性",载新田秀树:《社会保障改革的视点》,信山社 2000 年版;石田道彦:"诊疗报酬制度的作用和课题",载《社会保障法》2002 年第 17 号,第 104 页以下;丸谷浩介:"低收入者和医疗受给权",载《社会保障法》2003 年第 18 号,第 180 页以下;台丰:"关于医疗保险审判外程序的立法论考察",载《社会保障法》2009 年第 24 号,第 48 页以下;石田道彦:"医疗保险制度和契约",载《季刊社会保障研究》2009 年第 45 卷第 1 号,第 46 页以下等。

的影响来考量,相对而言不能说是多的[24]。

二、社会保险和医疗

在社会保障法学对医疗领域的研究处于如第一部分所述的一般性状况中,下面,试图考察迄今为止有关本章的主题即医疗保险所展开的法研究。

为了考察医疗保险法的研究状况,有必要对与社会保险相关的法的研究本身进行阐述[25]。提及这点,社会保险自1950年社会保障制度审议会劝告提出以来至今,作为社会保障的保障方法占有中心的地位,但是其法学的探讨很难说是充分的[26]。当初,对于社会保险从保险论、社会政策学角度的研究是主流[27],法学学者的关注显得薄弱[28]。

在这种状况中,随着战后我国社会保障的发展,劳动者保险(失业、工伤保险)作为劳动法的一个领域被对待,逐渐地成为劳动法学者关心的目标[29]。再者,从对劳动者保险到包括国民健康保险、国民年金在内的社会保

---

[24] 在日本社会保障法学会编的讲座即《讲座社会保障法4 医疗保障法、介护保障法》(法律文化社2001年版)中有关医疗保障关系的与日本法相关的论稿有7篇论文:井上,前揭注14"医疗保障法、介护保障法的形成和展开";国京则幸:"医疗保障法的体系和构造";仓田,前揭注18论文;久塚纯一:"医疗保障和医疗供给体制的完善与重编";山本忠:"医疗保障和平等——以老年人医疗为中心";高田清惠:"医疗保障和平等——以因国籍、贫困、地域之不平等为中心";上村政彦:"医疗保障法的展望"。不得不说的是,同讲座共6卷中医疗保障所占的比重相当低。

[25] 关于这点的详细论述,参见菊池馨实:"关于社会保障法学之社会保险研究的变迁和现状",载《社会保险法研究》2010年第1号。

[26] 仓田聪(《社会保险的构造分析》,北海道大学出版会2009年版,第3—4页)指出,我国一方面制定出内容极其精致且生命力旺盛的实定法制度即"社会保险",另一方面却不具有作为支撑实定法制度的制度概念即"社会保险"。

[27] 参见近藤文二:《社会保险》,岩波书店1963年版。

[28] 例如,吾妻光俊(《社会保障法》,有斐阁1957年版,第2页)认为,"一直以来,社会保险的概念专门成为从保险理论乃至社会政策学角度的分析对象,进而,关于向社会保障概念的推移,也不过是进行了这些角度的研究,从法学角度的研究可以说几乎没有"。佐藤进(《社会保障的法体系(全)》,劲草书房1990年版,第253页)认为,"关于社会保险制度,有与私保险的对比,经济学、保险学、社会政策学的研究一直以来进行了相当的探讨。但是不得不说法学领域的研究相当缺乏"。

[29] 值得注意的是,已经从战前开始,进行了有关社会保险的"社会性"之法的分析。但是,与以后的法展开没有直接的联系。参见菊池勇夫:"社会保险法的对象和本质",载同《社会保障法的形成》,有斐阁1941年版,第162页以下。

险的关心之扩大,这成为社会保障法从劳动法中分离独立的契机,将社会保险(法)作为社会保障法体系的一部分之见解(所谓的按制度分类的体系论)普遍化[30]。

另一方面,以所谓的按给付分类的体系论和生活主体论为核心,对社会保障法学脱离劳动法实现学术独立发挥了重要作用的学者荒木诚之认为,有关社会保障的缴费并非是本质性问题,只不过是技术性问题而已,不承认缴费乃至社会保险的机制本身具有那么大的法的意义[31]。还有,按照对战后社会保障制度方向定位具有一定影响力的ILO报告书[32]的方向性所提出的学说亦有说服力。即:正如"从社会保险到社会保障"[33]这个口号所表明的那样,社会保险和社会救助(乃至公共扶助)相互接近,未来使两者统合是理想的保障形态这种观点广为接受,社会保险的意义得以相对化[34]。

对此,一直以来也存在着批判荒木说,对社会保险进行法的再评价的理

---

[30] 除佐藤、前揭注 28 书之外,还有,角田丰:《社会保障法的现代课题》,法律文化社 1977 年版,第 14 页等。

[31] 荒木(前揭注 12 书,第 17 页)指出,"缴费的问题,若使之与给付的构造和性质相关联来考察足矣,承认其自身独自的法要素之必要欠缺"。笔者认为,与在本文中如下所述理由(社会保险和公共扶助的相对化这个方向性)一起,对学界带来了较大影响的荒木理论之存在,导致了其后许多社会保障法学者对社会保险的法意义等闲视之。只是,与荒木自身提倡的社会保障法体系论的构建相关联,其仅不过阐述了社会保险的缴费制"不是与本质直接相关的问题",并非说不需要探求社会保险的法技术,以及论述与缴费和给付的构造及性质的关系。

[32] 盐野谷九十九、平石长久译,高桥解说:《ILO·通往社会保障之路》,东京大学出版会 1972 年版。

[33] Cf. Pierre Laroque, From Social Insurance to Social Security: Evolution in France, 57 INT'L LAB REV. 565(1948).

[34] 例如,西原道雄在"社会保险的缴费"(载《契约法体系 V》,有斐阁 1963 年版,第 346、348 页)中指出,"为主张受给的权利和管理的发言权而援用缴费,归根结底一般应仅认为其是确立有关社会性权利认识的连接手段之一","与给付的缴费之关联,并非是性质上必然的问题,仅仅是为尽可能奖励多缴费而确保财源,或者是为减少事故的发生而采取的方便的手段而已,据此在不阻碍实现社会保障本来目的之范围内可予以承认";角田丰("社会保障法的形成和作用",载小川政亮、蓼沼谦一编:《现代法 10 现代法和劳动》,岩波书店 1965 年版,第 230—231 页)指出,"劳动者不用缴费即可,社会保险给付的充实⋯⋯,与保险给付的内容充实一起,应朝着取消劳动者自身缴纳保险费的方向发展"。至于后者,表明了不仅仅是社会保险意义的相对化,而且表明了对劳动者缴纳本身所持的消极态度。

论动向[35]。但是,对社会保险这种法技术进行真正的研究,可以说是在20世纪90年代后半期以后开始的。特别是关于以德国社会保险(年金保险、疾病保险)为题材的保险者"自治"[36]、德国疾病保险的"自治"和"社会连带"[37],以及论述社会保险给付的对价性时着眼于"缓和的交换"之要素[38]等太田匡彦和仓田聪的研究业绩引人注目。

此外,直到最近,从保险者论[39]、社会保险费和租税的异同[40]、财政调整的应有状态[41]、社会保险方式和税方式(社会扶助方式)的优劣[42]、企业主负担的依据[43]等对缴费面的关注、保险给付的范围和水准[44]等观点出发,进行了活跃的法探讨。在这其中,正如包括"自治"、"社会连带"论在内的保险者

---

[35] 籽井,前揭注10书,第78页。对此荒木围绕着介护的社会保险化,认为其对荒木的法体系论没有带来任何的影响。荒木诚之:《生活保障法理的展开》,法律文化社1999年版,第159页。

[36] 太田匡彦:"关于社会保险的保险性之所在",载《社会保障法》1998年第13号,第83页。

[37] 仓田聪:《医疗保险的基本构造》,北海道大学图书刊行会1997年版,第325—326页。

[38] 太田匡彦:"权利、决定、对价(3)",载《法学协会杂志》1999年第116卷第5号,第805—806页。

[39] 加藤智章:"医疗保险制度的保险者机能",载山崎泰彦、尾形裕也编著:《医疗制度改革和保险者机能》,东洋经济新报社2003年版,第137页以下;新田秀树:《国民健康保险的保险者》,信山社2009年版。

[40] 江口隆裕:《社会保障的基本原理之思考》,有斐阁1996年版,第188页以下,同"关于社会保险费和租税之考察",载同《变化的世界和日本的年金》,法律文化社2008年,第170页以下,同"社会保障的给付和负担之关联性",载国立社会保障和人口问题研究所编:《社会保障财源的制度分析》,东京大学出版会2009年版,第111页以下;仓田聪:"医疗保险法的财政构造",同前揭注26书,第189页以下。

[41] 仓田,前揭注26书,第233页以下。

[42] 堀胜洋:"社会保险方式和社会扶助方式",载同《现代社会保障和社会福利的基本问题》,密涅瓦书房1997年版,第79页以下,同"社会保障和社会保险的原理",载同《社会保障和社会福利的原理、法、政策》,密涅瓦书房2009年版,第33页以下。

[43] 岛崎谦治:"健康保险之企业主负担的性质、规范性及其应有状态",载国立社会保障和人口问题研究所编,前揭注40书,第135页以下;台丰:"关于健康保险费企业主负担转嫁之规范性考察",载《法政理论》2007年第39卷第3号,第60页以下。

[44] 笠木映里:《公共医疗保险的给付范围》,有斐阁2008年版;西田和弘:"与社会保险服务给付的给付水准相关的规范性探讨——以医疗保险为中心",载《社会保险法》2006年第21号,第136页以下;菊池,前揭注17书,第223页以下。

论、企业主负担的依据论等所表明的那样㊺,可以说围绕社会保险的诸多法研究是以医疗保险为中心而展开的。㊻

第四节 "自由"基础性的社会保障法理论和理想的医疗保障像

一、规范性诸原理和医疗保障制度

以下,在以第一章中详述的"自由"基础性乃至"自律"指向性社会保障法理论为前提之情形,论述医疗保障制度的应有状态时,关于应追求何种方向性,围绕着第一章中分析出的规范性诸原理和从其派生的下位原则,进行若干的考察。本来,医疗保障制度的应有状态,并非是私见那样将规范性指针作为唯一的规准而设计的。以下的论述与其说是针对制度的细目,不如说是仅定位于指出制度大致框架方向时的规范性(有力的)政策决定方针之一。并且,亦无涉及关于医疗保障制度乃至政策的所有庞大的论点之余裕。但是,请允许将本节这样的讨论,定位于分论性地展开私见所依持的法理论时的一项准备工作。

㊺ 此外围绕医疗保险从社会保障法学角度的最近研究论文,主要有:围绕保险诊疗法律关系的探讨(原田启一郎:"关于疗养担当规则的一个考察",载《驹泽法学》2005年第5卷第1号,第1页以下;石田道彦:"医疗保险制度和契约",载《季刊社会保障研究》2009年第45卷第1号,第46页以下)与裁判外纷争解决体制相关的研究成果(台丰,前揭注23论文,第48页以下)等。日本社会保障法学会第48次大会研讨会的题目是"社会保险的变迁和社会保障法",在日本社会保障法学会编《社会保障法》2006年第21号中,除了西田前揭注44论文外,还收录了以下各论文:井原辰雄:"社会保险中被保险者的定位——以医疗保险为中心";石田道彦:"社会保险法保险事故概念的变迁和课题——以预防给付为线索";丸谷浩介:"社会保险的费用负担——以保险费负担减轻及其效果为中心"。还有,与社会保险的法研究相关的近著有:河野正辉、良永弥太郎、阿部和光、石桥敏郎编:《社会保险改革的法理和将来像》,法律文化社2010年版。

㊻ 但是,社会保险方式和税方式(社会扶助方式)等,也有主要以公共年金为中心的论点。

二、"个人"基础性

(一) 对国家过度干涉个人之警戒

社会保障制度具有国家对个人生活介入之侧面。因此在导入对个人生活带来过度介入的制度,或者具有对个人强制机会的制度时有必要慎重地考量。在这点上,引人注目的是,通过2006年修改的特定健康诊查及特定保健指导等,导入了预防生活习惯病对策。现行法上,没有规定被保险者等负有特定健康诊查受诊义务[47],因此,虽说没有受诊,但并不科以增加保险费和部分负担金数额等直接性处罚。不过,按照特定健康诊疗的受诊率、特定保健指导的实施率及各保险者患有代谢综合征者及其潜在患者的减少率这些目标的实现状况等,从2013年开始决定按每个医疗保险者算定的后期老年人支援金在增减10%的范围内依据政令规定的基准加算或减算(《老年医疗》第121条第2款)。若从对个人的生活方式和生活状态本身有威权性介入这个侧面来看,理念上不认为这是期望的机制[48]。

(二) "个人"单位的权利义务之把握

倘若立足于将个人作为社会保障法关系之核心的立场,基本上要求应以个人为单位把握权利义务的主体。这种"个人"单位化的方向性,以生活方式和价值观的多样性等为背景,对无论何种类型的家庭而言,从追求中立性的社会保障制度这个观点来看,亦能得到支持。由此成为问题的是,例如,被雇佣者保险的被扶养者,虽说成为家族疗养费(《健保》第110条)的支

---

[47] 但是,劳动安全卫生法上,40岁以上的劳动者负有与健康诊断相关的受诊义务(《劳安卫》第66条第5款),基于同法接受健康诊断时,要求进行特定健康诊查(《老年医疗》第21条第1款)。

[48] 堤修三("老年人医疗制度和宪法(下)",载《周刊社会保障》2008年第2478号,第46页)认为,关于实施特定健康诊查和保健指导的合宪性,对个人选择自己日常生活方式的自由和权利的介入应进行严格的审查,论述了和《宪法》第13条的关联。关于特定健康诊查和保健指导,也指出了设立接受各医疗保险者的委托进行数据管理的全国统一性机构,并从基于这些数据使其成为国民的健康管理、生活管理的司令塔之可能性,以及从个人信息的控制权角度,论述了产生的问题。同论文第48页,同"特定健康诊查和保健指导制度化的含义和内容",载同《社会保障改革的立法政策性批判》,社会保险研究所2007年版,第89—91页。

付对象,但对于给付等不服时其本人却不能寻求法的救济[49]。另一方面,关于国民健康保险,扶养家族虽亦被定位为被保险者,但负有保险费缴纳义务的是"户主或工会会员"(《国保》第 76 条),对非被保险者的户主有课加缴纳义务的情形[50]。还有,接受医疗保险给付时被要求出示被保险者证的交付请求权,虽说个人卡化有所推进,但法律上仅赋予户主(《国保》第 9 条第 2 款)和被保险者(《健保则》第 47 条第 2 款)。

从把握"个人"为单位的权利义务之观点看,为了根本解决与被雇佣者保险相关的问题,正如第五节中所述,维持被扶养者的概念妥当与否是必须面对的问题。在这点上,后期老年人医疗制度没有采用被扶养者的概念,而是采用了以个人为单位缴纳保险费的机制,这值得肯定[51]。

三、"自律"指向性

(一)"参加"的原则

在决策制定和实施社会保障制度时,期望尽可能地积极保障个人主体性"参加"之参与机会。由此,在私见中,肯定评价了通过被保险者等相关当事者反映意见而使其积极参与制度运营成为可能的社会保险机制。根据 2006 年的修改规定,作为一直以来政府掌管的健康保险的保险者,设立全国健康保险协会,反映企业主及被保险者的意见,为谋求协会业务适当开展而设立运营协议会,由厚生劳动大臣从企业主、被保险者及具有学识经验者中各任命相同的人数(《健保》第 7 条之 18),这点可予以积极的评价。从有可能实现被保险者"参加"这个角度看,可以说保险者不是以全国为单位,而

---

[49] 东京地裁判决 1983 年 1 月 26 日,载《判例时代》第 497 号第 139 页(相当于被保险者的被扶养者地位之人,关于被保险者资格的取得确认,被认为没有法律上的利益而判决驳回请求之例)。

[50] 山口地裁判决 1969 年 3 月 31 日,载行集第 20 卷第 2·3 号,第 323 页(《健保法》上的相当于被保险者的户主,关于被赋课缴纳其子的国民健康保险费,赋课处分取消诉讼被驳回之例)。参见石田道彦:"国民健康保险费的缴纳义务者",载《社会保障判例百选》(第 3 版),有斐阁 2000 年版,第 42—43 页。

[51] 宇野裕:"提高三个公平性的长寿医疗制度(上)",载《周刊社会保障》2008 年第 2481 号,第 44 页。

是以更小规模的单位为好[52]。在这点上,可以说在每个全国健康保险协会的支部(都道府县)设立由支部长从企业主、被保险者及学识经验者中委任组成的评议会,这虽比以前有所进步,但评议会并无有关都道府县单位保险费率的议决权这点,总体而言作为保险者的单位依然是全国统一这点等,有不充分之处。

此外,面临诊疗报酬体系的状态相当程度制约着医疗保险给付的内容这种现状,决定诊疗报酬时被保险者代表如何参加具有咨询功能的中央社会保险医疗协议会(《健保》第82条)是个问题[53]。关于这点,根据2006年的修改,加上公益委员人数(以前四名)有所增加(现在六名),被保险者代表除了在工会中选任委员之外,还可选任代表患者立场的委员之规定可予以肯定。再者,从当事人参加行政计划的观点看,与市町村介护保险事业计划(《介保》第117条第5款)相同,在都道府县医疗费适当化计划(《老年医疗》第9条第4款、第6款)和医疗计划(《医疗》第30条之4第10款、第11款)中,应探讨采取反映医疗关系者及地区居民等意见的措施。

(二)"选择"的原则

从私见尊重个人的自我决定之立场看,与受给者和利用者的意思无关,单方面决定给付的可否和内容之机制,基本上应予以消极的评价,期望根据自己的意思做出选择成为可能。由此成为问题的是,可否导入所谓经常就诊的医生乃至家庭医生制度。关于这点,经常就诊的医生等若是发挥着在大医院等禁止初诊的门卫作用,从限制我国医疗保障制度的一大优点即自由出入来看,这是不希望的[54]。但是一般而言,对于经常就诊的医生等,其作为被置于信息不对称状况下的患者之支援主体的作用也被予以期待,因

---

[52] 对此,从财政单位的安定性这方面看,并不等于说保险者单位无论在何处越小就越好。

[53] 石田,前揭注23"诊疗报酬制度的作用和课题",第115页。

[54] 岛崎谦治"老龄社会的医疗制度和政策",载《法律家》2009年第1389号,第42—43页)指出,医院除了专门门诊,应追求的方向是集中住院医疗,但在患者在大医院指向的背景下,存在着不少对诊疗所的不信任感,若基于此,立刻着急地靠强权关闭大医院的门诊这种做法是不适当的,应明确综合医生在医疗政策上的定位,谋求提高其作用,以改变患者的"流向"。

此在诊疗报酬体系上对此有所反映,并进行政策诱导本身,可予以积极的评价。将在没有介绍信的大医院就诊作为保险外并用疗养费的对象之现行法机制等,从这个观点看也是被认可的。但是,作为其前提,这就要求认真培养综合医生并提高其专业性,进一步开发居民选择适当医疗机构基础上的质量评价标准和信息公开等。

作为扩大"选择"范围的目标之一,21世纪初期开始讨论"混合诊疗"的导入,在2006年的修改中,承认保险外并用疗养费和自由诊疗并存的领域比以前得以扩大。关于这点,如第四部分中所述,既然在医疗领域强烈要求实现平等的契机,因资产和收入水平的不同,在基本医疗服务(不是所谓的特需医疗服务)中设立了就诊事实上差别之"混合诊疗",这有招致所谓"差别诊疗"的危险性,这点成为问题[55]。

从选择医疗机构的自由观点看,根据医疗计划所进行的病床规制成为问题。一直以来,对于不遵守基于医疗计划劝告的医疗机构,拒绝指定其为保险医疗机构的做法是否妥当存有争议,有将之判决为合法的下级审裁判例[56]。其后,这个行政解释在1998年《健康保险法》的修改中被明文予以规定(《健保》第65条第4款第2项)。关于这个规定,最高裁判所认为,知事作出的医院开设中止的劝告(《医疗》第30条之11)相当于是抗告诉讼对象的行政处分[57],与此同时,基于《健康保险法》的保险医疗机构指定否决处分未违反《宪法》第22条第1款,因而是合法的[58]。但是,关于这个规定在学说上依然提出这是违宪、违法的疑问[59]。与选择职业自由乃至营业自由的

---

[55] 对混合诊疗解禁反对论的要点综述有:池上直己:"混合诊疗为何困难",载《社会保险旬报》2003年第2172号,第14—17页。

[56] 鹿儿岛地裁判决1999年6月14日,载判时第1717号,第78页。

[57] 最高裁二判决2005年7月15日,载民集第59卷第6号,第1661页;最高裁三判决2005年10月25日,载判时第1920号,第32页。

[58] 最高裁一判决2005年9月8日,载判时第1920号,第29页。

[59] 仓田(加藤智章、菊池馨实、仓田聪、前田雅子:《社会保障法》(第4版),有斐阁2009年版,第145页)也认为,病床过剩的确阻碍了医疗保险有效的运营,但既然无法一概判断哪个医疗机构的病床过剩,而常常让新加入保险者担其责,这从限制选择职业的自由看,这种做法是否真正合理是可以说存有大的疑问。

观点不同,从尊重被保险者方面的"选择"之观点看,基于医疗计划而一律禁止新加入保险者的做法存在问题。

此外,作为保险者的理想状态,规模利益之要求与工作的年金保险不同,在与保险者自治等的关联上而不希望以全国为单位之情形,更进一步对个人选择保险者应否承认这个问题有探讨的余地[60]。还有在保险者之间考虑时,像后期老年人支援金那样,过度规制医疗保险者内部的自主运营之类的强制性财政调整机制,其局限也成为问题[61]。

(三)"信息利用"原则

作为个人"参加"、进行"选择"的前提条件,要求全面公开构成医疗保障政策决策前提之基础资料。进而,在医疗领域,缘于医疗的专门性和生命、身体这种保护法益的重要性等,信息的利用具有极其重要的意义。在这点上,根据2006年的修改,关于医疗的选择支援等,国家和地方公共团体及医疗提供设施的职责(《医疗》第6条之2)、医院等管理者的职责(同法第6条之3)、入院出院时的书面文件制作及交付等(同法第6条之4)相关规定,可予以积极的评价。自2010年度始,诊疗明细书的免费交付原则上义务化之点也是期望的方向。再者可以考虑更加普及由财团法人日本医疗作用评价机构任意进行的第三方评价[62]等,据此选择适当的医疗机构及医师时应完善必要的信息提供体制,贯彻知情同意(《医疗》第1条之4第2款),积极公开与其关联的诊疗记录和看护记录等。但是所有这些的前提是,医疗本身的标准化更加推进[63]。

---

[60] 但是,正如在本章第五节所述,关于这点笔者持消极的态度。

[61] 关于老人保健缴费金,从社会连带的角度论述财政调整的界限有:仓田,前揭注26书,第276—278页。

[62] 例如,根据已作出的医院作用评价结果,可以在诊疗报酬(缓和护理)和设施基准(医疗法人的理事长要件)、允许广告事项等方面采取优惠措施。

[63] 池上直己("思考新医疗的五个课题",载《社会保险旬报》2003年第2153号,第13页)指出,为了国民平等接受优质医疗,必要的标准有五个:①医师、医疗从事者的技能;②诊疗记录等的用语、记载程序;③治疗适用基准;④治疗程序;⑤成果。在临床现场,对于正在急速扩展的EBM(Evidence Based Medicine),作为补充完成其确准率的局限之实践法,着眼于患者的"表达"NBM(Narrative Based Medicine)正在受到关注。例如,参见 http://www.jmcnet co.jp/nbm/index.html.

(四)"贡献"原则

在社会保障法关系中作为应被设想的基础性法主体之个人,若为积极能动的权利义务主体,应不仅仅止于单方面地接受给付,而且其自身亦追求作出一定的"贡献"。所谓"贡献",最明显的是通过费用负担这种形式来进行。这也符合今后成为医疗服务主要保障方法[64]的医疗保险。因此,作为社会保险的保险费负担的应有状态,按照能力负担(应能负担)为原则,即使要求有细致的减免措施,其中必然不得不设定一定的界限。正如第四部分中所述,负担能力不足自不待言按收入保障的需要来对待,既然是医疗保险的被保险者,应导入和由公共扶助来给付的介护保险同样的体制[65]。但是,即使承认应能负担具有局限性,强调按受益的要素,至于对被雇佣者保险的扶养家族是否要求负担另外规定的保险费,还需要进行单独的考察。关于这点,于以现行的保险者框架为前提之情形[66],在缩减老年人的公共年金之扣除、严格规定配偶者等被扶养者要件基础上,可以考虑朝着根据配偶者、年老扶养家属之数量要求按受益负担一定的保险费之方向发展[67]。另一方面,关于承担将来社会保障负担的扶养儿童,作为育儿支援政策之一环,可以有不包含在保险费算定的基础里这个方策。

对此,在保险费负担的场合即使应能负担成为原则,关于利用者的部分负担,其本来基于按受益负担的观点,既然以回避道德风险为目标而设立,将应能负担作为原则未必能说有一定的合理性。在这点上,有关高额疗养费制度的患者负担按收入阶层区分的二重负担制存在问题。本来,总体而言,关于健康保险和国民健康保险的原则负担三成这个比例自身的过重性

---

[64] 关于社会保险应是社会保障的中心性保障方法,本书第一章第四节,页边码第 18 页。

[65] 仓田,前揭注 18 论文,第 62 页;石田道彦:"医疗、介护和最低生活保障",载日本社会保障法学会编:《讲座社会保障法 5 住居保障法和公共扶助法》,法律文化社 2001 年版,第 242 页;新田,前揭注 39 书,第 232 页。

[66] 正如在第五节中所述,笔者期待保险者的框架进行重编。

[67] 对此,关于公共年金所谓第 3 号被保险者问题的处理,笔者认为,分割夫妇在婚姻存续期间的工资收入,对专业家庭主妇赋课定率的保险费这个方案是妥当的。菊池馨实:"女性和社会保障",载三木妙子等:《家族、性别和法》,成文堂 2003 年版,第 121 页。

有必要研究。

还有,笔者所谓的"贡献",并不应是仅仅在与费用负担的关联上论述。作为医疗领域固有的论点,可以指出疾病预防的重要性。在这里,意味着不停留于像一直以来团体检查诊疗等二次预防的观点(导入在其意义上的对保险给付本体的预防给付之方向性),应重视一次预防即个人的健康管理和实行其健康管理时国家和地方自治体等进行公共支援这个观点[68]。由此,2000年以后,厚生劳动省进行的"健康日本21"的活动,以及将增进健康(第2条)作为国民责任义务的2002年《健康增进法》的基本方向性,可以予以积极评价。但是,这些国家施策基本上停留于通过奖励和启发这些手段[69]对个人的主体性活动进行支援,而不应是与限制给付和增加保险费等制裁相联系。这不仅是"自律"指向性观点,而且也是第二部分(一)中所述的"个人"基础性观点之要求。

四、实质性机会平等

如前所述[70],在笔者所主张的"自由"基础性乃至"自律"指向性社会保障法论中,追求实现应称之为各个人"生活方式选择范围的平等"乃至"实质性机会平等"的规范性价值[71]。特别是在医疗领域,为了实现"生活方式选择范围的平等"乃至"实质性机会平等"之理念,根本上有必要保障平等医疗服务的信息利用。由此,国民皆保险的理念本身可以予以积极肯定[72]。但是最近,众所周知,出现了未加入医疗保险特别是国民健康保险的问题,招致国民皆保险制度的形骸化。还有,虽说是国民皆保险,但是一定的低收入

---

[68] 参见石田,前揭注45"关于社会保险法的保险事故概念的变迁和课题",第130页。

[69] 石田,前揭注45"关于社会保险法的保险事故概念的变迁和课题",第134页。

[70] 参见本书第一章第三节第四部分。

[71] 倘若借用阿玛蒂亚·森之言,"自由是平等的应用领域之一,平等是自由的分布方式之一","它们不是二者择一之物"。藤冈大助:"关于分配正义平等论之探讨",载《国家学会杂志》2002年第115卷第11·12号,第1262页。

[72] 对此,新田(前揭注39书第232页)提出,关于被认为依靠自力能够充分确保医疗的一定额以上的高收入者,(以加入民间医疗保险为条件)在缓和强制加入公共医疗保险的方向上进行修改。

第六章　医疗保障制度的方向性　　145

者不适用国民健康保险,而适用生活保护法上的医疗扶助这个单独建立的制度。但是,在此若从信息利用和给付内容的平等未必得到确保这点来看,如前所述,在无保险负担能力者也加入了医疗保险制度基础上,负担能力不足被当成收入保障需要来对待,通过生活保护给付来应对更好[73]。在这个意义上,对于生活保护受给者,在医疗保险方面也应导入以第1号被保险者为对象的介护保险类似的方式。

即使在医疗领域平等的机会应被特别重视,仍存在应被保障的医疗水准问题。于医疗保障之情形,尽管一般而言不同于有关收入保障的最低水准(minimum)之保障,要求最适水准(optimum)之保障[74],但若是慢性疾病等的疗养期,由于"生活"的要素很强,有最低保障足够的一面[75],虽说急性期和慢性期的界限并非很明确,关于后者,"疗养的给付"本身,与有关饭店成本和舒适度部分相关的服务之分离、并存等也相当程度有被承认的余地。在这点上,可以支持依据2006年的修改而导入的入院时生活疗养费(《健保》第85条之2)。另一方面,在与"选择"原则之关联上如前所述,对于和急性期高度先进医疗等相关的"混合诊疗"进行一般化必须慎重。

作为服务保障的特征,在考量其保障水准、内容的理想状况时,自不待言,不单是服务的量,也有必要从质的方面来对待[76]。

---

[73]　但是从回避因免费受诊而产生的道德风险这个侧面来看,比一般低的比率设定的部分负担金相当额超出生活扶助费的部分自己负担,以及部分负担金相当额的偿还支付化等方策或许有必要。

[74]　堀胜洋:《社会保障法总论》(第2版),东京大学出版会2004年版,第52页。

[75]　与需要证明一定的科学性而在很大程度上依靠专业判断的医疗服务之提供不同,从与介护需要对象者个人的自己决定乃至主观判断相关的部分很大来看,可以认为基本上不得不停留于最低保障。菊池馨实:"新生存权论",载《法学教室》2001年第250号,第68页。

[76]　这表明应规范性保障的服务水准(参见《宪法》第25条第1款),也应包括质的方面。菊池馨实:"社会保障的权利",载日本社会保障法学会编:《社会保障法1　21世纪的社会保障法》,法律文化社2001年版,第65页。除了医疗从事者的资格与教育制度、EBM、电子病历的导入等医疗提供环境的完善、第三方医疗作用评价等之外,为防止事故的安全对策等也应纳入质的保障范围之内。

第五节 2006年改革和保险者单位

146 如第二节所见，在进行各种各样修改的2006年修改中，与保险者单位相关的有：①医疗保险者的重编；②新老年人医疗制度的创设。在本节中，基于前节为止的考察，从私见的角度阐明未来的方向。

在2006年的修改中，关于①，认可了(i)继续国保财政基础的强化方策（高额医疗费共同事业、保险者支援制度、国保财政安定化支援事业）和通过创设保险财政共同安定化事业(77)实现保险运营的广域化；(ii)实行政府掌管健康保险的公法人化（设立全国健康保险协会）和设定以都道府县为单位的保险费率；(iii)设立以都道府县为单位的地域型健康保险组合。还有，关于②，谋求(i)创设以75岁以上的后期老年人等为对象的后期老年人医疗制度（按每个都道府县区域根据市町村的加入设立的广域联合为运营主体，保险费征收等事务由市町村进行）；(ii)导入在以65岁以上74岁以下的前期老年人为对象的各保险者之间的财政调整机制，保存至2014年度为止期间以未满65岁的退职者为对象的退职者医疗制度。

如此，通过在第二节中提及的一系列经过和2006年的修改，以都道府县为单位的保险者"一元化"之方向性变得明确。笔者从确保一定规模的稳定性财政运营之必要性、都道府县医疗计划的决策制定、都道府县内大致完成的医疗服务提供的实态等出发，将与保健、福利之主要承担者即市町村的联合亦纳入视角，认为以都道府县为单位进行保险者的重编这个基本方向最为理想。但是，私见认为，并非是追求以被雇佣者保险及国保这个从前机

(77) 这些事业到2009年度为止继续进行，但是其后，基本上继续这些措施的法案（"为了医疗保险制度的稳定运营国民健康保险法等的部分修改法律案"）在2010年通常国会上议决通过，2010年法律第35号。

制存续为前提的"一元化",而将来应追求"一元化"即将两者统合的地域保险化。诚然在理念上,被雇佣者具有就业、打工形态等共通性,此即所谓对于作为"连带"基础以一个保险者单位为准之规定,在确保保险集团的同质性这个意义上具有合理性[78]。但是,《劳动基准法》上作为劳动者的非正规劳动者之多数被排除在适用对象外,即使是被雇佣者,由于《健康保险法》第 13 条规定以外的企业是任意总括被保险者(《健保》第 14 条至 16 条)等,被雇佣者保险没有将劳动者总括性覆盖,事实上,以劳动市场的二重构造作为给予的前提。另一方面,国民健康保险的加入者中被雇佣者约占四分之一,此外还有无业者、依靠年金生活者、自营业者等,几乎可以说其是由地域内全体居民这种多样的加入者构成[79],与过半数是农民的 20 世纪 50 年代后期相比,其加入者阶层有很大不同。还有,在国民健康保险组合中,如全国土木建筑国保组合那样,包含在其本来性质上应属于被雇佣者保险。除此以外,鉴于雇佣的流动化和日本雇佣习惯做法有所改变[80]这种最近的动向,以及在前节中所述的重视平等机会的医疗保障领域之特殊性等,至少在理论上,不得不说的是,将现行法上的被雇佣者保险和国民健康保险这种框架今后坚持下去的做法已经没有充分的合理性。

但是,对这种一体化方案的批判居多。其理由列举如下:①弱化社会保险的优势即保险者作用;②被雇佣者和自营业者等的收入捕捉率相异(进而细分为 i. 收入本身的捕捉率;ii. 必要经费认定的困难性);③企业主负担的

---

[78] 宇野,前揭注 51 论文,第 45 页;堤修三("被雇佣者保险的保险者之间差距及其纠正",载《社会保险旬报》2007 年第 2334 号,第 11 页)指出,从社会保险的构成人员具有一定的同质性这个观点看,反对一元化。此外,作为先驱性文献,指出有关社会保险的保险集团之构成人员相互间将他人的受益可能性与自己的同视这种连带意识的存在,参见江口,前揭注 40《社会保障基本原理之思考》,第 204 页。

[79] 根据 2007 年度国民健康保险实态调查,从户主的职业区分看户数的构成比例分别是:农林水产业 3.9%,其他自营业 14.3%,被雇佣者 23.6%,其他职业 2.8%,无业 55.4%。

[80] 对此,认为就业结构的变化对作为短期保险的医疗保险状况没有造成直接影响的论述有,堤修三:"超越老年人医疗费重荷论",载《社会保险旬报》2008 年第 2367 号,第 11 页。

处理[81]。这些其中,关于②-i,随着导入纳税者番号制度税和社会保险费的一体性征收,可以进行一定程度的应对。另一方面,虽不得不说②-ii也是与我国的税征收框架相关的难题,但是例如通过公共年金制度改革使年金制度一体化为报酬比例年金,于扣除后收入少之情形,将保险费额乃至年金受给额也减少处理[82];让伤病补贴金等反映收入保障的丰厚程度[83];扩大与成为源泉征收对象的被雇佣者相关的必要经费算定等,可以考虑与这些方策相结合,渐进地实现其目标[84]。再者关于①,存在的根本性疑问是,将被雇佣者保险看作是社会保险的模范置于中核地位,其以外的框架难道不会被作为残余之物来定位[85]? 还有,若原则上所有的劳动者未在被雇佣者保险之下得以覆盖,劳动关系的待遇差距在社会保障法领域容易进一步扩大。将保险者的基础性单位置于地域而不是职域这个方向,从重视平等的机会,重视支撑社会连带的社会性、市民性基础的重新构建之笔者立场来看,决不认为应予以消极评价。

因2006年的修改而新实施的老年人医疗的机制,在医疗保健福利审议会制度计划部会1999年8月总结的意见书中提出的四种方案(①独立方式;②穿

---

[81] 岛崎,前揭注54论文,第45页,同"老年人医疗制度的'过去、现在与未来'",载《周刊社会保障》2008年第2500号,第61页。立法担当者荣畑(前揭注2书,第136—137页)指出,应在国会审议中统合国保和被雇佣者保险,尽快地在地域单位实行一元化。但是关于国保和被雇佣者保险的统合,其认为自营业者和被雇佣者保险费的征收方式之不同以及企业主负担的处理,进而统合后反而阻碍保险者作用发挥的问题存在,应让国民进行充分的讨论。堤在提出被雇佣者年金受给者健康保险的构想之同时(堤,前揭注80论文,第8—10页,同前揭注48书,第23—25页),认为要实现现实性一元化之情形,对照实行了一元化的韩国之经验,只能成为在维持职域保险和地域保险二元性保险费征收体系状况下的制度一元化。同书第107页。

[82] 笔者主张年金保险实行以美国型的包含被雇佣者和自营业者在内的一层楼建筑之制度。参见本书第一章注54。

[83] 进而,关于工伤,根据《劳动者灾害补偿保险法》,应考虑对劳动者进行较多的补偿。

[84] 这点,采用了风险构造调整方式,于包括作为其调整对象年龄以外的收入等情形也同样成为问题。

[85] 堀(前揭注42《社会保障和社会福利的原理、法、政策》第190页)指出,"同质性集团的相互扶助原则"在排除无职者、无收入者等这个意义上,对被雇佣者集团来说也是极其有利的原则。堀认为,期望在所有的年龄上进行财政调整(年龄风险构造调整),同时也期望对于年龄构成以外根据不能归责于保险者之理由纠正负担差距。同"老年人的医疗费之公平负担(再论)(下)",载《社会保险旬报》2009年第2377号,第32—33页。

透方式；③年龄风险构造调整方式；④一体化方式）中，可以说是①和③的组合。这其中特别是关于①，与以前的老年人保健制度不同，将后期老年人从既存的被雇佣者保险和国保中分离出来，让其加入另行建立的制度这点存有疑问。诚然，后期老年人医疗制度中，被雇佣者保险的被扶养者即后期老年人被定位为缴费和给付的主体，从以户为单位实现以个人为单位等，也有应肯定之处。但是，笔者不希望看到的是，作为与现世代相分离而另行建立的制度设立单方性财政支援的机制，使一直以来老年人保健缴费金以上的缴费之正当化这个困难的负担[36]由被雇佣者保险和国保，进而由现一代承担，以及由于设置了世代分段性机制，易使构成稳定且可持续发展的社会保障法基础之社会性、市民性根基加速崩坏[37]。如上所述，即使承认向后期老年人课加新的保险费负担这点有积极意义，从社会保险的民主性参与机能乃至重视保险者自治的规范性立场来看，可以认为财源的负担比例具有重要的含义，若被保险者的保险费负担为一成程度，很难说有利于充分发挥民主性参与机能（即不能无视税理论）[38]。

因此，作为医疗保险的制度体系，并不期望实行上述的独立方式。加之，现实是，因 2009 年秋新政权的建立，后期老年人医疗制度的应有状态再次成为政策讨论的对象[39]。

---

[36] 作为后期老年人医疗制度财源的一部分，现世代支付的后期老年人支援金的定位是，在有关后期老年人医疗费全体国民应公平负担这个"社会连带"的理念下，国保及被雇佣者保险的保险者基于法律的规定而承担的负担金。菊畑，前揭注 2 书，第 127—128 页。在同书中进一步论述，因新制度的创设免除了一直以来老年人保健制度的缴费金负担，后期老年人不是作为被保险者而是在免除医疗给付这个意义上，具有受益的负担这个性质。但是，不可否认，另行建立的后期老年人医疗制度要求社会保险制度的各保险者进行财政支援之正当化，比起老年人加入的各被雇佣者保险和国保的老年人保健制度更加困难。

[37] 参见本书第一章第五节第二、三部分。

[38] 菊池，前揭注 17 书，第 261 页。

[39] 2009 年 11 月，设置了老年人医疗制度改革会议，提出的基本的想法是：(1)废止后期老年人医疗制度；(2)作为原稿中提出的"地域保险的一元化运用"之第一阶段，构建老年人的新制度；(3)建立的制度要消除后期老年人医疗制度的按年龄区分的问题；(4)充分考量对市町村国保等的负担增加；(5)不突然增加老年人的保险费，努力消除不公平的要素；(6)进行与市町村国保的广域化相联系的修改。根据 2010 年 8 月提出的同会议的中期报告（"关于老年人的新医疗制度等"），废止后期老年人医疗制度，将同制度的加入者归属于国保或被雇佣者保险。此外，还表明了市町村国保的财政运营以都道府县为单位之方向。

如第二节所见,既然是以有识者、官僚为首,在当时的政府、执政党等花费长时间进行的改革讨论中所达成的方案,在今后的改革讨论中,上述的4案应成为基本。还有,于决定废除后期老年人医疗制度之情形,在理论上,谋求朝着以都道府县为基本单位的地域保险进行统合和一体化才是正当的途径。为了明确地将都道府县行政和医疗保险者的运营分开,与现在的全国健康保险协会相同,应从都道府县向独立的公法人发展。关于财源,除考量每个地域的年龄、收入等构造性差异而进行调整基础上的公费投入外,经费的筹措还要参考国民健康保险的按受益比例和按能力比例之组合征收保险费。一直以来针对被雇佣者保险加入者的企业主负担至少在按能力比例的部分能够维持⑩,随着按受益比例的导入一直以来的被扶养者也有可能取得独自的被保险者资格。但是,遗留的研究课题是,另行建立伤病补贴金制度加入收入保障制度体系,抑或在新的地域保险中应对⑨。如前所述,期望生活保护受给者也成为被保险者,保险费及部分负担金由生活保护给付来应对⑫。

然而,即使后期老年人应和现世代在相同的保险者框架内覆盖,并非否定根据年龄基准在诊疗报酬体系上进行另外对待⑬。伴随着后期老年人医疗制度的创设,为推进老年人的家庭医生制度,对老年人担当医生设定了后期老年人诊疗费之定额;为使患者能够自主决定终末期的医疗内容,设定了后期老年人终末期咨询支援费等。鉴于老年人疾病构造的特殊性和身心特性等,毋庸置疑,根本上应积极推进这种独自诊疗报酬的设计⑭。

---

⑩ 中野妙子(《患疾病时收入保障制度的理念和构造》,有斐阁2004年版,第339页)认为,通过和瑞典的比较法探讨,在一体化的疾病保险中不能肯定雇主缴费之想法是轻率的。对此,堤(前揭注书,第102—103页)认为,于一元化之情形,维持被雇佣者即被保险者的企业主负担是困难的。

⑪ 中野(前揭注90书,第336—341页)结合自营业者疾病时收入保障制度的应有状态,关于医疗保险制度被一体化时对伤病补贴金等影响进行了研究。

⑫ 参见本章注73。

⑬ 菊池馨实:"医疗保障的法原理",同前揭注17书,第241页。西田和弘("老年人医疗制度的改革——基于法学的视角,载《法律家》2005年第1282号,第104页)不批判给付水准的低下,而是认为,若能够设定"按特性给付",虽说是与现世代不同的给付,但并不是就直接评价为不平等。

⑭ 但是,根据2010年诊疗报酬的修改,废止了着眼于75岁这个年龄的诊疗报酬体系。

从重视"选择"的机会之私见来看,并非不能考量依据国民健康保险组合和健康保险组合、大规模自治体等加入者的集体性意思决定而承认独自的保险者这个命题,或者承认基于这些新保险者和以都道府县为单位的地域保险等复数保险者的个人选择等方策[65]。然而于此情形,纠正因加入者的年龄构成和收入构成之不同等所造成的制度间差距则必然成为问题,等等,可以预想制度将极其复杂化。"选择"的机会,根本上而言,并非是选择保险者这个层面,而是在选择医师的自由和选择治疗方法等情形予以尊重。

第六节 结语

在医疗领域,当事人的利害关系由于比年金和社会福利这种其他社会保障领域更为错综复杂,且存在着强大的利益团体,即使提出综合性的改革建议,或许实现的可能性并不高。不可否认,现实的政策选择,并非基于特定的理念,而是综合考量诸种要素后决定的。但是,反过来说正是如此,本章的类似讨论,在需要多样性的价值选择之改革讨论中,能够提出一个规范性的政策方针。在本章中,医疗保障制度里,由于是以医疗保险为焦点,未能涉及医疗供给体制进行探讨。还有在围绕医疗保险的应有状态之讨论中,也只是将其作为一个问题点进行了论述,关于对其更加综合全面的研究,将是今后的课题。

---

[65] 关于以都道府县域为基本,建议建立从复数的非营利保险进行选择的机制,福田素生:"基于市民参加的医疗费保障制度",载驹村康平、菊池馨实编:《期望的社会保障改革》,旬报社2009年版,第145页。

第七章　育儿支援和社会保障

第一节　序言

根据2006年12月发表的将来人口推算预计,我国的老龄化率2013年为31.8%,2050年为40.5%(中位推算预计),比之前的预想发展得更快。另一方面,合计特殊出生率若按中位假定,2030年为1.24,2015年为1.26,即使按高位假定,也分别是1.53和1.55。日本的人口已经呈现出减少的趋势,少子化倾向未来也将持续之事已成定局。

在我国少子化真正成为社会问题是20世纪80年代后半期,其后,提出了一系列的政策应对。有代表性的是,1994年12月,四位大臣合意制定了"天使计划",以"紧急保育对策五年计划"为题确定了育儿支援方策的完善目标。延续这种形式,1999年制定了"少子化对策推进基本方针"和"新天使计划",推行实施政策不仅仅是至今为止的保育服务,还包括雇佣、母子保健及咨询、教育等多方面的育儿支援。另一方面,2003年,为了促进地方自治体和企业主进行次世代育成支援,以决策制定和实施各自的行动计划为目标,制定了《次世代育成支援对策推进法》。还有,作为议员立法,制定了《少子化社会对策基本法》,内阁会议通过了少子化社会对策大纲。2004年,继新天使计划,制定了"基于少子化社会对策大纲的具体实施计划"(儿童、育儿支援计划),按照少子化社会对策大纲所揭示的四个重点课题(①年轻人的自立和健壮孩子的培养;②工作和家庭的两立支援和工作方式的修改;③对于生命的宝贵、家庭的作用之理解;④育儿的新互相扶助和连带),提出了具体的施策内容和目标,这个综合性计划于2005年开始正式实施。此后延续这种计划,作为新的少子化社会对策大纲,2010年1月决策制定了"儿童和育儿愿景",为了使全社会支援育儿提出了四个政策支柱,即:①支持儿童的培育,建立年轻人能够安心成长的社会;②建立能够实现妊娠、分娩、育儿希望的社会;③依靠多样的互联网建立具有育儿能力的地域社会;④建立无论男性或女性都能够协调工作与生活的社会(实现工作和生活的平衡),重新表明了五年期间的数值目标。

整体来看这些一系列的政策应对时,从当初以保育对策为中心,发展到包含母子保健、教育、虐待防止,还有最近的父母工作方式(工作、生活的平衡)[1]等广泛的实施政策得以展开,与这些动向一起,可以看到从基于单纯的人口政策视点的"少子化对策"到依靠全社会支持育儿的"育儿支援对策"这种看法的变化。

本章的目的在于,对养育孩子支援乃至育儿支援应开展怎样的政策性活动,进行社会保障法学视点的考察。但是,这些研究中涉及的方面有:①有关与包括父母自身和地域资源之利用在内的育儿、保育服务之确保方面;②有关育儿期间的收入保障乃至工资保障方面;③有关育儿本身的经济性支援方面等。这些方面实际上相互紧密关联(例如,育儿休业期间的被雇佣者保险费免除制度可以与②和③相关;所谓的育儿补贴、保育补贴的讨论,可以说与①和③相关),服务保障和收入保障如同车之两轮,只有携手合作才可以说成为具有平衡性的养育孩子支援方策乃至育儿支援方策,在真正展开立法论和制度论时,有必要对此进行综合性探讨[2]。还有,法的目的或者制度的目的聚焦于何处?或父母的就业支援,或育儿的经济性评价,或育

---

[1] 参见"特集·朝着工作、生活平衡的实现发展",载《法律家》2009年1383号;"特集·工作、生活的平衡能够实现吗?",载《季刊劳动法》2008年220号等。

[2] 最近的政策动向是,2009年2月《社会保障审议会少子化对策特别部会第一次报告——为培育支援下一代的新制度体系之设计》提出了以保育提供的机制为中心的新方向,虽然并列记入了三个方案,但与介护保险等相同,利用者要进行与保育所缔结保育契约这种新方式的转换。2010年6月,在新政权下,提出了"儿童和育儿新体制的基本制度案纲要"(儿童和育儿新体制研究会议),导入儿童和育儿总括交付金(暂称),(1)以所有儿童和育儿家庭为对象的基础性给付;(2)两立支援与保育和幼儿教育的给付这两种构成的给付保障等,包括现在的儿童和育儿支援对策的重编,以及幼保一体化,关于制度、财源、给付,指明了导入以总括性、一元化制度的构建为目标的新体系之方向。在此也提倡在利用者和事业者之间导入公共保育契约制度。

儿的经济性负担，或儿童自身福利的提高，等等，应如何看待这些法目的或制度目的，也是讨论的问题。

在本章，以与上述的③方面即以社会补贴为主的育儿本身之经济性支援（若从儿童的视点看，是提供其福利）相关的社会保障法制应有状况为中心，在必要的限度内也对①和②有所涉及而展开研究。

以下，在第二节，与上述的②、③相关方面，即聚焦于育儿支援的收入保障侧面，概观迄今为止的法制。在第三节，梳理根据这个领域最近的学说等所提出的改革提案，与此同时，在2010年民主党的原稿中提出的关于儿童补贴法案作为政府法案成立的状况下，进行相关制度内容的整理。在第四节，概观一直以来从法视角对育儿支援进行社会保障法学的探讨状况。在第五节，立足于私见所持的"自由"基础性乃至"自律"指向性社会保障法理论的视角，对今后应有的育儿支援方策进行探讨。

不过，在本章中，并未将提高出生率本身作为育儿支援的目的来对待，也不认为应该这样对待[③]。在进行法分析时，说到底应将其作为要保障的事故，即"育儿"、"儿童抚养"的"社会化"背景要因之一来定位。

第二节 育儿支援方策的收入保障之侧面

在本节中，从有别于保育服务的保障即收入保障侧面，概观2010年导入儿童补贴之前的主要制度。以下为了方便起见，将分为育儿期间的收入保障乃至工资保障相关制度和育儿本身的经济性支援相关制度。

[③] 同样，提出应将育儿支援和人口增加政策分离的研究有：山田晋："有关育儿支援社会保障法学的研究视角"，载日本社会保障法学会编：《社会保障法》2008年第23号，第99页。认为将人口政策观点正面提出而作为儿童补贴的直接目的是不妥当的研究有：岛崎谦治："儿童补贴及儿童抚养补贴的理念、沿革及课题"，载国立社会保障、人口问题研究所编：《育儿家庭的社会保障》，东京大学出版会2005年版，第95页。

一、育儿期间的收入保障

（一）分娩补贴金

作为被雇佣者的被保险者分娩时，给付分娩育儿临时金（《健保》第50条第1款）之同时，在享有产前六周（多胎妊娠时14周）、产后八周的产前产后休假（《劳基》第65条第1款、第2款）期间，给付相当于标准报酬日额的三分之二分娩补贴金（《健保》第102条）。根据2006年的修改，这个金额从原来的60%又得以提高。在支付工资时，给付与分娩补贴金的差额（同第103条第1款）。

与伤病补贴金（同第99条）相同，分娩补贴金的制度目的在于，在分娩前后的一定期间内，为补充因未从事劳务所造成的收入丧失或减少，以保障生活而进行给付[④]。与以下列举的育儿休业给付不同，显而易见，该制度目的在于保障分娩劳动者的收入乃至生活[⑤]。

（二）育儿休业给付

关于产前产后持续的育儿期间之收入保障，从1995年开始，在《雇佣保险法》中规定了育儿休业给付。

雇佣保险的一般被保险者即劳动者，基于"关于进行育儿休业、介护休业等育儿或家庭介护的劳动者福利法律（以下简称育儿、护理休业法）"，取得育儿休业之情形，支给育儿休业给付。一直以来，该给付由育儿休业期间支给的育儿休业基本给付金和回归职场后支给的育儿休业者回归职场金构成，前者的给付率是休业开始时工资日额的20%，后者的给付率是5%（合计25%），但是，依据2000年的修改，各自分别提高到了30%和10%。育

---

④ 《健康保险法的解释和运用》（第11版），法研2003年版，第790页。

⑤ 被保险者分娩时，给付分娩育儿临时金（《健保》第101条），被保险者的被扶养者分娩时，给付家属分娩育儿临时金（同法第114条）。其宗旨在于，减轻分娩所需直接费用、分娩前后的健康诊疗费用等分娩应需费用的经济负担。前揭注4书，第783页。以前是30万日元，根据2006年的修改提高到了35万日元，从2009年1月开始，随着导入产科医疗补偿制度，在加入该制度的分娩机构分娩时，再增加相当于保险费额的3万日元。进而作为国家的紧急少子化对策，从同年10月开始，该金额又提高到了4万日元（至2011年3月为止的暂定措施）。

儿休业者回归职场金,于可以享受育儿休业基本给付金给付的被保险者在休业终了后,继续被休业前的雇主雇佣六个月时支付,这是为防止育儿休业结束后出现立即退职情况(防止道德风险)的机制[6],但根据2009年的修改将其与前者一体化,成为育儿休业给付金(《雇保》第61条之4)。于被保险者为养育一岁(被认定特别必要时,可扩大至一岁六个月)未满的孩子而休业时给付之,给付额原则上为休业开始时工资日额的40%,但在相当的时期内提高到50%(《雇保附则》12条)。

育儿休业给付的制度目的在于,"放任劳动者因育儿休业而无法工作,丧失工资收入的全部或部分之状态,将使养育孩子的劳动者为了使其职业生活得以顺利继续而有必要获得育儿休业变得困难,由于对其后顺利回归职场也将产生障碍,进而易导致深刻的保险事故即'失业',为此将之比照'失业'作为职业生活上的事故来对待,通过援助和促进继续雇佣而提供给付,以谋求雇佣的稳定"[7]。从应对少子老龄化社会的快速发展,更加充实职业生活和家庭生活的两立支援,进一步援助和促进职业生活的顺利继续这个观点来看,2001年将给付率提高到40%的宗旨,考量了与求职者的给付率之均衡,以及对育儿休业中的劳动者免除社会保险费的本人负担部分之情况。总之,对育儿休业给付并非将收入保障乃至生活保障本身直接作为制度目的来提倡这点有必要予以关注[8]。

(三)被雇佣者保险的保险费免除

基于《育儿和介护休业法》的育儿休业期间中,根据企业主的申请,免除征收被雇佣者保险的保险费(《厚年》第81条之2、《健保》第159条)。这是从被雇佣者保险制度亦应支持创造良好生育孩子的环境这个观点来进行的规定[9],并非以劳动者的工资保障为直接目的。但是,实际上,于劳动者而

---

[6] 劳务行政研究所编:《新版雇佣保险法(基本篇)》,劳务行政2004年版,第765页。
[7] 同上书,第755—756页。
[8] 水岛郁子:"育儿和介护休业给付",载日本社会保障法学会编:《讲座社会保障法2 收入保障法》,法律文化社2001年版,第266页。
[9] 厚生省年金局年金课编著:《易懂的修改年金法》,有斐阁1995年版,第42页。

言免除制度的存在,可以看成是按标准报酬的比例性(在这个意义上与工资额有关联)保险费(包括企业主负担部分)相当额部分的给付。

二、育儿本身的经济性支援

(一)儿童补贴等

基于《儿童补贴法》的儿童补贴从1972年开始实施,迄今为止已进行了多次的制度修改。其法目的在于,通过对正在养育儿童者支付儿童补贴,"在为维持家庭生活的稳定做贡献之同时","有助于未来社会的担当者即儿童健全成长和资质提高"(《儿补》第1条)。虽然前者立足于收入保障的观点,后者立足于儿童福利的观点[⑩],但并非是对育儿期间劳动能力的损失进行收入保障含义上的制度。

在考察2010年儿童补贴制度导入前的制度设计时,根据2000年的修改,在相当时期内,对3岁以上义务教育就学前的儿童也实行特例给付(就学前特例给付)制度(《儿补附则》第7条、第8条)。该特例给付的给付对象,此后渐次予以扩大,根据2006年的修改,变更为小学毕业前的儿童。支付额为:未满三周岁的儿童每人月额一万日元(《儿补》第6条第1款);有三岁以上小学毕业前的儿童一人或二人时,每人月额五千日元,有三人以上时,从一万日元乘以该三岁以上小学毕业前的儿童之数所得额中扣除一万日元之数额(《儿补附则》第7条第4款)。再者,儿童补贴制度中规定了按支付要件儿童之数的收入限制,前一年的收入在一定以上之情形虽不支付(《儿补》第5条第1款),但根据《儿童补贴法附则》第6条规定的特例给付,对于被雇佣者和公务员,收入限制有所缓和。

费用负担的方法复杂,对被雇佣者的支付费用,加上从企业主(包括公务员)征收的缴费金的十分之七,由国家、都道府县及市町村各负担十分之一的公费来运营(《儿补》第18条第1款、第20条),对非被雇佣者的支付费用,由国家、都道府县及市町村各负担三分之一的公费来运营(同第18条第

---

⑩ 儿童补贴制度研究会监修:《改订儿童补贴法的解说》,中央法规出版2000年版,第3页。

2款)。关于就学前的特例给付,国家、都道府县及市町村各负担三分之一(《儿补附则》第 7 条第 5 款),超过收入限制者的特例给付,由企业主全额负担(同第 6 条第 2 款)。导入由企业主负担儿童补贴财源的一部分之规定,其宗旨在于,本制度是通过培养承担下一代社会责任的儿童健全成长,谋求提高其资质,以期实现维持和确保将来劳动力来源之效果⑪。

除儿童补贴外,对于满足法定要件的儿童进行监护和养育的家庭,还实行全额公费负担补贴制度。首先,"为了使养育与父或母没有共同生活的儿童家庭生活稳定以及促进自立","谋求增进儿童福利",以此为目的,支付基于《儿童抚养补贴法》的儿童抚养补贴⑫。本法所谓"儿童"是指,自出生至满 18 岁生日后第一个 3 月 31 日为止期间的人,向第 4 条第 1 款各项所规定的养育儿童的父母等给付儿童抚养补贴⑬。支付额为:有一子时,月额 41100 日元(但是,按物价变动 2010 年度为 41720 日元,《儿抚补》第 5 条之 2);有二子时,加算 5000 日元;有三子以上时,每一子加算 3000 日元。给付课加收入限制,按照收入额和孩子数设定给付额,例如,有一子时,收入未满 130 万日元(扣除后所得 57 万日元)时,为全部给付,收入 130 万日元以上未满 365 万日元时,为部分支付,从 41710 日元到 9850 日元按每 10 日元增加的幅度设定给付额(同第 9 条第 1 款)。

此外,基于"关于特别儿童抚养补贴等给付的法律"(《特别儿童抚养补贴法》),对于监护和养育障碍儿的父或母或其养育者,支付特别儿童抚养补贴。给付额(2010 年)为:一级月额 50750 日元;二级月额 33800 日元,课加收入限制。并且在同法中还规定,因处于政令所规定程度的重度障碍状态,以日常生活需要经常介护的重度障碍儿为对象,支付其障碍儿福利补贴。

---

⑪ 儿童补贴制度研究会监修,前揭注 10 书,第 4 页。

⑫ 本来,考虑到与以死别(丧偶的)母子家庭为对象的无缴费制的母子福利年金的均衡,对于生别(离婚或配偶失踪)母子家庭设立了这个制度。但是,由于考虑到因离婚等成为生别母子家庭的原因,说起来与保险事故不相容,所以制定了与年金不同的另外的法律。金田一郎:《儿童抚养补贴法 关于特别儿童抚养补贴等的支付之法律的解释与运用》,中央法规出版 1980 年版,第 3 页。

⑬ 一直以来,仅以母子家庭为对象支付,但根据 2010 年的修改,父子家庭也成为支付的对象(2010 年法律第 40 号)。

关于该补贴,引人注目的是,与儿童补贴和儿童抚养补贴等不同,障碍儿成为给付的领取人(《特儿补》第 17 条)。

(二) 抚养扣除

作为所得税法上的优惠措施,有以儿童抚养为要件、从课税对象收入中扣除一定额的所得扣除制度。这个制度有不少与儿童补贴等社会保障给付相联动而进行的修改。例如,在 1999 年度的税制修改中新设的 48 万日元年少抚养扣除项目在 2000 年《儿童补贴法》修改中,设立以 3 岁以上义务教育就学前的儿童为对象的特例给付时(《儿补附则》第 7 条),事实上为了充当其财源,将该项目列入一般的抚养扣除中,减少到 38 万日元(《所税》第 84 条)。还有,在 2010 年度税制修改大纲中,与儿童补贴的导入相兼顾,2011 年废止了与未满 16 岁的年少抚养亲属相关的抚养扣除,与此同时,16 岁以上未满 23 岁的特定抚养亲属中,16 岁以上未满 19 岁的抚养扣除之附加部分 25 万日元于 2011 年废止,抚养扣除额以 38 万日元为准。从这样的修改经过可见,通过积极性给付和收入扣除的减税,作为对育儿的经济性支援方策,具有共通性侧面。

(三) 年金保险

在作为社会保险制度一环的年金保险中,满足一定要件的儿童之存在成为加算的事由。作为加给年金,有老年厚生年金(《厚年》第 44 条)、障碍基础年金(《国年》第 33 条之 2)、遗属基础年金(同第 39 条)这些种类[⑭]。

第三节　改革提案和儿童补贴

下面,介绍与第二节中概观的诸制度等相关的主要改革提案之同时,在新改权下,分析 2010 年度导入的儿童补贴,并阐明其性质等。

---

⑭　此外对于接受生活保护的家庭,有母子加算和儿童养育加算。

一、育儿休业给付的充实

育儿休业给付的充实中,支付期间的延长可以说是与育儿、介护休业法相关的论点,从收入保障的观点看直接成为问题的是,支付率的提高。关于这点,在暂定的提高到50%之前的时点,已有观点如水岛认为,从①作为制度目的,收入保障没有明确地表述;②给付率的决定仅仅从经济性公平的观点进行论证;③至少回归职场后所支付的回归职场给付金之部分不能视为收入保障目的等来看,育儿休业给付并非是以收入保障为目的而规定,而是具有与就业支援成为一体的收入补填性质的制度化规定。再者,从社会的状况变化看,该给付有提高的必要,期望逐渐地朝着收入保障的性质转变,应确保《健康保险法》的伤病补贴金水准即60%给付[15]。此外,衣笠认为,与基本补贴水准之"均衡"的实质虽说正在失去,为了应对育儿休业制度的扩充,亦为现实中提高其利用,现今已经到了应讨论育儿休业给付本身作为收入替代给付是否为适当的水准这个阶段,作为与伤病补贴金和分娩补贴金具有类似宗旨之问题,期望至少保障与这些补贴金同等的水准[16]。

二、儿童补贴的扩充

一般认为,家族补贴的国际性潮流是,正在从工资填补这个劳资关系的侧面,朝着儿童抚养这个社会保障的侧面纯粹发展[17]。

关于儿童补贴制度,2000年、2004年、2006年相继扩大了给付要件儿

---

[15] 但是,为此,还论述到在确保特定劳动者的雇佣这点上,社会的要求有其局限,增加少子化对策这种目的十分必要。水岛,前揭8论文,第266—267页。目前,伤病补贴金的给付水准提高到标准报酬日额的三分之二。

[16] 衣笠叶子:"关于促进育儿休业的取得和收入保障的课题",载《法律家》2009年第1383号,第40页。

[17] 山田晋:"儿童补贴制度的展望",日本社会保障法学会编,前揭8书,第282页。

童,但是仍可见应进行延长的讨论[18]。还有,关于给付额,有批评指出给付水准低下[19],进而关于收入限制也提出了疑问[20]。

在这其中,也提出了包括儿童抚养补贴和特别儿童抚养补贴的改革案。福田认为,儿童补贴的扩充有必要与有关老人医疗等老年人相关给付的浪费和过剩给付的排除结合起来实施,据此通过世代和制度确保公平、公正这种构造改革的视点得以实现,在此基础上,与德国等先进诸国的制度进行比较提高至不逊色的水准额,最短也应到义务教育完成为止,原则上支付没有收入限制的儿童补贴,一直以来的儿童抚养补贴和特别儿童抚养补贴,作为应对特定的追加性需要之补足部分,通过母子加算、障碍儿加算这种形式应统合为儿童补贴[21]。还有,宇野提出,儿童补贴是为了纠正儿童养育家庭和非儿童养育家庭的实质性生活水准的差距之措施而被定位,以义务教育毕业前的儿童为给付对象,补贴额以月1万日元(第3子以后2万日元)为准,与此同时,提出了将儿童抚养补贴作为儿童补贴的附加给付方案[22]。

三、保育补贴和育儿补贴

应对目前的保育服务所面临的诸问题(受给不均衡和划一性服务、高成本体质和效率化意欲的欠缺、服务的受益和负担的不公平等),现有的探讨有:以①扩大利用者的选择范围促进从事相关事业者之间的竞争,②对利用

---

[18] 山田,前揭注17论文,第289页;宇野裕:"儿童补贴、育儿补贴、保育补贴",载铃木真理子编著:《育儿保险构想》,筒井书房2002年版,第163页等。

[19] 福田素生:《社会保障的构造改革——朝着育儿支援重视体制的转换》,中央法规1999年版,第14页。

[20] 山田晋:"儿童抚养和社会保障法",载《季刊社会保障研究》1994年第29卷第4号,第393页。

[21] 福田,前揭注19书,第17、63—66页。福田在别稿中指出,儿童抚养补贴,与分离的父亲之抚养义务进行调整,应改成为补足从父亲那里获得养育费的制度,而探讨其具体框架和实施体制。福田素生:"综合福利保险制度的育儿支援",载铃木编著,前揭注18书,第27页。此外,参见福田素生:"儿童抚养补贴的现状和课题",载日本社会保障法学会编,前揭注8书,第325页。

[22] 宇野裕:"儿童补贴应如何改革?",载《社会保险旬报》2001年第2098号,第16页。

者进行公平的支援为目标,应给付保育补贴等[23]。这些提案是立足于保育制度的改革和保育服务的公平性基础上进行的与居家养育的经济性评价相关之研究。正如下文四中所列举的那样,尽管有是在儿童补贴制度改革之外单独提出构想,抑或是统合两者的综合性提案等不同,但作为社会保险化的提案所提出来的也不少。

四、社会保险化的提案

有关育儿支援,不单单停留于儿童补贴等的扩充,随着社会保险方式的导入,还可见深入到既存的社会保障制度框架的改革提案。

山崎提出了将儿童补贴统合到基础年金制度中的改革方案。即在年老后的基础性保障社会化的现代社会,儿童是社会之子,关于育儿,与老年保障相同,与收入阶层无关,以所有的儿童为对象,从全体国民参与育儿支援的社会化若不推进,就无法实现社会稳定的问题意识出发,在基础年金制度中,基于培养下一代的承担者观点应将育儿支援事业纳入其中[24]。具体方案的概略如下:第一,将儿童补贴吸收到基础年金中,作为受给要件设立期间要件,废止收入限制,在此基础上,提高对象年龄(至少到义务教育毕业为止),改善给付至具有经济意义的水准,特别是就学前定位为保育补贴,对其重点予以提高。费用由在年金保险费上附加征收的现世代的负担金和公费构成。另外也有必要和设施保育进行调整[25]。第二,将医疗保险的分娩育儿临时金移交基础年金的给付来管理,设立加入期间的要件。

---

[23] 宇野裕:"保育补贴的可能性",载《社会保险旬报》,2002年第2136号,第14页以下。但是,宇野认为,要使保育补贴成为现实的制度,有着相当的困难,为此进行了消极的评价。同论文第18—21页。对此,对保育和育儿补贴制度进行积极评价的成果有,堤修三:《社会保障的构造转换》,社会保险研究所2004年版,第88—90页。

[24] 山崎泰彦:"少子化时代社会保障改革的课题",载《周刊社会保障》1999年第2049号,第125—126页,同"少子老龄化社会和社会保障改革",载铃木编著,前揭注18书,第15—16页。

[25] 提出了两个方案:①废止对保育所的公费补助,利用费全额由自己负担;②儿童补贴的财源之部分补助保育设施,实行与收入无关的一律减轻保育费的现物给付制。①为希望方案。山崎,前揭注24"少子化时代社会保障改革的课题",第127页。

第七章 育儿支援和社会保障 163

下面,还有独立于儿童补贴的框架构想㉖。福田认为,"在解决目前保育制度的问题点,使育儿和工作的两立支援方策有效发挥作用的同时,若能够消除不公平,强化普遍性的育儿支援,给付保育服务和居家保育补贴——将迄今为止属于无偿劳动的居家育儿作为具有外部效果之物,进行社会性评价——育儿支援保险制度——给付和负担的对应按每个被保险者明确的缴费为前提的双务性之物——来设立,这与衙门意识强烈,政府相对化和市民对政府的主体性选择不充分之我国相符合"㉗,从这个观点出发,福田提出的构想计划是,将以市町村为保险者的介护保险制度为基础,建立对儿童的养育、障碍者的生活支援等进行给付的机制,重建向通常居家或居住地域内的人给付社会(福利)服务(一直以来,主要由家庭作为无偿的劳动来承担)的地域综合福利保险制度㉘。据此,被保险者是 20 岁以上的所有居住者。保险给付大致分为针对成人的介护等给付和针对未成年人的养育支援给付,前者是对 20 岁以上的要介护者、障碍者等介护的生活支援给付;后者是有关 20 岁未满者的养育给付。后者由①居家给付和②设施给付构成,其特点在于,设立了 a)通所保育服务(学龄前的健康正常儿童)、学童通所保育服务(处于学龄期的健康正常儿童)、障碍儿通所服务(未成年的障碍者);b)居家养育补贴(健康正常的未成年者)、居家障碍儿养育补贴(未成年的障碍者)。a 和 b 的选择与组合交由受给者进行。未利用服务时的居家保育补贴(月额)为,0 岁儿童 6.2 万日元,1—2 岁儿童 3.7 万日元,3 岁儿童

㉖ 在此介绍的福田构想之前,有家庭保险的构想,即以国家为保险者,以 20 岁以上的市民为被保险者,提供不限定于育儿(保育所等服务、育儿休业期间最低 60% 的收入保障),还包括提供妊娠和分娩(分娩所需的实物给付、分娩补贴金)、介护(包括年轻障碍者在内的介护服务、介护休业期间最低 60% 的收入保障)所必要的所有阶段的收入保障给付及服务给付。大脇雅子、神尾真知子、広瀬真理子、古桥英子:《介护保险? 家庭保险!》,法政出版 1996 年版,第 92—105 页。还有,铃木在言及家庭保险的同时,更详细地提出了与国民年金制度相关联,支付保育、教育等可利用的育儿支援回数券和分娩祝贺金等与育儿保险相关的两个方案。铃木真理子:"育儿保险的构想和试行方案",载铃木编著,前揭注 18 书,第 70—73 页。
㉗ 福田,前揭注 21"综合福利保险制度的育儿支援",第 47 页。
㉘ 福田,前揭注 21"综合福利保险制度的育儿支援",第 48—53 页,同"综合福利保险制度的构想",载《年金和经济》,2003 年第 22 卷第 1 号,第 35—38 页。

1.8万日元,4岁以上儿童(包括学龄儿童以上)1.5万日元。利用者负担为二成,公费负担原则上为五成,保险费采用国民健康保险制度的四方式,以家庭单位的普遍征收来进行,关于加入国民健康保险者,与国民健康保险费(税)合并进行征收。这是进行未成年人养育服务的给付或居家养育的社会性评价制度,养育儿童所需费用的援助即儿童补贴在租税财源之下通过其他途径研究扩充[29]。

五、附带给付的税额扣除

积极性给付和税制上的减免措施,作为对育儿的经济性支援方策,具有共通的侧面。其中抚养扣除,除了越是高收入阶层减税额越大之外,总体而言对课税最低限以下的低收入阶层并无恩惠。对此,若进行税额扣除,高收入阶层减税额大的问题虽然能得到改善,但对低收入阶层没有恩惠这点并无变化[30]。由此,根据现正在进行的税制上缩小和废止对儿童、学生的抚养扣除,儿童补贴给付一体化,提出了应提高收入再分配的效果之主张[31]。进而,有观点提出,儿童补贴的一体化具有以下优点:①易要求本人缴费和企业主缴费;②宣传效果大;③可以活用现行的事务处理体制(特别是与管理居民票的市町村之联携)[32]。

最近,作为统合税制和社会保障制度作用之制度,税额扣除的扣除额比纳税额多时,可否导入作为给付能够收取附带给付税额扣除之机制,也在参照英国的 CTC(Child Tax Credit)和美国的 EITC(Earned Income Tax Credit)等诸外国制度的同时,进行论述[33]。

---

[29] 福田,前揭注21"综合福利保险制度的育儿支援",第27页。
[30] 堀胜洋:《社会保障和社会福利的原理、法和政策》,密涅瓦书房2009年版,第229页。
[31] 都村敦子:"家庭政策的国际比较",载国立社会保障、人口问题研究所编:《少子社会的育儿支援》,东京大学出版会2002年版,第33页。
[32] 岛崎,前揭注3论文,第97页。宇野(前揭注22论文,第16页)认为,若进行同样的支援,较之于减税这种默示性支援,补贴给付这种明示性支援效果更好。
[33] 森信茂树:"少子化问题和税制之思考",载《季刊社会保障研究》2007年第43卷第3号,第242—243页。堀(前揭注30书,第230页)指出了与既存的社会保障给付进行调整,正确把握收入之必要性这种附带给付的税额扣除之问题点。

六、儿童补贴

因 2009 年秋的政权交替而上台的民主党联合政权,于 2010 年度导入了儿童补贴。但是,关于初年度,停留于当初民主党原稿中所倡导的一人月额 2 万 6000 日元的半额给付,具有强烈的时限性色彩。

根据"2010 年度儿童补贴给付的法律",其宗旨在于"以支援健康培育承担下一代社会责任的儿童为目的"(同第 1 条)。"儿童的健康培育"自身作为保护法益被提了出来。由于父母等监护者是补贴的受给资格者[34],对于接受儿童补贴给付者,课加了"鉴于前条的给付宗旨,应按照其宗旨使用"的努力义务(同第 2 条)。成为给付对象的儿童是指,至达到 15 岁之日以后的第一个 3 月 31 日为止期间的人(同第 3 条第 1 款),给付一人月额 13000 日元(同法第 5 条)。给付儿童补贴所需的费用,原则上由国家负担(同法第 17 条第 1 款。但参照同条第 2 款)。但是,在儿童补贴额之中根据《儿童补贴法》的规定支给相当于儿童补贴及其他给付额部分是根据《儿童补贴法》的规定所支付的儿童补贴及其他给付这个基本认识下(同法第 19 条),关于儿童补贴及相当于小学毕业前特例给付部分的费用,与该补贴等相关的负担比例得以维持(同法第 20 条),不作为全额国库负担(同法第 18 条)。另一方面,不进行 2010 年度儿童补贴等(包括《附则》第 6 条第 1 款的特例给付)的给付[35]。

第四节　基于社会保障法学视角的育儿支援

在社会保障的国际化发展中占有重要地位,且对战后我国社会保障制度发展具有一定影响的英国贝弗里奇报告(社会保险及相关服务)中,将社

---

[34] 但是,于儿童补贴的受给资格者死亡之情形,本应向其死亡者支付的儿童补贴,还未向其支付时,其未支付部分向儿童支付(同法第 11 条)。

[35] 《附则》第 2 条规定,关于儿童补贴 2011 年度以后的制度应有状况,要求政府加以研究,基于其结果采取必要的措施。

会保障定义为:"因失业、疾病或灾害而导致收入中断时,或者因年老而退休,和因本人以外者的死亡而丧失扶养时,以及因出生、死亡及结婚等而进行相关特别支出时,为防范这些风险而提供的收入保障"[36]。如此,在将社会保障作为收入保障对待的基础上,在该报告中,作为社会保障的三个前提,与综合性保健及康复服务、雇佣的维持一起,提出对 15 岁以下的儿童,或接受全日制教育的 16 岁以下儿童支付儿童补贴[37]。还有,在对国际性社会保障的发展发挥了巨大作用的 ILO 第 102 号公约(1952 年《社会保障最低标准公约》)中,将"对所定的儿童负有抚养义务"作为要保障事故的家庭给付,在第 7 部(第 39—45 条)予以规定[38]。

如此,在国际上,"育儿"乃至"儿童养育"作为需应对的具有社会性性质之事故,相对较早时期予以了承认。

另一方面,在我国的社会保障法学上,一直以来,育儿乃至儿童抚养的社会性性质也得到认识[39]。进而,在进行儿童抚养的特殊性或必要性的论述中,如下所述,在与社会保障的法体系论之关联上,也有将儿童补贴作为生活负担给付这个独自的存在来进行的论述。

在我国的社会保障法学上,20 世纪 50 年代以降,与由社会保险、公共扶助、社会福利各部门所构成这个意义上的,所谓的"按制度区分的体系论"不同,着眼于要保障事故所具有的保障需要之内容、性质,以及要应对的保障给付的内容、性质,提出了所谓的"按给付区分体系论"(荒木理论)。据此,社会保障法由以收入的丧失为要保障事故而进行金钱给付的收入保障给付法,和对于生活上的障碍进行社会服务给付的生活障碍给付法构成,其中前者,又由生活危险给付(具备威胁生活的各种收入丧失事由而进行一定的补充收入给付)和生活不能给付(对于现实中陷入贫困状态者进行为维持

---

[36] 山田雄三监译:《贝弗里奇报告——社会保险及相关服务》,至诚堂 1975 年版,第 185 页。
[37] 山田监译,前揭注书,第 237—244 页。
[38] 国立国会图书馆调查立法考察局:《社会保障的最低标准——关于 ILO102 号公约的条约和劝告适用专家委员会报告书(调查资料 64-5)》(1965 年)。
[39] 荒木诚之:《生活保障法理的展开》,法律文化社 1999 年版,第 228 页。

最低生活水准而在必要限度内的给付)构成[40]。

对于荒木说,有观点提出,在同样着眼于要保障事故的性质时,作为收入保障给付的一环,除了生活危险给付和生活不能给付外,也应区分以儿童(家属)补贴为典型的生活负担给付。角田认为,儿童的养育等,虽然很难说是丧失收入所带来的生活危险,但是着眼于其给家计带来的压迫、负担给儿童的成长等带来的不当差别,所支给的给付可以作为生活负担给付来定性[41]。还有,与角田相同,山田承认与生活危险、生活不能这种保障事故相区别的生活负担(支出保障)概念,其认为,作为阻碍通常生活的要因,有收入的中断、减少等外在要因,和因多子家计负担等支出增大这种内在要因[42],育儿等内在要因被认为通过家计处理在一定程度上有可能解决,因而被当成"私事",很难被认为是社会保障的对象事故,但是由于养育承担下一代责任的儿童,其成果为全社会所享受,所以可以认为其具有充分的社会性。再者,这种兼具私事性质和社会性质的要保障事故之性质,在不过度介入私事这个意义上招致了给付的定型性之同时,承担家计者也未发生任何事故(给付额不能以所挣收入额为基准),从这点来看,也导致了给付的定型性[43]。

如上,与属于社会保障法体系论系谱的生活负担给付视点不同,从笔者提倡的"自由"基础性乃至"自律"指向性社会保障法理论的立场出发,将重点放在提高儿童福利上展开论述是可能的[44]。即如在本书中所述[45],笔者着眼于社会保障的根本目的在于确保"个人的自由"这点,将此称为回转点,致力于重新构建社会保障法理论。这里所谓的"个人的自由"是指,"个人作为

---

[40] 荒木诚之:《社会保障法读本》(第3版),有斐阁2002年版,第252页。

[41] 角田丰:《社会保障法的现代课题》,法律文化社1977年版,第15页。

[42] 如前所见,贝弗里奇的社会保障的定义中,有区分"收入的中断"等和出生、结婚等相关的"特别的支出"的考虑。可以成为将儿童补贴另建体系的参考。

[43] 山田,前揭注17论文,第392页,同前揭注20论文,第286—287页。

[44] 菊池馨实:《社会保障的法理念》,有斐阁2000年版,第3章,同"社会保障的法理念",载《法学教室》2001年第253号,第89—91页。

[45] 参见本书第一章第三节第四部分。

人格性自律之存在,可以自主地追求生活"。这不同于以往的通说所主张的那样,即以《宪法》第 25 条为基础,将社会保障的目的仅止于通过财富、财产这种基本财物的分配(还有据此的物质性需要之满足)而进行生活保障[46]这种物理性表象来对待,而是完善各种条件使具有自律潜在能力的个人实现其人格利益,在与宪法的关系上应以《宪法》第 13 条为规范性依据。

这种理解方式,并不停留于从静止的、归结主义性的观点来对收入和财富平等分配[47]。第一,应从动态的视点发现积极的价值,即构筑行为主体的自主自律性生活,并确保实现这种生活方式的选择范围。第二,关于"个人的自由",不止于为了实现福利(well-being)的手段性价值,其自身就是发现应作为福利构成要素的内在价值。这与阿玛蒂亚·森的论述[48]具有亲和性,即仅实现财富的平均分配是不充分的,着眼于使财产转换成发挥作用(functionings＝人是能够做 doing 和可以成为 beings 的组合)的能力,追求其基本性潜在能力(basic capabilities)的平等(换言之是选择生活方式范围的平等)。这种意义上的所谓"自由"之理念,在我国以个人主义思想为基础的宪法体制下,应作为社会保障的基本性指导理念来定位。

从这些观点出发,来思考育儿乃至儿童抚养的问题时,与对扶养父母或家庭的法的考量观点不同,着眼于被抚养的各个儿童,完善各种条件确保通过其人格的培育使对"个人的自由"之追求成为可能,特别是对乳幼儿期有必要采取确有实效的照顾这个观点浮现出来。从"自由"基础性乃至"自律"指向性社会保障法论的观点导出的结论是,着眼于在自身的养育无法预知的偶然境遇下诞生、不得不被养育的各个儿童固有的法益,为了通过人格的培育而发挥潜在的自律能力,应对其进行社会性援助,其时,着眼于其基本

---

[46] 荒木,前揭注 40 书,第 250—251 页。

[47] 阿玛蒂亚·森:"作为社会共同体的个人之自由",川本隆史译,载《筱竹》1991 年第 358 号,第 78—79 页。

[48] 阿玛蒂亚·森:《不平等的再探讨》,池本幸生等译,岩波书店 1999 年版,第 123—133、172—175、233—238 页。此外,参见铃村兴太郎、后藤玲子:《阿玛蒂亚·森——经济学和伦理学》,实教出版 2001 年版;后藤玲子:《正义的经济哲学——罗尔斯和森》,东洋经济新报社 2002 年版,等等。

性潜在能力的差异而应进行实质性照顾。

笔者论述的含义也在于,在考量应有的社会制度和其国民的生活保障状况时,仅将其用收入保障来看待是不充分的。即:若仅平等地保障财富和财产这些基本财产,鉴于幼儿、病人、障碍者等在基本财产转换为潜在能力方面产生损失之情况,有必要对此在实质性补充的范围和标准上提供服务保障。因此,从对乳儿保育等服务保障的视点看,有必要区别于收入保障,将其作为单独的问题来对待。

第五节 育儿支援制度的方向性

以上述讨论为前提,关于社会保障制度面向育儿支援的应对,以一直以来的儿童补贴为核心,进行若干的考察。

首先作为一般论,既然分娩、育儿是个人选择的结果,那么可以得出从社会保障制度方面的特别支援没有必要这个结论。一直以来在我国,儿童养育是父母的责任这个观念根深蒂固,由全社会来应对这个问题的想法十分欠缺[49]。实际上,我国社会保障给付费的分配构造明显地向老年人倾斜[50],即使从国际上看,在"家庭和儿童"的给付上,我国给付之低引人注目[51]。但是,若从如下所述的各种观点看,在现今的日本社会,以前的观念已不合时宜。对于育儿支援应切实进行社会性支援,并且在社会、经济乃至理论方面,可以说已经具备了这样的时机。

第一,从这个领域应设定的要保障事故之变化来看。在奠定我国社会

---

[49] 府川哲夫:"少子化和社会保险",载国立社会保障和人口问题研究所编,前揭注31书,第133页。

[50] 福田,前揭注19书,第4—7页。据OECD的调查,在2003年各国的社会保障给付费的构成比中,我国与老年相关的占46.7%,与保健相关的占33.1%,而与之相比,与家庭相关的只占4%。对此,英国为29.8%、31.2%、13.7%;瑞典为31.7%、22.4%、11.1%。内阁府:《2009年版少子化社会白皮书》,第37页。

[51] 府川,前揭注49论文,第129页;福田,前揭注19书,第7—10页。

保障制度基础的 1950 年《社会保障制度审议会劝告》(50 年劝告)中也列举出一个要保障事故[52]，还有，在儿童补贴制度中，正如当初从第三个孩子开始作为给付对象的规定所看到的那样，在历史上，"多子"是作为典型的要保障事故来对待的。对此，在少子化、家庭形态及生活方式多样化的现今社会背景下，"育儿"乃至"儿童养育"自身已被看成是要保障事故来对待。在第一个孩子成为保障对象这点上，虽然一个孩子作为"贫困"化契机的要保障事故这个含义相对较弱，但正如生活负担给付之考量所表明的那样，一般意义上的"家计负担"这个视点已然登场，并且由此与提高一般儿童而非特定儿童的福利这个视点易结成一体的基础也已然形成。

第二，从家庭作用的社会化方面来看。典型的是，如年金、介护等所代表的那样，社会保障制度具有一直以来由家庭承担的私人扶养社会化这个侧面。一直以来，在我国"育儿"、"儿童扶养"被认为是个人的问题，缺乏全社会应对的考量，但是，随着少子化的发展，其成为仅次于老年人介护而需全社会应对的要保障事故，这种认识已经被社会普遍接受。

第三，从企业内部福利的社会化（乃至国家化）来看。育儿休业与其间的工资保障，以及很早以来作为企业内部福利的健康保险之前身即企业共济组合活动等，这些均是从企业内部形成的制度，而社会保障制度具有将其国家制度化的侧面[53]。不可否认的是，即使企业内部福利和社会保障的关系呈多样化，但在我国既有的企业的家庭补贴等对儿童补贴的状况带来了影响。这种企业内部的福利制度，伴随着男女平等参与社会的到来，以及正规雇佣和非正规雇佣二重构造的表面化，目前其存在的意义受到审视。可以说，这种制度的国家制度化，也为社会保障制度的发展提供了一个方向。

第四，从如何对待这个领域的保护法益来看。"育儿"乃至"儿童养育"

---

[52] 在该劝告中，将社会保障制度定义为，"对于疾病、负伤、分娩、残疾、死亡、老年、失业、多子及其他穷困的原因，在保险的方法或直接的公共负担中采取经济保障的手段，对生活陷入贫困者，通过国家扶助在保障最低限度生活的同时，谋求公共卫生和社会福利的提高，据此使全体国民作为社会的成员能够经营具有文化意义的生活之制度"。

[53] 藤田至孝："企业内部福利和社会保障的一般性关系"，载藤田至孝、盐野谷祐一编：《企业内部福利与社会保障》，东京大学出版会 1997 年版，第 19、30 页。

这种要保护事故的行为主体,最直接的是父母等养育者。但是,与介护保险的"要介护状态"是以要介护者而非介护者的自立为目的相同(《介保》第1条),在思考儿童补贴等收入保障给付的应有状态时,有必要认真考量的先决条件是,应从正面承认提高被养育儿童的福利(所谓的"养育儿童")本身具有作为法律上应予以保护的价值[54]。正如在第四节所述,基于完善被养育儿童朝着自立发展的各种条件,特别是基于有必要认真考量乳幼儿期儿童人格健康培育这个视点,亦应对此予以强烈要求。

根据以上诸点,如第二节中所述导入儿童补贴以前的制度框架是不健全的,正向许多学者所指出的那样,其处于有必要进一步加强政策性应对的状况。

在此可能提出的具体对策是,大幅度扩充一直以来的儿童补贴制度。既然着眼于提高各个被养育儿童的福利,每个儿童的给付额应当同额[55]。再者,作为法目的,若从正面承认提高每个被养育儿童的福利,就不应根据养育者的收入而进行给付限制。在这个意义上,立足于将"儿童的健全培养"作为直接的法目的,扩充一直以来的儿童补贴给付额,不设定收入限制的儿童补贴之基本方向性应予以积极肯定。若论与法目的之兼顾,至少在法形式上,与障碍儿童福利补贴相同,可以考虑将儿童作为给付的收件人。

但是,如前所述,对通过人格培育而发挥潜在的自律能力应进行社会性支援问题,其时,私见呼吁,应进行着眼于基本性潜在能力的"实质性"考量。因此,基于是单亲(多数情形是母子家庭)、障碍儿童这种特定的事由而给付的儿童抚养补贴和特别儿童抚养补贴,也依然有存续的必要[56]。

关于费用负担,若从儿童扶养的社会性质看,首先要将公费负担正当化。加之,关于要求企业主缴费,除了一直以来以确保未来劳动力作为理由

---

[54] 正如在本章第2节所见,一直以来,作为儿童补贴等的目的,已经加入了儿童福利的观点(《儿补》第1条、《儿扶补》第1条、《特儿补》第1条)。

[55] 岛崎,前揭注3论文,第96页。

[56] 笔者在成为本章的基础性论文中,阐述了应将儿童抚养补贴和特别儿童抚养补贴作为改革后的儿童补贴制度中的母子加算和障碍儿加算来对待。菊池馨实:"育儿支援和社会保障(下)",载《社会保险旬报》2002年第2145号,第33页。但是,以儿童的养育为保护法益的儿童补贴型制度和着眼于家庭类型的儿童抚养补贴由于性质不同,在本章中斗胆决定不提加算制度化的主张。

之外⑰,从代替企业内部福利的观点看,也应予以正当化。再者,本人缴费特别是自营业者等非被雇佣者的缴费存在问题。关于这点,在与社会保险化的论述之相关联上,后述之。

关于抚养扣除等税制上的优惠措施,在与整个收入扣除制度的关联上进行论述虽然必要,但不单单是提高收入再分配的效果,而且提高儿童福利(还有间接地涉及儿童抚养)本身,在金钱给付这个可视的形式上,在平等且积极评价这个含义上,也希望能集中规定在补贴制度中。

然而,正如一些学者所主张的那样,在这个领域,是否能够活用我国社会保障的中心性保障方法即社会保险的体系?

关于这点,社会保险上,对于防备偶然的事故(风险)这个保险的本来性质⑱,有观点认为,由于分娩一般属于个人乃至情侣的选择问题,将等于亲自选择要保障事故而接受保险给付的儿童抚养作为保险事故是不合适的⑲。但是,这种主张存在疑问。即:根据厚生劳动省发表的"人口动态报告",夫妇开始同居后至第一个孩子出生之间的"结婚期间"比妊娠期间还短的例子,占2000年出生孩子的26%⑳。还有,在情侣中,据说受不孕困扰者占一成㉑。进而,根据社会学的分析,情侣的性行为乃为自然的欲求和天意㉒。在这些含义上,即便说是因自己的"选择"而发生的要保障事故,但归根结底也只不过是有相对而言之侧面。

更何况现在,列入社会保险里的要保障事故中,例如像雇佣保险中所谓的自愿退职(自发性失业)那样(《雇保》第33条第1款),尽管说是个人的选择,也有最终予以给付的情形,如介护保险中所谓的"要介护状态",亦有不问陷入该状

---

⑰ 若从这点看,笔者认为没有将缴费的对象限定于被雇佣者的必然性。参见桥爪幸代:"育儿支援",载日本社会保障法学会编,前揭注3书,第114页。

⑱ 铃木辰纪编著:《保险论》(第10版),成文堂2000年版,第31页。

⑲ 山田,前揭注17论文,第292页。

⑳ 2002年3月16日《朝日新闻》第14版,第37页。

㉑ 铃木理爱子:《超少子化——处于危机中的日本社会》,集英社2000年版,第26—27页。

㉒ 山田昌弘:"育儿支援的正当性和必要性",载清家笃、岩村正彦编:《育儿支援方策的论点》,社会经济生产性本部生产性劳动信息中心2002年版,第30页。

况的原因(本人的意思等)之情况(《护保》第 7 条第 1 款)。如此,具有与"育儿"、"儿童养育"这种要保障事故相类似的性质,不能说现行制度上没有[63]。

如此看来,在这个领域导入社会保险,理论上不至于说完全不可能。鉴于"育儿的社会化"发展这个今昔状况,这是值得考量的提案。但是,从与社会保险的理念性基础相关的侧面看,还有必要进行与其不同的单独的评价。即:作为社会保险的基础依据理念所主张的"社会连带"[64],可以理解成为了使连带意识的共有成为可能,除了保险集团的同质性[65]外,也包含了与保险费统筹的牵连关系中受益的可能性。若从这种观点来看,就会产生从等同于无事实上受益可能性的老年人世代征收的保险费,本来就没有得到正当化的疑问。若期待构建由现实上承担育儿世代以外的相当广泛的世代所进行的社会性支援体制,那么并非是立足于分散风险考量的社会保险机制,而是理解成为实现某个特定社会政策目的之统筹金制度机制则更为贴切[66]。于此情形,即使导入本人缴费,其性质也不是保险费,而是一种目的税。

因此,笔者认为,归根结底在维持作为社会补贴制度的儿童补贴的基本框架之同时,应探讨导入本人缴费的可能性[67]。对此,可以评价,在第三节

---

[63] 山崎(前揭注 24"少子老龄社会和社会保障改革",第 14 页)指出,分娩育儿临时金、分娩补贴金、育儿休业给付、被雇佣者保险的保险费免除等,均为伴随分娩的给付,但对此没有听取从社会保险理论的立场提出的否定意见,在将分娩育儿作为通过社会保险而进行的互相支持这点达成了国民的合意。还有,堀(前揭注 30 书,第 251—252 页)认为,育儿保险的道德风险是使分娩、育儿发生的风险,但这个道德风险的发生,在受少子化困扰而采取少子化对策的现今之我国,作为应欢迎的事物,是将"育儿"作为保险的对象之风险。

[64] 仓田聪:《医疗保险的基本构造》,北海道大学图书刊行会 1997 年版,第 318 页。

[65] 堤修三:《社会保障》,社会保障研究所 2000 年版,第 25 页。

[66] 宇野(前揭注 18 论文,第 171 页)认为,关于养育儿童只要有社会互助这个合意,即使不一定是限于分散风险,也可以构想基于本人缴费的制度。对此,堤(前揭注 23 书,第 87 页)消极地解释到,与在如年金那样的长期给付中,考虑到将来自己也有受给的可能性情形不同,关于同时代的育儿中或将来有其可能性者、育儿结束者或无其可能性者,明确地区分了育儿这种需要,不容易得到本人缴费的理解。

[67] 在围绕着儿童补贴的审议会等政府内部的讨论中,本人缴费,特别是围绕着自营业者、农民等本人缴费的必要性讨论屡屡登场。高桥三男:"儿童补贴的财源政策",载社会保障研究所编:《社会保障的财源政策》,东京大学出版会 1994 年版,第 278—281 页。在同论文第 282—285 页中,探讨了新导入自营业者、农民等本人缴费金时,与国民年金保险费的纳付合并征收方式,指出其中的问题点。

所提及的福田综合福利保险提案，通过包含介护等给付，理论上克服这点使社会保险化成为可能。但是，鉴于收入保障给付与福利、介护服务保障给付的本质性不同，以及于社会保险化的情形，育儿关联给付的收件人（被保险者、受给权者）成为保护者，儿童个人的法益存在不能被明确定位之虞，在本章中，归根结底应构想单独建立的制度。

此外，关于基础年金制度中应纳入儿童补贴的提案，如在第四节所见，作为要保障事故，由于要将不同性质之物统合在同一社会保险制度内，有将收入保障给付体制的状况暧昧化之虞。还有虽然可以看出培养年金制度的担当者这个基本性问题认识，但在年金制度中进行育儿支援给付，存在的问题是，将使有关现今成为社会问题的世代间公平状况讨论的焦点变得不鲜明，反而容易导致轻视儿童个人的法益。

最后，关于育儿休业给付的充实，虽然《雇佣保险法》存在局限，但基本在其框架范围内，比照《健康保险法》上的伤病补贴金和分娩补贴金谋求提高给付率，应明确其作为收入保障给付的性质。若不得不考量与基本补贴（最低给付率为50%）的均衡，那么就要完善目的规定（《雇保》第1条），不是仅规定"继续雇佣成为困难的事由"，而要具体地列举出该事由，在与育儿休业给付的关联上，通过明确写入超越"劳动者生活的稳定"的"育儿支援"之宗旨，使其能够相连接。

第六节　结语

以上，关于育儿支援的社会保障应对方策，以收入保障为中心，从社会保障法学的一个视角进行了论述。包括育儿支援给付在内的社会保障制度的应有状态，在议会民主制下，最终，也具有应取决于国民的意思决定这个侧面。但是，关于在这种体制下对不具有反映意见之机会的儿童如何进行支援这个问题，不得不说，有必要基于另外的规范性视角进行应对。在这个意义上，不止于一直以来的保育所等儿童福利法制方面，在论述育儿支援给付的应有状态时,充分尊重儿童固有的法益,谋求提高其福利的视点非常重要。

只是,这样思考时,在制度目的之共通性这点上,不得不与有关保育制度应有状态的讨论、有关导入保育补贴等讨论相交错。关于这点,着眼于收入保障和服务保障这种保障需要的性质不同,还是另建制度框架具有充分的合理性。因此,至少在当前这段时间,与其导入保育补贴,不如在谋求保育所等服务本身的确保和充实,进一步完善环境方面投入力量。再者,关于家庭内育儿本身的经济性评价,兼顾非营利性工作(non-profit-work)的经济性评价一般问题,在进行收入保障制度中离婚时的年金分割之同时(《厚年》第78条之2以下),特别充实目前正在推进的临时保育等,终极意义上,还应探讨将保育制度的对象不限定于就业家庭的形式而使其一般化的方向(修正《儿童福利法》第24条第1款中所谓的"欠缺保育"概念)[68]。

---

[68] 参见本章注2所述的报告书。

第八章　贫困问题和公共
扶助改革的方向性

第一节　序言

最近，在我国响起了差距社会来临和贫困扩大的警钟，在学界差别和贫困问题[①]也备受关注。2008年秋的雷曼危机带来了战后最严重的不景气，应对差距的扩大和贫困的深刻化，成为重要的政策课题。既然差距的不合理扩大以及贫困状况的恶化，给个人、社会、国家带来了不希望的结果，那么，在正确把握问题的现状和分析原因的同时，提出既有制度框架内无法提出的改革方案，就成为学界重要的课题。

这种状况下，关于应称为我国社会保障制度的重要中心，即在解决贫困问题上被期待发挥重要作用，直接体现《宪法》第25条第1款宗旨意义上的生活保护制度，自1950年全面修改以来至今，一直未进行过根本性的法修改。但是，在因老龄化和经济状况恶化而导致被保护者增加的背景下，2003年8月，自社会保障审议会福利部会设立了有关生活保护制度应有状态的专门委员会之后，修改该法的改革讨论变得活跃起来。

本章将从笔者主张的"自由"基础性乃至"自律"指向性的社会保障法论立场，对处于这个重要关头以《生活保护法》为核心的公共扶助改革的应有方向性，进行一个侧面的论述。

以下，在第二节，概述贫困问题在社会保障法学中被如何对待。在第三

[①] 差距问题和贫困问题不是同一物，有必要区分讨论。例如，参见菊池馨实、野田进、驹村康平、岩田正美："座谈会：贫困、差距诸问题和社会法"，载《季刊劳动法》，2009年第226号，第13—15页（驹村发言）。

节,如上所述围绕着生活保护制度,探寻 21 世纪以降真正的改革动向。在此基础上,在第四节,从笔者提倡的社会保障法理论的见解出发,论述有关生活保护法的应有方向性。接下来在第五节,将目光转向构成笔者法理论思想基础的美国,介绍贫困法(Law and the Poor)的集大成者乔尔·F.汉德勒(Joel F. Handlerd)的论述,以为我国公共扶助改革提供启示。

第二节 贫困问题和社会保障法学

作为实定法上的一个领域,社会保障法学的建立可以追溯至 20 世纪 50 年代[②]。自 20 世纪 60 年代以来,随着经济的高速发展,社会保障制度也逐渐完善,为了与之相呼应,对社会保障法学这个领域的学术性关心也日渐增加。社会保障法在其若干的源流中,特别是与劳动法的关系上,有主张其相对的独立性之侧面。处于其讨论的核心,对社会保障法的学术性独立发挥了巨大理论作用的是荒木诚之[③]。

另一方面,在整体经济水平提高中社会保障制度的充实并未完全跟进的状况下,可以看到成为朝日诉讼所代表的社会保障裁判斗争理论性支柱即有力理论的发展。小川政亮的权利论旨在以生存权为武器谋求社会保障权利的实现[④]。以荒木为首的通说性社会保障法学说,虽说也一贯将生存

---

② 关于社会保障制度和社会保障法学发展的整体调查,参见岩村正彦:"社会保障法和民法——关于社会保障法学课题的备忘录",载编集刊行委员会编:《劳动关系法的现代展开(中嶋士元也先生还历纪念论集)》,信山社 2004 年版,第 359 页以下。

③ 其论述的核心是生活主体论和按给付区分的体系论。围绕荒木理论的论证有:荒木诚之等:"《特集》社会保障法学的轨迹和展望·座谈会",载《民商法杂志》,2003 年第 127 卷第 4·5 号,第 485 页以下;柳泽旭:"荒木《社会法》理论的基点和展开——从劳动关系(劳动法)到社会保障法"载《山口经济学杂志》2007 年第 55 卷第 5 号,第 149 页以下;同"荒木《社会法》理论的展开和到达点——从劳动条件法理到生活保障法理",载《广岛法学》2007 年第 31 卷第 1 号,第 19 页以下;同"荒木《社会法》论的构造和特质——从社会保障法到劳动法",载《山口经济学杂志》2007 年第 56 卷第 2 号,第 43 页以下;山田晋:"对荒木理论而言社会保障法为何?",载《明治学院大学社会学·社会福利学研究》,2007 年第 127 号,第 1 页以下。

④ 小川政亮:《作为权利的社会保障》,劲草书房 1964 年版。

权作为社会保障的法根据乃至基本原理来定位,但在社会保障法学上强烈地意识到贫困问题,通过权利论而不断开展实践性活动,可以说是追溯小川说的理论系谱⑤。

在这些理论的展开中,争论生活保护基准高低的朝日诉讼第一审判决⑥指出,厚生大臣所规定的保护基准,不能说是可以维持健康的、具有文化意义的生活水准程度之物,违反了《生活保护法》第8条第2款、第3条等,认可了原告的诉讼请求,对此,同案件最高裁判所判决⑦中的旁论指出,虽不采纳纯粹的纲领性规定说,而承认了《宪法》第25条具有一定的裁判规范性,但同条所谓的"健康的、具有文化意义的最低限度生活,是抽象的、相对性概念,其具体的内容,自不待言,伴随着文化的发达、国民经济的发展而提高,在综合考量多数的不确定要素后才能够决定","对于什么是健康的、具有文化意义的最低限度生活之认定判断,大致上依靠厚生大臣的合目的性裁量,其判断,即使作为当与不当的问题追求政府的政治责任,也并不产生直接违法的问题","只是,无视现实的生活条件而设定显著的低下基准等,违反《宪法》及《生活保护法》的宗旨与目的,超越了法律所赋予的裁量权界限时或者滥用裁量权时,其违法行为难免成为司法审查的对象"。接着,在障碍福利年金和儿童抚养补贴的并给禁止规定之合宪性争议案件中,堀木诉讼最高裁判所判决⑧认为,关于《宪法》第25条的规定和立法裁量的联系,"符合《宪法》第25条的规定宗旨具体采取怎样的立法措施之选择决定,依靠立法部门的广泛裁量,除去其明显欠缺合理性构成裁量的逸脱、滥用之情形,裁判所不适合进行审查判断",承认了立法机关的广泛裁量,确立了基

---

⑤ 根本上以小川权利论为基轴,从试图重新构建权利论的角度而进行探讨的最近的论稿中,与本节主题相关联的有,井上英夫:"作为人权的社会保障和小川权利论",载《法律时报》2007年第79卷第4号,第72页以下;木下秀雄:"《作为权利体系的社会保障》之意义",载《法律时报》2007年第79卷第8号,第131页以下;笛木俊一:"关于小川权利论历史研究的现代意义",载《法律时报》2007年第79卷第9号,第76页以下;山本忠:"社会保障裁判运动和权利论",载《法律时报》2008年第80卷第1号,第75页以下。

⑥ 东京地裁判决1960年10月19日,载行集第11卷第10号,第2921页。

⑦ 最高裁判决1967年5月24日,载民集第21卷第5号,第1043页。

⑧ 最高裁判决1982年7月7日,载民集第36卷第7号,第1235页。

第八章　贫困问题和公共扶助改革的方向性　179

本上应依靠广泛的行政和立法裁量之判例法理。

其后,直到最近,有关社会保障法学的贫困问题,主要是围绕着公共扶助法乃至生活保护法而展开的。可以看到,基于和法律实务家共同工作的裁判支援等实践性理论展开[9]继续进行的同时,通过研究者小组共同努力的公共扶助法论也得以深化[10]。但是,倘若考察整个社会保障法学,伴随着年金、医疗、社会福利、介护等各种社会保障制度的发展,在研究者关心的问题呈多样化且分散化的情况下,在公共扶助乃至生活保护领域的理论研究很难称得上活跃[11]。

但是,尽管确立了如前所见的围绕《宪法》第25条的判例法理,但其后在生活保护制度运用上的违法争讼中,认可要保护者方面请求的判决不断[12],近年来其倾向更加强烈。还有,发端于所谓信用高利贷问题的深刻化而对多重债务者进行法律支援的法律实务家,出于对其最后所产生的贫困

---

[9] 尾藤广喜、木下秀雄、中川健太郎编著:《谁也未书写的生活保护法》,法律文化社1991年版,同编著:《生活保护法的复兴》,法律文化社1996年版等。

[10] 古贺昭典编著:《新版现代公共扶助法论》,法律文化社1997年版。

[11] 反映学会理论研究状况之一端的成果有,日本社会保障法学学会编:《讲座社会保障法5住居保障法·公共扶助法》,法律文化社2001年版。

[12] 秋田地裁判决1993年4月23日,载行集第44卷,第4·5号第325页(裁判认可取消将生活保护费作为原资的存款认定为收入,减少生活保护费的行政处分之例);福冈地裁判决1998年5月26日,载时判1678号第72页(以被保护者违反禁止持有及借用汽车等指示为由认定废止保护的行政处分为违法之例);大阪地裁判决2001年3月29日,载讼月第49卷第4号第1297页(尽管以口头方式申请开始保护,当时处于要保护的状态,但社会福利事务所长未将同日作为保护开始日案,认可了国家赔偿请求之例);大阪地裁判决2002年3月22日,载赁社第1321号第10页(将希望居家保护的要保护者收容到救助设施,认可取消设施收容处分之例);最高裁三判决2004年3月16日,载民集第58卷第3号,第647页(将保护金钱和物品等作为原资支付保险费,领受的学资保险期满保险金被作为收入认定的保护变更处分为违法之例);京都地裁判决2005年4月28日,载判时第1897号第88页(对被保护者做出了违法的保护废止决定,其后果是使其连吃饭都成问题而陷入生活穷困营养状况明显恶化的境地,从而认可其请求国家赔偿之例);广岛高裁判决2006年9月27日,载赁社第1432号第49页(以提出保护辞退申请书时辞退者意思表示的主要部分存在错误为由,取消保护废止决定之例);福冈地裁判决2007年11月15日,载赁社第1459号第62页(对违反指示的被保护者不经过保护的变更、停止而直接作出废止保护的处分因违法被取消之例);福冈地裁判决2009年3月17日,载裁判例时代第1299号第147页(关于生活保护的停止和废止处分,以有重大程序违反事由而被取消之例);高松地裁判决2009年3月23日,载赁社第1495号第57页(取消以保护受给者未申报儿童保险即育英年金的收入为理由而作出不正当受给费用的征收处分之例);福冈地裁判决2009年5月29日,载赁社第1499号第29页(因去医院看病之需要而被认可可能够持有汽车,取消保护停止处分之例),等等。

和生活保护问题之关心,其结果对生活保护支援法律家网予以组织化等[13],加强了对当事人的支援程度[14],可以预想,今后法的纷争将更加增多[15]。

第三节 生活保护制度改革

《生活保护法》自 1950 年全面修改以来至今,虽未进行过根本性的法修改,但面临着重新认真修改的契机。成为其契机的是,2003 年 8 月设置的"关于生活保护制度应有状态的专门委员会"。该委员会在提出废止老龄加算的"中间报告"之后,2004 年 12 月提出了报告书(以下称为"专门委员会报告书")。专门委员会报告书的定位是,立足于对生活保护基准的妥当性查证和评价,以及生活保护的制度和运用状况进行探讨,表明了进行一定的改革之方向。在此,作为制度修改的视角,作为朝着"建立易利用、易自立的制度"这个方向进行探讨,该报告书指出,"不仅仅是进行最低生活保障,而且从支援生活穷困者自立、就业的观点进行修改,就是说,为了使被保护家庭重新过上稳定的生活,融入地域社会,以及"再挑战"劳动力市场成为可能,使制度具有'弹簧'的作用是尤为重要的这个视点"。再者,"其结果,被保护者应通过活用自立和就业支援施策,履行《生活保护法》所规定的'鼓励按能力劳动,谋求节约支出,以及维持和提高生活的义务',在争取积极重新进入劳动力市场之同时,作为地域的一员力求过上自立的生活"。但是,这里所谓的"自立支援",意味着"为了实现社会福利法的基本理念所表明的,使'利用者身心均得到健全培育,并且使其能够按照其能力经营日常生活而进行的支援',不仅指通过就业使其实现经济性自立的支援(就业自立支

---

[13] 菊池馨实:"社会保障法对解决贫困可以有何贡献?",载《贫困研究》2008 年第 1 号,第 32 页。

[14] 森川清:"生活保护的法律家参与",载《法律时报》2009 年第 81 卷第 8 号,第 31 页。

[15] 参见日本律师联合会生活保护问题紧急对策委员会编:《生活保护法的支援手册》,民法研究会 2008 年版;枥木县律师会编:《生活保护法的解释和实务》,行政 2008 年版;森川清:《作为权利的生活保护法》,通草书房 2009 年版。

第八章 贫困问题和公共扶助改革的方向性

援），还包括按照各个被保护者的能力及其各自的问题等，为了使其恢复和维持身体及精神的健康，在依靠自己进行其健康和生活管理的日常生活中，能过上自立的生活而进行的支援（日常生活自立支援），以及恢复和维持与社会的联系等有关社会生活自立而进行的支援（社会生活自立支援）"。在此之上，为了使生活保护加上经济性给付成为有效的实施自立和就业支援方策的制度，提出了由地方自治体制定自立支援计划和实施基于该计划的支援，重新修改生计扶助，应对高中就学费用等方案。

另一方面，关于生活扶助基准的应有状态，在专门委员会报告书中提案，修订多人数家庭基准，设定单身家庭基准，修改第一类费的年龄区分设定，加上已经在"中间报告"中提议沿着废止的方向修改的老龄加算，关于母子加算，修改现行划一的、机械的给付，在考虑伴随单亲家庭父母就业的追加性消费需要之同时，朝着家庭自立的给付转换等。

除了这些之外，以获得广泛探讨和建议的专门委员会报告书为契机，以导入自立支援计划为首的多数提案，在其后的制度修改中得以实现。

接着，专门委员会报告书中指出，"根据以所谓的水准均衡方式为前提的方法，关于劳动三人家庭的生活扶助基准，在与低收入家庭的消费支出额的比较中，查证和评价的结果是，其水准基本是妥当的，但是今后，由于生活扶助基准和一般低收入家庭消费实态是否得到了适当的均衡需要定期观察，有必要以全国消费实态调查等为基础进行五年一次的查证"，鉴于此，2007年设置了"关于生活扶助基准的研讨会"。该研讨会采用了最近的全国消费事态调查的结果等，就标准的妥当性、体系的妥当性、地域差的妥当性、劳动扣除的妥当性等进行了研讨，同年11月，提出了报告书（以下，基准研讨会报告书）。据此，关于生活扶助标准的基本认识是，认为并非是有绝对的标准，而要立足于和国民的消费实态之关系，以及与本人过去的消费标准之关系而相对规定，得出的研究结果是关于夫妇有一子（含有业者）家庭的年收入阶层第一·十分位的生活扶助相当支出额（148781日元），和其家庭的平均生活扶助基准额（150408日元）相比，后者稍高；单身家庭（60岁以上）情形的年收入阶层第一·十分位的生活扶助相当支出额（62831日元），

182 社会保障法制的将来构想

和其家庭的平均生活扶助基准额(71209日元)相比,后者较高。进而指出,并无进行第一类费和第二类费区别的必要性,并无采取以标准三人家庭为基轴来设定基准额方式的必要,缩小地域间消费水准之差等。

以上改革动向中,在专门委员会报告书中令人注目的是,从制度修改的视点看,重视"自立支援",提倡创设自立支援计划。在此将自立支援从就业、日常生活、社会生活三个方面来考察这点具有特色。不单单是经济性给付,为了使参加地域社会活动和重归劳动力市场成为可能,在重视发挥弹簧即助力板[16]的作用这点,与笔者主张的"自由"基础性乃至"自律"指向性社会保障法理论之方向相重合。

另一方面,在基准研讨报告会中引人注目的是,明示了我国《宪法》第25条第1款所谓的"健康的、具有文化意义的最低限度生活"标准和生活扶助基准均为相对性基准之点。关于前者,可以说前述的朝日诉讼最高裁判所判决以来的判例法理,已经以这点为前提进行了判决;关于后者,可以说自设定生活扶助基准时采用了水准均衡方式的时点开始已朝着这种思路转变。但是,也正如同报告书中所提及的那样[17],在上述的比较值中,夫妇有一子家庭的第一·十分位的消费水准,达到第三·五分位的七成,对此,关于单身家庭(60岁以上)其比例停留于五成这点被提了出来,对这种低收入高龄单身家庭生活实态的实体性分析难道没必要这个问题存有疑问。即:存在不能降低的绝对性基准这个想法本身,有应进一步研究的余地。还有,关于成为比较对象的全国消费实态调查自身统计上的特殊性(过分依靠样本)等,有必要尽可能地分析[18]。

---

[16] 驹村康平、城户喜子编著:《社会保障的新制度设计——从安全网到助力板》,庆应义塾大学出版会2005年版,第13、43页。

[17] 参见《基准研讨会报告书》第5页脚注6。

[18] 例如,有研究指出,有必要充分留意全国消费实态调查的数据对低收入层的把握正在变低的可能性。如由于第一·十分位的平均所得和消费等,与其他调查相比较,有相对高出的可能性,利用其研究生活保护基准等时,有必要仔细注意。山田笃裕、四方理人、田中聪一郎、驹村康平:"贫困基准的重合——OECD相对性贫困基准和生活保护基准的重合",载厚生劳动科学研究费补助金政策科学推进研究事业:《关于差距和社会保障的应有状态之研究(2007年度总·分研究报告书)》,第59页。

以上所述的最近的改革动向,关于《生活保护法》的法目的即最低生活保障和帮助自立(《生活保护》第1条),可以肯定,一直以来具有定性论述倾向的前者的基准,不止于加算制度,在基准生活费的水平上也越来越定量地数值化、客观化,迄今为止易被等闲视之的后者之目的,也从正面试图将其加入到制度中去。这些视点,在如前所述第一章及第二章中展开的私见之立场,可以积极地予以评价。

因此在下节中,立足于"自由"基础性乃至"自律"指向性社会保障法理论的立场,思考现行生活保护法的根本性修改,尝试展开能导出怎样的具体内容之论述。

第四节 《生活保护法》的应有状态

一、法目的和基本原则

《生活保护法》被看成是直接体现《宪法》第25条宗旨的制度。但是,正如在专门委员会报告中所强调的那样,根据该法第1条,对于生活穷困的所有国民,生活保护法的目的不仅在于进行①"最低限度的生活保障",而且还明示了②帮助其自立这点十分重要。私见认为,这些法目的,即使直接依据是《宪法》第25条,根源的规范性依据应是《宪法》第13条。从这个见解来看,两者的相互关系,将②定位为本质性要素[19]。在此含义上"帮助自立"的要求,与"最低生活保障"的要求同等或更加需要尊重。这里所谓的自立,根本上是指通过最低生活的保障实现被保护者作为主体性生活者的精神自立乃至人格自立(通过自立确保"个人的自由")。如此不将自立等同于"劳动

---

[19] 作为包含帮助自立为目的的宗旨,根据注释书的解释,为了满足"'人之所以为人的存在',仅仅说让其维持最低生活是不充分的。大凡所有人在其中若干自主独立的含义上包藏着可能性。发现这种内容的可能性,并帮助培养之,在与那个人的能力相适应的状态中,使其适应社会生活,这才是真实意义上保障生存权的原由"。小山进次郎:《改订增补生活保护法的解释和运用》(复刻版)·全国社会福利协议会1991年版,第93页。

自立"（不接受公共支援而通过自己的劳动生活）来理解的想法，也适合老年人、障碍者等占接受生活保护者大半的我国现状。对此，有劳动能力时，这里所谓的精神自立乃至人格自立，原则上在就业等可能的范围内通过经济性自立得以实现。其理由在于，不能否认生活自助原则是资本主义社会的基本原则；通过就业维持生计是自律的个人自主追求生活方式来实现人格利益的活动，其本身具有积极的价值；通过这样的自我实现而得以经济自立，能够排除社会保障很难避免的国家对个人生活的介入机会，等等。但是，应留意的是，这里所谓的"经济性自立"当然并不是指在上述含义上的"劳动自立"这点。所谓"经济性自立"，有必要作为包含在活用劳动能力的同时，对于不足的部分从公共制度获得给付，作为经济独立的行为主体经营生活之概念来对待[20]。

以往，《生活保护法》的解释和运用将重点置于上述的①。作为最低生活水准具体化的保护基准，基本上是既不能超过也不能低于基准的"线"来被看待的。但是，从发掘帮助自立的根源性意义之立场看，与《宪法》第25条具有渊源的最低生活保障的要求，有一定程度弹性解释的余地，而且甚至可以说希望如此。根据这种解释，关于保护开始时的要否判断基准和保护开始后的给付基准，为支援接受生活保护者朝着自立努力的制度设计作为规范论列入进来则成为可能。具体地，如后所述，除缓和保护开始的消极要件即"资产、能力"（《生活保护》第4条）的认定之外，还有在就职后的工资生活稳定之前，应借贷和支给眼下的生活费、居住费，进行就业后富有弹性的收入认定（例如，劳动扣除额限于一定的期间实行定率化）等[21]。

以上述的规范性立场为前提时，对遵循《生活保护法》（以下简称法）第

---

[20] 菊池馨实："自立支援和社会保障"，载菊池馨实编著：《自立支援和社会保障》，日本加除出版2008年版，第358—362页。在这点上，和作为自立的相反概念被定位的"依存/dependence"相对比，对他人的依存＝自立的欠缺这种有关政治理论等用语法不同。斋藤纯一："抵抗排斥的社会统合思想——以有关罗尔斯和哈贝马斯的相互承认为中心"，载日本政治学会编：《年报政治学2007-Ⅱ》，木铎社2007年版，第116页。

[21] 菊池馨实："最低生活保障的应有状态和公共扶助的作用——以收入保障为中心"，载《周刊社会保障》，2002年第2195号，第26页。

1条的总则规定之基本原理（法第2条至第4条），以及规定保护原则的诸规定（法第7条至第10条）之应有状态进行如下的整理。

关于作为法目的之帮助自立的含义，即使从法第5条总则规定的性质看，与规定最低生活原则的法第3条相对比，作为与之相并列的基本原理，应制定新的条文（暂称为新法第3条之2）。在此规定：①本法以支援生活穷困国民的自立为目标；②对于国民，课以按照其能力谋求自立的义务（参照法第60条）；③对于国家，课以采取帮助国民自立的各种措施，并进行援助的职责（参照法第27条之2）；④前三项所谓的自立含义不应解释为仅通过劳动实现的经济性自立。

法第2条无差别平等原则所谓的"无差别平等"，不应看成是对各个接受生活保护者决定保护种类、方法，以及给付额时的指导原理。这应遵循法第9条的按需要保护原则。与如前所述帮助自立的法目的相关联，应重新评价按需要保护原则的意义。

与规定最低生活原则的法第3条和作为保护基准依据的法第8条相关联，理应是法的中核性规律事项的保护基准（最低生活的基准）的主要部分（一般基准）并非像《宪法》第25条那样抽象，例如应以附表的形式规定法律事项，还有为缓和据此基准修改程序的严格性，像年金那样进行生计费调整时，其依据也应在法律上明确规定。譬如，一律废止老年加算意味着超过生计费调整的最低生活水准被实质性修改，尽管给个人的生活带来了大的影响，但根据厚生劳动大臣告示的修改而进行。根据判例法理，健康的、具有文化意义的最低限度生活水准即使属于广泛的立法及行政裁量[22]，作为制度论，通过规定法律事项而谋求确保与保护的具体性水准相关的民主基础至关重要。但是，如前所述，在新法第3条之2和法第9条的相关联上，亦有必要考虑保护基准的弹性，在这个意义上保护基准修改时考虑要素的基准化，以及确保有关修改程序的民主性基础等，可以考虑明确作出规定。

规定了补足性原则的法第4条，与帮助自立相关的新法第3条之2密

---

[22] 参见本章注7及注8。

切关联,具有重要的含义。关于"资产、能力"的活用(第1款),迄今为止其严格的行政运用之违法性是裁判上的争议问题[23],若从本章的视角看,与帮助自立目的之相关联上,灵活承认资产活用的余地相当程度存在着,还有,劳动能力的活用也不应在保护开始时作为消极要件严格要求。作为劳动能力活用的前提,应对国家课以大幅扩充生计扶助,以及为确保包括进行其他法律和施策所规定的适当的社会工作在内的就业过程而开展职业介绍、职业训练、职业教育等规范性义务(参见新法第3条之2③)。如前所述,这在积极的意义上要求重新评价帮助自立目的中与经济性自立相关之侧面[24]。

关于法第4条,作为社会保障法关系的权利义务主体,与最近提出的不应是以家庭为单位而要尽可能地实现以个人为单位的这种主张相关联,扶养义务的范围(第2款)到底边界何在成为问题。关于此点,私见认为应基本限定于生活保持义务(《民法》第877条)的范围内。但是作为其前提,也和资产、能力的活用相关联,与继承的调整成为研究的课题[25]。另一方面,与权利义务的个人单位化并不当然发生冲突,还有,从生活保护着眼于现实的生活穷困状态而进行保障这个性质看,以家庭为单位的原则(法第10条)本身是合理的。

二、给付的性质和应有的保障样态

最低生活保障和帮助自立,不仅仅要通过《生活保护法》,还要通过社会保障及其关联的所有施策得以实现。社会保障的根本目的即"对个人自立的支援"以及"确保个人的自由",也有必要不限定于年金、医疗、福利、介护等狭义的社会保障而从广阔的视角多方面综合考量。基于此,亦考虑到与其他法律及施策的关联,对于《生活保护法》上的各种给付之应有状况进行

---

[23] 参见本章注12。

[24] 参见石桥敏郎:"资产、能力活用和公共扶助",载日本社会保障法学会编,前揭注11书,第201页。

[25] 关于这点,通过活用所持有的居住用不动产而容易地获得生活资金,在长年住惯了的住宅里继续居住之同时,作为促进居住用不动产的活用施策,自2007年开始,作为生活福利资金制度的一个类型,面向要保护家庭的长期生活支援资金制度得以建立,对此应予以积极评价。

第八章　贫困问题和公共扶助改革的方向性　187

论述㉖。

《生活保护法》上所谓的"保护",设定了金钱及实物的给付或贷与(法第6条),现实中发挥重要作用的个案指导,仅仅作为没有明示给付内容的事实行为来对待。由此,有观点主张应将包括社会工作在内的福利扶助法定化㉗。但是,这种通过个案指导而提供咨询援助服务等,并非是如金钱及实物(物品、医疗、介护)给付那类的实体性最低生活保障本身,从具有与帮助自立有直接联系的程序保障意义的性质,以及正因为如此与定量性水准的保障这种考量很难融合的情况来看,将其与现在列举的各种给付同列对待是困难的(法第11条)。

作为《宪法》第25条第1款所保障的"健康的、具有文化意义的最低限度的生活"之实现手段,根据按必要的需求保障之性质,可以分为金钱给付和医疗、介护这种非金钱性的服务给付类型㉘。后者作为服务供给主体的存在不可缺欠,因为对于通过金钱给付的服务给付之需求并不能说当然得到满足。具有日常生活支援性质的介护服务,虽然有重复的部分,但和从医学的观点进行的医疗服务性质不同,有必要独自保障。虽说设立了介护扶助,但从并非是补充有支给限度额的介护保险,以及关于第1号被保险者并未进行实物给付的保障来看,以介护保险、介护扶助为中核的现行介护保障法制,有未满足《宪法》第25条第1款规范内容的可能性㉙。关于支援费制度和自立支援给付导入后的障碍者福利服务法制也同样存在保障不充分的情况。另一方面,关于医疗保障,对于"个人的自由"之尊重所要求的"生活方式之选择范围的平等",为了确保之,有必要进行通向实质性平等医疗服务的过程保障,鉴于此,应改变不适用在医疗保险之外另建的保险外并用疗

㉖　关于和无家可归者支援法制的关联,参见第九章。

㉗　阿部和光:"公共扶助法的权利和法的构造",载日本社会保障法学会编,前揭注11书,第114—115页。

㉘　此外,将实质上可能利用因补充精神性自律能力的不足而建立的支援体制(成年监护制度等),也应看成是保障"健康的、具有文化意义的最低限度生活"之一环来对待。菊池馨实:"防止虐待和成年监护、权利保护",载《成年监护法研究》,2009年第6号,第17页。

㉙　菊池馨实:《社会保障的法理念》,有斐阁2000年版,第199页以下。

养费等给付水准存在差距,在程序方面也是到给付为止的过程存在差异的现行机制[30],与介护保险第 1 号被保险者同样,应改变成加入医疗保险(姑且是指现行法上的国民健康保险),从生活保护法中支付保险费和部分负担金相当额的方式。

关于生活扶助的各种加算,按年龄区别构成不同的第一类费[31]的按个人最低生活费的基准自身,兼顾现在的国民生活水准进行修改,仅仅这种所谓的本体部分无法完全应对的需求应通过加算进行补充[32]。在此之上,基于对需求实质性保障的观点,应以教育扶助、生计扶助等其他扶助的充实,以及保育服务、生活咨询等包含其他法律和施策之服务提供体制的充实为目标方向。

最近,住宅保障受到关注,有主张提出创设住宅补贴[33]。笔者认为,至少作为社会保障法的法体系论,住宅保障没有必要单独设立,包含在收入保障中即可[34]。与医疗和介护服务保障不同,难以想象住宅本身应以实物给付的权利受到保障,再者,正如《宪法》第 22 条第 1 款居住和迁徙的自由受到保障那样,住宅的选定本来就应由个人的选择决定。但是,正如雷曼危机以来的"终结派遣"等社会问题所揭示的那样,即使竭力经营"衣食",从为了确保住居需要一定程度的大笔费用,以及从帮助自立的目的看,应极力尊重

---

[30] 石田道彦:"医疗、介护和最低生活保障",载日本社会保障法学会编,前揭注 11 书,第 242 页。
[31] 正如前述 2007 年研究委员会报告书中所指出的那样,第一类费和第二类费的区分本身,有必要沿着废除的方向研究。
[32] 由此观点看,关于 2009 年 4 月废止、同年 12 月恢复的母子加算,也不应以家庭为单位对待,首先应沿着促进母子各自的自立支援方向作为第一类费修改的一环来考量。这种修改,虽然并非是限于母子家庭,但与母亲在家庭内专心养育儿童作为社会规范而确立的时代不同,无论有无子女,女性就业若进一步发展,在以母亲的就业为前提基础上,有必要重视职业教育的充实和保育服务的实际确保。这些施策的必要性,不仅对接受保护的母子家庭,而且对一般的母子家庭也同样适合。
[33] 参见驹村康平、菊池馨实编著:《希望的社会保障改革》,旬报社 2009 年版,第 34、191—192 页。
[34] 菊池馨实:"社会保障的权利",载日本社会保障法学会编:《讲座社会保障法 1 21 世纪的社会保障法》,法律文化社 2001 年版,第 75 页注 33。对此,承认住宅保障具有独自的规范性意义之见解有,高藤昭:《社会保障法的基本原理与构造》,法政大学出版会 1994 年版,第 209 页以下。

第八章 贫困问题和公共扶助改革的方向性

具有居家而非在机构生活愿望的本人意思,在《生活保护法》的适用上应缓和认可住宅扶助的单独给付(法第 11 条第 2 款)。

教育扶助及生计扶助虽说也具有作为最低生活保障的一个内容之侧面,但在与帮助自立的关联上有更加重视的特质。在这点上,并非仅仅说高中就学作为事实上最低生活的内容一般能被接受,而且对于被出生境遇所左右的孩子从确保其"生活方式之选择范围的平等"这个视角看,也没有必要将教育扶助与义务教育水平相联动,到高中毕业为止都应包含在对象范围之内[35]。

生计扶助对于有劳动能力的被保护者来说(法第 17 条但书),是为了朝着劳动自立努力的不可或缺之帮助,与其他的金钱给付和实物给付相结合,是有助于自立的给付。但是一直以来的《生活保护法》,并未真正进行使接受生活保护者朝着劳动自立努力的制度性应对。自不待言,若以雇佣保险为首的其他法律和施策进行应对,从《生活保护法》的补足性特点来看,可以说并无问题。但是,一直以来的我国劳动市场法制,主要设定的是短期的失业,关于长期失业并未采取有效性施策。还有,在长期接受生活保护等情形,不停留于通常的雇佣政策性应对,基于日常生活乃至社会生活支援这种社会福利的视点,也有必要采取总括性的自立支援方策[36],即使未达到如前所述的完全劳动自立,在活用残存的劳动能力之同时接受生活保护以谋求经济性自立,从法目的来看决不应进行消极的评价。在这个意义上,不应将生计狭隘地理解为"表面上仅仅是以维持生计为目的而营生的小规模事业"[37],将"生计扶助"改为"就业扶助",在留意与其他法律和施策重复的同时,期望技能培训(职业训练)费、就职准备费(包括当前的生活费、住居费的补贴)比现行标准更加充实。

---

[35] 在这点上,定位于生计扶助中的高中就学费,定位于教育扶助才是适当的。再者,是生活扶助(第一类费)还是教育扶助,或者是根据其他法律及施策来进行,这个姑且不论,特别是从儿童的自立支援观点看,不仅是学费,课外活动费、高中升学的补习费用等也有必要成为保障的对象。

[36] 菊池,前揭注 21 论文,第 26 页。

[37] 小山,前揭注 19 书,第 276 页。

三、从《生活保护法》到《基础生活保障法》

综合以上内容提议修改法律的名称及基本的用语。笔者认为,国家"保护"国民的生活这种想法本身,具有前时代的家长专制式的宗旨。若立足于个人的自立乃至自律之基础,应称为"通过保障基础性生活支援国民自立的生活之法律"(《基础生活保障法》)。还有,可以将与金钱和实物给付相关的部分使用扶助及给付这类用语,与社会工作相关的部分使用援助及支援这类用语。

第五节 美国福利改革和汉德勒的视角

一、美国福利改革

在"我们所知晓的福利的终焉(Ending Welfare as We Know It)"的旗帜下,根据克林顿政权下的 1996 年《个人责任就业机会调整法》(PRWORA)进行的"福利改革",以美国的贫困母子家庭为主要给付对象的公共扶助计划,从一直以来的 AFDC(Aid to Families with Dependent Children)改称为 TANF(Temporary Assistance for Needy Families)。在内容上,从一直以来的联邦系统补助金计划改为地区补助金化,赋予了各州广泛的裁量权,此外原则上设定了一个受给期间为 2 年,一生中 5 年(除去受给者的 20% 之例外)这个受给期间的限制,丧失了权原乃至资格(entitlement)计划的性质等,是根本性的改革⑧。从法学视点看,在基于非"资格"化的生存权性最低收入保障理念被否定这点上,具有重要的意义。

---

⑧ 有关 TANF 的日语文献有:后藤玲子:"公共扶助",载滕田伍一、盐野谷祐一编:《发达诸国的社会保障⑦美国》,东京大学出版会 2000 年版,第 151 页以下;杉本贵代荣:《美国社会福利的女性史》,劲草书房 2003 年版,第 5 章;根岸毅宏:《美国的福利改革》,日本经济评论社 2006 年版,第 4 章等。

第八章　贫困问题和公共扶助改革的方向性　191

在美国贫困线以下收入者的人口，2002年达3460万人，贫困率上升至12.1%[39]。这个数字，在20世纪90年代中期以后虽有减少倾向，但景气倒退的2001年以后又转而增加。在这种状况下，占贫困人口相当比例的AFDC乃至TANF的受给家庭数及受给者数，从1996年8月的441万户·1224万人，减少为2001年9月的210万户·534万人，各自减少到52.3%和56.4%[40]。减少的倾向自1996年改革在州层面上实施以前初现端倪，可以看到在接受联邦政府的特例许可（waiver）之州层面上的改革进展。强有力的观点是经济状况的好转、激发强烈工作意欲的EITC（劳动所得税额扣除）对受给者的减少带来了影响。但是一般认为1996年改革实施以后的减少是受到该改革一定程度的影响而造成的。

二、包容的反论

在关于美国福利改革的众多研究中，这里提出的乔尔·F.汉德勒是在法学院执教的实定法学者，其特点是从极广泛的视野展开了论述。他于20世纪70年代以后，将研究范围置于权利论之同时，从行政法学、法哲学、法社会学的视角，以"共同的意思决定（cooperative decision-making）"范本等美国的福利、教育制度为题材，论述了行政裁量统制的应有状态等[41]。20世纪90年代以后，他从批判有关福利改革的政府应对之立场写了很多著作和论文[42]。

---

[39] 以下所述的根据是，U. S. Census Bureau, Poverty in the United States：2002(GPO,2003)；Jacob A Klerman, et al, Welfare Reform in California (RAND, 2003)。

[40] 其后TANF受给者减少，2007年达到170万户·396万人。但是，2008年秋雷曼危机以来的景气恶化很有可能引起受给者增加。久世理惠子："贫困家庭临时扶助制度（TANF）"，载《周刊社会保障》2009年第2549号，第63页。

[41] Joel F. Handler, Protecting the Social Service Client (1979); ibid, The Conditions of Discretion：Autonomy, Community, Bureaucracy (1986); ibid, Law and the Search for Community (1990). 菊池，前揭注29书，第90—93页。

[42] Joel F. Handler, The Poverty of Welfare Reform (1995); Handler & Yeheskel Hasenfeld, We the Poor People：Work, Poverty & Welfare (1997); Handler, The Paradox of Inclusion：Social Citizenship and Workfare in the United States and Western Europe (2004).

在本章中因没有时间介绍其讨论的全貌，以下就 2004 年出版的《包容的反论：美国和西欧的社会公民权和工作福利》(The Paradox of Inclusion: Social Citizenship and Workfare in the United States and Western Europe) 仅介绍与本章讨论关联的部分论点。

该书的主要考察对象是美国的福利事业（主要是以贫困母子家庭为对象的 AFDC 和 TANF）和工作福利制（主要是以长期失业者和单亲家庭等被"社会排斥"的群体为对象的积极的劳动市场政策），其论述涉及福利国家的诸制度，以围绕着减轻疾病、障碍、老年、失业这些风险为目标的社会性公民权观念而展开。

该书的要点，在和本章的关联上，简洁地指出以下四点。

第一，通过工作福利制的义务之包容潜藏着矛盾这点。在实施积极的工作福利计划时，对于地方政府层面的现场的工作者产生了广泛的裁量性决定的余地，在此，因被雇佣者的划一类型化，以及因低下技能、教育不足、健康问题、语言等（这些在许多场合重复），很难找到合适工作的处境困难者由于规避这种意义上的挑选化（creaming）而不得不产生新的"排斥"。其背景有关于现场工作者庞大的事务量、关于工作福利专门知识的欠缺等。

第二，社会性公民权论本来在作为社会性市民的人们获得社会性权利，或者在市民拥有平等照顾的权利这个意义上，包含资格（entitlement）的观念，对此，最近的讨论是从契约的观念来看待这点。这与实定法意义上的契约不同，是基于公民身份的道德性义务的一种社会契约，福利受给者负有该契约上的义务（不仅是就业，在美国的语境下也包括家属和社会生活上的行为）。

第三，在以这种意义上的契约存在为前提基础上，基于此福利受给者享有教育、培训、获得就业机会的权利（另一方面福利受给者负有接受这些申请的义务），由于社会服务工作者负有为实现这些权利的义务，要求福利受给者的授权这个最近的讨论呈现出疑问。诚然，从这种探讨聚焦于物质性资源的平等这个静态的观点来看，将焦点放在权限（power）和授权上，意味着朝着更加动态的观念转换。但是，那些能够很好满足工作者所属单位要求的积极的福利受给者还好，在交织于社会的、历史的语境中，从资源不足的观点来看,对于那些事实上不仅不可能行使提起不服申诉的权利,反而总体说来不能将自身的需求和不满概念化的福利受给者来说,要求以福利受给者和工作者的水平性权利义务关系为前提的授权是困难的。

第四,由上可知,为了纠正工作者和福利受给者之间权限的不均衡,提出两点方案。其一是,力争实现高效且正确完成事务工作的金钱给付和进行专业的、个别裁量决定的服务(与工作福利相关的雇佣服务工作)这两个工作体系的分离。后者不限定于福利受给者应向所有人开放,不局限于职业培训等,还应包括保育、医疗、社会服务等,涵盖雇佣后的支援。还有,与世间一般所谓的"怠惰的贫困者"这个"神话"不同,以现实中大多数的福利受给者具有内在的勤劳伦理这个实证分析为前提,应极力避免实行制裁。其二是,劳动市场提供充分的职位这个假定是不现实的,为防止陷入标签化和排斥,应保障基本收入。据此,工作者和福利受给者的关系不是上下关系,而是真正意义上的对等关系,社会性公民权从契约回归于地位(代表社会所有成员的权利和义务之束)。

还有,汉德勒在2007年所著的《批判福利,无视贫困和平等》(Blame Welfare, Ignore Poverty and Equality)中建议,根据普遍性的基本收入在国内不能得到多数支持这个理由,应废除TANF,创设不进行资产调查的儿童补贴[43]。

第六节 汉德勒的论述和对我国的启示

汉德勒所论述的范围,除了行政法学、法哲学、法社会学外,在前节提及的著书中以马歇尔、米德、埃斯平-安德森、劳赞巴隆等社会公民权论乃至比较福利国家论为开端,实际上论述范围甚广。这种研究,在合众国宪法里并无与福利权相关的明文规定中,从20世纪60年代到70年代初期美国联邦最高法院虽表明了一定的积极立场,但其后转为消极立场,在现今的状况

---

[43] Handler & Hasenfeld, Blame Welfare, Ignore Poverty and Equality, pp. 317, 336-337. 2007.

下，与实体法上的福利权构建相区别，法学学者在理论上从其他角度试图确立与福利受给相关的规范性基础，对此研究应予以肯定。反观我国的理论状况，将《宪法》第25条的生存权保障作为探讨的对象，对其自身所谓的元理论性基础依据并未进行充分论证的反省重新浮现出来。

在参考美国公共扶助改革的讨论时，有必要牢记其与我国问题状况的差异。在美国福利改革讨论的背景下，还存在与种族问题相交错的、如何应对长期处于社会结构的下层阶级（欧洲所谓的被排斥者）问题。国家的应对，也与对退役军人、障碍者、老年人等"值得保护的贫困者（the deserving poor）"主要进行的联邦层面的分类性扶助不同，关于母子家庭和与之相关的有劳动能力的男性、无家可归者等"不值得保护的贫困者（the undeserving poor）"，原则上停留于州及地方政府层面的应对。在此状况下，论及了后者对于分类性扶助的就业优先（work first）战略的过分执行，以及最低生活保障（"资格"化）的必要性。

对此在我国，最近，虽然差距的扩大和阶层的固化等遭受批判，但这至少还不能说是与美国世代继承性地深化形成的社会问题属于同等程度。并且，我国有与最低生活保障相关的宪法依据规定，存在具体反映其宗旨的总括性公共扶助制度（生活保护）。我国所面临问题的一定部分，正如在本章所述，生活扶助的第一类和第二类费的修改和各种加算制度的修改，生活扶助以外的教育、生计扶助等的修改，生活保护行政运营方法的应有状态等，在以现行制度的基本框架为前提基础上的法修改是可以应对的。因此，与美国不同，谋求真正导入基本收入构想的迫切必要性在我国似乎并不认可[44]。

正如美国的例子所警示的那样，无法否认帮助自立中，具有将陷入生活穷困状态的原因归于个人的责任而政府不干预的消极性侧面。但是鉴于我国的保障状况，不应将"社会的弱者"定位于需要家长式保护的客体，基于尊重其"主体性"之立场，有必要将焦点放在帮助其自立的积极性侧面。

---

[44] 关于笔者基于社会保障法理论对基本收入论的本质性质疑，参见第一章第五节，页边码第34—35页。

第八章 贫困问题和公共扶助改革的方向性 195

从笔者的立场看,作为与社会保障制度的制定和运用相关的规范性方针,承认个人"贡献"的必要性,在以朝着社会生活及日常生活自立进行的公共支援,以及朝着经济自立进行的积极性就业支援为前提之基础上,可以推导出按照具体劳动能力的程度,以职业培训和公共服务劳动等形式进行社会性"贡献"(朝着自立方向积极融入社会)之必要性[45]。在这点上,与汉德勒的论述中所提及的福利受给者和工作者乃至单位之间权利义务关系的拟制相关的社会契约性思想有共通性。但是如前所述,在这里所谓的个人"贡献",于有关职业培训和公共服务工作等具备一定劳动能力的对象者之情形,意味着比较明确的"债务"履行活动。对此,于没有劳动能力的对象者之情形,亦包括为构建有关提供咨询、援助及其他医疗、介护等服务关系中当事人之间的关系性而在参与、协力这种意义上的无形之活动这点,可以说是拟制抽象度更高的双务性关系。

这种看法,将一直以来容易看成是垂直乃至上下关系的对象者、工作者和实施机关的关系,作为更加平等和对等的关系来对待相关联,进而言之,甚至可以影响到在实定法上如何规定当事人间的权利义务。具体地,①受给者负有具体体现"贡献"的一定责任和义务(法第60条至第63条);②实施机关具有进行必要指导指示等权限(法第27条第1款,法第62条第1款);③实施机关负有为帮助自立而积极进行社会工作(法第27条之2)和就业支援的责任与义务;④为有效确保对象者的受给权,要确保程序性保障(法第56条、第62条第4款,第64条至第69条)。根据情形这些包含着相互间相反的要求,但是作为制度论要求,关于①,在法第60条中(与新法第3条之2②相独立),不是"维持和提高生活"这种物理性侧面,而是确认性地规定应按照能力劳动及朝着自立努力的宗旨;关于③,并非是现行法第27

---

[45] 因此,基于笔者的论述,对有具体的劳动能力者,不可承认其有思想犯般自由冲浪的"冲浪者的自由"(即绝对自由——译者)。参见托尼·菲茨帕特里克:《自由和保障》,劲草书房2005年版,第68—69页。在《生活保护法》的实际适用关系上,有精神性疾患,在工作以前社会生活和日常生活需要社会工作支援的情形较多,也许属于所谓的能够"冲浪"者几乎没有。但是,即使是理念层面,不必进行收入调查,不课加工作义务,包括具有劳动能力的成年人在内完全无条件的一律进行金钱给付这种基本收入构想是否能够承认的讨论是重要的。

条之2那样的权限赋予规定,而规定不论要保护者有无请求,实施机关应负有提供咨询及建议的义务,将社会工作在法律上明确定位。另一方面关于②,由于要求慎重地对待通过国家的强制之契机,如法第 27 条第 2 款、第 3 款、法第 30 条第 2 款那样,关于应尊重受给者的自由宗旨之规定本来即为当然的宗旨应予以规定,十分重要。关于法第 62 条第 3 款的停止、废止权限,与法第 56 条一般意义的禁止不利的变更规定相区别,应规定羁束为行使权限的要件裁量之宗旨用语(例如,"无正当理由违反服从指示等义务,被认为今后亦无服从希望之情形")。对处罚采取谦抑的法态度,是尽量平衡地看待当事人关系所不可或缺的。关于④,与法第 62 条第 5 款的行政程序法的适用除外相关联,有必要完善该条第 4 款的规定。但是即使平衡地对待当事人关系,作为最后防守的《生活保护法》的性质上,不应轻视职权保护的必要性(法第 25 条)。

即使在我国社会工作者的专门职业性低是个问题,尽管要求改善社会福利主事的任用资格、教育进修等,基层行政组织恣意行使裁量权的问题,并非如美国那么深刻。因此,没有必要进行与金钱给付和服务实施相关的事务组织的分离。但是,为了极力避免与处罚相结合的威权性社会工作,应对上述的规定进行完善,也应规定保护实施机关和其他福利服务担当机关、雇佣相关部局的有机协作义务。

第七节 结语

正如本章开头所述,我国的贫困和差距问题,以 2008 年秋的雷曼危机为契机,较之从前更加深刻化,成为重要的社会性和政治性问题。围绕着其应对的讨论,也与雇佣危机相关联,不止于公共扶助改革,还涉及雇佣保险制度的应有状态[46],以及与劳动、雇佣政策和社会保障政策相联系的安全网

---

[46] 木下秀雄:"失业劳动者的生活保障和雇佣保险法",载《劳动法律旬报》2009 年第 1697 号,第 54 页以下。

第八章　贫困问题和公共扶助改革的方向性　　197

的应有状态⑰。伴随着2009年秋的政权交替,同年4月一度废止的母子加算同年12月又得到恢复,与之前不同的政策动向呈现出来,现今意义上的国民最低生活的重新构建正在成为新的课题⑱。

在这其中,在本章中所提出的《生活保护法》改革,仅靠此或许并不能直接解决现在的贫困问题,但是,与战后复兴的紧要关头,由于社会保障还未完善,最低生活保障成为紧急的全体国民性政策课题而制定新《生活保护法》时不同,在年金、医疗、社会福利等诸项制度得以完善,"健康安心的生活"(1993年社会保障制度审议会社会保障将来像委员会第一次报告)被作为社会保障目的之现代,在《生活保护法》的目的、作用及与其他法律施策的关系等中,符合今日实情的修改工作成为不可回避之事。根据2000年所谓的社会福利基础构造改革,与《社会福利事业法》改称为《社会福利法》的社会福利领域相同,《生活保护法》也从帮助自立乃至自立支援为核心的视点,应进行根本性修改。还有其时,最低生活的保障,不限于《生活保护法》,在与其他法律施策的有机联系中,立足于建立多层次的制度这个前提,有必要使其充实成为具有厚度的施策⑲。

在本章,笔者从社会保障法理论出发,对《生活保护法》的法目的、基本原理的重新构建、按给付性质进行保障的理想方法,还有对美国的论述中获得的启示,即在构建平衡性的公共扶助法制框架时对必要规定的修改等,进行了研究。今后,在重新构建上述多层次的国民最低生活思想指引下,将进行更加深入的立法探讨。

---

　　⑰　丸谷浩介:"从社会保障法看安全网的应有状态",载《劳动法律旬报》2009年第1687·1688号,第18页以下,同"失业和生活的安全网如何重新编织",载《DIO》2009年第241号,第4页以下。

　　⑱　2009年12月,在整理整个社会保障制度的出发点即国民最低生活思想的同时,为进行其基准和指标的研究,组建了由厚生劳动大臣主办的"国民最低生活研究会",2010年6月发布了中期报告。

　　⑲　例如,在《生活保护法》之外,可以考虑导入住宅补贴以代替一直以来的公营住宅施策,充实与儿童补贴、儿童抚养补贴等儿童关联的社会补贴,法律规定附带职业培训的失业扶助制度等。笔者认为这些无论如何都是应积极研究的课题。参见驹村、菊池编,前揭注33书,第25、27、33—34页。

第九章　关于无家可归者自立支援之法的课题

第一节　序言

被称为无家可归者的人明显增多并成为社会问题,这是20世纪90年代泡沫经济破灭之后的事。无家可归者,集中于东京都、横滨市、川崎市、名古屋市、大阪市等大都市。为此,这些自治体虽然实施了一般性的咨询、援助等,但难称是根本性的对策,财政负担也逐渐增大。在这种情况下,要求国家层面上的应对呼声逐渐高涨,至2002年,终于通过了关于支援无家可归者自立的特别措施法(《无家可归者自立支援法》)。如后所述,这是有10年时限的立法,虽被指出存有若干问题,但该法的通过,可以评价为使我国对于无家可归者问题,不停留于福利国家的一般对策中的应对,而是朝着"定义无家可归者,用体现特定化的对策之法应对"[1]这个方向迈出了一步。

另一方面,面临2008年秋以后未曾有的经济危机,以及在以此为开端国民生活不安增大的紧迫状况下,进行了2009年《雇佣保险法》修改(第171国会法律第5号)和2009年一般会计补正预算等一定的政策应对。对于生活穷困者而言,成为最后防线的生活保护的受给者数,2009年12月有181万1335人,与前一年同月比大幅增加了近5000人,还有进一步增加的倾向。

这种最近的动向,如至今为止我国缺失的有关长期失业与收入保障组

---

[1] 岩田正美:"拥有无家可归者法——基于英国经验的思考",载《季刊Shelter-less》2002年第14号,第9页。

合的职业培训体制之创设、公共年金制度的重编、住宅补贴的导入等,其本身或许成为给我国社会保障法制发展带来大转变的契机②。但是,以这种将最近的动向和讨论被逼向死角的形势来看,针对《无家可归者自立支援法》为核心的支援对策的理想状态之研究千万不可懈怠。

本章在追溯《无家可归者自立支援法》的立法过程之同时,目的在于阐明该法的目标和法课题。其时,考虑与经常质疑其适用的可能性的《生活保护法》之兼顾,努力阐明无家可归者的法保障之现状和问题点。

以下,在第二节,追溯以《无家可归者自立支援法》为核心的无家可归者施策之展开过程。其时,围绕该法进行了怎样的讨论,通过国会的立法过程阐明之。鉴于一直以来关于无家可归者法制的法学研究[3]极为鲜见,这种工作有一定的意义。接着,在第三节,概述有关无家可归者一直以来的裁判例,整理迄今为止诉讼上的争论点。在此基础上,在第四节,关于《无家可归者自立支援法》和《生活保护法》的关系,以及与"自立支援"相关的论点进行若干的探讨。

第二节　无家可归者施策的展开和《无家可归者自立支援法》

一、无家可归者施策的展开

如开头所述,因无家可归者的增加而成为社会问题是 20 世纪 90 年代

---

② 追求包含这些论点的社会保障制度重构的笔者等的提言,参见驹村康平、菊池馨实编:《希望的社会保障改革》,旬报社 2009 年版。

③ 世沼弘志:《无家可归者和自立/排斥》,大月书店 2008 年版。此外,学会的研究有:日本社会保障法学会第 47 次大会(2005 年 5 月 28 日于庆应义塾大学召开)研讨会报告"现代的无家可归者施策的动向和公共扶助法的课题",载日本社会保障法学会编:《社会保障法》第 21 号,法律文化社 2006 年版。但是,在收载的五篇论文中,法学研究者的论文只有一篇(而且其内容只是说明研讨会的宗旨)。

以后之事。一直以来的无家可归者施策,除了适用包括医疗扶助单给的《生活保护法》之外,已经存在基于1899年制定的《旅行病人及旅行死亡者待遇法》采取施策的自治体等。

国家真正开始干预,可追溯至1999年2月设置由各省厅及地方自治体构成的"无家可归者问题联络会议",同年5月发表了"关于无家可归者问题当前的应对措施"。在此指出,作为探讨无家可归者问题时的基本视点,"以露宿生活为前提的支援说到底有必要止于紧急性、过渡性、限定性援助",对无家可归者分为:①虽然有劳动的意愿但没有工作处于失业状态者;②有必要进行医疗、福利等援助者;③拒绝社会生活者三种类型,对其各自说明①通过劳动的自立,②通过福利等支援的自立,③促进其适应社会这种自立支援对策的必要性,提出今后的具体施策是:(1)确立综合性咨询和自立支援体制;(2)稳定就业;(3)充实保健医疗;(4)确保需要援护者的住居等;(5)完善安心和安全的地域环境。

接受这个报告后,同年7月,厚生省成立了"无家可归者自立支援方策研究会",翌年即2000年3月,发表了"关于无家可归者的自立支援方策",围绕着促进无家可归者支援的课题、无家可归者自立支援事业的有效促进方法(例如,福利事务所发挥核心作用的现实状况,与保健所、公共职业安定所等相关机关和社会福利设施等合作的必要性,与NPO和民间团体等协力的必要性等)进行了探讨。据此同年4月开始,"对于自立支援中心的利用者,通过在提供住宿和饮食的同时,进行健康诊断、生活咨询、指导及职业咨询、斡旋等,以促进利用者的劳动自立"为目的,以"有劳动意愿者、有劳动能力者、有必要助长劳动意愿者等"为对象,将厚生省的无家可归者自立支援事业列入了预算。

并非以无家可归者问题为直接的研究对象,但同年12月,提出了"关于需要社会性援助者的社会福利应有状态之研究会"报告书。一直以来的社会福利主要是以"贫困"为主要对象而进行,在现代社会,由于认识到"身心的障碍、不安"、"社会排斥和摩擦"、"社会孤立和孤独"等问题的重复和复合性,为重新构建与今日的"联系",提出了新的社会福利观。在这其中,提及无家可归者时指出，住居的保障是最优先的课题，为实现自立进行就业斡旋和职业培训等与劳动部局的合作是重要的问题，与此同时，部分委员主张关于这个问题有进行特别立法的必要性。

二、《无家可归者自立支援法》

2002年7月31日，通过了关于无家可归者自立支援等特别措施法（以下简称为"法"）④。以下，在阐明其概要的同时，也论及其立法过程的讨论。

第一，将无家可归者定义为"将城市公园、河川、道路、车站及其他设施无理由地当做起居场所而经营日常生活者"（法第2条）。有观点指出，若严格解释这个定义的规定，类似于所谓"网咖难民"等无家可归者境遇的人将不包括在内。诚然，该法的实施对象虽然并不限定于无家可归者（法第3条第1款第2项，第8条第2款第3项），但也可以看出与对无家可归者预先规定的施策并未同列定位（法第3条第1款第2项，法第8条第2款第1项、第2项）。

第二，关于无家可归者自立支援等施策的目标，列举了关于无家可归者要解决的问题（同款第3项）：①对有自立意愿的无家可归者要确保稳定的雇佣场所，确保就业的机会，确保安定的居住场所，确保保健和医疗，通过有关生活的咨询和指导帮助这些人自立（法第3条第1款第1项）；②以不得已而有成为无家可归之虞者多数集中的地域⑤为中心，通过进行确保就业机会、实施生活相关的咨询和指导以及其他生活上的支援，防止其成为无家

---

④ 当初，进行了第151次国会提出的"关于无家可归者自立支援等临时措施法案"（以下简称为"旧法案"）的审议，但在第154次国会众议院厚生劳动委员会审议时，该法案被撤回，成为由除去日本共产党的超党派组成的委员长提案而被再次提出，并获通过。以下立法过程之介绍只要没有特别的限定，均是与旧法案相关的讨论。

⑤ 关于这些地域，有发言指出，"一般地，可以推定，目前处于失业状态和不稳定的劳动关系中，并且，处于丧失了固定的居所，或者临时寄居这种不安定的居住条件者等"，"这些人多数存在的地域，例如，可以推定为没有固定居所的临时工多数住宿在简易居所的密集地域等"，"论及数字，……有大阪的釜崎地区、东京的山谷地区，让人想起这些地区"。参见第154次国会众议院厚生劳动委员会第25号（2002年7月17日）第27页真野政府参考人的发言。

可归者(同款第 2 项);③临时提供住宿场所,应进行紧急援助,实施《生活保护法》上的保护,保障无家可归者的人权,改善地域生活环境和确保安全等。立足于针对"有自立意思的无家可归者"采取实施方策这点是本法的特征。这个含义虽然或许成为问题⑥,但在立法过程中确定的是,即使没有自立的意思,也成为支援的对象⑦。再者,达成的认识是,为了使无家可归者自立,确保就业的机会最为重要(法第 3 条第 2 款)。这点,在刚才介绍的 2000 年研究会报告书中可以看出,与将确保住居作为最优先的课题相比,存在着语气的不同。

第三,关于各当事人的责任义务,规定了无家可归者朝着自立努力的义务(法第 4 条)、国家及地方公共团体的责任义务(法第 5 条及第 6 条)、国民的协助义务(法第 7 条)。

第四,厚生劳动大臣及国土交通大臣,根据第 14 条的规定基于全国调查(关于无家可归者实态的全国调查),应决策制定关于无家可归者自立支援的基本方针(法第 8 条);都道府县及市町村,根据需要,应按照基本方针决策制定实施计划(法第 9 条)。决策制定基本方针属于义务性规定,对此,实施计划没有被规定为义务。

第五,国家为推进无家可归者自立支援等施策,负有为支援地方公共团体或民间团体而在财政上采取措施的努力义务(法第 10 条)。关于第二中

---

⑥ 所谓"有自立意思的无家可归者"是指何者,对于这个质问,政府方面的委员回答指出,"一般而言,是指有意愿因就业等脱离无家可归者状态的人"。第 154 次国会众议院厚生劳动委员会第 25 号(2002 年 7 月 17 日)第 26 页。还有,"即使有自立的意思,经过若干年也没办法摆脱在街上流浪生活者,当然已经对人生产生失望感"。同议事录第 34 页中川(智)委员的发言。

⑦ "关于有自立意思者特别是着力于劳动部分,但并非是根据有无自立的意思而决定是否支援",在确认虽说无自立的意思但并非不支援的基础上,"虽认为所谓无自立意思的无家可归者,……是指没有脱离无家可归者状况的人,对于这些人应尽可能地通过咨询援助,若其意愿一时丧失,要激发其自立的愿望,再者,即使达不到那种状况,也要作为紧急援助及其他的对象尽可能地支援"。还有,对于无家可归者支援对策可能引起道德风险这种担心,指出"无家可归者,由于失去住所过着露宿的生活,鉴于健康状态十分恶化者居多这种状况,其处于十分严峻的状况。在此含义上,虽说放弃努力,有这种支援,但对方认为平常不可能就有这种好事",应抹去这种担心。第 154 次国会众议院厚生劳动委员会第 25 号(2002 年 7 月 17 日)第 26—27 页佐藤(公)委员的质疑和真野政府参考人的答辩。

所提出的施策目标，对于国家将采取财政上的措施在法律上设定为义务这点虽说是有进步，但如后所述，具体的施策内容在法律上并不明确，也未将具体的请求权等赋予利用者方面。

再者，管理城市公园及其他公共设施者，因该设施被无家可归者作为起居的场所而妨碍了正当的利用时，应谋求与无家可归者自立支援等施策相合作，依据法令的规定，为确保该设施的适当利用而采取必要的措施（法第11条）。在上述所表明的施策目标中，如所列举的"改善地域生活环境及确保安全等"，与无家可归者自立支援等相并列，公共用设施的适当管理，也必定是该法所追求的目标⑧。关于这点，在立法过程中，有担心表示，即使实施强制措施令其从公共用地退出，也无法解决无家可归者的问题⑨。

此外，国家得到地方公共团体的协助，应进行关于无家可归者实态的全国调查（法第14条）。

第六，这个法律自颁布之日起施行，是以10年为期限的时限立法（附则

---

⑧ 在参议院劳动委员会森英介众议院议员（众议院厚生劳动委员长）的宗旨说明提到，"作为无家可归者起居的场所，是城市公园、河川、道路、车站等，但无家可归者在这些设施进行日常生活随处可引起和地域社会的摩擦。适当管理供公共用的设施是应尽快解决的课题"。第154次国会参议院厚生劳动委员会第23号（2002年7月31日）第4页。

⑨ 第154次国会参议院厚生劳动委员会第25号（2002年7月17日）第15页键田委员的发言。对此真野政府参考人指出了劳动自立的途径，即"在无家可归者自立支援中心或庇护所这种地方，即临时工作的地方接受这些人，在这里进行自立的指导和传授自我管理的经验后，使其转到合适的地方。为此，虽说现今的雇佣状况不容乐观，但依靠专业的职业咨询员介绍职业，尽可能地实现其自立。"在此，关于对其不是强制使其入居，而是使其应可以灵活地请求居家保护这个质问，同政府参考人的态度是，"保护开始时可以确保住居，还有，提及的金钱管理、生活习惯这些事，若是能够认真去做这些事的人时，当然也可以进行居家保护"。但与此同时，"还是要充分把握需要保护者的生活状况，有必要进行自立指导援助，因此，首先，在自立支援中心或庇护所，或有时为在医疗机关进行保护，期间，疗养指导、金钱管理、生活习惯的恢复、即进行为使其能够经营日常生活的支援，其后，根据必要的居家保护，从现今的状况看，还是适用生活保护，这是促进自立最适当的做法"。同议事录第34页、第35页。另一方面，"对于因老年或健康上的理由自立或工作较困难的人，应与福利事务所相联合，通过使其进入设施或适用生活保护的方式，还是应按照各个无家可归者的状况开出各自的处方笺"，表明了适用生活保护等的方向。同议事录第15页真野政府参考人发言。还有，根据同议事录第38页长势委员的答辩，"基于现行法令的规定为确保公共设施的适当利用，采取必要的措施是可能的，但如所指出的那样，关于无家可归者，仅仅依靠排除是无法解决问题的，所以，为了确保公共设施的适当利用，应谋求与无家可归者自立支援等施策的联合作为必要的措施，在法中予以明确规定，在以无家可归者自立支援为支柱的这部法律中这种规定具有充分的意义"。

第 2 条)。

随着本法的通过⑩,根据厚生劳动省社会和援护局保护课长的通知⑪,明确了"不得以无住居为理由而拒绝保护"的宗旨,这个宗旨其后也得到了再确认⑫。

三、法制定后的展开

法制定后的 2003 年 3 月,根据法第 14 条,进行了"关于无家可归者实态的全国调查",在 581 个市区町村有 25296 人的无家可归者得以确认。基于这个结果,同年 7 月,制定了"关于无家可归者自立支援的基本方针"(法第 8 条)。

根据基本方针,无家可归者对策的基本思路,是以支援无家可归者根据自己的意思经营稳定的生活为基本,为此,就业机会的确保至关重要。同时,确保稳定的住居场所是必要的。此外,关于确保保健和医疗、采取有关生活的咨询及指导等综合性自立支援施策的必要性、以露宿流浪生活为前提的支援,论及了其并非恒常地实施,归根结底应作为紧急性和过渡性施策来定位之必要性。

基于法的宗旨,作为法制定后的无家可归者对策事业,除了一直以来实施的无家可归者自立支援事业、无家可归者紧急临时宿泊事业(庇护所事业)、无家可归者能力活用推进模范事业之外,自 2003 年 4 月始新创设了无家可归者综合咨询推进事业,力求更加大力开展以实施纲要为依据的各项事业⑬。进而,从 2005 年 4 月开始,不限于无家可归者,地方自治体按照地

---

⑩ 法制定时,在众议院厚生劳动委员会通过了与"关于无家可归者自立支援等特别措施法的运用"相关的决议(2002 年 7 月 17 日)。在序言中,将无家可归者施策看成是与《宪法》第 25 条并列的体现同第 11 条精神的必不可少的施策,关于通向自立的路径和自立的方法之多样性的考量、与自立相联系的稳定就业场所的确保等九项,规定应采取妥当的措施。

⑪ 2002 年 8 月 7 日社援保发第 0807001 号通知。

⑫ 在 2003 年 7 月 31 日社援保发第 0731001 号通知中要求,"要注意仅凭无居住地和有劳动能力不可作出欠缺保护要件的判断,要适当正确地实施生活保护"。

⑬ 2003 年 12 月 4 日社援发第 1204001 号。

域的实际情况，对生活保护受给者、低收入者、无家可归者等以地域社会支援为必要的所有需要援护者推进一贯的施策，从谋求强化地域社会的安全网作用之观点出发，将既存的以对需要援护者进行自立和就业支援为目的之事业作为安全网支援对策等事业进行统合和重构[14]，构成无家可归者对策事业的各项事业之具体内容在实施要领中予以规定。

另一方面，2003年8月，在社会保障审议会福利部会设立了"关于生活保护制度的应有状态之专门委员会"，翌年12月提交了报告。在该报告书中，未见直接言及无家可归者的内容。即：在导入自立支援计划时，不限定于生活保护的受给者，对于生活保护不能覆盖的低收入者和刚被停止生活保护等，经济上处于不稳定状态者，也应积极予以活用，但在此并未将无家可归者明确提出。另外，关于劳动能力的活用，"伴随着自立支援计划的导入，未就业者提出生活保护申请时，判断其存在妨碍就业的阻碍要素，处于不能进行充分的就业活动之状态，只要有活用劳动能力的意思，就应积极适用这个计划"。在此，可以认为有劳动能力的无家可归者也没有被排除在外。

2007年1月，按照法施行后五年要进行实施状况的评估，采取必要措施的规定（法附则第3条），作为研究法及基本方针的修改时获得必要的数据之目的，举行了第2次"关于无家可归者实态的全国调查"。同年11月，"关于无家可归者实态的全国调查研究会"提交了报告书。

在此结果基础上，2008年7月新制定了"关于无家可归者自立支援等基本方针"（法第8条）。据此，在全国无家可归者的人数达18564人，从前一次调查时间开始减少了6732人，与此同时指出，随着老龄化、露宿流浪生活的长期化，就业自立愿望低的人比例增加，存在着有些人脱离露宿流浪生活后再次返回露宿流浪生活的倾向。无家可归者对策的基本思路与上述2003年基本方针相比虽然没有变化，但作为对各个课题所采取的方针，进行了该基本方针的附加修改。

---

[14] 2005年3月31日社援发第0331021号。除了无家可归者对策事业外，自立支援计划决策实施推过事业、生活保护适当正确实施推进事业、地域福利增进事业成为对象。

第三节　从判例法理看无家可归者之法的定位

一、历来的相关诉讼

在本节中，对历来的相关裁判例为何提出争讼、法院如何作出判决进行归纳整理。

直接或间接与无家可归者相关的裁判例如下：

①大阪地裁判决 1988 年 2 月 25 日，载行集第 39 卷第 1＝2 号，第 132 页。

②京都地裁判决 1993 年 10 月 25 日，载判时第 1497 号，第 112 页。

③名古屋地裁判决 1996 年 10 月 30 日，载判时第 1605 号，第 34 页。

④名古屋高裁判决 1997 年 8 月 8 日，载讼月第 44 卷第 9 号，第 1516 页。

⑤最高裁三小判决 2001 年 5 月 13 日，载赁社第 1294 号，第 21 页。

⑥大阪地裁判决 2002 年 3 月 22 日，载赁社第 1321 号，第 10 页。

⑦大阪高裁判决 2003 年 10 月 23 日，载赁社 1358 号，第 10 页。

⑧京都地裁判决 2005 年 4 月 28 日，载判时第 1897 号，第 88 页。

⑨大阪地裁判决 2006 年 1 月 27 日，载判例时代第 1214 号，第 160 页。

⑩大阪高裁判决 2007 年 1 月 23 日，载判时第 1976 号，第 34 页。

⑪大阪地裁判决 2007 年 2 月 20 日，载 TKC 文献番号 28132115。

⑫大阪高裁判决 2007 年 3 月 1 日，载赁社第 1448 号，第 58 页。

⑬大阪地裁判决 2007 年 3 月 28 日，载赁社第 1448 号，第 38 页。

⑭最高裁二小判决 2008 年 10 月 3 日，载裁时第 1469 号，第 1 页。

这些裁判例的争点列举如下。

[住所]

⑨、⑩、⑭是，在公园居住的无家可归者 X，要求撤销将以该公园内为住

第九章　关于无家可归者自立支援之法的课题　207

所向大阪市北区长 Y 提出的搬家申请被作出不受理处分之案。关于在公园内设置帐篷的所在地是否属于《居民基本登记册法》中所谓的住所,成为问题的争点。关于这点,⑨认为,同法中所谓的住所,"是指生活的据点,即与其生活具有最深关系的一般性生活、整个生活的中心,是否为具有一定场所者的住所,根据是否具备客观上作为生活据点的实体来决定",在此基础上,从与本案的事实关系看,"关于本案帐篷的所在地,认可 X 接受公园管理者即大阪市根据《城市公园法》第 6 条所规定的占用许可之事实无足够的证据,即使不承认 X 对该所在地拥有权原,客观地看,该住所地作为与 X 的生活关系最密切的一般生活、整个生活的中心,具备作为生活据点的实体",因此认为帐篷的所在地是住所,判决不受理处分违法。对此,在上诉审⑩中,在引用与《居民基本登记册法》中所谓的"住所"相关的原审判词之同时,为了使在这里所谓的"作为生活据点的实体"得以承认,"仅仅在一定的场所经营日常生活还不够,其形态要求具有健全的社会通念基础的住所的定型性",在此基础上,"关于本案帐篷 X 的生活形态,在该所虽然能够继续地经营日常生活,但在此之上应该说无法肯定具有健全的社会通念基础的住所的定型性,还不足以承认具有'作为生活据点的实体',因此,不能认定 X 在本案帐篷的所在地拥有住所",推翻原判决驳回了 X 的请求⑮。在上告审的⑭中,以"社会通念上,也不能将前述帐篷的所在地看作是具备客观地作为生活据点的实体"为理由,驳回了上告。

　　并不一定是与无家可归者本身相关的案例,但同样将"住所"作为争点的裁判例,有⑪、⑫、⑬。在釜崎地区没有连续且稳定的住居的建筑工人中,

---

⑮　⑩ 关于《无家可归者自立支援法》和《城市公园法》的关系做出了判断,其中关于《自立支援法》第 11 条的宗旨做出了如下论述。《自立支援法》第 11 条可以理解为规定了"关于将城市公园及其他公共设施作为起居场所的无家可归者,要求设施管理者谋求与国家及地方公共团体实施的关于无家可归者自立支援等施策相合作,根据该施策通过住居确保等促进无家可归者从公共设施自主退去之同时,对于设施管理者,要求基于法令的规定为确保该设施的适当利用采取必要的措施(其中可以理解为包含强制措施,不承认将此排除的宗旨),通过活用这些多样性的支援方策,规定力求解决公共设施的无家可归者问题,从根本上说,不能解释为包含承认将城市公园等露宿流浪生活固定化的宗旨"。

以釜崎解放会馆所在地为住所者居多,这个事实被报道后,以此为契机,关于区长以没有居住实态为理由基于《居民基本登记册法》第 8 条作出消除居民票的处分,提起了依据《行政事件诉讼法》第 37 条之 5 第 2 款申请处分的临时停止案。无论哪个决定,关于《地方自治法》第 10 条第 1 款所谓的住所,和上述的⑨、⑩进行了相同的解释,⑪及⑬认为这只不过是利用没有作为起卧寝食的场所给自己邮寄物品的邮寄地址而已,上述所在地不能说是生活的据点,申诉未被受理。对此,⑪的上诉审⑫认为,将上述所在地看成是生活的据点是困难的,但在具有作为上诉人住所实体的简易宿所无法保证无障碍地进行居民登记的现状下,至少区长和简易宿所工作人员的工会进行调整,其调整在上诉人等居民周知为止,有充分的余地将上述所在地看成是住所,认可了撤销原决定停止执行的申请。在与无家可归者的选举权相关联上,⑬对选举权的限制虽进行了若干的考量,但结论上否定了对《居民基本登记册法》做另外不同解释的可能性⑯。

劳动能力的活用

③、④、⑤与补足性原理(《生活保护》第 4 条第 1 款)中"能力"的活用相兼顾,是涉及无家可归者劳动能力的活用之有名诉讼(林诉讼)。③判决认为,补足性的要件,"即使属于申请者有劳动能力的情形,应以其具体的劳动能力为前提基础上,对申请者有无活用其劳动能力的意思,<u>在申请者的具体生活环境中实际上是否有活用其劳动能力的岗位应进行判断</u>"(下划线为笔

---

⑯ "未规定足以评价为生活据点的一定场所而不断变换临时性滞在场所者,以及短期内超越市町村区域反复在足以评价为生活据点的场所搬家者等,无法在选举人名簿上登记,不仅地方公共团体的议会议员及议长的选举,直至两议院议员的选举,这些人的选举权及其行使受到限制,……众所周知的事实是这种人在国民中虽少但的确存在,自不待言,宪法对于这些人也规定,选举权是国民固有的权利予以保障之同时,国民投票的机会平等地予以保障,鉴于此,尽管在确保选举公正,构建能够承认这些人选举权行使的制度时,应解决的问题也很多,立法技术上存在种种的困难,但关于是否承认该制度的构建事实上不可能乃至显著困难,至少应该说有讨论的余地,关于限制上述这些人的选举权及其行使,是否因有不得已的事由就可以直接限制,在不认为无疑问"的同时,"即使居民基本登记册制度和选举权及其行使法令上被规定具有密切的联系,通过适用规定了选举权及其行使要件的公职选举法,于宪法上所保障的选举权及其行使受到限制之情形,仅为专门回避那样的结果,如申诉人所主张的那样,解释适用《居民基本登记册法》的规定,反而损害了该法规定的上述居民基本登记册制度的宗旨和目的,不被允许。"

第九章 关于无家可归者自立支援之法的课题 209

者所加），在此基础上，本案申请当时，原告 X 虽然具有从事轻体力劳动的能力，但即使想就业，实际上却并无劳动岗位，福利事务所长 Y 所做出的仅仅提供医疗扶助的给付开始决定是违法的，应予以撤销。对此，上诉审④认为，补足性的要件，"应根据保护开始申请者具有能力，以其具体的劳动能力为前提，有活用其能力的意思，并且以实际上能否得到活用其劳动能力的就业岗位来作出判断"，在此基础上，认定 X 具有活用与本人相同程度的劳动能力之机会和岗位，推翻原审判决驳回了请求[17]。

居家保护和入所保护

生活扶助虽然以居家保护为原则（《生活保护》第 30 条第 1 款），但"无法依据此规定时，据此很难实现保护的目的时"，可以让被保护者进入救护设施等（同款但书）。关于这点，①虽然不是无家可归者的案件，但为出院时请求居家保护的保护受给者提起了要求撤销福利事务所长作出的使其进入保护设施的收容保护（现今的入所保护）变更决定之诉讼。裁判所认为，是否属于"很难达成保护的目的时"之判断，委托于行政裁量，只有在裁量权有超越或滥用的情形才属于违法，鉴于本案不属于违法，驳回了请求。

对此，⑥及⑦是，希望居家保护的无家可归者 X，要求撤销担当无家可归者生活保护事务的大阪市立更生咨询所长 Y 所作出的临时在保护所收容保护（现在的入所保护）决定之案件。⑥在一般性论述了 Y 关于进行保护内容的决定享有一定的裁量权基础上，判决认为，在本案中，对照《生活保护法》第 30 条第 1 款的宗旨，要保护者即使现在没有住居，尽管不能解释为据此直接等同于同款所谓的"据此不能时"，没有进行居家保护的余地，但是在以这种错误的法解释为前提而作出本案收容保护决定这点上是违法的，撤销了处分〔在本案中认定，X 以过去被收容保护时因听力不好而对更生设施中的生活感到强烈压力为理由，明确地表示希望进行居家保护的意思；X 不处于因身体上或精神上的理由而过上以养护及辅导为必要的生活状况（参见《生活保护》第 38 条第 3 款）；作为 X 的生活据点，在附近确保适当的

---

[17] 在最高裁判决⑤中，因 X 死亡，关于取消请求诉讼终结。

住居并非困难之事等]。

上诉审⑦,没有对 Y 的裁量权展开一般论述,较之于⑥,深入到实体判断,由于 X 在申请本案后没多久能够租借住宅之事属实,是否能够确定在自己的"住居"接受生活扶助,应该说其可能性较高,判决否定在进行本案决定时,有符合法第 30 条第 1 款但书的"无法据此时"这个要件的事由。进而,判决认为,鉴于本案的事实经过,保护实施机关 Y,关于 X 的本案申请,即使认为 X 现在没有住居,但根据其他情况,应有义务调查能否接受法第 30 条的居家保护。

出院后的保护废止

虽非狭义的无家可归者案,但有关于出院后保护废止处分的合法性受到争议的裁判例。②是,住院中接受生活保护的原告 X,由于其他医院满员没有床位而无法立即住院,因此住到了友人的家里,尽管如此,由于告知社会福利主事与实际居所不同的住处,而被以"伤病治愈"为理由废除了保护。X 以该保护废止决定为违法,提起了请求国家赔偿诉讼。关于"住居实态不明"能否成为《生活保护法》第 26 条第 1 款所谓的"对被保护者没有必要进行保护时"这种保护废止事由,裁判所消极地解释认为,"住居实态不明本身,并不是直接成为消灭要保护性的推定根据"⑱。

⑧ 是,因营养失调而紧急住院,正在接受生活保护的男性,出院后生活保护被立刻终止,其后在自家死亡而被发现的案件。关于此案,作出了废止保护在《国家赔偿法》上被认为违法,支持了其请求赔偿精神损失费的判决。判决认为,从事实关系看,不能认定因出院男性就不需要保护,本案中的保护废止决定不能说满足基于《生活保护法》第 26 条的废止保护之要件(要保护性的消灭),再者,"被保护者基于自愿且真实的意思,亲自申请取消保护时,即使不直接符合法第 26 条、法第 28 条第 4 款及法第 62 条第 3 款所规定的保护废止事由;实施期间,可以废止保护的情形"即使存在,亦无法认定

---

⑱ 在本案中,社会福利主事对被保护者出院后想在市内租借房子居住的愿望几乎不满足,对此未提出必要的程序等建议,对此的违法性虽有争议,但结论上予以否定。

在本案中提出了任意且真实的保护取消申请。

二、诉讼上的论点和无家可归者支援的课题

从第一部分中总结的判决动向看,可以指出有关无家可归者支援的若干法的课题。

首先,从②、③来看,即使不是公园,"供公共用的设施"(法第11条)被认定为是《居民基本登记册法》所谓的"住所"之可能性几乎没有。再者正如从⑪、⑬可以推测出的那样,即使将不特定的简易宿所等作为通常的起卧寝食场所,并不当然地被特定为"住所"。即使居住和迁徙的自由在与公共福利的关系上受到制约(宪法第22条第1款),居民基本登记册制度亦不止于居民居住关系的公证,还成为包括社会保障制度在内的各种行政事务处理的基础,因此,这种对待看法,招致了深刻的事态。特别是没有公职选举法上的"住所",在与国民主权原理的关联上对极为重要的国民选举权(《宪法》第15条第1款及第3款,第43条第1款,第44条但书,第93条第2款)带来了制约。从这点也可得知,在适用《无家可归者自立支援法》和《生活保护法》的状况下,尽快地进行对居家和入所的生活支援是必要的[19]。

其次,无家可归者在接受生活保护时,《生活保护法》第4条第1款的补足性原理中所谓的"能力"活用之解释至关重要。2004年专门委员会报告书中也提及,"从判例看,要判断(1)有无劳动能力;(2)有无活用劳动能力的意思;(3)事实上能否获得活用劳动能力的就业岗位"。但是,从④和⑤看,(1)中应成为问题的是,有必要留意"具体性"劳动能力这点。就是说,基于健康状态和过去的劳动经历等,必须追问的是具体地有可能从事何种工作。因此,设定65岁这个年龄基准,于未满65岁之情形,当然不应一律判断为具有劳动能力[20]。还有,根据(3)的理解方法,能得出如④和⑤那样不同的

---

[19] 侭是,选举人名簿的登记要求做成居民票后三个月以上在居民基本登记册中被予以记录(《公选》第21条第1款),以一定期间的住居为前提。

[20] 参见本章注36。

212　社会保障法制的将来构想

结论。若不依靠"在申请者具体的生活环境中"(④的判示)能否得到工作岗位这个基准来考量,与原来的"资产"的活用相比,由于"能力"的活用这个基准本身抽象,不得不委托福利事务所的担当者来裁量这个成分很大,所以为接受生活保护的门槛值有变得更高之危险㉑。还有,与目前拥有的劳动能力之关系上,即使获得劳动的岗位,于预想不满足最低生活水准之情形,应开始进行生活保护给付本身。

关于居家保护和收容(入所)保护相竞合的案例,看上去①和⑥及⑦的判断框架并无不同。但是,语法上,即使以居家保护为原则(《生活保护》第30条第1款),有必要留意之处是,⑥、⑦并不否定与收容(入所)保护相关的行政裁量存在这点。从本案看,至少,即使是现在没有居所的无家可归者于申请后短期内有希望可以借贷公寓的情形,应进行居家保护。在一定的要件下,行政方面也产生调查是否能够接受居家保护的义务。

若是尊重宪法上确认的居住和迁徙自由(《宪法》第22条第1款)的宗旨,进而,居家生活被认为可能,只要按照本人的意向,不管租借公寓的希望如何,要求居家保护的解释应该是可能的㉒。即使劝说进入自立支援设施等本身并不违法,不可以成为如断绝生活保护之路那样的强制契机㉓。

②、⑧是对出院后没有住所的被保护者机械地废止保护的违法之案例。这种情形,应积极考虑朝着居家保护的转变。另一方面,⑥判决认为,"于被保护者请求取消保护之情形,只要保护的实施机关根据保护的废止规定不认为是直接处于急迫的状况,……相当于法第26条所谓的'不认为有保护的必要时',可以废止保护"。但是⑧判决指出,在本案中不能认为是自愿且

㉑　在2004年的专门委员会报告书中论及,"关于劳动能力的活用状况,加上年龄等,和有关本人的资格、技术、工作经历、就业阻碍因素、精神状态等医师的判断,基于上述因素有必要对本人就职活动的状况和地域劳动力需求状况的把握进行综合判断,有必要制定客观评价的指示方针"。

㉒　在2003年的基本方针中,关于在保护开始时居家生活被认为可能者,以及有居家生活的可能而退掉保护设施者和必要医疗终结后从医疗机构出院者,应通过活用公营住宅进行居家保护。在保护开始时,被认为是有居家生活可能者,无法入住公营住宅,为确保住宅于需要押金等情形,根据通知[1963年4月1日社发第246号厚生省社会局长通知第6之4之(1)之7]进行给付。

㉓　参见本章注9的真野政府参考人发言。

真实地提出取消保护申请,废止保护决定为违法。其性质上,有必要慎重地判断是否具有基于真意而作出辞退的意思表示[24]。

最近,因多重债务问题而派生的律师对生活保护和贫困问题的关心有所增多[25],今后可以预想这个领域的诉讼将大量增加[26]。

第四节　无家可归者施策和《自立支援法》及《生活保护法》

一、《无家可归者自立支援法》和《生活保护法》

倘若被称为无家可归者的人们没有应依据的资产,不得已陷入无法满足最低限度的生活,其将成为我国社会保障法制中发挥最后兜底作用的《生活保护法》的对象。在这个意义上,《无家可归者自立支援法》和《生活保护法》的适用关系成为问题(法第3条第1款第3项)。

关于这点,作为保护补足性的一环,从"其他法律规定的扶助"优先适用(《生活保护》第4条第2款)看,基于《无家可归者自立支援法》的给付是否属于上述规定成为问题。具体性的施策,若从目前的实施要领中所规定的来看[27],是否当然属于"其他法律规定的扶助"存有疑问[28]。因此,如前所述,至少对于要求适用《生活保护法》的申请者,不承认这点而固执地适用《无家可归者自立支援法》上的施策之行政运用,比照《生活保护法》第4条第2款

---

[24] 参见广岛高裁判决2006年9月27日,载赁社第1432号第49页(根据取消申请的意思表示错误而无效之例)。

[25] 菊池馨实:"社会保障对解决贫困如何做出贡献?",载《贫困研究》2008年第1号,第32页。

[26] 森川清:"法律家对生活保护的参与",载《法律时报》2009年第81卷第8号,第31页。

[27] 参见本章注14。

[28] 2008年6月12日,对于福岛瑞穗议员提出的关于"无家可归者自立支援等基本方针"的质问宗旨书,政府的答辩书(内阁参质169第164号)答复到,"您所指出的自立支援中心提供的服务,不包含在《生活保护法》第4条第1款的'其他所有物'之内","您所指出的自立支援中心提供的服务,不包含在《生活保护法》第4条第2款的'其他法律规定的扶助'之内"。

214　社会保障法制的将来构想

的宗旨有违法的嫌疑㉙。

　　如上,既然《无家可归者自立支援法》的施策以实施纲要乃至实施要领为直接的根据,不得不说给付的权利性是不明确的。在纲要乃至要领中,也看不到有受给权线索的规定,给付决定的处分性当然亦不明确㉚。这在行政程序法和行政不服申诉程序的利用等程序性权利方面成为问题。还有,在实体性方面,设施基准与生活保护设施相比是不充分的,等等,作为最低生活保障机制之一环来评价也有问题㉛。但是,即使是基于纲要等,于实际上进行若干给付之情形,在其限度内保护实施者即市町村免去了《生活保护法》上的保护义务㉜。反过来,于即使进行给付也不满足生活保护的给付标准之情形,应该说当然存有保护义务。

　　还有,基于《无家可归者自立支援法》实施方策时的"咨询及指导"(法第3条第1款各项),若从能够包含强制的契机来看,与《生活保护法》相同(《生活保护》第27条第2款、第3款)应规定体现慎重地考量受给者方面的自由和人格利益宗旨的若干内容。但是,基于《无家可归者自立支援法》的给付之权利性,以及给付内容和标准本身为暧昧之物时,自然也不会有这种

㉙　正如本章注12所列举的那样,2003年7月31日社援保发第0731001号通知指出,"要注意并非仅凭无居住地和有劳动能力来判断缺少保护的要件,正确实施生活保护"。不过,法制定时在众议院厚生劳动委员会的决议(本章注10)指出,"要考虑密切结合依据本法的自立支援方策和《生活保护法》的运用,努力正确适用,以避免生活保护的不当适用"。

㉚　但是具体地,有必要考察各自治体的纲要等。例如东京都和特别区之间交换了"与露宿流浪生活者对策事业相关的都区协定书",在露宿流浪生活者对策事业实施大纲下,制定了实施纲要和实施细目,进行露宿流浪生活者巡回咨询事业、露宿流浪生活者紧急临时保护事业、露宿流浪生活者自立支援事业、地域生活继续支援事业。在大纲之下规定,"露宿流浪生活者对策事业的利用承诺及利用结束后的待遇决定,以各特别区的职责为准"(第3之1),根据紧急临时保护事业实施纲要(第8)及自立支援事业实施纲要(第9),可以看到对福利事务所长的事业利用的申请和对此承诺之用语,据此,较之于处分结构,成为与契约结构更相融洽的机制。

㉛　例如,自立支援设施平均居室一个人的面积标准为3.3平方米,但平均一室的人数没有上限。至于庇护所,连居室平均一个人的面积标准也没有规定。

㉜　在2008年基本指针中,"关于虽有就业的意愿和能力,但处于失业状态,即使实施各种就业对策也被判定为就业困难者,该地域有自立支援中心时,研究决定是否进入自立支援中心","关于于在自立支援中心,结果与就业自立无关而退所者,要再次判断是否需要保护,进行必要的保护",在自立支援中心的应对(在此除去医疗扶助基本上保障入所的生活)优先进行。

考量规定。鉴于存在这些即所谓在二重含义上的权利保障之"弱",如前所述,对于请求适用《生活保护法》的申请者,对此不予以承认而固执地适用《无家可归者自立支援法》上的施策之类的行政运用有违法的嫌疑。可以考虑不限定住进自立支援中心,在接受生活保护的同时每天去自立支援中心参与自立支援计划这种方法㉝。

再者,有别于《无家可归者自立支援法》的确保就业机会等,能否活用《生活保护法》的生计扶助成为问题。生计扶助规定除了向"因贫穷无法维持最低限度生活者"之外,还包括向"有贫穷之虞者"进行给付(《生活保护》第17条)。根据《生活保护法》的注释书,这个"有贫穷之虞者",所举的例子是,名义收入额虽未在最低生活费以下,但其收入的供给源是通过黑市等获得的不可靠收入之情形㉞。即使有劳动能力,因准备面试和就职而经济不宽裕时,可以考虑单独给付生计扶助。倘若《无家可归者自立支援法》以10年为有效实施期限,基本上在适用《生活保护法》之下,有必要大幅度扩充生计扶助㉟和保护设施。

在《无家可归者自立支援法》的立法过程中,仅靠生活保护无法解决而需要应对的问题主要有:①与保护补足性原理相关联,应对有劳动能力的非高龄无家可归者㊱;②应对无劳动意愿但有劳动能力的无家可归者;③应对

㉝ 但是,参见本章注9的真野政府参考人发言。

㉞ 一般这种人适应社会生活的能力极弱,且从正常的社会性基准看已经正在逐渐被边缘化。小山进次郎:《改订增补 生活保护法的解释和运用》,中央社会福利协议会1951年版,第280页。

㉟ 在本书第八章第四节页边码第189页中指出,生计扶助应改称为保护受给者的"就业扶助",提出了大力充实技能培训(职业训练)费和就职准备费等改革方案。

㊱ "生活保护的问题,这个也与一般的人的生活保护相同,严格进行时,容易导致无人接受保护。例如年轻人,说年轻也是未满65岁的人,还有说到有劳动的能力,不,应该说是请劳动,这里与一般人同样地对待可能不行。这里有不能的理由……姑且说,对无家可归者全部进行生活保护是不行的,但是,即使和一般人采取相同的尺度,无家可归者的问题不能解决这事,我认为正如所指出的那样"。第154次国会众议院厚生劳动委员会第25号(2002年7月17日)第14页坂口国务大臣的发言。

无法查明姓名的无家可归者㊲。其中①,有关《生活保护法》第 4 条第 1 款所谓的"能力"活用解释,如前所述,当然不能仅以非高龄者这个年龄标准将其排除在生活保护的适用对象之外。②至少在理论上既然无劳动的意欲,不得不说无法直接适用《生活保护法》㊳,但并非表面上依据"无劳动意欲"而一律将其排除在保护对象之外,对于各个对象者有必要进行慎重的研究㊴。③在现在所在地也有可能实施急迫保护(《生活保护》第 4 条第 3 款,第 19 条第 1 款第 2 项),但不得不说急迫事由消失后会产生继续保护的困难。

二、自立支援的意义

从《无家可归者自立支援法》的立法过程可以看出,这里所谓的"自立"之意义,第一要义上是指通过就业而实现的经济性自立㊵。从该法的条文也可看出,确保稳定的雇佣场所和确保就业机会这些内容,较之确保稳定的住居场所内容置于条文之先(法第 3 条第 1 款第 1 项)等。

对此,在 2004 年专门委员会报告书中指出,在思考生活保护制度的应有状态时的"自立支援",应从广泛的含义上理解,即:其意味着《社会福利法》的基本理念所提及的"使利用者的身心都得到健康培育,并按照其能力使其能够经营自立的日常生活之支援",不仅包含通过就业而获得经济性自

㊲ "身体结实但无劳动意愿,或姓名无法明确者如何应对?我觉得这是个困难的问题,即使跟这些人说起生活保护,若实行生活保护,必须明确姓名,并不能一概地对无家可归者全部实行生活保护"。第 154 次国会众议院厚生劳动委员会第 25 号第 31 页坂口国务大臣的发言。

㊳ 所谓的基本收入的讨论,不得不说作为现行《生活保护法》的解释论是行不通的。即使作为立法论,笔者也对这个构想持反对的立场。本书第一章第五节页边码第 34—35 页。

㊴ 参见福冈地裁判决 2009 年 3 月 17 日,载赁社第 1493 号第 30 页。对于几乎近 30 年没有工作经历的母亲(只是根据医师的判断至少可以从事轻微劳动),和高中一年级退学、无工作经历有自闭不出门倾向的儿子所做出的求职和就业指示,本案判决合法。这个案件并非是生活保护给付适当与否的争议,但是可以充分考虑的是,对于在长期培育的生活环境中就业意愿低下和社会生活实际能力低下,或者因父母的家教和教育欠充分而自闭不出门等经营社会生活陷入困难状况的儿子,不是一律以无就业意愿为由拒绝保护申请,而是在保护开始基础上通过活用自立支援计划,将其作为福利主事的问题来处理。

㊵ 参见本章注 6。

立之支援,而且还包含按照被保护者各自的能力和面临的问题,恢复和维持其身体和精神的健康,在依靠自身进行健康和生活管理等日常生活中能够经营自立的生活进行支援(日常生活自立支援),以及有关恢复和维持社会性联系等社会生活的自立支援(社会生活自立支援)。

私见认为,相对于"自律"是追求的目标,所谓"自立",首要含义是指表明行为主体的生活"状态"之概念[41]。还有"自立",可以从经济方面(经济性自立)、身体方面(身体性自立)、精神方面(精神性自立)进行论述。但是,这里所谓的经济性自立,是包含在活用劳动能力的同时,对于不足的部分从公共制度中得到给付,作为经济独立的行为主体经营生活的概念。在根据自己的收入维持和经营自身生活这个含义上的劳动自立对于任何人而言都是最为希望的生活方式,为此,谋求充实职业训练计划就尤为重要,但是对于无家可归者的自立支援计划,在比较短的期间内[42]要求自立等,即使有"自立的意思",但大多数参加者不被认为具有与劳动自立相结合的特性。生活保护制度的活用和上述含义上的经济性自立这个具有更加广阔视野的无家可归者施策,有必要同时展开进行。

即使《无家可归者自立支援法》的施策对象是"有自立意思的无家可归者"等,在不稳定的生活状况中,贯彻和持续保持这个"意思",实非易事。在此不仅是职业咨询,所有涉及生活的福利主事工作都有存在的必要性。其必要性,完全不是限定于无劳动自立意思或者劳动自立不可能的对象者。重要的是,充实福利专业工作的公共性生活咨询和支援体制,通过将其与民间团体的支援活动有机联系,谋求完善面向无家可归者本人"自立"的条件。

---

[41] 菊池馨实:"自立支援和社会保障",载菊池馨实编著:《自立支援和社会保障》,日本加除出版 2008 年版,第 358 页。

[42] 根据《无家可归者自立支援事业实施纲要》及《无家可归者紧急临时宿泊事业(庇护所事业)实施要领》,事业的利用期间原则上在六个月以内。

第五节　结语

如前所述,在 2008 年基本方针的前提即全国实态调查中,无家可归者的数量在全国达到了 18564 人,从前次调查时间点算减少了 6732 人。在这个意义上可以说,基于《无家可归者自立支援法》实施国家的无家可归者对策取得了一定的效果。但是,正如在 2008 年基本方针中所指出的那样,脱离了流浪生活后,又重新回到流浪生活者大有人在,"毫无原因地将城市公园、河川、道路、车站及其他设施作为起居场所,经营日常生活者"(法第 2 条)这种静态的无家可归者之定义,还是具有未充分把握问题状况的可能性[43]。

在本章中,关于作为时限立法的《无家可归者自立支援法》,经过 10 年后应再延长效力(或者将其作为恒久性的法律),还是被作为保障最低生活的基本性立法即《生活保护法》所吸收,对此并没有准备确切的解答。但是,倘若致力于扩充《无家可归者自立支援法》,现行法上,即使与《生活保护法》相比较,不可缺少的是从对极弱的实体性和程序性权利保障的视点进行精心调查等。另一方面,既然存在无劳动意愿但有劳动能力的无家可归者以及无法查明姓名的无家可归者等,不得已留下所谓的法外援护,但基本上可以说,通过生活保护制度改革来予以应对是本来就应努力的方向。于此情形,不止于运用方面的改革,包括法定位不明确的生活保护自立支援计划等在内的法律修改有必要考虑[44]。

最近,在学界关注贫困和差距之同时,也聚焦于社会排斥。无家可归者

---

[43] 基本方针也与生活保护的适用相联系,指出了一些问题,如有必要向知事申请的第二种社会福利事业的免费低额宿泊事业(《社福》第 2 条第 3 款第 8 号)之设施,和不需要申请的民间设施居住环境恶劣、征收高额的利用费用(生活保护费的实质性收夺)等。

[44] 考察国家施策的变迁时,并非不能看清包括生活保护受给者的自立支援等在内的吸收化方向。参见本章注 14。

可以说是社会排斥的一个典型例子。在展开社会排斥(或者作为相反概念的社会包容)的法律学讨论时,能够成为一个线索的是,《宪法》第 25 条第 1 款所谓的"健康的、具有文化意义的最低限度的生活"之解释。不仅仅是衣食住的充足和医疗、介护等服务的保障,能够保持和社会的联系,也或许可解释为在今日意义上的"健康的、具有文化意义的最低限度的生活"的一个方面[45]。再者,这些要素并非最终只要满足即可,在实现"自立"的整个过程中也有必要予以尊重。在实施和改革《无家可归者自立支援法》及《生活保护法》时,这点也应予以留意。

---

[45] 东京地裁判决 2008 年 6 月 26 日,载判时第 2014 号,第 48 页(老年加算废止东京诉讼)。该判决指出,"在《宪法》第 25 条及法第 3 条中,提及健康的、具有文化意义的最低限度的生活时,加上在为维持以衣食住等为首的生存和健康所必不可少的要素,作为人性的体现,进行与亲属、友人的交往和参与地域社会的活动及进行其他的社会活动,通过兴趣及其他形态进行各种精神性、肉体性、文化性活动,也可以看成是其包含的构成要素"。

第十章　社会福利的申请主义
——以宇都宫国家赔偿诉讼为题材

第一节　序言

社会保障的给付，于多数情形，并非是抽象地满足法所预先规定的受给要件就当然实现。譬如，在社会保险中，裁定（《国年》第 16 条、《厚年》第 33 条）、失业的认定（《雇保》第 15 条）、业务上认定（《劳灾》第 12 条之 8 第 2 款）、要介护认定（《介保》第 19 条第 1 款）等，除去医疗保险，促使保险者发动一定权限的被保险者乃至受给权者的申请成为必要。在社会补贴领域，受给资格者应接受认定（《儿补》第 7 条、《儿抚补》6 条），其前提以申请为必要。进而，即使在社会福利及公共扶助领域，基本上也是受给权者乃至要保护者的申请成为契机从而开始给付。这种机制可以称之为"申请主义"。

关于这种申请主义，第一，特别是于行政决定时作为给付的开始期之公共扶助、社会福利、社会补贴各给付之情形，由于实行非溯及主义，要保障事故的发生时和给付的开始期之间产生时间差①，因不了解制度而产生的漏给等成为问题②。第二，尤其是于对象者为智力、精神、发育障碍者，以及虚

---

① 太田匡彦："权利・决定・对价"，载《法学协会杂志》1999 年第 116 卷第 2 号，第 240 页。

② 关于儿童抚养补贴制度国家的广泛报道、贯彻周知义务之存在有所争论，作为法的义务而消极解释的裁判例，有大阪高裁判决 1993 年 10 月 5 日，载讼月第 40 卷第 8 号，第 1927 页（该判决，承认了广泛报道义务是法定义务，推翻了部分支持国家赔偿请求的原审〈京都地裁判决 1992 年 2 月 5 日，载判时第 1387 号，第 43 页〉）。对此，关于身体障碍者接受介护者的介护乘火车和公共汽车时，对介护者也实行车票减价制度的信息是担当职员没有提供之事，判决违反了信息提供义务的裁判例是，东京高裁判决 2009 年 9 月 30 日，载判例时代第 1309 号，第 98 页。

弱,认知障碍老年人之情形,成为问题的是,等待其自发地提出申请是困难之事。关于这点,成年监护制度的积极活用和防止虐待法制的充实被给予期待,但前者的目的主要放在财产管理方面③,后者也还未制定《障碍者虐待防止法》等,至今仍不充分。在社会保障制度方面,虽亦建立了措置制度(《老福》第 11 条等)、急迫保护(《生活保护》第 7 条但书)这些机制,但在人力和物力资源有限等背景下,现实的状况是,很难说由行政来积极地发动权限。

在这种状况下,关于重度的智力障碍者因两件抢劫事件而被逮捕、起诉,后来被确定为无罪的案件,以该逮捕、起诉违法为理由而向国家及县提出国家赔偿请求,裁判所作出了支持其请求的判决(宇都宫第一次国家赔偿诉讼)④。该案件的原告,进而在另外的诉讼中诉称,在申请主义之下宇都宫市对置身于严峻生活状况的智力障碍者未进行充分的生活支援,置之不理,对其福利行政懈怠行为应予以追究,以此为理由提起国家赔偿请求诉讼(宇都宫第二次国家赔偿诉讼)。

本章以宇都宫第二次国家赔偿诉讼为题材,并在社会福利领域的申请主义下,论证行政的应对是否构成国家赔偿法上的违法(不作为的违法)。具体来说,在第二节,介绍将原告方的请求简单地驳回之一审的判决经过和判决要旨;在第三节,公布上诉审阶段笔者向东京高等裁判所提出的意见书(2008 年 9 月 17 日)原文,本案此后,通过裁判所积极地和解劝告,达成了裁判上的和解;在第四节,介绍其具体内容,阐明本案何以应成为通过裁判朝着自治体福利制度改革迈出的第一步。

---

③　内田贵:《民法Ⅰ总则・物权总论》(第 4 版),东京大学出版会 2008 年版,第 118—119 页。
④　宇都宫地裁判决 2008 年 2 月 28 日,载贱社第 1469 号,第 43 页(确定)。根据担当律师的解说,大石刚一郎:"对于有智力障碍的人搜查、起诉的违法性认定",载贱社 2008 年第 1469 号,第 34 页。

第二节　宇都宫第二次国家赔偿诉讼

一、案件的概要

居住在 Y1（宇都宫市）的重度智力障碍者 X，其障碍基础年金和身心障碍福利补贴等被诉讼外的 S 侵占，通过无效的收养申请被收养，对此，X 以 Y1 和 Y2 默认这些行为，并助长之，放弃了对 X 的支援，致使其蒙受了相当于障碍基础年金、身心障碍者福利补贴的损害及精神损害为由，对 Y1 和 Y2（本案当时是 Y1 的保健福利部长），提起了请求损害赔偿的诉讼。

根据裁判所的调查，认定了与本案相关的以下事实。

（1）X，男，生于 1951 年，非婚生子，由祖母抚养。1974 年在栃木县精神薄弱者更生咨询所（现为：栃木康复中心），X 接受了智力障碍者的调查和判定，被判定障碍程度为 A，接受了向其交付的疗育手册。1986 年由于抚养其的祖母过世（X 当时 35 岁），X 经过叔父的同意，以精神薄弱和癫痫性精神病的病名住进了宇都宫医院封闭医院楼。X 一直到 1999 年 4 月 2 日约 13 年间在该医院住院。

（2）宇都宫医院 1999 年 4 月 3 日让 X 出院（当时 48 岁）。X 与在住院时熟识的 H 一起在 A 公寓的房间里开始生活。S 约在 2000 年，因与 X 和 H 从同医院出院且与二人一起住在 A 公寓的 M 被无赖欺负请求帮助，在友人的拜托下决定照顾 X 等 3 人，X 的居民票迁到了 S 的自家居住地即真冈市。S 保管着 X 的汇入障碍基础年金和身心障碍福利补贴的存折及印章。进而，S 于 2001 年 4 月 2 日和 X 结成了养子收养关系。但是，2006 年 6 月 26 日在宇都宫家庭裁判所判决认为，X 无表达结成收养关系的意思能力，因而确认该收养关系无效。

（3）M 于 2001 年 7 月 6 日骑自行车从宇都宫市的 B 公寓（从 A 公寓搬来）逃到了东京都新宿区，成为无家可归者，被无家可归者支援者 D 所保护。M 对于支援者、东京都、新宿区的福利担当者陈述说，"S 夺取了 M 的障碍者年金和生活保护费，强制让其做清扫和拆卸的工作，还不给工资。还有，M 遭遇交通事故时，S 自称为代理人从加害者的保险公司领取了和解费，其将大额的保险金也据为己有，未向 M 支付一分钱。遭受 S 的殴打、踹踢、怒骂胁迫等暴力更是家常便饭"等。

（4）X 在 S 的管理下从 2000 年 2 月到 2005 年 4 月中旬期间，未向 Y1 提出过有关现在的生活状况或智力障碍者福利或生活保护咨询或申请。间接地，与 X 同时期在 B 公寓居住过的 H 及 M，由于都是生活保护受给者，Y1 掌握了 H 及 M 的生活状况。

本案中的争议点有三：①Y2 有无公务员个人的责任；②Y 等有无违法行为；③损害。

二、判决要旨

东京地裁于 2008 年 2 月 28 日作出了驳回 X 请求的判决[5]。争议点中，关于①，"行使公权力的国家或地方公共团体的公务员，关于其履行职务，应理解为因故意或过失给他人造成损害时，国家或地方公共团体对于其受害者承担赔偿的责任，公务员个人不负责任"，遵循最高裁判例[6]作出了消极的解释（这个争议点，在上诉审中没有争议）。以下，介绍关于争议点②地方裁判所的判断（由于消极地解释了这点，没有关于③的判断）。

在判决中，对于 Y1，2000 年 3 月以后至 2005 年 4 月中旬期间，围绕着（1）作为生活福利进行生活保护的给付，除了障碍者年金（1 级）外还保障其居住和生活费；（2）作为障碍福利，由于是重度智力障碍者，给付咨询支援、家政派遣、白天临时支援、金钱管理支援、短期居住支援等生活支援服务；（3）为应对社会适应上的问题，派遣专门性生活支援顾问；（4）为了 X 的生活支援

---

[5] 载《工资和社会保障》第 1505・1506 号，第 90 页。

[6] 最高裁三判决 1955 年 4 月 19 日，载民集第 9 卷第 5 号，第 534 页；最高裁三判决 1972 年 3 月 21 日，载判时第 666 号，第 50 页；最高裁二判决 1978 年 10 月 20 日，载民集第 32 卷第 7 号，第 1367 页。

和权利保护,探讨有无应选任成年监护人的法的义务,作出了以下的判决。

申请主义"宗旨应解释为,即使是可以接受智力障碍者福利和生活保护施策者,是否接受之应尊重其本人的意思,但行政在没有本人的申请而采取这些施策(智力障碍者福利及生活保护——笔者注)是不妥当的,显而易见,法律上对于担当该行政工作的公务员没有课加这样的义务。

还有,在本案中,2000年2月以后至4月中旬为止,由于X没有提出有关智力障碍者福利及生活保护的咨询和申请,Y1不负有应进行X主张的行为之法的义务。"

"2000年2月以后至2005年4月中旬为止,S虽承认了管理X的金钱等事实,但是没有足够的证据认定S侵占了X的障碍基础年金和身心障碍者福利补贴,以及实施虐待之事,还有,从X于2001年12月14日接受疗育手册的再判定时,X也说希望继续现在的生活来看,不足以认定2000年2月以后,X处于Y1应积极介入并实施生活保护等施策的紧急状态"。

"……从X和Y1的这种关系看,无法说Y1处于应认识和把握X的生活状况的关系"。

"根据以上,不能说Y1负有X主张的法的作为义务。"

对此,X提起了上诉。在下节,公布笔者向东京高等裁判所提出的意见书原内容。

第三节　向东京高等裁判所提出的意见书

一、序言

本稿从社会保障法研究者的立场出发,对2008年第1567号国家赔偿等请求案件(所谓的宇都宫国家赔偿诉讼上诉审)中争议事项,进行若干的分析。

本案国家赔偿请求的成立与否,归根结底在于行政机关有无违反作为义务。并且,其时,如何思考有关社会福利法领域的所谓申请主义成为重要之点。以下,以这些问题为核心进行论述。

二、关于申请主义

(一) 原判决

原判决(宇都宫地裁判决 2008 年 2 月 28 日)认为"在接受智力障碍者福利及生活保护的施策时,原则上采取申请主义","这个宗旨应理解为,即使是能够接受智力障碍者福利及生活保护的施策者,能否接受之应尊重本人的意思,但行政不经本人申请而采取这些施策是不妥当的,法律上对于担当该行政工作的公务员没有课加这样的义务是显而易见的",在本案中,由于 2000 年 2 月以后至 2005 年 4 月中旬为止期间,原告没有提出关于这些的咨询和申请,所以判决被告宇都宫市不负有作为的义务。

与本案相关联,为了导出宇都宫市的作为义务,成为线索的重要规定可以认为是关于现行《智力障碍者福利法》上有关措置权限的规定(《智力障碍》第 15 条之 4 及第 16 条),和《生活保护法》上有关急迫保护的规定(《生活保护》第 7 条但书)。以下,比照这些规定,探讨若未进行咨询和申请,是否可以说一律没有产生行政机关作为义务的余地这个问题。

(二) 《智力障碍者福利法》上的措置

根据 2000 年《社会福利事业法》修改以后的所谓社会福利基础构造改革,以老年人和障碍者领域为中心,围绕着提供社会福利服务的法律关系,发生了"从措置到契约"的巨大变化[7]。具体地,2000 年施行《介护保险法》,2003 年实施障碍者支援费给付制度,2005 年制定《障碍者自立支援法》等[8],这些作为这个改革的一环得以定位。

---

[7] 加藤智章、菊池馨实、仓田聪、前田雅子:《社会保障法》(第 4 版),有斐阁 2009 年,第 243—248 页(前田执笔)。

[8] 加藤等,前揭注书,第 264—269 页。

以前的措置制度,关于包括福利服务给付的可否及内容在内的法律关系,是根据行政机关单方意思表示的行政处分所来设定的机制。但是,这种机制存在着并不尊重福利利用者的选择权,在与福利提供者的关系上利用者易被置于从属性关系等问题,这些问题成为一个契机,决定至少在形式上根据对等的当事人之间的合意(契约),设定服务利用关系⑨。

实际上,在行政解释中认为,导入《介护保险法》之前,接受基于《老人福利法》的措置在老人院被养护,并非是给予老年人的权利,而是由于公共机关负有措置义务而派生的"反射性利益"⑩,在裁判例中可见,(1997 年修改前)《老人福利法》"规定了市町村按照以上各规定的内容应努力综合性地实施措置,但没有关于各个人有家政派遣的申请权,或者,于不认可以此为前提的申请程序和派遣措置时没有关于不服申诉的规定,亦无可以看出有以上申请权的类似规定"。因此,"虽说没有作出原告所要求内容的派遣决定乃至派遣变更决定,但不能理解为本案变更决定是(部分)拒绝原告申请的行政处分",作出了连作为程序性权利的申请权也予以否定的判决⑪。如此,甚至不能完全说措置制度下利用者方面的服务受给权之法的性质得以充分体现,这种利用者不稳定的法地位,也反映了社会福利基础构造改革的背景。

即使在一直以来的措置制度下,关于《儿童福利法》上的保育所,行政解释也未采取明示的反射利益论,认为《儿童福利法》第 24 条(1997 年修改前)的措置是市町村的义务,"市町村对于认定为欠缺保育的儿童,应采取使其进入保育所及采取其他适当的措置"⑫,裁判例指出,该条所谓的"'欠缺

---

⑨ 关于社会福利基础构造改革的理念,例如,参见岩村正彦、菊池馨实、嵩清香编著:《通览社会保障法教材》(第 4 版),有斐阁 2007 年版,第 102 页。

⑩ 厚生省社会局老人福利课监修:《改订老人福利法的解说》,中央法规出版 1987 年版,第 88—89 页。

⑪ 大阪地裁判决 1998 年 9 月 29 日,载判例时代第 1021 号,第 150 页。同样的判旨有上诉审即大阪高裁判决 2001 年 6 月 21 日,载判例自治第 228 号,第 72 页。

⑫ 厚生省儿童家庭局编:《改订儿童福利法·母子及寡妇福利法·母子保健法·精神薄弱者福利法的解说》,时事通信社 1991 年版,第 161 页。

保育'的状况本来就客观存在,其认定是羁束裁量处分",与是否采取入所措置的判断(效果裁量)进行区别的同时,对包括该条但书中所谓的代替措置在内的该条有无违反进行实体性探讨,在以申请权为当然的前提基础上,承认在该条规定范围内的保育服务受给权[13]。

像这样,即使说统称措置制度,在其之下接受福利服务利益的权利性,根据各所依据的法令规定方式等有可能不同。关于这点,根据与有关规定进入障碍者支援设施等入所措置的现行《智力障碍者福利法》第16条前身即《精神薄弱者福利法》第16条相关的行政解释,"第1款中所谓的'按照需要……应采取措置',表明决定是否采取本条中所规定的援护措置之权限在援护的实施者手中,援护的实施者认为必要时,有应采取其措置的义务。还有,本条的援护措置,是作为所谓的服务行政之一环,为实现福利所采取的措置,违反本人或其保护者之意而强制进行虽为不妥当,但关于因无知和偏见而反对的这种事例,有必要努力进行启蒙,取得其同意"[14]。关于与其申请者关联的实体性权利,即使有在根本意义上不明确之面,至少在追究《国家赔偿法》上的违法之情形,不能说继承上述《精神薄弱者福利法》的《智力障碍者福利法》上,行政机关的措置义务(作为义务)完全不成问题。问题是,如后所述,在怎样的状况下不履行措置义务能够成为《国家赔偿法》上的违法。

再者,有必要留意的是,围绕着"从措置到契约"和福利服务给付法体系的改革进行以后,也依然留下了措置的机制这点。例如,现行《智力障碍者福利法》规定,市町村对于因不得已的理由接受介护给付费等的支给显著困难的智力障碍者,在该法第15条之4(2006年修改前该法第15条之32第1款也为同旨)规定,按照政令规定的标准,可以提供障碍福利服务,与此同

---

[13] 东京地裁判决1986年9月30日,载判时第1218号,第93页。

[14] 厚生省儿童家庭局编,前揭注12书,第536页。当时的第16条第1款规定:"援护的实施者,对于18岁以上的精神薄弱者,为谋求其福利,应按照需要,采取以下的措置"。在这个含义上,与在家庭派遣成为争点的前揭注11大阪地裁判决1998年9月29日中的"努力进行措置的综合性实施"宗旨的规定方法有所不同。

时,在该法第16条第1款中,"按需要",课加障碍者支援设施等的入所措置义务(同款第2项)。这个宗旨,是支援费制度时代的产物,但其出发点是,"例如,介护无法单独进行支援费给付申请的障碍者之人突然死亡,只剩下障碍者一个人,再也无法期待来自周围的支援状况下,设想需要紧急服务的类似情形等"[15]。同样地,在因导入介护保险而被契约制度化的老年人福利领域,"例外的是,家属放弃介护,或一个人生活其痴呆症状加重之情形等,从本人的身心状况和家庭关系等情况看,若这样放置不管,未必能够期待根据契约而利用适当的介护服务,并且从老人福利的观点看,也可以设想无法放置的情形。像这样的情形,规定市町村依据职权提供服务"[16],相当于所谓的虐待(上述的情形为漠视)事例也作为措置的对象予以设想,这个宗旨在障碍者福利领域也同样是妥当的(参见《障碍自立支援》第2条第1款第3项)。

即,应该说介护保险制度和支援费制度,因自立支援给付的导入,措置制度所具有的行政机关的积极作为义务这个侧面更加明确化。这可以说是如上所述立法者自身明确地表明意图之点,在近年来关于障碍者人权意识提高的背景下,对于行政机关的权限行使国民的信赖和期待高涨这个情况应予以重视。

(三) 急迫保护

生活保护法,与措置制度下的社会福利各法不同,关于保护的"申请"进行了规定(《生活保护》第7条),实体性上,至少关于满足基于该法规定的给付要件(参见同法第4条、第8条等)情形的给付的权利性(保护请求权),可以说不存在任何问题地被予以承认[17]。虽说如此,关于生活保护制度的利用,与社会福利服务同样,以申请保护为原则(同法第7条)。不过,要保护者处于急迫状况时,即使没有申请保护,规定也可以进行保护(同条但书),

---

[15] 障碍者福利研究会编:《支援费制度Q&A》,中央法规出版2002年版,第28页。

[16] 厚生省介护保险制度施行准备室监修・增田雅畅著:《易懂的介护保险法》,有斐阁1998年版,第53页。

[17] 前揭注11大阪高裁判决2001年6月21日。该判决认为,比较《生活保护法》与《老人福利法》,两法关于申请权、实体性权利的存否、作为权利的成熟性立足于不同的前提。

这个急迫保护的活用如何成为争议之点。

根据即使现在亦被频繁地参照、可以称得上是《生活保护法》的唯一回答书的解释,上述所谓"处于急迫状况时",属于"生存遭到危险,或迫于其他社会通常观念上认为很难放置不理程度的情形","仅仅说无法维持最低限度生活,未必能说属于这种情形。何种情形属于此,是具体性事实认定的问题。但一概而论,儿童或身体残疾人仅仅是扶养义务者不扶养而陷入这种状态的情形较多,或者即使是成年人在患病时相对早期陷入这种状态的可能性较多"[18]。在该书中还论及,除"本人无意思表示能力的情形及其他有急迫事由的情形"之外,保护的实施期望尽可能是申请保护[19]。

如此,应可以说,作为《生活保护法》中急迫保护的对象,本人无意思表示能力,或判断能力极欠充分的重度智力障碍者当然也包括在内。假使给付障碍基础年金等,由于能成为急迫保护对象的"要保护者"是指,"不拘于现是否正在接受保护,处于有必要保护的状态者"(《生活保护》第6条第2款),所以该金钱处于亲属的事实支配下,若本人是不得已而处于健康的、具有文化意义的最低限度生活标准以下的生活之情形,依然可以成为保护对象('旦是参见同法第77条)。问题点是,在与个别事件的关系上,即使说可以采取权限赋予决定(可以规定)的形式,于何种情形可以说产生行政机关的急迫保护义务(作为义务),以及其懈怠如何定位为《国家赔偿法》上的违法。

三、关于违反作为义务

(一)原判决

如在第二部分中所见,以措置和急迫保护的规定为线索,即使有追究行政机关违反作为义务的可能性,在何种要件下产生作为义务,是否构成《国

---

[18] 小山进次郎:《改订增补生活保护法的解释和运用》(复刻版),全国社会福利协议会1991年版,第165页、第122—123页。

[19] 前揭小山书,第166页。

家赔偿法》上的违法，这是面临的问题。原判决也在与第二部分（一）中介绍的申请主义的关联上否定被告市的作为义务之同时，另一方面一边回答原告的主张，一边兼顾在原审被认定的事实，做出了实体性的判决，即："2000年2月以后，不足以认定原告主张的被告市处于应积极地介入采取生活保护等施策的紧急状态"，"从原告和被告市的这种关系看，不能说被告市处于应认识和把握原告的生活状况之关系"，可以看出，并非是仅凭与申请主义的关联而排斥原告的主张。

（二）关于规制权限不行使的违法

在本案中，有无违反与给付行政领域行政机关积极地提供服务相关的作为义务这个问题受到质疑。在这个意义上，一直以来，可以说是很少见到先例的案件。但是，在探讨本案时，与所谓公务员不行使规制权限的违法相关的判例法理，在同样地质疑行政机关违反作为义务这点上，其判断的框架可以参考。

最高裁判决认为，在判断有关公务员规制权限不行使是否构成国家赔偿责任时，在具体的情况下，对照被赋予权限的宗旨与目的，只要其不行使并非被认为是显著的不合理，以上权限的不行使，在与接受该不利益者的关系上，不能评价其为《国家赔偿法》第1条第1款的适用上违法[20]。

对此，在通常被称为属于典型性给付行政领域的社会福利方面，近年来，可以散见对福利提供者规制监督权限的不行使成为争论点的裁判例（①高松地裁判决2005年4月20日，载判时第1897号，第55页；②东京地裁判决2006年10月25日，载判时第1956号，第62页；③东京地裁判决2007年11月27日，载判时第1996号，第16页）。这些都是围绕《儿童福利法》上有关提供保育服务的儿童虐待案件，①和②判决是，关于在无认可保育所因园长虐待而导致入所儿童死亡的案件，县的规制权限不行使是否违法之例（参见《儿福》第59条）。③判决是，基于《儿童福利法》第24条第1款但书，

---

[20] 最高裁二判决1989年11月24日，载民集第43卷第10号，第1169页；最高裁二判决1995年6月23日，载民集第49卷第6号，第1600页等。

关于在根据世田谷区的纲要而实施的保育妈妈制度下儿童于保育时间内受到伤害,世田谷区的权限不行使引起争议之案件。其中,在①和③判决中关于县乃至区的权限不行使,支持了国家赔偿请求。

其中①判决,对于(1)具体危险的迫近;(2)可预见性(并非要求预见到死亡这个结果,只要给入园儿童的生命及身心带来了重大的影响,反复进行对儿童的福利具有显著的有害虐待之事实即足以认定);(3)结果可回避性;(4)补充性(规制权限行使以外很难回避结果的发生);(5)可期待性(对于行使权限的国民期待),以上全都予以肯定,认定了县知事行使指导监督权限存在过失,与死亡之间有相当的因果关系,承认了基于《国家赔偿法》第1条第1款的责任。

② 判决在明示引用上述最高裁判例的基础上指出,(1)对于园儿的生命或身体存在重大危害的危险性,其危险是否紧迫?(2)是否预见或能否预见上述危险的存在及迫切性?(3)县对于认可外保育设施,如何行使本案当时的《儿童福利法》所规定的规制权限?(4)综合判断有无回避上述危险的可能性等事情,其中(1)虽然可以认定,但判决认为没有(2)的具体可预见性,所以不能认定《国家赔偿法》上的违法性。

③ 判决虽无明示性的引用,但以上述最高裁判例的判断框架为前提之基础上,列举了以下诸点:(1)对于儿童虐待这种给婴幼儿生活和身体造成重大危害发生的迫切性;(2)该危险的可预见性;(3)可回避性;(4)区民的期待,等等,判决至少认定了没有行使作为保育妈妈制度依据的区纲要上的指导和调查权限这点存有过失,不行使法令的该权限明显地缺乏合理性,属于《国家赔偿法》上的违法,与损害之间有相当的因果关系。

这三个判决与本案相同,在着眼于社会福利领域之一的儿童福利领域的案件时,作为与之后的探讨相关的这个领域具有特点的判决内容,姑且指出以下诸点。

第一,作为上述最高裁判决的所谓"被赋予的权限宗旨和目的"相关的要素,在①判决中,参照了《儿童福利法》的总则规定,即进行规制监督的地方共团体,与儿童的保护者一道,负有培育儿童身心健康成长的责任(《儿福》第 2 条），这是保障儿童福利的原理，在施行所有有关儿童的法令时，应得到尊重（同法第 3 条），在③判决中，也参照了同法第 2 条。

第二，在与权限行使相关的可期待性的关联上，在①判决中，对认可外保育设施的指导监督权限之强化和厚生劳动省通知中的方针等看，表现出对应确保儿童的生命和身体安全有很大的期待，导出了"与行使包括警察权限在内的一般性行政权限的情形有若干不同视点，即：要求更加重视运用该法所规定的第一要义性目的即儿童福利的保障，在此意义上，当儿童的福利有明显被侵害之虞时，期待都道府县知事积极地行使该权限"。在③判决中，也言及了区民对运用保育妈妈制度的信赖和期待。

第三，在③判决中，"由保育妈妈所保育的婴幼儿，对于保育妈妈的虐待，事实上不可能回避和防御，期待对于其身体和生命的危险做出回避努力是困难的"，言及婴幼儿被侵害利益的重大性。在①判决中，具体危险之紧迫，还有在②判决中，也存在对生命和身体造成重大危害之危险性，其危险是否紧迫，成为各自判断的要素。

（三）关于本案

正如从上述①乃至③的各判决所见，《国家赔偿法》上，认定与公权力行使相关的不作为的违法要件，裁判例列举出了危险的紧迫、可预见性、可回避性、补充性、国民的期待[21]。本案国家赔偿责任的成立与否，这些要件中，尤其以危险的紧迫和可预见性为中心，由围绕有关两当事人当时的具体诸种状况的事实认定和该认定事实的评价所左右之面似乎很大。以下，鉴于本文的宗旨，与这些事实认定相关的探讨暂且不深入进行，在言及（二）中的考察之同时，确认从法的视角探讨时应留意之点。

首先，也和行政机关的作为义务的法基础相关联，有必要论述在本案中成为争议点的给付乃至保护法益的宪法性基础。

社会福利服务的给付和生活保护给付，直接地以各个制定法（例如，《智力障碍者福利法》《障碍者自立支援法》《生活保护法》）为法的依据而进

---

[21] 盐野宏：《行政法Ⅱ》（第 5 版），有斐阁 2010 年版，第 309 页。

行。其法的基础,自不待言直接是《宪法》第 25 条所保障的生存权,这些给付根本意义上是作为实现生存权的手段而被定位。并且,有必要留意的是,这些给付中,不仅仅是金钱、服务的给付,各种各样的咨询、援助等被称为个案指导和社会工作的行政活动也包含其中(参见《智力障碍》第 9 条第 4 款、《生活保护》第 27 条、第 27 条之 2、第 62 条等)。

但是,这些给付中,不止于有通过这种财产和服务等的转移而保障国民生活这个含义或目的。实现《宪法》第 13 条所保障的个人的"人格性自律(乃至自我决定)"这种法的价值,就是说,有"为了使个人作为人格自律的存在自主地追求自身的生活方式成为可能而完善条件"这个侧面[22]。并且,不用展开这种抽象论,至少在与本案的关联上来说,行政机关不单止于通过警察行政来应对,不容忽视的还有通过福利行政的积极介入而进行各种各样的给付,确保国民的生命和身体等安全情形(反过来说,无法期待通过福利行政以外的主体确保生命和身体等安全情形)。如此,暂且不论其法的依据是《宪法》第 25 条抑或是《宪法》第 13 条,对置于特定情况下的一定的国民确保其生命和身体等安全,应该说正是在与作为人生存本身的基础相关这个意义上,是以自由权为首的人权保障之前提条件。

在留意这种宪法性基础之同时,有必要解释《智力障碍者福利法》的措置规定(同法第 15 条之 4、第 16 条)和《生活保护法》第 7 条但书等。并且,这点,作为在探求本案中围绕行政不作为违法最高裁判例中所谓的"被赋予权限的宗旨与目的"时要考虑的要素,也有必要充分考量。

在探讨本案中国家赔偿责任的成立与否时,不应轻视原告即上诉人是"重度"智力障碍者这点。

诚然,在(二)中所列举的①乃至③判决,第一,对于从对象是婴幼儿的特殊性直接地能够产生"生命"的危险案例(参见第三部分(二)的第三之论述),在对象是成年男性的本案中不能说当然地产生"生命"本身的危险这点;第二,对于可以看出参照总则规定的《儿童福利法》第 2 条及第 3 条(参

---

[22] 加藤等,前揭注 7 书,第 64—65 页。

见第三部分(二)的第一之论述),对于本案中成为问题的《智力障碍者福利法》等没有这样的规定这点,不能不说与本案具有不同之面。但是,关于前者,正如前述诸判决也将"生命,身体"同列对待那样,在其保护法益乃至被侵害利益的重大性这点上,可以认为即使是对身体等的虐待行为,也没有任何变化之处。关于后者,即使没有这种一般性规定,作为福利法上的措置和急迫保护相关规定之解释,也有充分可能导出一定的行政机关之责任和义务这点,亦如前述。

包括剥削年金等经济性虐待,以原告即上诉人没有充分的判断能力为良机,若将被虐待者置于事实上的支配下,与之前的婴幼儿案件不同,在另外的含义上,可以看成"人格价值"本身的损毁是应与"生命和身体"比肩的被侵害利益。

总之,在本案中,对于重度智力障碍者的原告即上诉人而言,其身体等被认为处于危险情形所需要的保护程度之高是健康正常人无法相比的,即使与婴幼儿事件相比较,也没有大的差别。若能够认定具有这种危险急迫的状况,且知晓或应该能够知晓这种状况,既然有如上所述的福利法上之措置和急迫保护这种法的手段,应认定行政机关负有救出义务(作为义务)。

其次,与所谓的补充性要件亦相关联,若在与第二部分中所述的申请主义相关联上而言,必须指出的一面是,对于重度的智力障碍者来说,有无能够进行"申请"的判断能力不得不成为问题,申请主义这个社会福利法领域的原则之适用根本无法期待。

最后,若论及第三部分(二)的第二中所述的国民的信赖和期待,如在第二部分(二)中所述,拥有措置制度的行政机关的积极作为义务这个方面更加明确化之外,导入与成年监护制度的利用相关的市町村长申诉权(参见《智力障碍》第28条、《生活保护》第81条)等,近年有关障碍者等所谓社会弱者的权利保护之立法动向,可以说清晰地反映了国民不断高涨的对福利行政积极应对的信赖和期待。但是,关于被置于相同社会弱者地位的老年人,已经制定了《防止虐待老年人法》,对此,关于障碍者,同种类的立法至今仍未制定,其权利保护机制的完善状况很难说充分(参见《老年虐待》第9条、

第10条)。然而,被虐待者的法律保护之必要性,也正如从本案所见,在要介护等老年人和智力及精神障碍者等(特别是重度的情形)之间并无大的差异。因此,从这些观点来看,基于防止虐待法制还未健全这种法的不完善状况,要求解释《障碍者福利法》和《生活保护法》等,还有,对在本案中成为问题的行政机关作为义务进行认定时,也有必要考量这些情况。

第四节 裁判上的和解

一、达成和解劝告为止

裁判所(东京高裁第20民事部合议系)基于2008年5月以来的上诉审中的辩论,采用了上诉人方面申请的两名证人的询问,该询问于2009年4月27日进行。其中一名是作为X的支援者一直参与其中的福利专业职员(当时为障碍者地域生活支援中心的咨询员)C氏;另一名是在东京都新宿区从事无家可归者支援活动的组织代表D氏(前揭)。D氏对在新宿成为无家可归者的M进行保护,听取M的诉说,和Y1的职员进行交涉,请求智力障碍者的救济。

询问证人后,立即进行结案审理,等到宣告判决日后,通知双方的代理人,由裁判所进行了职权和解的劝告。其内容虽是损害赔偿请求诉讼,但并非进行金钱性解决,而是由上诉代理人提出Y1应努力的新制度,由Y1对其进行研究。其结果是,2009年10月22日,两当事人之间达成了和解。本案和解时,如下所介绍,以Y1充实障碍者福利为目的的和解条款达成合意[23]。

二、和解条款

"在宇都宫市内居住的智力障碍者X,以因有智力障碍而被S利用,侵

---

[23] 大石刚一郎:"在东京高裁达成沿着推进宇都宫市智力障碍者权利保护施策方向努力的和解",载《工资和社会保障》2010年第1505·1506号,第82页以下。

占了其障碍基础年金、障碍者福利补贴等"为理由,对 Y1 提起请求损害赔偿的本案诉讼,以此为教训,在本案和解中,记载了以下六项和解条款。

(1)为了尽快实现障碍者的福利、就业、生活支援、地域生活固定化、成年监护制度的利用支援,强化在市内七个地方设置的"障碍者生活支援中心"之作用,充实从事具体支援活动的人员等,为了使智力和发育障碍者的福利综合体制更加充实,应进行相关研究。

(2)如被上诉人的事例,为了给其支援带来困难那样的对象者,应尽快研究有关智力和发育障碍者虐待及穷困的权利保护专门机关等专门性制度。

(3)作为成年监护制度利用支援事业的具体化,为了事实上没有接受家人支援的低收入障碍者,研究更加有效地、机动地补助成年监护申诉手续费用、鉴定费用及监护人报酬等。

(4)与地域生活固定支援中心合作,关于更生紧急保护和入所设施,地域生活体验事业(包含紧急庇护所的作用)等,委托给福利团体等,研究包括其方法在内的适当支援。

(5)努力积极地在宇都宫市内引进栃木县的"障碍者就业·生活支援中心"及国家的"地域生活固定支援中心",宇都宫市独自设置"障碍者就业支援中心"时,研究建立包括智力和发育障碍者的就业支援在内的相互能够进行有机合作的体制。

(6)关于以上的制度、构想(关于现在正在进行的施策和事业之细目,另纸列出),随着其内容、开始时期等逐步确定,尽快地通过公布在"广报宇都宫市"等方法广而告之。

第五节 结语

和解条款的内容,并非一定是伴随着个别具体的数值目标和财源支持之物，能够取得何种程度的实效性也还存在未知数部分。但是，在以救济受害者的主观性权利为第一要义的裁判所，达成与自治体整体制度的改善能够相联系的和解之意义，绝对不可低估。

在本案诉讼提起的背景下，可以看清诸如支撑智力障碍者的社会福利制度之脆弱、"申请主义"下福利行政侧面的某种"懈怠"乃至"旁观"这些情况。进而，即使能够承认"申请主义"原则自身的必要性，从诞生以来经历了幼儿期、学龄期、青年期，若能够构建依据社会福利制度和权利保护体系之切实支持体制，也可以防止智力障碍者犯罪，以及最后导致在重大事件上的误认逮捕、冤罪之事态，这些问题意识有其背景。恰好那时，根据2009年度厚生劳动省预算，开始实施有关福利支援以必要的监狱出狱者为对象而设置地域生活固定化支援中心的施策，谋求架起司法福利和社会福利之间的桥梁。与对需要支援的出狱者进行支援不同，并且从与本章考察相关的侧面来看，智力障碍者福利施策应谋求更进一步的充实。

第十一章　关于介护事故的判例法理

第一节　序言

与《介护保险法》施行相前后，提供介护服务时产生事故之法律责任，由本人或遗属向设施及事业者提起损害赔偿诉讼这种形式进行追究的案件正在增多。与所谓的医疗事故诉讼相比数量上虽然还少，但这十余年间积累了一定数量的裁判例[①]。

关于介护事故的损害赔偿请求诉讼，实务专家方面，基于服务质量的提升和构建当事人之间的信赖关系这个观点，在与应进行的风险管理乃至风险经纪之关联上进行了论述[②]。还有，出现了以之为线索尝试探讨损害赔偿

---

① 将焦点聚集于介护事故诉讼，据笔者的认识，在2000年这个时点，以第二节①和②判决为开端，笔者与《工资与社会保障》编辑部（当时）一起进行共同工作，着眼于在不久的将来，预想有关介护事故的法律纷争会增多，因当时主要的判例杂志还未登载，于是以此为发端，积极地"发掘"裁判例，在该杂志上刊载判决全文之同时，笔者进行了判例解说。仅在并非专门刊载判例的该杂志上刊载的裁判例到最近为止并不为少之事是其"遗痕"。其后很快，介护事故诉讼在成为法律实务家的关心目标之同时，成为风险管理的分析对象而受到福利业界的注目。初期的小论文有：菊池馨实："介护事故和损害赔偿责任"，载《工资与社会保障》2000年第1280号，第10页以下；菊池馨实："用餐介助和在特养院的死亡事故"，载《工资与社会保障》2000年第1284号，第38页以下等。

② 增田雅畅、菊池馨实编著：《介护风险管理》，旬报社2003年版；高野范城、青木佳史编：《介护事故和风险经纪》，通草书房2004年版；大阪律师会老年人和障碍者综合支援中心编：《介护事故手册》，大阪律师协同组合2006年版。此外，虽不是法律家编著，但有以下出版物：神奈川县老人院协会事故防止对策研究委员编著：《介护事故风险经纪》，日综研出版2002年版；山本雅司、石尾肇：《医疗和介护设施的风险经纪入门》，时报2004年版等。

第十一章 关于介护事故的判例法理

法理的研究论文③。所谓的"福利契约"乃至"介护契约"时代已经到来，可以预想今后围绕介护事故的法律纷争越来越多，鉴于此，在民法学、医事法学、社会保障法学等的协力下，介护事故固有的损害赔偿法理之研究，是向法学研究者提出的重要理论课题④。

本章综合探讨介护事故相关裁判例，其目标在于阐明现阶段判例的目标。以下，首先在第二节到第四节，按事故的类型梳理判例上的争论点并进行分析。其次在第五节，基于前节为止的考察，进行理论分析。在第六节，对介护事故发生时的设施和事业者以外的法主体能否追究赔偿责任进行探讨。

严密地讲，关于"介护"事故的范围究竟有多大，并非一概明确。在本章，以占事故案件大多数的与提供老年人"介护"服务相关的裁判例为中心，亦言及部分与提供障碍者"介护"服务相关的案件。相当于医院的所谓"看护"事故案件⑤，在分析介护事故时虽然被认为能够给予一定的启示，但基本上是违反医疗职业的注意义务等问题情形居多，因此在本章中不进行研究。

---

③ 品田充仪："福利契约和契约当事人——关于介护事故的损害赔偿法理"，载新井诚、秋元美世・本泽巳代子编著：《福利契约和利用者的权利保护》，日本加除出版 2006 年版，第 165 页以下；中野妙子："介护保险法及障碍者自立支援法与契约"，载《季刊社会保障研究》，2009 年第 45 卷第 1号，第 17—19 页。还有虽不是论文，但在这个领域思考损害赔偿法理时提供了有益启示的成果，参见西村健一郎、岩村正彦、菊池馨实编：《社会保障法 Cases & Materials》，有斐阁 2005 年版，第 406—411 页列出的诸设问。

④ 最近有关福利契约的文献有：新井等编著，前揭注 3 书；岩村正彦编：《福利服务契约的法之研究》，信山社 2007 年版；中野，前揭注 3 论文，第 14 页以下等。

⑤ 最近的裁判例，高松高裁判决 2005 年 12 月 9 日，载裁判例时代第 1238 号，第 256 页（关于因麻疹脑炎而住院的患者换上褥疮症时，认定医院方面负有债务不履行责任之例）；大阪地裁判决 2007 年 11 月 14 日，载裁判时 2001 号，第 58 页（关于县立医院住院中的患者从病床上跌落受伤之事故，医师、护士不存在过失而驳回对县的损害赔偿请求之例）；最高裁三判决 2010 年 1 月 26 日，载判时 2070 号，第 54 页（推翻老年患者住院中身体被拘束为违法的原判决〈名古屋高裁判决 2008 年 9 月 5 日，载判时第 2031 号第 23 页〉改判合法之例）等。这些其中特别是最高裁的案件，即使在思考有关介护设施等进行的身体拘束之违法性时，也给予了有益的启示。参见菊池馨实："关于一般病床的身体拘束"，载《周刊社会保障》2010 年第 2588 号，第 30 页。

第二节 误咽事故

247 　　用餐介助中的误咽事故直接导致的重大后果是死亡。有以下7个案件7个判决[6]。

　　① 横滨地裁川崎支部判决 2000年2月23日，载赁社第1284号，第43页（特养短期入住利用者）。

　　② 横滨地裁判决 2000年6月13日，载赁社第1303号，第60页（老人保健设施入住者）。

　　③ 神户地裁判决 2004年4月15日，载赁社第1427号，第45页（特养入所者）。

　　④ 名古屋地裁判决 2004年7月30日，载赁社第1427号，第54页（特养短期入住利用者）。

　　⑤ 东京地裁判决 2007年5月28日，载判时第1991号，第81页（特养入所者）。

　　⑥ 松山地裁判决 2008年2月18日，载判例时代第1275号，第219页（特养入所者）。

　　⑦ 名古屋地裁一宫支部判决 2008年9月24日，载判时第2035号，第104页（居家服务利用者）。

　　这些判决除⑦以外，均为在特别养护老人院和老人保健设施这种老年人介护设施中发生的有关用餐介助中的误咽事故案件。被认定为是设施和事业者方面的责任主要有①、④、⑤、⑥、⑦。按照时间顺序横跨《介护保险法》施行前后，但是除去措置制度下的案件③，围绕提供服务的法律关系依

---

　　[6] 此外，作为裁判上的和解之例有，菊池馨实："晚餐中因误咽导致的死亡事故"，载《工资与社会保障》2002年第1330号，第61页。

第十一章　关于介护事故的判例法理　241

据契约受到规制⑦。然而，虽说可以看成是论述存在从契约导出的一定照顾义务⑧，但根本上全都不是债务不履行责任，而是作为不法行为责任问题被处理。⑨

248

分析在这些案件中过失乃至违反注意义务在何种情形被问责时，大体上可以分为误咽事故发生为止的经过和事故发生后的应对。

其中关于前者，首先有选择食材这个行为本身的适当性受到质疑的案件。尤其是蒟蒻、含片等所谓一般具有误咽危险性的食材之选择成为问题。但是，这点虽然也根据入所者的身体状态来决定，但如判决②所云，选择食材以供用餐本身，并未直接得出有过失乃至违反注意义务的规范性评价。本来，如判决④所提供的启示，既然选择了伴有误咽风险的食材以供用餐，那么基于这种先行行为，产生了"为避免误咽而细心注意的必要"，让其食用后确认口中有无食物以及确认下咽动作等，能够加重用餐介助时的注意义务乃至作为义务。实际上，在判决④中，与后述的救急救命措置相关的应对不成为问题，由于懈怠了这种注意义务而认定是不法行为法上的过失。然而，得出这个结论时，如下所述，基本上作为事实认定问题的误咽性质如何，有着更大的影响。

就是说④（①也同样）案件中被告方主张，误咽是所谓的不显性误咽，职员即使没注意到也无过错。在这里所谓显性误咽，根据判决④是指，"鸡肉、蒟蒻等堵在喉咙时家属用手去取除，喝水时呛住这种通常的误咽"，所谓不显性误咽是指，"不呛的误咽""不注意吸入少量东西"，更甚者是"由于上年纪、使用药物、代谢性疾患及其他有大脑功能下降的情形，引起大脑基底核

---

⑦　①判决，在措置制度下，虽经过了市福利事务所的临时入所登录决定，但是对于具体的入所申请，或许因在设施中做出了入所决定，裁判所作为没有争议的事实，认定存在与短期入住相关的介护委托契约。还有②是一直以来作为契约入所设施的老人保健设施案件。

⑧　在⑤判决中，言及了契约义务的存在，即"在提供入浴、排便、用餐等介护之同时，提供服务时，有照顾契约者 A 的生命、身体、财产的安全和确保之义务"，"从 A 的身体情况和健康状态来看，必要时，应与医师或看护职员协作，在向 A 听取和确认的基础上实施服务的义务"。

⑨　在⑦判决中，《民法》第 415 条和第 709 条被作为参照法令。根据判旨，事业者，作为居家介护契约上的债务，应承担预防对生命身体等危险的债务，在本案中，相当于介护的家政员也被认为负有同样的注意义务。

中的物质 P 枯竭,很难引起这个咳嗽反应","本人也好,用餐介护者也好,都有可能注意不到"[10]的误咽。在判决③中,虽然没有使用显性或不显性这种用语,但指出有"在食物块经过咽喉被送往食道的阶段,通向食管的门没有闭锁而引起"的误咽(前者的误咽),和"向食道送入食物块后,若食道括约肌的闭锁不完全,则会引起食物朝咽喉返流","饮食后经过一定的时间而引起"的误咽(后者的误咽)。

应注意的是,判决③,在面包乃至面包粥引起的误咽案件中,在认定是上述的(后者的)误咽基础上,判决认为,职员无法认识到有误咽的可能,关于一定的救命措置,说起来其有效性存在疑问;对于否定了违反注意义务,判决④在如前所述的蒟蒻和含片误咽事件中认为,"不显性误咽,以用餐时食物堵在咽喉这样的症状为对象来理解难以想象",驳回了被告方所主张的不显性误咽。这带来的启示是,通过食材的选择事实上能够推定误咽的性质,进而判断职员有无违反注意义务时成为重要之点[11]。

至误咽事故发生为止,也有因用餐时的监控体制及监控状况不完善而受到质疑的案件。在判决②中,关于 3 名介护职员负责约 40 名入所者的用餐介护事务,认定监控体制等没有不完善之处。但是,如在第四节的判决①和③中再次论述的那样,这种人员配置即使满足各法令中所规定的人员和设备基准,但这本身并不能够当然减轻服务提供者负有的注意义务。

另外,还有有关设施的职员教育和指导义务受到质疑的案件。关于因呛住状态持续,将副食换成粉碎食物数日后发生的误咽事故,判决⑥指出,"从这种 A 的状态来看,实际对该人进行用餐介助的职员(1)是否认真检查了觉已经醒来?(2)是否让其颈部前屈?(3)是否进行了手和口腔内的清洁?(4)是否确认是一口一口下咽?作为 Y(社会福利法人),有应教育和指

---

[10] "特别养护老人院绿阳苑事件带来的质问",载《工资与社会保障》2001 年第 1307 号,第 14 页(市濑医师回答书)。

[11] 对此,判决⑤,在鸡蛋盖饭中误咽鱼糕片成为问题的案件中,是显性误咽还是不显性误咽,未引起争议。

导担当介护的职员实际中要认真确认上述诸点的注意义务"[12]，尽管如此，结果还是判定违反了该义务。这种设施和事业者的教育及指导义务，在与具有误咽风险的要介护老人等的关联上，应理解为不拘于介护职员资格之有无而应负有此义务[13]。

下面，关于事故发生后的应对，由于误咽事故直接导致死亡这种极其重大的结果，较之于其他类型的事故，要求特别迅速的应对[14]。即：从违反注意义务乃至作为义务的观点看，是否在采取迅速且适当的救急救命措施之同时，尽快地交给医师或急救队员，这是需要考量的问题。

具体地，在判决①中，从上午8点25分发现异常变化，到8点40分叫急救车之间，从只进行了确认生死、护士进行心脏按摩、给家属打电话这些应对来看，认定存在没有进行适当处置的过失。对此，在判决③中，从上午8点8分发现有异常变化，到8点25分接受医师的诊察之间，从捶打背部、由护士用吸引机吸引、介护职员用吸尘器吸引、护士进行人工呼吸、心脏按摩这些应对来看，判决认为，不能认定有关救命措施存在过失。还有，在老人保健设施案件即判决②中，从下午6点多发现异常变化后，虽然没有明确时间的经过，但在采取了导出液体、捶背、联系附近医院、由准护士用吸引机吸引、将手指伸入口腔内等措施后，交由医院的医师治疗这些情况看，判决认为，"在争取一分一秒采取急救措施的现场，存在多个救命方法的选择，是基于患者的状态等，应由实施者选择认为适当的方法来进行，其手段方法，既然是运用医学上通常使用的方法……，据此应认为是适当的"，判决不认

---

[12] 这四个项目，呼应厚生劳动省"关于福利服务危机管理的研究会"于2002年提出的"关于福利服务危机管理的配合方针"中所提到的用餐介助的四个留意事项，基于这个留意事项所导出的注意义务这点受到注目。

[13] 与此点相关联，在判决⑦中，论述居家介护事业者的董事之责任时，认为家政员的过失和董事的重过失之间应有必要的因果关系，据此，本案中通过事业者所进行的新职员研修、公司内外研修等，完全有可能防止家政员的过失，否定了这个因果关系。

[14] 例如，在骨折案件即第三节的判决④中，虽然认定午后3点30分发生跌倒事故时，护士未注意到骨折，仅贴了膏药，没叫救护车而是让其坐在轮椅上，一个小时后到了下午4点30分左右终于让其坐着轮椅搬送至整形外科，但这点的过失竟然未成为争论点。

为是违反了注意义务⑮。

　　加之与医师等联络的这种迅速应对,也有认定包含观察义务在内的救命措置义务的案件。⑤的案情经过大致是:用餐中,职员注意到 A 的口中吐出泡沫,采取吸引措施后(第一次急变),由于再次从口中吐出泡沫,将其上体向前屈,用拳头在胃的周围按压,捶背(此时其他的入住者正在使用吸引机),使其吐出了一块鱼糕片(第二次急变),虽决定了观察一段时间,但不久职员发现其脸色苍白,浑身瘫软(第三次急变),在拨打 119 的同时,实施心脏按摩。判决认为,"Y(社会福利法人)的从业者即 R 园的介护职员们,对于 A 应负有以下义务:A 第一次急变时从口中吐沫,由于被怀疑是误咽食物,采取吸引处置后,即使身体看上去似乎稳定,继续观察 A 的状态,当再次发生身体急变时,直接与作为医疗专家的嘱托医联系要求采取适当的处置,或拨打 119 直接要求出动急救车"。在本案中,"R 园的介护职员们,在 A 第二次急变后,为了观察将坐着轮椅的 A 从食堂带往介护职员室前,但介护职员并未一直在 A 的旁边守候观察,而是让其他的入住者一边介助一边观察情形如何,未与嘱托医等联系采取适当的处置,也未拨打 119 请求出动急救车",在这点上认定违反了上述义务。

　　有关设施误咽事故案件的特征,可以看到数个短期入住的例子。①和④即属于此,②也在预定入所三个月而实际上约六周后发生了事故,在这点上,可以将其定位为属于相同例子。这表明,由于短期入住和入所后不久入所者本人的状态很难把握,事故风险高。

　　以上各案件是老年人设施中的事故,对此,⑦是居家的障碍者介护事故。关于因中枢神经障碍而导致患有体干神经障碍的 15 岁障碍者 A 在用餐介护中因误咽窒息致死案件,认定家政服务员 Y1 存在过失,由企业主即有限公司 Y2 承担赔偿责任。具体的经过是,午后 7 点 25 分左右,注意到 A 有异常变化的 Y1 告诉了其在另一个屋子里的祖母,祖母判断是癫痫发

---

⑮　此外作为紧急时的应对,通知家属的义务本身有无懈怠可以成为争议点。参见第四节的判决②。但是,正如该判例所见,在相当程度被预期的临终时的应对,与本节中提出的突发性紧急事态的应对,过失的样态根本上相异。

作,尽管给 A 用了坐药,但未见起色,Y1 去叫与祖父一起外出的 X2(A 的母亲),7 点 40 分左右与 Y1 等一起回来的 X2 拨打 119 后,用吸引机从 A 的口中吸出了肉馅卷心菜的葫芦条。另一方面,这时 Y1 给 Y2 打电话联系,向 Y3(董事长、护士资格持有者)说明 A 的脸色不好,有发绀症状,Y3 立即判断有误咽的可能性,指示进行吸引和人工呼吸、心脏按摩,直到急救队到来为止,由 X2 和 Y1 交替进行人工呼吸和心脏按摩。

以上述经过为前提,判决⑦认定,根据本案的认定事实,"Y1 是修完了上门介护员二级课程的家政服务员,但对照培养家政服务员的医学知识的上课时间,医师自不待言,也不能认定其与护士具有同程度的注意义务,在本案中很难认定 Y1 应直接意识到 A 陷入了误咽状态",另一方面,可以认定,"Y1 即使自己不能判断异常事态的原因,但至少应认识到是与 Y2 乃至 Y3 联系程度的异常事态","若早些时候与 Y2 和 Y3 取得联系,有充分可能防止 A 因误咽而窒息死亡",所以认定 Y1 的过失和 A 的死亡之间存在因果关系。

在判决⑦中,关于以家政服务员二级的医学知识等为基准,是否应意识到陷入误咽的状态,进行了消极的解释[16]。从这种判决的论理来看,假如介护者是具有更高程度医学知识的介护福利士时,不能否认积极解释这点的可能性。于此情形,因有无介护担当者的资格而可能导致注意义务基准的不同。但是本案中,"至少,是与 Y2 和 Y3 联系程度的异常事态之认识"应该具备,可以说在其限度上对介护工作的专业性予以考量。总之,本判决在介护者不得已单独开展业务的居家介护情形发生紧急事态时,与事业者的联络体制能够具有重要的规范性意义这点具有启发性,引人注目。

提及损害,关于死亡损害,认定的精神损害赔偿金,判决①为 2000 万日元,判决④为 700 万日元,判决⑥为 1318 万日元,判决⑦为 1800 万日元[17]。在判决⑤中,关于因窒息引起的脑缺氧症而导致意识水平低下,约 10 个半

---

[16] 参见后述第四节的判决①的判示部分。
[17] 在本案即 15 岁的障碍儿死亡事故中,也认定向其双亲各支付 300 万日元的精神损害赔偿金。

月后因衰老而死亡的案件，认为窒息虽不是死亡的直接原因，但认定400万日元的精神损害赔偿金[18]。

第三节 骨折事故

设施和事业者在提供介护服务时与骨折相关的裁判例，有以下9个案件12个判决。

① 东京地裁判决2003年3月20日，载判时第1840号，第20页（日间介护接送时的摔倒和骨折）

② 福岛地裁白河支部判决2003年6月3日，载判时第1838号，第116页（老人保健设施入所者的摔倒和骨折）

③ 福冈地裁判决2003年8月27日，载判时第1843号，第133页（日间服务利用中的摔落和骨折）

④ 横滨地裁判决2005年3月22日，载判时第1895号，第91页（日间服务利用中的摔倒和骨折）

⑤ 神户地裁判决2005年6月27日，载赁社第1431号，第57页（特养院短期入住中的摔倒和骨折）

⑥ 京都地裁判决2006年5月26日，载赁社第1447号，第55页（共同生活型介护入居者的摔倒和骨折）

⑦ 福冈地裁小仓支部判决2006年6月29日，载判例时代第1247号，

---

[18] 此外有关于逸失利益的论点。即在判决④中，国民年金和厚生年金（很可能被认为是老年年金）受给相当额作为逸失利益没有得到承认。但是，关于本案存在的逸失利益，由于本案被推定是原告方没有进行充分主张和举证的案件，所以，当然不应认为与一直以来的判例理论（最高裁大判1993年3月4日，载民集第47卷第4号，第3039页等）之间有龃龉。还有在判决⑦中，不需缴费的特别障碍者补贴（特儿扶补第26条之3），20岁之前的障碍基础年金（《国年》第30条之4），到达20岁后的障碍基础年金（同30条），作为逸失利益全都不被承认。在认定障碍基础年金及障碍厚生年金的逸失利益性之最高裁判决（最高裁二判1999年10月22日，载民集第53卷第7号，第1211页）中，"具有基于保险费的缴费来给付之性质"作为承认逸失利益性的理由之一被提出，可以定位成其延长线上的判断。

第 228 页(特养院入所者的摔倒和骨折)

⑧ 大阪高裁判决 2006 年 8 月 29 日,载赁社第 1431 号,第 41 页(⑤的上诉审)

⑨ 福冈高裁判决 2007 年 1 月 25 日,载判例时代第 1247 号,第 226 页(⑦的上诉审)

⑩ 大阪高裁判决 2007 年 3 月 6 日,载赁社第 1447 号,第 63 页(⑥的上诉审)

⑪ 东京地裁判决 2007 年 4 月 20 日,载判例时代第 1278 号,第 231 页(老人保健设施入所者的骨折)

⑫ 大阪地裁判决 2007 年 11 月 7 日,载赁社第 1468 号,第 64 页(共同生活型介护入居者从床上摔落和骨折)

其中,判决⑦及其上诉审的判决⑨虽是请求驳回,但在其以外的 8 个案件中,包括推翻了驳回请求的原审(判决⑤和⑥)的判决⑧和⑩在内,服务利用者方的请求得到支持。虽在共同生活型介护的居室床上摔落案件(⑫)、原医不明的案件(⑪)亦有所见,但骨折事故中的大多数是在日间介护接送时(①)、去厕所时(②、④、⑥、⑩)、去食堂时(⑦、⑨)等,是因利用者自身步行而发生的摔倒案件。

这些裁判例,除了①都是《介护保险法》施行后的案件。因此,设施、事业者和利用者之间契约关系的存在成为前提。但是判决①,将在医疗机关的日间护理作为诊疗契约的一环对待,与去医院时的送迎契约成为一体,从而构成一种无名契约。

在骨折案件中,与误咽事故不同,除去驳回请求的判决⑦和⑨、骨折原因不明的判决⑪,认定构成了义务的不履行[19]。作为其前提,首先需要质疑的是契约上的义务之具体内容。关于这点,在判决②中,以"早上 5 点和下午 4 点每天定时两次清扫可搬运的卫生间"这个介护手册的规定为前提,作

---

[19] 此外在判决②中,处理可搬运卫生间排泄物的处理厂出入口的隔板,相当于"土地的工作物之设置或保存的瑕疵",被认定是工作物责任(《民法》第 717 条)。

为介护护理服务的内容,导出入所者负有应定时清扫可搬运卫生间的义务,肯定懈怠履行该义务和本案事故之间有相当的因果关系,认定了义务不履行责任。

对此,在其他认定了义务不履行责任的判决中,虽然从是契约的附随义务(①和⑩),抑或是契约上的义务(④和⑧)可见这种表现上的不同,但认可了与具体性服务给付债务处于不同水平的一般性义务的存在,在与个别案件的关联上,认定了该义务的违反或过失。具体地,言及了以下各个义务:在判决①中,作为附随于诊疗契约和接送契约成为一体的无名契约的诚实信用原则上的义务,接送时,应确保生命及身体安全的义务(确保安全义务);在判决③中,预想通所介护契约的利用者,是因老年等有精神的和肉体的障碍,在自家维持自立生活有困难者,鉴于此,掌握这类利用者的状况,为使其能够经营自立的日常生活,在提供介护的同时,以事业者认识到利用者的障碍为前提,安全地进行介护的义务;在判决④中,通所介护契约上,准确掌握接受介护服务者之身心状态,防止利用设施时发生的摔倒等事故即履行安全照顾义务;在判决⑧中,作为事业者的义务,事业者及服务从事者提供服务时,规定了照顾契约者的生命、身体、财产安全的短期入住契约(在判决中将此称为"约款")上的义务(安全照顾义务);在判决⑩中,即使未被包含在本案契约上的宗旨债务中,但作为附随之的诚实信用原则上的义务,应保护居住者的安全避免因摔倒而受伤等,履行基本的安全照顾义务;在判决⑫中,以与痴呆应对型共同生活介护利用契约相关的各规定为前提,向本案设施的利用者提供介护服务时,作为介护事业者,为了避免危害利用者的生命和身体,防止事故,应尽力采取必要的措施,基于本案契约,应履行其安全照顾的义务。

如在第五节所考察的那样,在包含判决⑨的最近的裁判例中,使用安全照顾义务用语这点,即使观察下级审层面,现今,在与安全照顾义务的适用领域限定于工伤、公务灾害以及学校事故的事例相关联上,应特别提及⑳。

----

⑳ 参见内田贵:《民法Ⅲ》(第3版),东京大学出版会2005年版,第135页。

进而,在导出该当案件的违反义务时,在判决①,接送受害者 A 时,该人移动时常时介护士应负有尽可能采取目不离开的姿态之契约上的义务;在判决④中,接送时和受害者 A 在本案设施的时间内,为了防止 A 摔倒,在 A 步行时,只要没有确保安全场合等特殊的情况,负有经常地步行介护义务;在判决⑩中,受害者 A 是否能遵守在起居室坐着稳当地等待指示,假使已开始步行其与平常一样维持步行姿势,对于是否让其独自步行应负有事前确认的注意义务,这种与个别案件的关联上判决主张存在具体性作为义务。

关于这种有关债务不履行构成的违反契约上的义务,与有关不法行为构成的违反注意义务之关联,在判决①和④中作出了应注目的判示。即在判决①中指出,应确保 A 的生命及身体的安全义务之懈怠,不过是违反了基于该契约的义务,至于不法行为的成立则很难说;在判决④中指出,步行介扩义务是基于通所介护契约而导出的义务,所以本案中不能认定不法行为之成立。这点是,与契约法上的义务之程度和不法行为法上的义务之程度是否不同这个一般性论点相关的问题[21]。诚然,在没有契约关系乃至"特别的社会性接触关系",很难说当然被课加作为义务的第三者偶然在受害者旁边这样的事件中,可以说不直接构成违反不法行为法上的注意义务。但是,基于作为行政处分的措置决定设定了与服务受给相关的权利关系[22],考量一般理解为[23]不存在直接契约关系的措置制度下福利服务利用者与设施及事业者之间的关系(至少可以说有所谓特别的社会性接触关系),和所谓

---

[21] 大久保邦彦:"请求权竞合",载山田卓生编:《新·现代损害赔偿法讲座 1》,日本评论社 1997 年版,第 218 页;新美育文:《安全照顾义务》,载前揭书,第 234—235 页。

[22] 前田雅子:"分权化和社会福利服务",载日本社会保障法学会编:《讲座社会保障法 3 社会福利服务法》,法律文化社 2001 年版,第 292 页等。

[23] 正因为如此,在"从措置到契约"的口号下,根据所谓的社会福利基础构造改革,进行了朝着介护保险制度、支援费制度(进而《障碍者自立支援法》)发展的社会福利制度的根本性改革。但是,值得留意的是,即使在措置时代服务利用决定的行政处分性和承认服务利用者(家属)和事业者、设施之间法律关系中契约性要素可以两立的见解在裁判例中亦可见(东京地裁八王子支部判决1998 年 12 月 7 日,载判例自治第 188 号,第 73 页),在学说中也得到有力的开展。前田雅子:"与实现生存权相关的行政裁量之统制",载《社会问题研究》1997 年第 46 卷第 2 号,第 28 页等。

的社会福利基础构造改革后与提供介护服务相关的契约关系时，不能直接说改革的"契约"化当然地带来了相同介护事故样态的设施和事业者责任范围的扩张。倘若如此，于至少带来了生命及身体损害这种重大后果而追究介护服务提供者的事故责任之情形，只要不是那种可以解释当事人之间的契约关系中设定了加重义务之情形，就不能说债务不履行构成比不法行为构成义务的程度高㉔。

　　在判决④㉕中，对有关受害者 A 拒绝介护和设施职员 B 介护义务免责进行了意味深长的论述。即关于在卫生间内摔倒和骨折的案件，判决认为，"作为 B，虽说 A 予以拒绝，但不应让 A 一个人走路，应负有说服 A、帮助 A 走到便器处的义务，而对于没有这样做让 A 一个人走路之行为，不得不说违反了安全照顾义务"。"诚然，对于被介护者，即使是负有介护义务者，意思能力不存在问题的要介护者在表明了拒绝介护的意思时，并非不能考虑免除介护义务。但是，于即使表示了那种拒绝介护的意思之情形，应具有介护专门知识的介护义务者，对于被介护者，应从专业角度尽力说明不接受介护时的危险性和为回避其危险而介护的必要性，应说服其接受介护，即使这样只要不是被介护者真挚地表示了拒绝介护的态度，应该说不能免除介护义务"。这点，与缔结介护契约时决定介护方针相关的尊重被介护者的意思（契约内容本身的问题）情况不同，在质疑有无违反日常性介护时的保护义务乃至安全照顾义务等情形，也是与（意思能力没有问题的）被介护者本人的意思决定所涉及的人格利益在何种程度应予以尊重相关的论点。在判决④中认定，步行介护时，"应具有介护专业知识"的介护义务者，并非简单地接受被介护者的要求，而是负有"从专业角度尽力说明不接受介护时的危险性和为回避其危险而介护的必要性，从而说服接受介护"的义务（说服义

　　㉔　在不法行为法上的注意义务和安全照顾义务的关联上，参见新美育文："'安全照顾义务'的存在意义"，载《法律家》，1984 年第 823 号，第 101 页；新美育文："再论'安全照顾义务的存在意义'"，载《法律论丛》1988 年第 60 卷第 4・5 号，第 594 页。另，参见本章注 48。

　　㉕　在同案中，被委托管理运营设施的社会福利法人成为被告，参见本章注 53 的神户地裁判决 2000 年 3 月 9 日。

务)。在本案中，虽然实际进行介护的职员是否具有介护福利士等资格并不明确，但认定了超过可以作为专家责任内容来论述的"说明、建议义务"[26]的"说服义务"，其原因在于介护职员不适当的介护行为具有直接给被介护者的生命身体带来危险的业务性质(若仅仅是说明和建议并不是尽了照顾义务)[27]。

进而在判决⑫中，加之刚才所述的安全照顾义务的说明，以与本案契约关联的各规定等为前提，判决认为，"实施亲自决策制定、计划的介护服务时，应随时向利用者及其家属提供必要的信息，基于利用者方面的希望等适当变更计划，提供良质的服务，由于这些被解释为所谓当然之事，作为尽到上述安全照顾义务的前提，作为从本案契约中的派生之物，被告在介护时，向利用者提供介护上的信息，与利用者及其家属协议，按照情形，也应负有为防止事故而进行充分协议的义务"，指出存在提供信息义务，亦承认了其不履行这点，值得特别说明[28]。

对此⑩是，入住共同生活型介护的认知障碍老年人 A，在职员为做入浴准备而离开的时间内，尽管职员作出了让 A 等待的指示，但 A 开始步行，而后摔倒、骨折的案件。原审判决⑥认为，"很难认定即使是十数秒乃至二三

---

[26] 镰田薰："专家责任的基本构造"，载山田卓生主编、加藤雅信编：《新·现代损害赔偿法讲座 3》，日本评论社 1997 年版，第 305—306 页。

[27] 菅富美枝："本人的拒绝介护和介护设施的安全照顾义务"(为本案判例研究，载《工资与社会保障》，2006 年第 1420 号，第 28、33 页)。其认为，加之说明义务和说服义务之债务性质不同，着眼于阻碍被介护者的自立支援、确保卫生间内的隐私这些方面(特别是阻碍自立支援这个方面)，关于卫生间内的步行介护，Y 按照"债务的宗旨"履行之，难道不是由不同的结论所导致的吗？但是，笔者认为，根据 A 过去在设施内有摔倒的经历，步行中具有不知何时摔倒的危险，在将防止摔倒为己任的设施内，在使用轮椅得到广泛设计，且在墙壁连扶手都没有安装(其自身易被质疑为工作物责任)的卫生间内进行步行介护成为争论点的本案，无法被认为是符合应优先照顾被介护者"朝着自立意思"的场所。假设应考虑这些要素，有无去位于较更远位置的一般卫生间的指示说明乃至说服也应受到质疑。与之相关联，品田在前揭注 2 论文第 177 页论述，于过去有发生过事故或类似事态之情形，涉及该种类事故的可预见性高一些。

[28] 此外，在判决⑫中，契约上，有押金为 80 万日元，退出时扣除 50%返还的规定，关于基于负伤、住院而解除契约时，事业者按规定返还押金 40 万日元这点，不认为是违反了《消费者契约法》第 10 条。而作为契约解释的问题来处理，认定押金扣除的效力限于四分之一(10 万日元)。作为消费者契约法的解释，提供了意味深长的素材。

十秒的时间,有眼睛不得离开坐在椅子上的利用者之法的义务(假如认定有此义务,对于共同生活型介护的运营将课加显著的加重义务,可以说易产生使共同生活型介护对接收面临同样状态的老年人变得踌躇之情况。)",以此为理由,驳回请求。对此,判决⑩认定,如先前所部分引用的那样,"本案事故当时的A,如先前所认定,若根据不仅是认知症的核心症状,其周边症状亦有所出现的情况来看,容易推测其可能处于以下状态:一个人离开与大多数入住者一起静稳地生活的一层食堂被劝导去本案起居室的场面过程,有症状不稳定的可能性;有频繁地来回去卫生间的行动倾向;其无法理解等待指示,或处于即使一时理解但后来忘却,突然有不稳的行动和进行下一个行动。还有,由于摇摇晃晃等不稳当步行而导致摔倒的危险性经常被指出,关于离开A,尽管作为职员,起码应事先确认A是否坐在本案的起居室里镇静地遵守等待指示,假使开始了步行是否维持与平常一样的步行姿态,即使让其独自步行是否无碍等,负有应事前确认的注意义务",但懈怠履行这些义务,应认定其违反了安全照顾义务。根据判决⑩,判决认为,这个注意义务,并非是设定"与通常的本案设施保护(安全确认)不同的高度性注意义务(本来也无应否定可回避性的事情)",尽管如此,但是从作为介护设施的共同生活型介护之性质和职员配置基准来看,也有观点指出,这种确认义务从实质看与"保护"义务没有大的差别。

在判决⑪中,认定在老人保健设施发生了左下肢骨折事故,不过也未究明真正的原因。但是,认定了一般性注意义务的存在,即"入住老人保健设施的老年人,是需要接受看护和介护服务的人,由于其身体机能大多低下,在设施内入所者发生疾病、事故等可能性高,作为老人保健设施,应经常把握入所者的身体状况、健康状态、生活状况、动静等,为防止入所者患病、受到伤害等,负有对入所者进行充分指导和监督的义务"。在此基础上,认定本案中的被告(医疗法人财团),违反了对受害者A负有的"给予充分的注意,经常注视其动静,防止A有危险的行动及因此引起的伤害之注意义务"。并且判决⑪还认定,关于使其发生褥疮这点也违反了注意义务,即:对于本来就具有容易产生褥疮要因的A,"为了防止产生褥疮,要采取适当地变换体位、分散体压、补充营养等措施,假如已经产生褥疮,为防止进一步恶化,使其恢复健康,负有尽快地进行涂抹药剂等适当治疗的义务",但是由于未进行定期变换体位,使用无压被子等体压分散器具之处置,认定被告违反了注意义务。

下面,关于因果关系的判断,从事故发生到死亡的整个经过看,有何种程度能够认定相当因果关系成为问题的案件。在判决①中认定,骨折→长期卧床→肺功能低下/误咽→引发肺炎→死亡这一连经过,对于一般人来说有预见的可能,骨折和肺炎发症引起的死亡之间有相当的因果关系。对此判决⑩认为,将有关本案骨折事故以后的摔倒、胃溃疡、淤血性心功能不全、髓膜肿、认知症的亢进、下咽障碍引起的窒息等全部归责于骨折时,由于围绕生物体过于复杂的要素交错混在,不能肯定骨折和死亡之间有相当的因果关系,因此将损害限定在到转院为止期间的整形外科上的损害。

关于损害额,在判决①和④中,在进行过失相抵(①为六成,④为三成)的同时,另一方面,在判决②中,关于被告提出的过失相抵主张,以没有应认定的事情为由,驳回了其主张;在判决⑧中,因认知障碍"A 处于无法理解自己所在的场所和周围的关系、发生的事情等状况中,基于 A 的身心状态",也同样驳回了主张。其中④是,在受害者 X 没有被认定为认知障碍等意思能力低下的情况下,亲自拒绝了设施职员的步行介护要求之案件,可以认为即使 X 被认为有过失,也有不得已的一面,另一方面,①是,受害者被认定为是中度认知障碍,意思能力相当低下的案件。是否为过失相抵,按何种比例进行,这即使基本上是裁判所的裁量事项㉙,还有,兼顾与在本案中认定了上述那样到死亡为止的相当因果关系,即使有余地认为是谋求损害的公平分担,关于六成这个相抵比例的大小,仍可能有不同的观点。

还有,在判决⑫中,关于骨折和入院后的治疗,认定受害者认知症的症

㉙ 最高裁一判 1959 年 11 月 26 日,载民集第 13 卷第 12 号,第 1562 页。但是,有逸脱裁量权的范围而被认为是违法的情形。参见最高裁三判决 1990 年 3 月 6 日,载判时第 1354 号,第 96 页(关于在断食道场接受断食疗法的糖尿病患者因胰岛素不足而死亡的事故,撤销了患者的过失比例占七成的原审判决,应认定患者的过失比例为三成之例)。

状显著,处于忘记了骨折的状况,在手术前后站位和坐位的姿势勉强,有很多不稳当的行动,没有积极进行康复,这些对大腿关节可活动的地方有大的影响,据此,关于在工伤障碍等级上达到了后遗障碍等级10级,认定了五成的原有的体质因素减额。

损害之中,算定介护费(附添费用)和后遗障碍精神赔偿金时,有应如何斟酌从事故发生前即处于要介护状态成为问题的案件。在判决②中,受灾者因本案事故从要介护等级二变成三,把将来附添费用不得不增加之额作为损害认定时,在最重度一日附添看护费相当额为8000日元的基础上,对照要介护等级二和三的登门通所类别区分给付限度额的比例,其差额部分作为损害予以认定,该案作为有关《介护保险法》的案件之算定方法受到注目。但是,并非是在其他的判决中也依据同样的算定方法。

第四节 其他与事故关联的裁判例

除以上之外,有以下与介护事故关联的裁判例。

① 东京地裁判决2000年6月7日,载赁社第1280号,第14页(在老人保健设施从窗口摔落)

② 东京地裁判决2001年9月17日,载判例时代第1181号,第295页(与老人院入住者家属的联络)

③ 静冈地裁滨松支部判决2001年9月25日,载赁社第1351=1352号,第112页(日间服务中的失踪)

④ 名古屋地裁判决2005年6月24日,载赁社第1428号,第59页(将在护理院的急救患者搬送至医疗机构)

⑤ 京都地裁判决2007年2月13日,载赁社第1452号,第59页(介护用床的制造物责任)

⑥ 京都地裁判决2008年2月28日,载判时第2025号,第33页(在面向老年人住宅的紧急时应对服务)

⑦ 大阪高裁判决 2008 年 7 月 9 日,载判时第 2025 号,第 27 页(⑥的上诉审)

判决①是全盲且有认知症的某利用者 A,夜间从三层摔落而死亡的案件。这是《介护保险法》施行前在老人保健设施发生的事故,尽管可以认为利用者和设施之间的法律关系基本上是准用医疗保险制度适用下的诊疗契约之契约关系,但是,不法行为(雇主责任)能否成立存在争议㉚。

在判决①中指出,"在老人保健设施等以一定的介助、介护为必要的多数收容老年人的设施,……预想产生对入所者有一定危险、不利等事之情形,从事其介护者,综合考量预想的危险和结果的重大性、其迫切度和盖然性、能够实施其回避或防止措施的可能性及容易度,还有其有效性,依其措置对介护上(广义为医疗上)特定的入所者一般应产生的影响、不利、弊害等诸情况,从与护士、介护福利士等其资格相应的专业角度,要求适当进行其裁量性判断,实行选择的方式",在言及老年人介护设施职员应具备的专业性之同时,判决提出规范地要求其裁量性判断的适当行使。在此基础上,对本案从事介护的介护福利士 B,判决认为"作为当晚的介护职员,想到 A 与没有视觉障碍、心神状况没有问题的正常人相比,有表现出不同行动、意外行动等可能性,有义务采取对其照顾的措施",在本案中,"应确认 A 是否恢复到稳定状态,采取措施为 A 做些工作,尝试解消没有寝具等连觉都未睡的 A 的不安定状态",但却懈怠了这些,鉴于此,很难说 B 的措施属于上述裁量判断的范围,认定其存在过失。将 A 隔离到另外房间的 B 的处置尽管是护士的指示,但 B 自身怠于采取适当介护之做法被认定有过失,这表明与医疗、看护工作的指示不同,属于介护福利士自身的过失,可以单独追究责任。并且,这还给予的启示是,除了在第二节的⑦中成为问题的居家提供服务以外,在设施人员配置不足的夜间工作时间带,介护工作被迫需要独自判断的情形居多。本案是设定了 B 等将 A 隔离到另外房间单独居住,无人

㉚ 在案件①中不法行为责任被追究的背景,与原告是 A 的事实婚的配偶这件事也相关联。关于《民法》第 711 条被列举以外的近亲属的精神损失费请求权,最高裁三判决 1974 年 12 月 17 日,载民集第 28 卷第 10 号,第 2040 页(关于被害者丈夫的妹妹,认定了同条的类推适用之例)。

与其交谈,只是观其样子这种状况的案件,在这点上,作为有关不作为不法行为的作为义务之违反问题,正如在本章中所举出的其他案件那样,不单停留于介护者在其支配领域内所具有的他人法益因某些危难、伤病等而被侵害的情形(支配领域的观点),也有介护者因自己的行为(先行行为)使他人法益处于某些危难境地的情形(先行行为的观点)[31]。

判决③是措置制度下日间服务利用时的事故。不法行为(雇主责任)的成立与否受到争议。在判决③中,判决认为,虽然职员有应预见患有认知障碍的服务利用者 A 离开设施的义务,以及注视 A 的行动,防止其离开设施的义务(结果回避义务),但却懈怠之,较简单地认定了职员的过失。

在判决①和③中,关于介护体制上的制约受到质疑。其中在判决①中,关于两个楼层配有护士和介护福利士两名的夜班体制,判决指出,B 即使未采取始终陪伴 A 的措施,也很难直接判定是不当或违法,即不可将夜班职员少的体制本身视为问题。在连与其他的入所者相同程度的时间用于 A 的应对不认为是不可能的状况下,对于 B 未采取任何应对措施这点,认定了其懈怠应适当进行介护义务的过失。对此,判决③并非是介护职员对 A 没有进行任何照顾的案件,而是一边在意 A 的动静,一边不得不介助两名女性如厕,结果只是在一两分钟之间发生的患有认知症的 A 离开设施失踪的案件。在这些案件中,"提供法令等所规定的服务时对正在从事服务者来说即使是过大负担的情形,并不能减轻正在从事服务者的注意义务"这个判示,也与先前提到的判决①中有关老年人介护设施职员的专业性之判示部分相关联,可以认为,其表明,因介护专业工作而进行介护时,事实上要求相当程度被提高的注意义务乃至裁量判断权的行使。

关于因果关系的判断,判决③根据被人看见自失踪以后至少一周,外表没有特别异常而活着之情况,以及其后,至死亡为止的经过全然不明之情况等,认为过失和死亡之间的相当因果关系无法认定。判决的结论自身即使妥当,一般地,在患有认知障碍的老年人离开设施后,不认归路徘徊的时候

---

[31] 桥本佳幸:《责任法的多元构造》,有斐阁 2006 年版,第 28—30 页。

被卷进事故的案件中,虽然说依据认知障碍的程度和事故的状况等诸种情况进行判断,但能够预见是因职员的过失导致失踪乃至事故的损害发生,因此应认定为有相当因果关系的案件也不少㉜。

除了与如上的介护行为本身相关的事故案件之外,还有多种类型的案件正在积累。

其中④是,在契约人所设施即自立型护理院中,入居者 A 因身体不好被送进医院,虽被诊断为急性硬膜下血肿,并接受了紧急手术,但留下了后遗症,其后引发了肺炎而死亡之案件。发病时设施方面的应对(具体而言是往医院搬送)方式成为争议点。若是医疗机构,作为所谓的转送义务问题被看待,其时,证实医师的专业性即有无适时的适当判断成为问题,对此㉝,如本案这样,在医疗助手并未常驻,入住契约上也规定入住者的身体状况管理以自我管理为主的自立型设施里,紧急时,让设施方面承担与医疗机构同等程度的搬送义务是不可能的。在债务不履行成立与否受到争论的判决④中也指出,"自立型护理院的运营者,在入住者身体状况不良时,于必要使用急救车时叫急救车,若非这种情形,和入住者的家属联系,由入住者本人或其家属应对即可,自身不负有将入住者搬送至医院的义务"。即使以非医疗机构的自立型生活设施的经营者及其助手的医学和医疗相关知识为前提,应判断是属于有必要由医疗机构治疗的紧急事态(因此,应采取叫急救车等紧急处置),还是不属于之,也有质疑的余地。关于这点,本判决认为,虽然是具有护士资格的护理管理者观察了 A 的状态之案件,但是从生死检查的结果未见异常,本人也有意识,不能认定足以怀疑头部外伤的事故存在等情

㉜　广岛地裁福山支部判决(1979 年 6 月 22 日,载判时第 947 号,第 101 页)是,关于在公立民营的智力障碍者援护设施内发生的智力障碍者死亡事故,《国家赔偿法》第 1 条第 1 款的适用引起争议,认定了与社会福利法人并列的市的责任之事例。关于在职员率领下去农场干农活时,障碍者去向不明(2 月 25 日),约一个月后(3 月 22 日)在炼钢厂设备工场蓄水箱附近发现了尸体的案件,自去向不明之后的经过一切未被查明,关于因果关系也未被视为问题。

㉝　有关医疗机构的转送义务,最高裁判例有:最高裁三判决 2003 年 11 月 11 日,载民集第 57 卷第 10 号,第 1466 页;最高裁一判决 2005 年 12 月 8 日,载判时第 1401 号,第 14 页;最高裁三判决 2007 年 4 月 3 日,载民集第 224 号,第 35 页。

况看,"判断是有必要到医疗机构进行治疗的紧急事态应该说很困难,进而考虑到某些重度伤病的可能性,作出有必要将 A 搬送到医院的判断亦是困难的"。

倘若不是像本案这样的自立支援型设施,在以要介护者为对象的特别养护老人院等介护保险设施发生同样的事情时,若契约条款中有"于因病情的急变等发生有必要住院的事态时,有责任向合作医疗机构等转交"等用语,根本上作为该条款的解释问题,可以确定有搬送义务的内容。但是,像误咽事故那样应采取必要的救命救急措施非常明确的情形暂且不论,关于搬送是否必要所应要求的判断标准(作为义务的标准),根据该设施的类型和医疗专业工作的配置状况等而不同。

在判决④中,与契约上的一般性搬送义务不同,设施方既然接受了与入住者本人乃至家属的个别合意之搬送,负有适时地介助去医院的义务,从接受后到医院为止花费了不足三个小时的时间,这是否属于丧失了使其接受适当的治疗行为之机会(治疗机会的丧失)也引起争议。这点,若是不法行为责任,与判决①相同,归结于违反所谓的基于先行行为的作为义务这个论点。就结论而言,虽不能说是违反义务,但判决④承认了基于这种先行行为的去医院介助义务成立的可能性本身,受到注目。

接着,判决②是,老人院入住者病危时、出院时和家属联系的义务乃至告知义务是否存在受到争议的案件。本案是《介护保险法》施行前的案件,但 Y 设施是私营老人院,以利用契约的存在为前提。在这个意义上,这些义务存在与否,与介护保险制度下同样,总之作为契约内容的问题来对待。但是本案中,这种契约没有成为直接的依据,在和亲属的关系上诚实信用原则上被承认的告知义务是否存在受到争议,作为一般论,判决②也认定了病危时这种义务的存在。不过,也论及了由于 Y 设施并非医疗机构而是老人院,因此无法认定其负有与医疗机构相同水准的联络义务。这点在与判决④的关联上所述相同,带来的启示是,若介护保险设施等是配置了一定的医疗和看护职位的设施,应要求设施的判断水准也予以提高。但是,在本案中,下午 2 点 30 分由于 A 的呼吸一时停止,采取了吸氧措施后,下午 6 点医师下发了处于病危状态的诊断,果真即使在那个时间仍没和亲属联系不构成违反联络义务? 这是相当微妙的案件。

在判决②中,关于出院时医师的(诚实信用原则上的)说明义务,判决指出:说明的对象"是从事介护者,即使是患者的近亲属,对于没有从事过患者介护的人,没有说明之法的义务"。肯定这种说明义务的根据,若是一概而论归根结底是追求患者受到良好护理等患者本人的利益[34],那么可以说只要在与直接从事介护者的关联上认定说明义务就足矣这个判决说明也是理所当然的。虽说如此,老年人入住介护设施,该设施即使主要是承担疗养介护的工作,但亲属在包括精神层面积极干预的情形下,对于该亲属,或者和介护设施,有时也应认定负有重叠说明的义务。与这点相关的判决②的判示,其涉及多位亲属时应向谁说明成为问题的情形。但是,本案并非是与以决定治疗方法为前提的说明义务相关的案件,而是关于疗养指导方法等说明义务成为问题的案件,其范围并不涉及前者这点有必要加以留意[35]。

⑥和⑦是,有无违反契约上的安全照顾义务受到争议的案件。即:关于接受面向老年人的优良借贷住宅之认定的Y股份有限责任公司出租了管理的住宅,附随租赁合同缔结了紧急时应对服务契约的A在该住宅内死亡之事,感知到住宅的房间内报警器12小时没有反应的管理员匆忙赶到该住宅时,由于Y事先交给的钥匙与房间所配钥匙不同,直到接到消息的儿子X赶来为止约近一个小时没能进入房间。判决⑥认定了债务不履行责任,上诉审的判决⑦也与原审相同,支持了X的请求。判决⑦认为,"在本案紧急应对服务契约上,Y在各种紧急时的具体状况下,至少在契约预先规定的范围内,采取最安全且迅速的方法承担履行其义务的责任",与此同时,认为"适当正确地保管合适的钥匙本身是契约上的义务内容",在本案中,虽有使用所配钥匙进入房间乃至用与之同等的方法进行安全确认

---

[34] 参见熊代雅音:"关于医疗诉讼的说明义务",载《法律家》2006年第1315号,第153页。进而,比起治疗这个共通目的大体存在的医疗,随着日常生活的实现本身即介护之侧面越来越强,对容易产生本人和(没有从事介护的)家属的嗜好、利益对立之情况这点有必要考虑。

[35] 熊代,前揭注34论文,第139—140、152页。

的义务,但"因 Y 怠于保管正确的钥匙而产生过失,导致没能使用所配钥匙迅速顺利地进入房间,不得不说怠于履行上述义务",因此认定了债务不履行责任。

本案是管理员赶到时 A 已经死亡的案件,关于 X 能否成为本案紧急应对服务契约上的权利义务主体存在争议。关于这点判决⑦认为,"基于本案紧急应对服务契约,Y 的义务是,在与生死相关的紧急事态中,救助入住者,或向有关机构通报等,根据状况进行应对,因此,这个义务乃至其附随安全照顾义务,从契约内容看,至少在感知到入住者的紧急事态以后安全确认乃至救助或向有关机构通报等结束以前,入住者即使在之前已经死亡也不能终止,应继续为之",认定 Y 在 A 死亡后,对于继承人 X 负有应对该紧急事态的义务。

还有,本案亦是契约的直接当事人为利用者乃至入住者本人时,设施和事业者对于其亲属是否也负有基于该契约的一定之义务受到质疑的案件。其中论及尽管未利用成年监护制度,提供服务者对于并非契约当事人的家属负有哪些义务很难解释㊱,先前的判决②,在与亲属的关系上从诚实信用原则导出了被认定的告知义务。与这种契约当事人的问题虽然维度不同,但判决⑦认为,即使是契约当事人死亡后,应进行紧急事态应对的义务仍在继续,将继承人作为其义务的收件人这点具有特色㊲。作为与这点相关的损害,虽然否定了义务不履行和 A 的死亡之间的因果关系,但认定了"未过上安全安心的生活以及对实际上辜负了其期待而带来的精神痛苦之损害赔偿"。

最后,判决⑤是关于在自家使用可调节床的利用者 A 死亡,由于该床在设计上、指示和警告上的缺陷导致 A 呼吸不畅死亡,以此为理由,对于介护用床的制造公司等追究制造物责任的案件,请求被驳回。

㊱ 中野,前揭注 3 论文,第 20 页。
㊲ 之前介绍的第三节的判决⑫中,虽是以契约上的规定为前提,但认定了对家属未履行信息提供义务和协议义务。

第五节　介护事故和损害赔偿责任

　　导致介护事故发生的责任,应归责于介护担当职员乃至该职员所属的设施和事业者时,法上,可以追究①刑事责任〔业务上过失致死伤罪(《刑法》第 211 条)等〕;②行政上的责任〔取消对设施、事业者的指定和取消开设许可等制裁,《介护》第 77 条第 1 款第 4 项,第 78 条之 10 第 1 款第 6 项,第 92 条第 1 款第 4 项;第 104 条第 1 款第 3 项,《障碍自立支援》第 50 条第 1 款第 2 项等);以及取消职员的专业职务的许可证、停止业务,(《保健师助产师看护师法》第 14 条、第 15 条,《社会福利士及介护福利士法》第 42 条第 2 款、第 32 条等)〕。对此,如到此为止在本章中所见,直至裁判的大部分法的纷争,采取了追究③因不法行为或债务不履行的民事损害赔偿责任这种形式。

　　以介护保险制度的导入为开端,我国在社会福利基础构造改革的旗帜下,"措置制度"所象征的公共机关的强烈干预而进行的福利服务的提供,转变为根据设施和事业者与受给者的契约关系来调节[38]。这种围绕着"福利契约"乃至"介护契约",成为近年课题的是,涉及契约的成立、内容确定、履行、契约违反及解除等,立足于社会福利领域的特殊性,探求和构建从契约的订立到消灭过程中所能产生的契约理论[39]。在这其中,实行"契约化"以后,追究有关契约的法的责任之裁判例,正如在本章介绍的裁判例中所见,

---

[38] 内田贵:"民营化(privatization)和契约——制度性契约论的尝试(1)",载《法律家》2006 年第 1305 号,第 123—125 页。内田贵:"民营化(privatization)和契约——制度性契约论的尝试(4)",载《法律家》2006 年第 1308 号,第 95—97 页。关于契约方式导入的经过和问题点,参见岩村正彦:"关于社会福利服务利用契约的法制度和课题",载岩村,前揭注 4 书,第 1 页以下。

[39] 参见笠井修:"福利契约和契约责任",载新井等编著,前揭注 3 书,第 24 页。最近的论文中,以契约的缔结过程为焦点的探讨有:岩村正彦:"关于社会福利服务利用契约的缔结过程之法的论点",载岩村编,前揭注 4 书,第 16 页以下。着眼基于《介护保险法》的介护契约和基于《障碍者自立支援法》的障碍福利契约之法的构造、法的性质的异同点的研究有:中野,前揭注 3 论文,第 14 页以下。

事故发生时的义务不履行责任案件占多数⑩。

　　于提供介护服务时发生事故的情形,债务不履行(不完全履行)责任的有无,根本意义上通过明确债务的具体内容来进行判断。但是,对于应成为契约上的债务履行之介护服务的提供,在提供服务者应为的内容根据利用者身体状况的变化而要经常变化这个意义上,存在内容确定的困难性这个问题,并且,除了契约书和重要事项说明书以外,与护理计划等介护内容相关的书面内容多大范围能够明确化也存在问题。

　　总体而言,在与事故责任追究的关联上,关于契约内容通过解释即使细节不能明确化,根本意义上可以说作为围绕保护义务乃至安全照顾义务的问题来应对是可能的。理论上,这种义务,不论契约书的形式性用语如何,可以说若达成契约上的合意,基本上成为契约解释维度上的义务是否存在之问题。或者契约上,也有设置关于这种义务的一般条款之情形。对此,与其说契约上的本来义务,作为从诚实信用原则所导出的附随性义务,也可以有导出这种义务的理论构成。实际状况是,虽然认为契约书中设置与照顾义务相关的一般条款之情形居多⑪,但理论上有必要研究,因此,以下,关于采取安全照顾义务的构成适当与否,进行若干的理论探讨。

　　至此为止安全照顾义务的适用情形一般是雇主和劳动者(或公务员)之间的法律关系,以劳务提供和对此进行的工资支付这种本来的给付义务为前提,作为附随的义务,主张对劳动者的生命、健康等安全应予以照顾义务

---

　　⑩　一直以来,围绕介护事故纷争以外的契约责任受到争议的裁判例,有收费老人院的案件。津地裁判决1995年6月15日,载判时第1561号,第95页(退出收费老人院者对经营者提出基于不法行为的损害赔偿请求被认定之例);东京高裁判决1997年6月30日,载判时第1610号,第75页(因收费老人院的入住者死亡而享有领取终身入居金等返还金之权限者为作为入居契约上返还金受取人而被申报者之例);东京高裁判决1998年7月29日,载判时第1676号,第55页(在附加老年人护理的公寓之买卖契约上,不被认定为护理服务契约上的债务不履行之例);东京地裁判决2009年5月19日,载判时第2048号,第56页(关于附加介护的收费老人院的入居金,被认定不违反《消费者契约法》第9条第1项及第10条之例)。在与老人院契约规制论的对比中论述福利契约的有,丸山绘美子:"老人院契约规制论和福利契约论",载岩村编,前揭注4书,第42页以下。

　　⑪　全国社会福利协议会的样本合同书中规定,"事业者及从事服务者在提供服务时,以照顾契约者的生命、身体、财产的安全及确保为准"(第7条第1款)。

之存在。在学校和学生的关系上，对学生的生命、健康等的照顾很难说是构成给付义务核心的本来性债务。对此，于介护老年人和障碍者之情形，与对住院患者的医师、医院的义务相同，一般抽象意义上，对生命、健康等安全的照顾本身无论是否有明文规定，有看作成为本来性契约目的之余地[42]。假如可以做这样的解释，介护设施、事业者所应承担的债务无论是看作结果债务还是手段债务[43]，由于照顾利用者的安全义务就是给付义务本身[44]，所以，当然地具有与工伤事故和学校事故中所使用的"安全照顾义务"同样的法的性质，这个论述产生了未必适当贴切的疑问[45]。这点，根本意义上是有关个别案件的契约解释问题，但是判例法理，如在本章所见，特别是在有关骨折事故等中已经采取了"安全照顾义务"构成的倾向[46]。

另一方面，需要留意的是，本章所提及的介护事故裁判例中，尽管以契约的存在为前提，但不是按债务不履行处理，而是按不法行为法处理的案件居多。这种倾向，在误咽事故等可见。这点使人认为，在这些案件中主要是与质疑事故发生后的紧急应对方式（在这个意义上以医疗性处理为必要，有类似于医疗事故的侧面）相关联[47]，但带来的启示是，鉴于生命这个被侵害

---

[42] 奥田昌道：《债权总论》（增补版），悠悠社1992年版，第165页。

[43] 关于介护保险服务期待是结果债务的很少，基本上应认为是手段债务。品田，前揭注3论文，第171页；奥田（前揭注42书，第164页）认为，关于维护保育所、托儿所中孩子的安全义务，看作是结果债务。

[44] 笠井，前揭注39论文，第32页。

[45] 奥田昌道（"契约责任和不法行为责任间的关系〈契约法规范和不法行为法规范的关系〉"，载林良平、甲斐道太郎主编：《谷口知平先生追悼论文集2契约法》，信山社1993年版，第46—48页）指出，于完全性利益（生命、身体、所有权的存立）之保护作为主要的给付内容之情形，或者与主要的给付密切不可分之情形，即使不提出安全照顾义务乃至保护义务，也是应作为因果关系或损害赔偿范围的问题来处理的事情。

[46] 中野（前揭注3论文，第22页注15）认为，关于将安全照顾义务作为介护契约上的义务直接定位的裁判例，全国社会福利协议会的样本契约书明记了作为事业者、设施方的义务内容即安全照顾义务，揣测是具有影响性。参见本章注41。阿部未央（"介护事故和介护事业者的法的责任"，载《季刊劳动法》2010年第228号，第45页）认为，安全照顾义务迄今为止，在"人身事故"的受害成为问题的情形，且在大多数无法避免的事故的事后成本分配（对提供不得不伴随某程度的危险之"场合"的主体，使其负担在此产生的人身事故的受害成本）的情形被使用，因此在介护事故中也被使用。

[47] 品田（前揭注3论文，第167页）指出，论及第2节的判决①，在像本案那样事故发生后的应对成为问题的案例中，较之于违反安全照顾义务，追究不法行为责任有更容易构成论理这个侧面。

利益的重大性，未必必须采用契约上特定债务的不履行，以及契约上的或者附随契约的保护义务乃至安全照顾义务之违反这个法律构成，其切实的必要性乃至实际利益并非那么大。这还与明确安全照顾义务等法的性质和其具体内容、水准是重要的理论性课题之维度不同，总的说来不承认契约法上的保护义务和不法行为法上的注意义务两者义务内容的差异[48]，或者是等待由对将安全照顾义务定位于债务不履行法本身提出疑问[49]的近来的民法学说来具体性检验的纷争类型。

探讨保护义务乃至安全照顾义务，或者不法行为法上的注意义务之具体内容和水准时，应将直接提供福利服务的介护职员的专业性水准设定在何种水平？进而应将能够进行合理性判断的介护专职工作作为判断基准？应将具体的介护者（尤其是具有高技能时）作为判断基准？存在这些问题。

关于这点，在本章中以裁判例的探讨为基础进行考察时，可见对介护职员课加的注意义务等水准，与对介护福利士和家政服务员等可有所不同。这对应对以一定的医学知识和教育为前提的误咽事故尤为妥当。但是，由于在特别养护老人院等介护设施中医疗职（看护职）属于专职的情形居多，由于作为组织的应对之适当性受到质疑，各介护职员资格的有无几乎对过失判断没有影响。对此，如第二节之判决⑦和第四节之判决①，在居家的事故和设施里夜班时间带的事故中，由于被置身于自然而然不得不交由各个职员裁量判断的局面，该职员的资格如何会对注意义务的水准带来影响。然而，若能够认可这些情形也负有对某些异常变化的注意义务，那么就成为向事业者等迅速通报义务的履行如何问题，其后与设施事故同样，作为组织的应对适当与否将受到质疑。再者，从对设施和事业者的职员进行教育、指导的义务观点来看，也有被追究责任的可能性。

另一方面，在第三节之判决④和第四节的判决①中，并非医学知识可以

---

[48] 潮见佳男：《债权总论I》（第2版），信山社2003年版，第105页。从这点看，较之不法行为法上的注意义务，看似将契约法上的义务内容高度化的第三节之判决①及判决④，有慎重斟酌的必要。

[49] 参见漥田充见："从要件事实思考安全照顾义务之法的性质"，载大塚直、后藤卷则、山野目章夫编著：《要件事实论和民法学的对话》，商事法务2005年版，第391、397页。

说本来意义上的介护乃至护理的应有状况受到质疑。于此情形,应该说,有无介护福利士等资格并不导致注意义务等水准有大的差异。但是,本来介护福利士、家政服务员等资格并非属于业务独占,除了介护福利士,连国家资格都没有,与之相关联,判例上,安全照顾义务等水准由于被更加提高,容易招致与现实介护工作中的介护水准产生大的乖离危险,对此应加以留意㊾。实际上,担心这种状况的裁判例随处可见㊿。作为政策论,完善资格制度和配置人员等成为研究的课题。

第六节 保险者责任和行政责任

有关介护事故的损害赔偿责任,在措置制度下,通过解释《国家赔偿法》第 1 条第 1 款的"承担公权力行使的公务员",容许理解为享有措置权者即地方自治体来承担㊼。有关接受自治体应进行的事业之委托的社会福利法

㊾ 东京地裁八王子支部判决(1984 年 6 月 27 日,载判时第 1138 号,第 97 页)指出,在无认可的托儿所一岁零六个月的幼儿 A 死亡案件中,否定经营者的损害赔偿责任时,关于导致结果发生的可预测性,判决认为,"若是 A 的状况,看不到预见 A 有异常变化的任何征兆,只是有点儿感冒,或者肚子有些坏了,虽有些不精神,但从这些事实联系到 A 有异常变化而加以预测,即使是医师也是困难的,更何况对一般人来讲是不可能的。因此女保育士认为 A 在熟睡,虽说就那样让其睡着了,但终究不能认定这是过失"。这虽是儿童福利领域的案件,但在与过失判断的关联上,有观点主张应区分医师和一般人,将(在本案中尽管被认为没有取得资格)保育士定位于后者。对此,介护事故案件中,如在第三节的判决④、第四节的判决①所见,未被和一般人同样定位。

㊿ 参见第三节中有关判决⑩的论述。

㊼ 最高裁一判决 2007 年 1 月 25 日,载判时第 1957 号,第 60 页(关于对社会福利法人设立的儿童养护设施的措置儿童之养育监护行为,作为担任都道府县公权力行使的公务员的职务行为,认定国家赔偿责任的同时,否定了社会福利法人的责任之例)。前揭注 32 广岛地裁福山支部判决 1979 年 6 月 22 日,关于市设置的智力障碍者介绍职业设施,在条例规定其管理委托于社会福利法人案(所谓的公设民营)中,各自认定了基于《民法》第 715 条社会福利法人的雇主责任,和基于《国家赔偿法》第 1 条第 1 款市的责任。另一方面,关于社会福利法人设立的智力障碍者更生设施(鹿儿岛地裁判决 2006 年 9 月 29 日,载判例时代第 1269 号,第 152 页)和认可保育所(浦和地裁熊谷支部判决 1990 年 10 月 29 日,判例集未予以登载。参见菊池馨实:"基于私立保育园园儿事故的市町村之损害赔偿责任",载《工资与社会保障》1994 年第 1131 号,第 29 页以下),否定了国家赔偿法

人的事故案件中,认定了市的赔偿责任之裁判例是存在的[53]。但是,与措置制度下享有措置权者根本上负有提供服务本身的义务不同,在《介护保险法》和《障碍者自立支援法》施行后,作为保险者的市町村根本上只负有向要介护者给付介护服务费等给付义务,关于给付服务时的事故追究自治体的赔偿责任,根本上不得不说变得困难。

但是,关于是否可以说自治体被追究责任的情形就完全没有,仍有研究的余地。其时,即使是相同的自治体的责任,与作为保险者的给付实施本身相关的责任,以及作为《地方自治法》上的行政事务的实施主体,或作为福利各法上规制监督权限的行使主体之责任,理论上有分开考量的必要。

首先,提及作为保险者的给付责任之面,在上述的介护保险中与医疗保险不同,保险者根本上只负有向要介护者支付介护服务费的义务,指定事业者等只能取得代理受领的地位[54],在保险者和指定事业者等之间,认定以使用者责任(《民法》第715条)为基础的指挥——监督关系,以及作为以债务不履行责任为基础的履行辅助者的地位不得不说是困难的[55]。这对《障碍者自立支援法》下的自立支援给付也同样适合。

对此,提及规制监督权限行使之面,最近,在社会福利领域,可以看到行政不作为乃至监督权限不行使的违法被追究,支持受害者方提出的请求之

---

[53] 神户地裁判决2000年3月9日,载判时第1729号,第52页。该判决指出,关于并非措置制度,而是追究接受由市进行的育儿支援事业委托的社会福利法人的责任案件,该法人只不过是市的履行辅助者而已,仅在与市的关联上认定了债务不履行责任。

[54] 着眼于这点,关于介护保险制度的指定之法的性质,与被看成是"公法上的契约"之医疗保险不同,解释为"确认行为"的学说是多数说。菊池馨实:《社会保障的法理念》,有斐阁2000年版,第207页;西村健一郎:《社会保障法》,有斐阁2003年版,第310页;原田启一郎:"关于福利契约的介护保险之保险者责任",载新井等编著,前揭注3书,第258—259页。

[55] 原田,前揭注54论文,第266—267页。在医疗事故的案件中,有关保险诊疗的诊疗契约当事人是保险人,而保险医疗机构只不过是履行辅助者的主张产生争议的裁判例存在,但判决结论是,医疗机构是诊疗契约的当事人。东京高裁判决1977年3月28日,载判例时代第355号,第308页。

裁判例,引人注目㊱。虽然这被认为限定于知晓恒常性的虐待行为和杜撰的介护内容等,或者处于当然应知晓的情况但却长期视而不见等案件㊲,但基于对社会福利法人的规制(《社福》第70—72条、第86条)、对老人福利设施等的规制(《老福》第18条之2、第19条)、对介护保险设施和事业者的规制(《介护》第76条之2、第77条、第78条之8、第78条之9、第83条之2、第84条、第91条之2、第92条等)、对《身体障碍者福利法》上的事业和设施的规制(《障碍福利》第40条、第41条)、对自立支援给付担当设施和事业者的规制(《障碍自立支援》第49条、第50条)等,对规制监督权限不行使这种情况存在能够追究行政责任的可能性㊳。

㊱ 大津地裁判决2003年3月24日,载判例时代第1831号,第3页(关于对被雇佣的智力障碍者的虐待等违法行为,针对县立智力障碍者更生设施,认定其怠于履行应确认从该设施离去的智力障碍者的工作状况、生活状况、职场环境等义务,命令向县提出损害赔偿请求之例);高松地裁判决2005年4月20日,载判例时第1897号,第55页,以及高松高裁判决2006年1月27日,载2005年第185号裁判所HP(关于在无认可保育设施中的儿童虐待致死,基于县不行使监督权限的损害赔偿请求被认可之例);东京地裁判决2007年11月27日,载判例时第1996号,第16页(关于依据区纲要所规定的家庭福利员即保育妈妈对儿童施暴致伤的违法行为,认定在未行使纲要上的权限这点存在过失,命令向区提出损害赔偿请求之例)。对此,关于在无认可保育所对园儿施暴致死,未认定县不行使规制权限是违法的案件有:横滨地裁判决2006年10月25日,载判例时代第1232号,第191页。参见本书第十章第三节,页边码第237—239页。

㊲ 在《防止虐待老年人法》中,一方面规定了要介护设施从业者的有关老年虐待的通报义务等(第21条),另一方面规定了接受通报的市町村向都道府县报告的义务(第22条),对于接到了通报的市町村及都道府县,"应适当行使《老人福利法》或《介护保险法》所规定的权限"(第24条)。在虐待案件中,可以认为,这些规定也可以成为行政权限不行使的违法依据之一。此外与契约解释相关联,关于接受《介护保险法》的委任以厚生劳动省令规定的运营基准等也应承认私法上的效力之学说有:原田,前揭注54论文,第269页;阿部和光、石桥敏郎编:《市民社会和社会保障法》,嵯峨野书院2002年版,第207页。岩村(前揭注39论文,第41页)认为,靠解释应对并非不可能,但靠明文规定承认私法上的效果则更为适当。品田(前揭注3论文,第169页)认为,有违反这种基准的事实时,使类推违反安全照顾义务具有充分的根据。另一方面,品田认为,关于依靠行政通知和行政指导这种形式对提高服务的方式进行规制,不应认为是确定安全照顾义务的内容,这些只不过是列举出在设施内应考虑的安全项目和其对策方法。

㊳ 参见原田,前揭注54论文,第267—269页。该论文第269页中认为,指定不适当的事业所,在该事业所发生某些损害时,对于具有指定权限的都道府县知事请求损害赔偿也留有探讨的余地。同样地,因介护支援事业者介绍了不适当的事业者,虽与损害发生有间接的因果关系,但并不是说就没有能够追究损害赔偿责任的可能性。

第七节 结语

对介护事故诉讼进行法的分析时,虽在本章中未能进行充分的探讨,但有关医疗(其中包括看护)事故诉讼的裁判例,具有给予一定启示的可能性[59]。不过其时,充分立足于设施医疗专职的配置和介护专职的资格制度等方面有很大差异的福利和介护领域的特质来进行研究是必要的。再者,如在第五节所见之一端,介护事故诉讼的研究,带来了一般涉及债务不履行法和不法行为法的重要理论性诸问题。但是,本章的基本目标在于,阐明现今介护事故裁判例的目标,笔者作为社会保障法研究者的分析,特别是从民法学的视角来看不得不说有欠充分。今后,应进行更加深入的探讨。

---

[59] 参见本章注5。

第十二章　有关社会福利的意见解决和行政监察专员的意义

第一节　序言

在真正的少子老龄社会到来以及政府财政吃紧等背景下，20世纪90年代后半期以降，社会保障制度的构造改革成为重要的政策课题。即使在最近，也可列举出2004年因修改《国民年金法》等导入了保险费水准固定方式和宏观经济调整方式，2006年因修改《健康保险法》等创设了后期老年人医疗制度和政府掌管健康保险的公法人化等例子。其中，一直以来，与年金、医疗相比即使在发展相对迟缓的社会福利领域，从1997年制定《介护保险法》，修改《儿童福利法》，到2000年修改《社会福利事业法》、2005年制定《障碍者自立支援法》，经过一系列的改革[1]，给社会福利服务的供给形态带来了根本性的变革[2]。

"从措置到契约"这个用语所象征的这种制度改革（有关《社会福利法》领域的契约化及供给主体多样化），可以评价为带来了行政作用的质的转变。即：相对于措置制度下为直接的运营和给付主体，保险者乃至服务费用的支付主体，行政计划的策定、指挥监督权限的行使等呈现多样化。在这其

---

[1] 社会福利基础构造改革，在狭义上是指，2000年将《社会福利事业法》改称为《社会福利法》，有关障碍者福利的措置制度转变为支援费制度等大的修改。但是，在广义上，可以看成是指1997年以后的一系列制度改革。

[2] 笔者将其称为"社会保障法的私法化"。菊池馨实："社会保障法的私法化？"，载《法学教室》2001年第252号，第119页以下。

270 社会保障法制的将来构想

278 中,作为基层自治体即市町村的作用,作为最能够准确应对市民需求的行政主体,今后将变得越来越重要。

　　本章的目的是,进入 21 世纪在行政发挥多样化作用之中,针对围绕福利服务供给的意见解决和行政监察专员体制(以下称"意见解决体制"),尤其是聚焦于市町村的应对方式进行探讨。

　　围绕福利服务供给的意见解决体制,有若干方面值得探讨。

　　第一,纠纷解决体制方面。作为在到达裁判等权利救济程序的前阶段,或者作为是否可以称之为与权利义务关系相关的纠纷,微妙地未必与法的救济调和的[3]纠纷解决程序,有其发挥作用的一面。

　　第二,提高服务质量体制方面。以意见解决体制的利用为契机,通过对设施及事业者行使指挥监督权限和对行政窗口、福利一线的反馈,有力图提高服务质量的一面。在社会福利基础构造改革的基本文书即 1998 年"社会福利基础构造改革(中期报告)"(中央社会福利审议会社会福利构造改革分科会)中也指出,在"服务的质量"之项中,"建立反映利用者和设施职员等意见的机制之同时,在第三方机构受理意见,有必要进行使其完善的应对",使意见应对和提高服务质量相联系对待[4]。并且从事意见解决的活动,与利用者的福利服务利用相关的咨询支援活动(社会工作)具有实质上重合的部分。

　　第三,不单是与事后性纠纷解决和服务质量的提高相联系,为防止虐待

---

[3] 例如,2008 年度都道府县运营适当化委员会收到的意见中,与"职员的接待"相关的意见最多,达 30.2％。引自全国社会福利协议会网站。

[4] 良永彌太郎:"福利、介护服务意见解决的制度和课题",载吉田勇编著:《法化社会和纷争解决》,成文堂 2006 年版,第 125 页。对此,成为介护保险制度基础的老人保健福利审议会报告"关于老年人介护保险制度的创设"(1996 年)中,作为基础完善中的"不服申诉等"项目,指出,"为确保介护保险制度的适当运用,应确立对要介护认定和保险费赋课等不服申诉的机制、有关介护服务等行政监察专员制度等",主要着眼于制度的适当运用。如后所述,这也可以被视为是与运营适当化委员会和国保联在制度上的作用之不同相联系。

和早期发现服务利用者,具有作为权利保护⑤体制之一环的侧面。

在本章,立足于这些方面的同时,主要从第二点所言及的提高服务质量方面,对于意见解决体制的现状和现行法制的问题点、今后的应有方向性,特别是着眼于基层自治体的作用这个视点进行研究。

在社会保障法学上,最近,有关社会福利领域的权利保护研究虽在进行⑥,但聚焦于意见解决体制的研究并不多见⑦。无疑这个题目一直以来被看做是行政法学和民事诉讼法学等关心的对象。即20世纪90年代以后,随着在部分先进的自治体设置公共行政监察专员,学界的关心集中到行政监察专员制度⑧。即使现在,在行政法的教科书上,作为行政救济法的一环,意见处理和行政监察专员被列入其中的不在少数⑨。本来,所谓行政上的意见处理是指,"听取私人对行政机关工作的意见,对此进行某些应

---

⑤ "权利维护"(或者"权利的维护"),虽然是法律上的用语(《介保》第115条之44第1款第4项、《障碍自立支援》第77条第1款第1项),作为明确的法律概念也未必能说是成熟的。河野正辉(《社会福利法的新展开》,有斐阁2006年版,第183页)认为,所谓权利维护是指,"即使判断能力不充分的人(认知症老年人、智力障碍者、精神障碍者等)或即使有判断能力但被置于从属地位的人等,站在这些人的立场,支援其利用必要的福利服务和医疗服务,管理财产,防止虐待等,概括地说维护这些人的权利行使(作为实践的权利维护)"。西田和弘("社会保障的权利维护和救济程序",载日本社会保障法学会编:《讲座社会保障法1 21世纪的社会保障法》,法律文化社2001年版,第170页)认为,社会保障的权利维护是指,"对于没有充分判断能力的人,或者即使有判断能力,因信息的非对称性、官僚性、权力性而无法充分主张权利的人,或者自身体的原因行使权利有障碍的人,尊重要保障者本人的意思,维护其本人的社会保障给付及其附随权利的行使,支援其实现需要"。关于这点,以前笔者在论述介护保险制度时,曾定义:"狭义的权利维护是指,与痴呆性老年人、智力障碍者、精神障碍者等没有充分判断能力的人处于个别特定关系中的援助者,在尊重被援助者本人意思之同时,维护其权利的行使,支援其实现需要"。"广义的权利维护是指,尽管在与上述相同意义上未建立事前的个别特定性关系,在福利诸制度被定位的一定之机关,尊重被援助者本人的意思,维护其权利的行使,支援其实现需要"。菊池馨实:"介护保险制度和利用者的权利维护",载《季刊社会保障研究》2000年第36卷第2号,第238页。狭义和广义的区别即使在今天仍有意义,但本章的研究对象即意见解决体制若作为权利维护体制之一来对待,笔者认为,限定于"没有充分判断能力为人"为对象仍有些狭小,河野和西田所说的广泛的理解方法是必要的。

⑥ 参见本章注5。

⑦ 良永,前揭注4论文,第122页以下。

⑧ 园部逸夫、枝根茂:《行政监察专员法》(新版),弘文堂1997年版;筱原一、林屋礼二编:《公共行政监察专员》,信山社1999年版等。

⑨ 盐野宏:《行政法Ⅱ》(第5版),有斐阁2010年版,第58页以下;宇贺克也:《行政法概说Ⅱ》,有斐阁2007年版,第13页以下;大桥洋一:《行政法》(第2版),有斐阁2004年版,第182页。

对"⑩。与之相对应,所谓行政监察专员是指,本来"为了代替公众监视政府机关是否适当履行法令规定的责任和义务,作为议会的代理人,从议员以外的人中所选出的人"⑪。但是,在我国行政监察专员不是设置在议会而是设置在行政内部,重点是进行意见处理,案件的处理限定于劝告和公表等,与本来意义上的行政监察专员制度不同(所谓的"日本型行政监察专员"),与意见处理的差异被予以相对化,可以这样理解⑫。在这个意义上,本章将意见处理制度和行政监察专员制度作为综合性概念,使用意见解决体制这个概念。但是,如后所述,围绕社会福利服务供给的意见解决体制,本来就具有不止于"对行政机关的意见之行政内部处理体制"的范围。

第二节 意见解决体制和社会福利法制

一、自治体意见解决体制的两种类型

从基层自治体的观点研究围绕福利服务供给的意见解决体制时,对既存的自治体的制度进行若干探讨。

在先进的自治体中,与行政的意见救济等相关的制度的组织化正在进行。在总务省行政评价局行政咨询课设置了事务局,每年定期举行的"全国行政救济和行政监察专员制度联络会"构成机关,截至2009年度,遍及31个自治体⑬。这些自治体的制度大体上分为行政综合型和福利专门化型两类。鉴于如在第三部分中所述有关社会福利服务供给的独自的法制度正在

---

⑩ 盐野宏,前揭书,第59页。
⑪ 盐野宏,前揭书,第60页。
⑫ 盐野宏,前揭书,第61页。
⑬ 北海道、秋田县、山梨县、冲绳县、札幌市、函馆市、北见市、筑波市、川越市、上尾市、新座市、新宿区、世田谷区、中野区、三鹰市、府中市、调布市、日野市、多摩市、横滨市、川崎市、藤泽市、新潟市、上越市、富山市、西尾市、吹田市、枚方市、八女市、昭岛市、北九州市。但是,如在第三节中介绍的东京都的努力,推测实际上具有独自制度的自治体比这个数字要更多。

第十二章　有关社会福利的意见解决和行政监察专员的意义　273

完善,认知障碍老年人、智力和精神障碍者、儿童等判断能力乃至自立能力欠充分这种服务对象者的特性,设施的封闭性等诸状况,可以认为限定于福利专门化型论述其应有的状态也是有意义的[14],本章亦对这种福利专门化型机制的更加发展进行展望。

二、社会福利领域的特征

作为社会福利领域的特征,必须说明不限定于行政意见的意见解决体制之必要性。社会福利法人和NPO法人、营利企业等私人,与行政一起供给服务时,发挥了很大的作用。这表明为应对有关民间服务供给主体的意见等建立体制的必要性,与此同时,这也表明作为这种体制的担当者,其不限于行政主体,在民间层面上开展建立地域型意见解决体制具有可能性[15]。特别是福利服务的主要担当者即社会福利法人,若本来就被期待是根植于地域的供给主体[16],虽说不在本章讨论范围之内,但可以说具有融合于地域型意见解决体制的开展之侧面。

还有在社会福利领域,在第一部分中所述的服务对象的特性上,鉴于很难说其能自主积极地申诉意见,如何建立便于申诉意见的环境也成为课题。

三、社会福利领域的相关诸制度

下面,作为对基层自治体意见解决体制的应有状态进行论述的前提工

---

[14] 上述31个自治体中,具有福利专门化型机制的自治体有九个(函馆市福利服务意见处理委员、世田谷区保健福利服务意见审查会、中野区福利服务意见调整委员、日野市福利行政监察人、多摩市福利行政监察专员、横滨市福利调整委员会、吹田市福利保健服务意见调整委员、枚方市福利保健服务意见调整委员、北九州市保健福利监察人)。

[15] 例如,以湘南福利网监察员(S网)为首,在神奈川县内的许多地域型民间监察员正谋求被予以组织化(引自S网的记录)。

[16] 根据社会福利法人审查基准("关于社会福利法人的认可"〈2000年12月1日障第890号、社援第2618号、老发第794号、儿发第908号〉)别纸1第3、4(5),"鉴于社会福利事业的经营与地域的合作十分必要,评议员中应加上地域的代表",对评议会设定了地域代表参加之义务。但是,以不是理事会而是评议会的地域代表参加程度能否评价根植于地域的供给主体存有疑问。关于这点,参见本书第十三章第五节页边码第318—319页。

作,先确认一下根据社会福利基础构造改革所谋求完善的有关社会福利领域意见解决体制之概况。

(一)《社会福利法》

《社会福利法》上,规定了与社会福利事业经营者有关的意见解决(《社福》第82条)。另一方面,在福利各法的运营基准上,加上设置意见受理窗口等,设定了记录受理意见内容等义务(《关于基于障碍者自立支援法的指定障碍福利服务的事业等人员、设备及运营的基准》第39条第1款、第2款;相同的《关于指定障碍者设施等人员、设备及运营的基准》第52条第1款、第2款;《关于基于介护保险法的指定介护老人福利设施的人员、设备及运营的基准》第33条第1款、第2款;《基于儿童福利法的儿童福利设施最低基准》第14条之3第1款等)。与经营者有关的意见解决,本来不是以行政的参与为前提的机制,但根据通知要求设置第三方委员这点受到注目[17]。通过考量这个第三方委员的设置形态,可以认为,并非设施单独型,而是在行政的一定参与下朝着地域网型机制发展下去是可能的[18]。

下面,有在都道府县社会福利协议会设置的运营适当化委员会(《社福》第83—87条)的制度。这个组织的任务大体上有福利服务利用援助事业和意见解决,其中关于后者,包括进行关于意见解决的咨询、建议、调查、斡旋(同法第85条)。但是,在福利各法的规定上,只是规定了针对调查、斡旋的事业者的协力义务(《关于基于障碍者自立支援法的指定障碍福利服务的事业等人员、设备及运营的基准》第39条第7款、相同的《关于指定障碍者支援设施等人员、设备及运营的基准》第52条第7款、《基于儿童福利法的儿

---

[17] "关于社会福利事业经营者提出的有关福利服务意见解决机制的方针"(障第452号,社援第1352号,老发第514号,儿发第575号,2000年6月7日)。《儿童福利设施最低基准》第14条之3第2款规定,为谋求意见的公正解决,解决意见时应让该儿童福利设施的职员以外者参与。

[18] 例如,接受各设施的委托,市町村建立外立型的第三方委员制度,市町村向社会福利法人委托派遣第三方委员赴各设施这种方策可以考虑。

童福利设施最低基准》第14条之3第4款〈但是,仅限对调查的协力义务〉等),在此之上并无有实际效力的规定,最终以向知事通知(《社福》第86条)这个形式被都道府县的指导监督权限所吸收,这点可能成为问题。将意见应对委托于第三方机构,从如前所介绍的"社会福利基础构造改革(中期报告)"的阶段开始予以设想,但将这种事业向性质为民间团体的社会福利法人(社会福利协议会)委托可以说也有其局限。

(二)《介护保险法》

在《介护保险法》中,预先规定了都道府县国民健康保险团体联合会(国保联)的指导、建议(《介保》第176条第1款第2号)。但是,其制度的目的在于,从提高服务质量方面对事业者进行指导及建议[19]("关于提高质量的调查"、"必要的指导及建议"),与《社会福利法》上的"意见解决"的法定位相异这点有必要留意。其反面,在运营基准中,关于利用者提出的意见,规定事业者负有协助国保联调查的义务,以及遵照指导或咨询应进行必要的改善义务(《关于指定介护老人福利设施的人员、设备及运营的基准》第33条第5款等),进而根据2006年的修改,规定了向国保联报告改善内容的义务(同条第6款等),较之于以意见解决为直接目的的运营适当化委员会,国保联具有强大的权限。这主要是因为,国保联作为接受保险者即市町村所委托的介护报酬支付事务的机构,也较之于社会福利协议会具有强烈的公共性质。

再者,为了实施《介护保险法》上的地域支援事业,设置了地域综合支援中心(《介保》第115条之45及第115条之46)。虽然这是着力于咨询支援的事业,但事实上,该中心也具有发挥一部分意见解决作用的可能性[20]。但是,加上并非是必须设置的机构,在被要求开展介护预防护理管理、老年人

---

[19] 对此,运营适当化委员会建议的对象是有关意见的咨询者。
[20] 《世田谷区地域综合支援中心事业实施纲要》第6条(2)二中,作为支援中心事业内容的"老年人的综合咨询和支援",其内容列举了"对老年人及其家属等提出的意见之受理及应对",与此同时,在同条(3)五中,还列举了"与地域的相关机构相协作,努力早期发现虐待老年人的案件"。

的综合咨询和支援、防止虐待和早期发现等权利维护这些综合性、继续性护理管理支援等多样化的业务中,能够开展何种范围实质性的意见应对和虐待发现等,是一个课题[21]。

(三)《障碍者自立支援法》

在《障碍者自立支援法》中,作为地域生活支援事业之一环,规定了咨询及联络调整等事业(《障碍者自立支援》第77条第1款第1项、第2项)。这个事业与地域综合支援中心相同,在咨询支援中具有事实上发挥意见解决作用的可能性,但本来较之于意见解决,更重视广义的咨询事业[22]。

此外,如在(一)中所述,在运营基准中规定了设置针对事业者等的意见受理窗口之义务。

(四)《儿童福利法》等

在《儿童福利法》中,以儿童咨询所的技术援助及建议为背景(《儿福》第10条第2款),规定了市町村长对有关儿童等的福利进行咨询指导(同条第1款第3项)的业务。但是。这个业务较之于意见解决更重视广义的咨询事业。

此外,如在(一)中所述,在运营基准中规定了设置针对事业者等的意见受理窗口之义务。

(五)主要制度的利用状况

在这些机制中,来看一下作为主要制度的向都道府县运营适当化委员会提出的意见受理件数和向国保联提出的意见咨询件数的发展情况(表1、表2)。

---

[21] 此外根据自治体,作为地域支援事业之一环,进行介护服务咨询员派遣事业过程中,也有咨询员受理利用者的不满、意见的地方。例如,在神奈川县茅崎市,不仅共同生活型介护,而且居家家庭访问也在这样进行(引自同市的记录)。

[22] 在《世田谷区障碍支援事业实施纲要》第4条中,事业内容有福利服务的利用援助(信息提供、咨询等)、为活用社会资源的支援(有关各种支援施策的建议、指导等)、为提高社会生活力的支援。列举了专门机构的介绍、为权利维护的必要援助、朋辈辅导等,意见应对未明确提出。

第十二章 有关社会福利的意见解决和行政监察专员的意义 277

表1 在都道府县运营适当化委员会的意见受理件数

2000年度	461件
2001年度	1335件
2002年度	1642件
2003年度	2332件
2004年度	2364件
2005年度	2571件
2006年度	2515件
2007年度	2518件
2008年度	2554件

（资料：全国社会福利协议会、计划部"2008年度都道府县运营适当化委员会意见受理和解决情况的概要"）

表2 在都道府县国民健康保险联合会的意见咨询件数

2000年度	2828件
2001年度	3225件
2002年度	3893件
2003年度	4913件
2004年度	6116件
2005年度	6527件
2006年度	6833件
2007年度	6364件
2008年度	6318件

（资料：国保中央会官方网站）

如在表1和表2所见，运营适当化委员会与国保联都是在制度实施当初意见受理和咨询件数有一定的增长，但近年来出现了达到顶点的倾向。其原因虽不能轻易地下结论，但若从这些机构只是停留于以都道府县为单位的设置来看，至少凭借这个数值，当然不能说已充分满足福利服务利用者的意见解决之需要。

来看每个都道府县2008年的数值，运营适当化委员会的意见受理件数2554件中东京都（431件）、大阪府（198件）、福冈县（119件）、千叶县（114件）、北海道（106件），这是位列前五的自治体，占37.9%。还有，关于国保联意见咨询6318件中，东京都（885件）、兵库县（580件）、爱知县（563件）、大阪府(336件)、神奈川县(304件),位列前五,占 42.2%。虽然可见意见受理集中于较大的都市之倾向,但也不能无视在地方县中意见数量正在上升的状况。

第三节　地方自治体固有的意见解决体制

下面,和第二节第三部分中概观的现行法上的体制不同、关于最近在先进的自治体中正在努力进行的独自的意见解决体制,在对其尝试分类的同时,以其中具有先驱性的自治体东京都世田谷区的制度为例做一介绍。

一、意见解决体制的诸类型

自治体固有的意见解决体制,实际中并非限定于在前节第一部分中介绍的31个自治体。例如,东京都基于东京都纲要("东京都福利服务综合支援事业实施纲要"及"东京都意见应对事业实施纲要"),实施补充事业,为"实现地域中支持自立的利用者本位的新福利",作为福利改革的一环,在各区市町村推进设置方便利用者的意见应对机构。据此,并非福利专门化型而是包括行政综合型(新宿区、调布市、府中市等)的机构,以及社会福利协议会等参与的机构(墨田区、文京区等),大多数的自治体具有某些体制㉒。但是,从全国的普及状况来看,不得不说主要偏集于以首都圈为中心的都市的自治体。其背景可以指出的是,除了如刚才所述的东京都的努力,更根本在于都市的居民权利意识高涨等。

已经具有制度的自治体的机制中,即使限定于福利专门化型的机构,也可发现大的不同之点,无法集约于一个类型。不过,从若干的观点出发阐明各个制度的特征是可能的。以下,笔者基于以东京都之下的自治体为中心

㉒ 为此在东京都,区市町村承担了意见应对的中心性作用,其立足于东京都、运营适当化委员会、国保联各自作用的基础上,在合作、支援的同时,构建了网络,试图应对处理意见。

进行的资料分析和记录(2009年3月为止)[24]，仅从与本章关联的观点进行阐述[25]。

(一) 法律依据

意见解决机构的法的设置依据，有(a)依条例设置的机构，和(b)依纲要设置的机构。依条例设置的较多，依纲要设置仅有千代田区、港区、江东区、江户川区、横滨市等少数。

(二) 申诉对象的范围

可以构成申诉意见的范围因机构而不同。从最具有浓厚公共色彩的自治体直营的服务，到依据《介护保险法》和《障碍者自立支援法》的服务，基于其他的补充事业的服务、存在于地域而供居民利用的直接与自治体无关的纯粹的民间服务，可见意见申诉机构能够受理的范围有很大不同。如中野区福利行政监察专员那样，有以区的直营服务为对象的制度，另一方面如千代田区、涩谷区、杉并区那样，也有区以不具有基于福利各法权限的民间事业为对象的制度。

(三) 机构的独立性

作为意见申诉机构的独立性，从三个方面可以考察。第一，建议及劝告等的收件人。关于对民间事业者等提出的意见应对产生差异，分为(a)通过对自治体乃至首长的建议和劝告直接地由首长对事业者等作出劝告的情形，和(b)直接以事业者等为收件人的情形[26]。与在(四)之所述的纠正手段

---

[24] 分析时，得到了东京都世田谷区的协助，收集到了东京都下的区市町村和川崎市、横滨市等的资料。并且笔者先进行了对自治体担当者等的采访，得到了北海道的函馆市、三笠市、东京都的杉并区、中野区、千代田区、神奈川县的横滨市、川崎市、茅崎市、千叶县政府、东京都社会福利协议会、东京都国民健康保险团体联合会、湘南福利行政监察员、社会福利法人卡里塔斯之园(特别养护老人院旭冈之家)等的协助。

[25] 在实务上，作为意见解决机构的事务处理体制，在配置包括福利职的专门调查员在内的专任职员之自治体和配置兼职其他工作的兼职职员之自治体之间，意见解决进展的充实度上产生了大的差距。此外意见解决机构中的审议方法是采取合议制还是独任制也有不同。

[26] 但是，无论哪种情形意见申诉机构相当于地方自治法上的附属机构(《自治》第138条之4第3款)。

相关联,如何担保劝告等的实效性,特别是在(b)的情形成为问题。

第二,有是否为等待意见申诉然后才开始活动的性质的机构这个不同。即可以分为:(a)基本上是基于意见申诉乃至申诉等待经首长的咨询后才开始活动的机构,和(b)不经过这些即所谓能够进行自我提议调查的机构(目黑区、足立区、葛饰区、大田区、千代田区、小金井市、横滨市等)。

第三,规定了自治体的各机关尊重意见申诉机构的独立性之宗旨的自治体虽少但有(葛饰区、大田区、目黑区、板桥区、练马区、杉并区、小金井市等)。

(四) 纠正手段

应对向民间事业者提出的意见时,作为意见解决的纠正手段,对事业者等在何种范围内可以采取措置成为问题。在笔者调查的范围内,即使是依条例设置,亦未发现规定罚则的例子。一般地,对事业者等课加协助义务的基础上,主要有(a)调查、表明意见、解决方案的提示、改善要求、劝告(包括有关劝告等事业者等向意见申诉机构的报告义务)、事业者名称的公布等。还有像多摩市那样,也有通过事先与事业者缔结协定,为关于改善劝告和对此的事业者的努力之报告义务提供根据的例子。此外,(b)也有设置调停机制的自治体(中野区民间福利服务纠纷调停制度)。

二、东京都世田谷区的努力

下面,在意识到这种意见解决体制的诸类型之同时,介绍一下自治体工作开展的实例。在此,以东京都世田谷区的世田谷区保健福利服务意见审查会为例。其理由是,也与笔者直接参与有关,其与东京都杉并区等并列,是从社会福利基础构造改革以前的较早时期开始致力于意见解决的先进自治体,并且是强烈意识到将本章所关心的问题即意见解决和服务质量的提高相结合而努力。

在世田谷区,作为保健福利服务质量的保证体制,实施了［意见］、［支援·指导］、［评价］三方面的努力,谋求实现这些努力的有效协作(图1)。

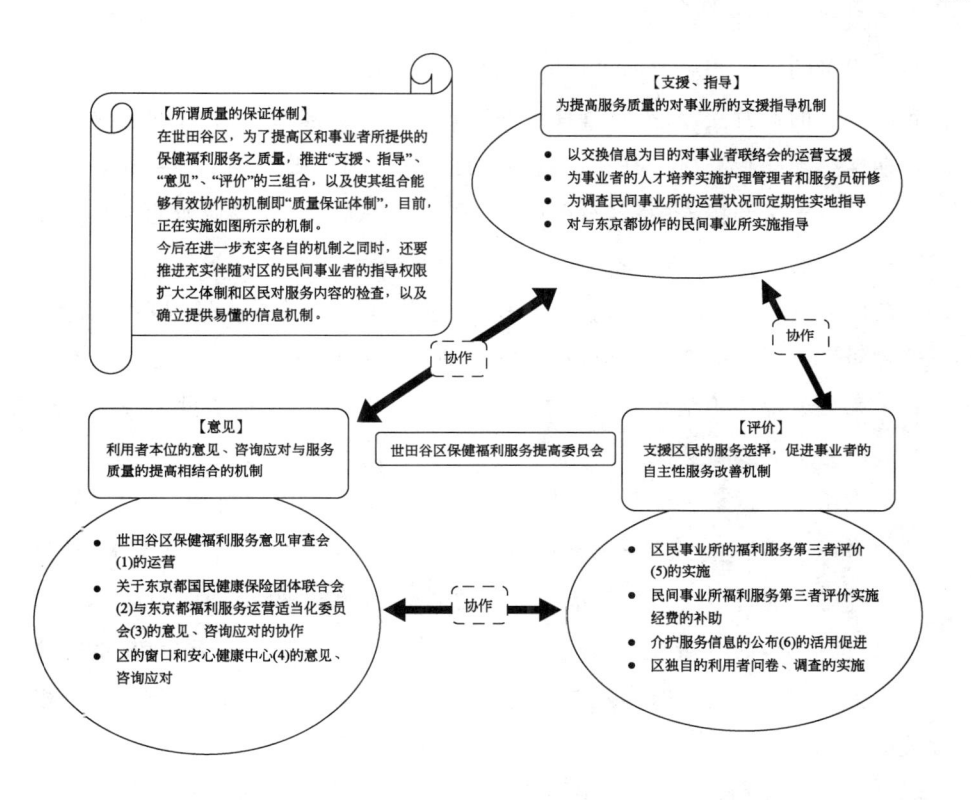

第十二章　有关社会福利的意见解决和行政监察专员的意义　281

【所谓质量的保证体制】
在世田谷区，为了提高区和事业者所提供的保健福利服务之质量，推进"支援、指导"、"意见"、"评价"的三组合，以及使其组合能够有效协作的机制即"质量保证体制"，目前，正在实施如图所示的机制。
今后在进一步充实各自的机制之同时，还要推进充实伴随对区的民间事业者的指导权限扩大之体制和区民对服务内容的检查，以及确立提供易懂的信息机制。

【支援、指导】
为提高服务质量的对事业所的支援指导机制
- 以交换信息为目的对事业者联络会的运营支援
- 为事业者的人才培养实施护理管理者和服务员研修
- 为调查民间事业所的运营状况而定期性实地指导
- 对与东京都协作的民间事业所实施指导

协作

世田谷区保健福利服务提高委员会

【意见】
利用者本位的意见、咨询应对与服务质量的提高相结合的机制

- 世田谷区保健福利服务意见审查会(1)的运营
- 关于东京都国民健康保险团体联合会(2)与东京都福利服务运营适当化委员会(3)的意见、咨询应对的协作
- 区的窗口和安心健康中心(4)的意见、咨询应对

协作

【评价】
支援区民的服务选择，促进事业者的自主性服务改善机制

- 区民事业所的福利服务第三者评价(5)的实施
- 民间事业所福利服务第三者评价实施经费的补助
- 介护服务信息的公布(6)的活用促进
- 区独自的利用者问卷、调查的实施

用语解说
1. 世田谷区保健福利服务意见审查会　这是关于区举行的保健福利服务和介护保险、障碍福利等服务的意见申诉，由各领域的专家通过公正中立的合议制进行审查，寻找解决方策的区长附属机构。于1996年设置。
2. 东京都国民健康保险团体联合会　这是根据介护保险法而设置，基于和服务相关的利用者、家属等的意见申诉，进行对象的事业者调查、指导、建议的机关。
3. 福利服务运营适当化委员会　这是关于在区市町村没有解决的儿童、障碍者、老年人等的福利服务的意见等，专门的、中立的广泛应对的东京都意见应对机构。
4. 安心健康中心　这是世田谷区对地域综合支援中心的爱称。在区内设置了27所，进行介护预防护理管理、权利保护、综合咨询、支援等。
5. 福利服务第三者评价　这是以为利用者进行服务选择、确保事业的透明性之信息提供和提高事业者的服务质量进行支援为目的的机构。利用第三者评价机构，实施利用者调查、事业评价，并公布之。
6. 介护服务信息的公布　东京都、其指定机构是实施主体，是向各事业者提供服务信息的机制。从2009年12服务成为对象。
"5．福利服务第三者评价　6．介护服务信息的公布"之结果，可以在东京福利导航http://www.fukunavi.or.jp上查看。

图1　一直以来东京都世田谷区的努力(资料：世田谷区)

282　社会保障法制的将来构想

即:所谓[意见]是指,通过世田谷区保健福利服务意见审查会的运营,与国保联、运营适当化委员会的协作等,将利用者本位的意见、咨询应对与服务质量的提高相结合而进行的努力;所谓[支援·指导]是指,通过对事业者联络会的运营支援、护理管理者和家政服务员进修的实施、民间事业所的定期性指导、与都合作的民间事业所的指导等,为使服务质量得到提高对事业所进行支援和指导的努力;所谓[评价]是指,通过区立事业所的福利服务第三方评价、对民间事业者第三方评价实施经费的补助、介护服务信息公布的活用促进等,支援区民的服务选择,促进事业者改善自主性服务的努力。这种对意见解决的努力,有意识地作为质量保证体制之一环而定位。作为基于第三方评价等结果而谋求提高服务质量的机构,设置了世田谷区保健福利服务提高委员会[27]。

世田谷区保健福利服务意见审查会,作为区长的附属机构,从区民的申诉中,审查区长向意见审查会咨询之件。根据每年发行的运营状况报告,包括各种各样通过区的窗口间接地递交之件在内,与保健福利服务相关的意见、咨询件数,2007年度有219件、2008年度有190件。关于2008年的件数,与介护保险相关的最多,占190件的54.7％,与《障碍者自立支援法》相关的占9.5％,其他占35.8％(图2)。还有,意见、咨询的件数中意见已申诉、经区长咨询的两年间8件,被认为不符合咨询要件的有3件。

将这个审查会的性质对照第一部分中的分析轴来看,关于(一),是(a)的条例设置(世田谷区地域保健福利推进条例),据此保健福利服务意见审查会运营要领及同运营纲要规定了详细的制度。

关于(二),对象限定于区的直营事业、委托事业、介护保险服务、基于《障碍者自立支援法》的事业。①上述以外的区的补充事业(收费老人院短

---

[27]　在本段落介绍的世田谷区的努力,是包括图1在内的,至2009年度的内容。保健福利服务意见审查会的作用、功能等架构虽然不变,但在世田谷区,进入2010年度,从保健福利服务的质量担保和提高角度看,努力打造新的机制,作为其重要之一环,包括意见应对的努力。但是,在本章执笔的时点,鉴于仍存有流动性要素,介绍世田谷区的最新动向并非本章的目的,一直以来的努力也充分包含值得参考的内容,因此,本章就决定介绍一直以来的努力。

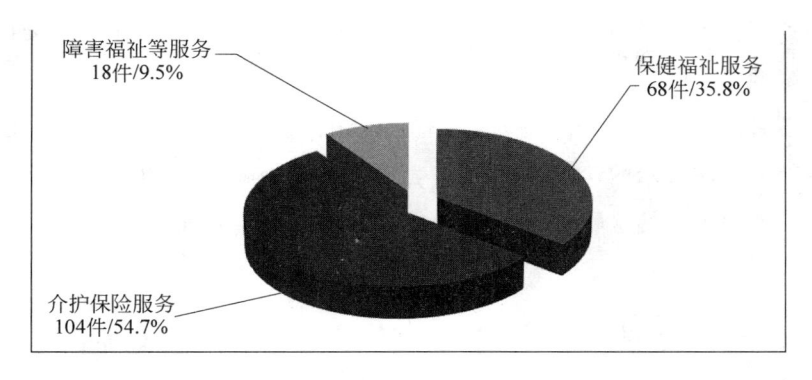

第十二章 有关社会福利的意见解决和行政监察专员的意义　283

图2　世田谷区2008年度意见咨询细目（资料：世田谷区）

期入住事业、保育妈妈、认证保育所等）；②上述以外的都补充事业、关联事业（私立保育园的运营、母子生活支援设施、儿童养护设施等）；③与区无关的事业（宅老所*、婴儿旅馆等）不在申诉的范围。作为有关这些意见申诉以外的规制手法，限定于：①补充事业的适当执行确认；②向都提出意见等的信息提供、（东京）都进行指导检查时一同前往；③申报催促、事业信息调查等。

关于（三），建议及劝告等的收件人是（a），采取向区长提出意见书的形式。无（b）的自己提议调查之权限，没有明文规定来自于自治体机关的独立性保障。

关于（四），并非是直接针对事业者等，通过向区长提出意见书，区长采取纠正手段，规定了事业者等的协助义务（条例第6条）、区长的指导（同第32条）和纠正劝告（同第33条）以及名称等的公布（同第35条）。

如前所述，世田谷区作为较早开始构建意见解决体制的自治体而被周知。但是，仍面临着若干课题。

最大的课题是，意见申诉的对象范围狭小。即使与其他自治体相比，其范围决不能说广泛。尤其是在"从措置到契约"的一系列过程中，在与社会福利服务提供主体相关的民营化发展的状况下，若区的意见解决体制不能

---

* 宅老所指法律未定义的民间独自提供老年福利服务的养老机构，也可以理解为是未经政府认可的养老院。——译者

广泛处理在民间设施和事业者方面的纷争和意见,其实质性存在意义将容易被降低。

还有限定于接受区长咨询的审查,无法自己提议调查这点,鉴于在前节第一部分中所揭示的认知障碍老年人、智力和精神障碍者、儿童等判断能力和自律能力欠缺的这种服务对象的特性等,有不充分之面[28]。

第四节　构建新的意见解决体制

将以上的考察作为前提,关于要求基层自治体积极进行意见解决体制的构建之理由,在重新确认的基础上,探讨今后的课题。

一、基层自治体努力的必要性

如前节所见,设置与福利服务相关的固有的意见解决体制之自治体集中存在于大城市,其机制多样。还有如第二节所述,也存在运营适当化委员会和国保联这种机构。对此,可以推测,对努力进行意见应对的必要性不太在意,除在行政窗口一般性应对以外,无固有机制的自治体也大量存在。

关于这点,或许会有"意见解决体制的必要性只是在权利意识较强的大城市居民那里成为问题,并非是普遍性的要求"这种看法。但是,假使有这方面的因素,并不能认为没有必要完善固有的意见解决体制。自不待言,今后,谋求这种体制的普遍化是不可或缺。

提及意见解决体制的若干必要性,首先,存在如何看待"没有意见"这个问题。尤其是在服务供给主体即设施及事业者与利用者的实质性不对等的力量关系中,必须指出的是利用者方敢"说出意见"存在困难。在具有一定

---

[28] 但是关于这点,在世田谷区,基于《条例》第 28 条第 3 款,即使无具体的意见申诉,还有意见审查会通过基于实质性提议的区长的"事例咨问"这种形式提出问题发掘型的意见书这个路径。实际上,通过有关介护保险服务的意见咨询之检验,2009 年 12 月,提出了以"关于和居家介护支援业务相关的意见和咨询应对"为题的意见书。

的决定权限之行政和利用者及申请者的关系中也同样如此。因此,建立向处于第三方立场的机构陈述意见的路径就很重要。

其次,存在如何看待"意见"这个问题。如在本章开头所述,由于对"意见"的应对并非是作为意见处理来解决,而是作为隐含着与服务质量的提升相联系的各种各样的启示即所谓的"良机"以倾听的姿态来对待,可以认为若是这样行政的应对方式会变得有很大的不同。由此,不单是"没有意见"这种姿态,还可以导出"为何没有提出意见"、"如何做才能获得意见,并记录分析之,使其与提升服务质量相联系"这些姿态[29]。

如此于应建立一定的意见解决机制时,关于为何基层自治体应进行努力这个问题,也有必要研究。关于这点可以指出的理由有:基层自治体对居民来说才是最近的行政主体;是与福利服务供给相关的基础性行政单位;基层自治体掌握着与地域社会资源相关的信息;容易调整相关的各种服务和机构。再者,现行法上,虽说有运营适当化委员会和国保联的事业,但前者存在如第二节第三部分中所述的制度上的问题,此外,还可以指出的是,二者均为都道府县单位,进行细致的意见应对和调查存在局限性。

针对福利服务的意见基层自治体的应对,或许有学者认为委托给指挥监督权限的行使和以这个权限为背景的行政指导等足矣。如后所述,现行法上的机制被认为是立足于这样的思想而进行的规定。但是,关于这点,处于指挥监督权限行使的法的统制交由广泛的行政裁量之情况中,从意见解决体制的建立能够成为权限发动的有力契机;意见解决里含有提升服务质量这个固有目的;即使是未及行政权限发动之意见也能与提升服务质量相联系来看,为设置具有一定的第三方独立性的体制,找出充分的积极理由还是可能的。

二、意见解决体制的课题

那么下面,关于与完善基层自治体层面的意见解决体制相关的运用上

---

[29] 在这点上,考虑行政自身是意见的收件人时意见申诉的容易程度,也可以考虑将申诉的标准部委托给社会福利协议会,但整个意见解决体制"完全抛给"社会福利协议会,由于没有充分履行行政责任,也并不一定直接与提高服务的质量相联系,因此存在疑问。

及立法上的课题,虽不能说是拉网式的探讨,但就若干的问题点进行探讨。

(一) 设置依据

在笔者调查的范围内,笔者的印象是,即使是纲要设置,对于来自自治体的调查协助委托,事业者等几乎没有拒绝,现实的阻碍并没有那么多。但是,若从只不过是行政内部规则的纲要本身的性质看,还有若是预定采取指导、纠正劝告、完善要求、公布事业所名等这些纠正手段,那还是期望以条例中有依据的制度为准。

(二) 申诉范围

如前所指出的那样,在与福利服务供给相关的"民营化"进程中,民间服务在何种范围可以纳入意见申诉的对象,这成为研究的课题。

关于这点,暂且可以考虑因条例修改申诉范围的扩大这个方向性,以及在东京都中野区(中野区民间福利服务纠纷调停制度)所见的单独建立调停型纠纷解决机制的方向性。其中关于前者,在超过福利各法的规制范围的私领域,在条例中进行何种范围的规制成为问题。可以认为,原则上,即使予以规定,也不得不以成为对象的事业者等的任意协助为前提。关于凭借议会制定的条例能确保何种范围的纠正手段,被承认的只有事业者名的公布,制定罚则恐怕是困难的。

实际上,即使规定上是可能的,也只停留于对事业者等的劝告,连公布事业者名也没有进行(东京都杉并区)等,能够对事业者具有事实上的强制力的机制似乎并未充分予以活用。实际上,涉及事业者名公布的情形,因事实关系的妥当与否行政容易背负诉讼风险,不得不慎重规定㉚。但是,进行这种规定被认为对民间事业者具有抑制性效果。

还有,中野区的机制,以当事人的同意为前提,但由于采取调停这种形式,对于服务利用者和事业者双方来说,利用的门槛变得更高,担心申诉件

㉚ 参见大阪高裁判决 2004 年 2 月 19 日,载讼月第 53 卷第 2 号,第 541 页(在因病原性大肠杆菌 O—157 引发的集体腹泻案件中,厚生省公布造成腹泻原因的食材是原告出货的萝卜苗,这被认定为违法之例)。

第十二章　有关社会福利的意见解决和行政监察专员的意义

数不增加，这样的话，只能说提升服务质量的期望也将变少。

（三）第三方性的确保

在意见解决机构收到的意见中，若包括对自治体其他的行政机关的意见，最好事先在条例中规定保证该意见申诉机构独立性的内容。意见申诉机构的实质独立性若不被确保，可以说设置固有的意见解决体制之意义荡然无存。然而，没有必要否定意见申诉与自治体的指挥监督权限行使之联系。还有，保持独立性，与对有关行政内部的意见申诉机构形成信赖感并非是相反之事，正是立足于这种信赖感之上，从服务质量提升这个观点将意见反馈到福利行政也具有可能。

现实中的意见申诉机构，被定位于执行机构的一个附属机构（《自治》第138条之4第3款）但是，从提高第三方性的观点来看，可否作为议会的附属机构来定位（参见同条第1款），是一个需要探讨的课题[31]。在让对执行机构的抑制作用充分发挥这个意义上，可以尝试探索在议会之下设置的可能性。不过在现状下，不得不说的是，在议会调查权的范围内存在对于何事在何种范围能够进行调查的限制[32]。

（四）"行政监察专员"的作用

在思考意见解决体制的应有状态时，虽然是与服务质量的提升不直接关联的论点，但也有必要整理与如何积极保护不容易走到意见解决机构者（认知障碍老年人、智力和精神障碍者、儿童等，特别是设施入所者）的权利这个视点的关联。与第一节中所述的用语方法虽然不一模一样，但可以说是在不以意见申诉为前提这个意义上的"行政监察专员"作用的问题。

关于这点，与成年监护制度的利用、行政指挥监督权限的行使、虐待法制的完善和活用、措置权限的行使等相并列，有必要思考在意见解决体制方面的应对要否。

---

[31]　盐野，前揭注9书，第62页。

[32]　选任委员时，市长征得议会的同意可以进行委托，使议会的意思得以反映的自治体也是存在的（《府中市行政监察人条例》第8条第1款，《多摩市福利行政监察专员条例》第9条第1款等）。

在儿童领域,可以看到已单独建立儿童行政监察专员机制的自治体之活动㉝。一般地,为了使意见申诉机构能够自己提议进行调查,最好对规定予以完善。但是,即使是条例设置,于事业者等拒绝时进入设施的入所行为等,不能当然地容许采取强制性措施。可以认为,这些根本上应通过行政指挥监督权限的发动和虐待法制的完善来应对。

(五)法制化的必要性

最后,还存在可否在法律上将目前依靠自治体的自主性来设置和建立意见解决体制设定为义务,以及应否这样做的问题。

首先,基于目前的福利各法谋求细致的意见解决应对,这存在限制。理由是,如前所述,除运营适当化委员会和国保联是都道府县单位等这个限制外,奠基于自治体的《介护保险法》上的地域支援事业和基于《障碍者自立支援法》的地域生活支援事业,其实施均为任意性,即使进行意见处理等,在被要求开展其他多样性事业中还是存在限制,无法期望意见解决体制的真正建立。

因此,笔者想提议的是,在《社会福利法》中规定对各市町村课加设置意见解决机构的义务。于此情形,由于和目前运营适当化委员会进行的业务有所重复,该委员会的任务由自治体代替进行。

现行法上,虽然市町村并非具有关于所有的事业者及设施的指定权限,但若提及《介护保险法》和《障碍者自立支援法》,对于事业者,也课加了向市町村报告等义务(《介护》第76条、第90条,《障碍者自立支援》第48条等);对于市町村,课加了关于事业者等不适当的运营向都道府县知事通知的义务(《介保》第76条之2第5款、第77条第2款、第91条之2第5款、第92条第2款,《障碍者自立支援》第49条第7款、第50条第2款、第3款等)。另一方面,在设施等运营基准中,对于事业者等,与向市町村报告等义务相并列,课加了对于利用者或其家属的意见应协助市町村进行调查的义务

㉝ 有名的是兵库县川西市等的努力。近年来,每年秋天,举办"地方自治和儿童施策"全国自治体研究会时,自治体相关者等聚集在一起举办"关于儿童的咨询和救济的相关者会议"(非公开)。

(《关于基于障碍者自立支援法的指定障碍福利服务的事业等的人员、设备及运营基准》第39条第3款,《关于指定障碍者支援设施等的人员、设备及运营基准》第52条第3款,《关于基于介护保险法的指定介护老人福利设施的人员、设备及运营基准》第33条第3款等)。就是说,意见应对被纳入市町村及都道府县应行使的指挥监督权限之中。但是,这种机制并不是存在于所有的福利服务中。进而,如前所述,当对于指挥监督权限行使方式的法的统制委托于广泛的行政裁量时,倘若从意见解决体制的设置可以成为指挥监督权限发动的有力契机,意见解决具有提升服务质量这个固有的目的,以及即使是未及行政权限发动的意见,其亦与服务质量提升相联系这些方面来看,对于设置一般提供福利服务(至少是社会福利事业)所适用的独自的意见解决体制,发现积极的理由是可能的。

关于运营适当化委员会的任务由自治体来接替这点,也有必要稍加说明。将意见解决委托给运营适当化委员会的背景是,从措置开始向契约转变,可见有并不希望行政介入成为私法上的关系之福利服务受给关系这个判断。但是,若是至少不超出目前的指挥监督权限对事业者等强制和附加义务的范围,一般认为允许将这种机制作为行政机构来设置。再者根据《社会福利法》的注释书,之所以决定在都道府县社会福利协议会设置运营适当化委员会,"是因为都道府县社会福利协议会在都道府县的区域内有过半数的事业者参加,并且,也是地域居民和志愿者参加的公共性高的团体,将运营适当化委员会作为设置团体被认为是适当的"㉞,但正如这个注释书也承认的那样㉟,社会福利协议会也具有作为事业者团体的性质,正因为如此关于组织和运营其中立性和公正性有更高要求,在政令和厚生劳动省令进行了详细的规定㊱。这点,可以说是运营适当化委员会制度本来的局限。因此,这种意见解决体制,可以看成是,对居民来说既是最近的行政主体,也是

㉞ 社会福利法令研究会编:《社会福利法的解说》,中央法规出版2001年版,第285页。
㉟ 同前,第285页。
㊱ "关于运营适当化委员会等的设置纲要"(2000年6月7日社援第1353号),"关于运营适当化委员会福利服务的意见解决事业"(2000年6月7日社援第1354号)。

与福利服务供给相关的基础性行政单位即基层自治体应进行的本来之业务。

作为私见,想提议的是,随着现行法上的运营适当化委员会的机制朝着基层自治体的机制发展性地解消,跨越自治体间的意见由都道府县的应对机制来解决㊲。据此,关于《介护保险法》上的国保联的意见应对,也谋求与这种基层自治体的制度相协作,认为对跨越自治体间的意见应对可以专门化㊳。

不过,即使采取基层自治体的机制,也有必要认真思考如何保证中立性和第三方性。意见解决体制中,在从中立的立场引导解决民间事业者等和申诉人之间的意见这个含义上有集中不了基层自治体的规制监督权限之意义,此外,在与向其他的行政机关提出意见申诉的关系上,即使在行政内部保持第三方性亦是不可欠缺的。通过让包括地域代表的外部人才成为构成人员,使之与行政的规制监督权限行使相联系,可以认为也能成为民主性契机的一个方面。另外,这些性质,也对都道府县层面的意见解决体制提出了要求。

假使建立有法律依据的机制,是否甚至于对社会福利事业范围之外的民间事业者(尤其是宅老所、未经呈报的生活保护受给者设施等的民间事业者)的意见和纷争之应对也应建立可能的机制(或者建立这种机制是否可能),仍成为问题。

关于这点,《老人福利法》(第 29 条以下)和《儿童福利法》(第 59 条以下)的比较提供了意味深长的视点。即前者,以向知事提出申报为前提,规

㊲ 大桥洋一—《行政法》(第 2 版),有斐阁 2004 年版,第 186 页)指出,委员会被设置在都道府县层面远离利用者之点、意见处理交由社会福利协议会这种事业者团体进行之点、委员会的构成在法律上没有明记之点、委员会自身不具有规制权之点、经同意的斡旋虽重视两当事人的对应性,但未考虑利用者事实上的从属性之点、于监督权限由知事委任政令指定都市时通报地点也是以知事为准之点等,呈现出疑问,有必要完善强化地方公共团体的干预。

㊳ 具有社会福利协议会等事业者团体性质的组织,在解决社会福利事业的经营者提出的意见(《社福》第 82 条)时被要求设置类似于第三者委员的形式,毋庸赘言应定位成补充完善事业者的机制。

定了完善命令和公示(《老福》第29条第8款、第9款)这种措置。对此后者规定了对未取得知事认可的设施进行入所调查、完善劝告、事业停止、设施关闭等(《儿福》第59条)措置。这些规定可以认为是生活设施和通所设施的性质差异所导致。就是说,于民间的老年人居住设施之情形,不以申报为前提的行政权限之行使,具有很强的行政介入市民生活本身之侧面,必须慎重。关于意见应对,将超出现行《老人福利法》范围的未经申报的设施也作为对象,根本上不得不说是超出了《社会福利法》的框架。但是,在现在的运营适当化委员会制度之下,于承认对事业的实施没有带来影响的情形,即使扩大对象范围也无妨碍[39],由此看来,事业者等的任意协助虽是前提,但将其包括在对象范围内则认为是可能的。至少通过覆盖意见解决体制之网,可以期待一定的抑制效果[40]。

第五节　结　语

以上,关于社会福利的意见解决体制的应有状态,以服务质量提升这个视点为核心进行了探讨。就结论而言,虽然对基层自治体层面的固有机制的法制化进行了展望,但关于其具体内容,现状如所述那样,应委托于各自治体的锐意进取。为此,国家没有必要制定像运营适当化委员会那样的详细指导方针,最多只应概括性地规定实施主体和事业的对象范围、构成人员(确保民主性)、独立性的保证、国库补助等。对于小规模自治体等,或许也有建立自治体共通机制(部分事务组合或广域组合)的可能性(参见《社福》第14条第4款)。

---

[39]　《关于运营适当化委员会的福利服务之意见解决事业实施纲要》第4(事业的对象范围)之1但书。

[40]　与导入这种意见解决体制相并列,以强化市町村的指挥监督权限这种形式的法修改也有必要编入视野之内。私见以为,最好的方向是根本上赋予基层自治体权限。

第十三章　社会福利的重编和公共性

第一节　序言

伴随着战后的高速经济增长而发展起来的我国社会保障制度，20世纪90年代后半期以降，进行了大的变革。赋予这场变革特征的关键词之一是"规制缓和与民营化"，考察这个题目时提供绝好素材的是，作为"社会福利基础构造改革"而被知晓的社会福利法制的改革动向。如后所述，带来了"从措置到契约"的服务提供形态变化的这个改革，被定位成与社会福利法关系的公共（乃至国家）责任状况如何这个理论性课题相关的具有重要意义之改革。

然而，社会福利屡屡被指出本来是具有"公共性"的服务事业领域。但是，这里所谓的公共性为何？为保持公共性应要求进行怎样的法制度修改？关于这些问题，迄今为止很难说进行了充分的理论性探讨。在这种情况下，本章在阐明社会福利的"公共性"之内涵基础上，试图以不单是服务的给付形态还包括供给体制为焦点，论述其在既存的社会福利法制框架内无法充分维持，一定程度的法制度改革已不可避免。

以下，在第二节，梳理围绕着公共性在社会福利领域展开的一直以来的讨论之同时，以法哲学的讨论为线索，试图获得思考公共性问题时的视角。在第三节，关于战后社会福利制度的成立过程，尤其是以有关20世纪90年代后半期以降的社会福利基础构造改革为焦点进行概述，指出进一步的制度改革不可避免。在此基础上，在第四节，指出不得不触及战后以来的制度框架依然得以维持的社会福利法人制度和社会福利事业等服务供给体制的改革。在第五节，关于今后应有的方向提出改革建议。

第二节　社会福利的公共性

在实定法的一个领域即社会保障法学上,公共性作为法概念乃至规范概念从正面被予以论述,可以说几乎是前所未有。的确,社会福利这个领域,一般地作为与公共性无法分割之物被论述[1],但关于公共性概念的内涵至今一直未予以具体分析,这种状况发展至今。

另一方面,从行政法学角度论述了关于社会福利行政的公共性[2]。在这里,行政的公共性以在"行政的存在理由"或"行政的正当性"中发现的立场[3]为依据,着眼于唯有行政才能担当的制度的和技术的公共性,与此同时,关于《介护保险法》的福利服务提供的民营化,"假使其全部或部分不能向民间事业者课加,但是,即使欠缺之,于福利服务的提供被认为最好由民间事业者进行的情形,从福利服务仍发现实体的公共性[4]时,从所失去的行政上的制度的、技术的公共性应否被补充或保障,进而应在何处如何进行补

---

[1] 例如,社会福利事业所具有的性质,可以列举出公共性(桑原洋子:《社会福利法制要说》(第5版),有斐阁2006年版,第31页)。关于社会福利法人制度,在1950年社会保障制度审议会劝告(简称50年劝告)中论述,"对于民间社会福利事业,在尊重其自主性,活用其特性之同时,根据特别法人制度的确立等谋求其组织性发展,提高其公共性"。

[2] 本多泷夫:"社会保障行政的公共性问题",载山口定、中岛茂树、松叶正文、小关素明编著:《现代国家和市民社会》,密涅瓦书房2005年版,第171页以下。

[3] 室井力认为,法律学的课题,排除为实现部分性利益伪装成公益实现的超市民的(国家的)特权的公共性即国家的公共性,是为实现近代市民国家市民的公共性的亦应称为现代国家发展形态的市民生存权的公共性,即为实现国家的公共性所进行的努力。室井力:"国家的公共性和其法的基准",载室井力、原野翘、福家俊朗、滨川清编:《现代国家的公共性分析》,日本评论社1990年版,第14页。

[4] 实体的"公共性"是指,在社会福利事业体制之下,实现低收入的需要援护者参加社会经济活动之含义。本多前揭注2论文,第173页。即使在社会福利体制下,福利服务仍具有不变的实体的公共性,但其内容未必被明确化。本多前揭论文,第182页。丰岛明子("社会福利行政和NPM",载《法律时报》,2006年第78卷第9号,第35页)虽然认为"福利这个服务本来应具有的公共性有遭到侵蚀的危险",但关于公共性的具体性内容没有提及。但是,丰岛在其他的论文中,在与生存权保障的关联上论述了福利供给体制的公共性。丰岛明子:"福利行政的供给体制论",载神长勋、纸野健二、市桥克哉编:《公共性的法构造》,劲草书房2004年版,第587页以下。

充或保障"这个观点出发,探讨对于民间事业者,其规范性即使较弱,假定要求类似于被行政所认可的制度的、技术的公共性内容,行政体如何能将此补充或保障。但是,并不涉及如本章这样对社会福利事业和社会福利法人的应有状态本身进行研究⑤。

论述社会福利的公共性时应留意的是,除去保育所等公立设施占相当部分的领域⑥,在我国一直以来服务供给的主要担当者不是行政而是民间这点⑦⑧。但是,为保持战后我国社会福利制度形成期所构建的某种"公共性"之特有制度框架存在下来,是后述的①措置制度、②社会福利事业、③社会福利法人这三个。

下面,从法哲学展开公共性论的井上达夫认为,所谓公共性是在公私的区别,特别是和"私"的对比中被使用,关于什么是公共性这个问题,一直以来的公共性论被认为有以下的四个理论模型⑨。

① 领域的公共性论。将公私的区别求证于领域的区别,所谓公共性是

---

⑤ 在社会福利法令研究会编写的《社会福利法的解说》(中央法规出版 2001 年版,第 152 页)中认为,社会福利法人制度创设时的社会福利事业的"公共性",是指"社会福利事业的经营主体本来应是国家或地方公共团体等公共团体这个想法"。

⑥ 因此,在保育所领域,以公立设施的废止和民营化这种形式直接地规制改革之对错成为问题。最近,关于公立保育所的废止和民营化之诉讼被广泛提起。对于下级审裁判例的判旨进行梳理的有:加藤智章、菊池馨实、片桐由喜、尾形健编:《新版社会保障·社会福利判例大系 4 社会福利·生活保护》,旬报社 2009 年版,第 104—133 页(菊池执笔)。最高裁一判决 2009 年 11 月 26 日(载民集第 63 卷第 9 号,第 2124 页)推翻了原审(东京高裁判决 2009 年 1 月 29 日,载判时第 2057 号,第 6 页)关于否定废止保育所条例的制定行为的处分性之判断,认定了处分性(但是,以保育的实施期间已满为由,否定了诉的利益,驳回了上诉。)

⑦ 在这个意义上,总体而言"民间承担的公共"性是受到质疑的问题情形。税制调查委员会基础问题委员会和非营利法人课税工作小组:"关于新非营利法人的课税及捐款税制的基本思考"(2005 年)第 1 页。

⑧ 与这点相关联,有观点指出正因为福利需求的非定型性,作为营利事业的供给主体具有局限。丰岛明子:"福利行政的供给体制论",载神长勋、纸野健二、市桥克哉编:《公共性的法构造》,劲草书房 2004 年版,第 590 页。但是,关于具有社会保障给付共通性的医疗服务,尽管没有将政府直接供给的形态作为原则,同样的论述却很少见。私见认为,有关设施和事业者的报酬体系的应有状态,以及因职员等的专业性低下也是部分造成这个问题的原因,从福利需求的非定型性并不是直接与营利事业者作为供给主体的局限相联系。

⑨ 井上达夫:"公共性是什么",载井上达夫编:《公共性的法哲学》,中西屋 2006 年版,第 5—6 页。

指,能够成为统治权力规制对象的公共领域的特有性,将这个领域从私领域识别限定的其本来的属性。

② 主体的公共性论。将公私的区别求证于主体的区别,所谓公共性是指,承担社会性责任并能履行的主体的伦理性和政治性资质和能力。

③ 程序的公共性论。将公私的区别求证于意思决定的程序之区别,所谓公共性是指,为作出政治性决定的民主性程序之保障。

④ 理由基础的公共性论。将公私的区别求证于我们行动和决定的理由之区别,所谓公共性是指,我们所依据的理由超越了仅仅是我们自身行动的根据这个范围,为了使根据统制他人行动的统治权力得以执行的政治性决定能够正当化,必须具有特别的主体间的规范性地位。

围绕社会福利领域的"公共性"应能得出的讨论,在思考为保持前述的三个"公共性"的制度框架基础上,借用井上的理论模型展开讨论时,可以认为得到了以下的观点。

第一,关于领域的公共性,设定的问题是,社会福利领域,与市场和家庭这和私领域不同,是融合于统治权力的特别规制对象,抑或成为应规制的对象?

第二,关于主体的公共性,设定的问题是,承担社会福利者应否限定于具有一定资格和能力的主体?

第三,关于程序的公共性,可能产生的问题是,承担社会保障的主体之正当性,难道不应是超过内部的意思决定而经民主的路径得以确保?

第四,关于理由基础的公共性,导出的观点是,社会福利领域应有特别的规制对象之理由,或者对担当社会福利的主体应设置制约的理由,具有从部分集团固有的特异理由独立理解的可能性和妥当性,能否成为制约这种依据特异理由行动的政治性决定的正当化理由?

若提前说出结论,在本章,通过从第四的理由基础的观点重新质疑对第一和第二所列举的领域和主体的制约可否及应有状态,可以说阐明社会福利固有的实体的公共性内涵之同时,从第三的视点出发,亦探究导入立足于民主性契机的程序的公共性之可能性。

第三节　社会福利基础构造改革和措置制度的解体

一、战后社会福利制度的形成和措置制度

　　战前我国的社会福利制度,虽然有以生活穷困者为对象的《救护法》(1929年)等,但基本上是以民间的社会事业为根本,大多依存于由民间的有志者等从事的恩惠性救济事业之机制。伴随着第二次世界大战的终结,许多国民陷入生活困境地,对其救济成为国家的课题。但是当时,公共性行政服务不足,另一方面,民间社会福利事业依靠共同募捐所筹集到的国民捐款⑩等很难应对增大的福利需要,民间社会福利事业的财源难以稳定。还有,根据《宪法》第89条,其具体体现了社会福利事业的实施责任在于政府这个GHQ思路(公共责任原则),对不属于公共支配的慈善、博爱事业规定禁止公共财政支出(公私分离的原则),对于行政给予民间事业的援助,设置了宪法上的制约。

　　在这种情况下,本来行政应为的社会福利事业以"政府购买民间服务"这个名目向民间事业者委托,对此的必要经费支出,采取了不违反这些诸原则的解释。我国的措置制度乃至措置委托制度,具有从这样的观点出发而制定实施之侧面。还有,关于为谋求增进社会福利事业对于民间事业者进行的设施整备费补助等,也通过设置作为公共参与很强的特别法人的社会福利法人制度,根据其在《宪法》第89条所谓的"公共支配"之下的解释而开展工作。

　　福利服务,如以老年人为对象的设施即养老设施当初是《生活保护法》

---

⑩　关于1947年度政府预算的保护设施费补助和民生委员费补助等主要社会福利费用合计2亿余日元,对此,共同募捐的总额达到5亿余日元。载社会福利法令研究会编:《社会福利法的解说》,中央法规出版2001年版,第8—9页。

上的保护设施所明示的那样,具有以低收入阶层和穷困阶层为对象的服务之浓厚性质。福利受给者,较之于与供给者处于对等关系的利用主体这个定位,是作为行政保护的客体被定位而存在。对此,20世纪60年代以降,社会福利,具有不问经济状况对于有一定的生活上的障碍者给付普遍性服务的性质。但是,当初在有限的设施中的收容保护,在思考随后逐渐采取的居家的服务之同时,依然在措置制度的框架内得以维持,福利受给者的法的定位也同样如此。

二、社会福利基础构造改革

经过战后50余年,随着人口的少子老龄化、核心家庭的发展、产业构造的变化、女性的走入社会、紧迫的国家财政状况等,围绕我国的社会福利之环境发生了很大的变化,进行了朝着所谓社会福利基础构造改革的政策性应对之努力。其背景是,战后,社会福利被定义为"为了使接受国家扶助者,身体障碍者、儿童及其他需要援护培养者自立并能发挥能力,进行必要的生活指导、更生辅导以及其他援护培养"(1950年社会保障制度审议会劝告),社会福利经过战后50年,立足于"无论提及哪个均为遗留下的大问题"(1995年同审议会劝告)这个认识,对社会福利的看法发生了变化,其目的是,"不止于像以往那样对限定的对象进行保护和救济,而是以全体国民为对象,于有这种问题发生时站在社会连带的立场上进行支援,个人具有作为人的尊严,在家庭和地域生活中,不问障碍的有无和年龄,为了使其过上自己追求的安心的生活而进行自立支援"(1998年中央社会福利审议会社会福利构造改革分科会"关于社会福利基础构造改革(中期报告)")。作为社会福利基础构造改革的成果一般认为是2000年《社会福利事业法》等的修改(名称从《社会福利事业法》变更为《社会福利法》。2003年施行支援费制度),但在广义上,从1997年《介护保险法》的制定(2000年施行)、《儿童福利法》的修改(修改保育所制度),到2005年的《障碍者自立支援法》,这一系列的法制度改革作为其一环来看待是可能的。

三、"从措置到契约"

在2000年《社会福利事业法》等修改时发挥了重要作用的前述"关于社会福利基础构造改革(中期报告)"中,正如作为改革的基本方向性首先所列举出的是"对等关系的确立",其被定位为社会福利基础构造改革的核心,这是将一直以来福利服务的主要提供形态即措置制度,在以支援利用者的机制作为不可欠缺的前提之同时,改革成为利用者和设施及事业者的直接契约制度。根据这个所谓的"从措置到契约"的改革,以老年人福利(介护保险)、障碍者(儿)福利(支援费和自立支援给付)领域为中心,大大改变了服务提供形态。

这个服务提供形态的变革,具有三个方面的特征。第一,与服务利用相关的法关系的变化。从以享有措置权的行政机关的措置(行政处分)为契机而设定的法关系,转向根据服务提供主体的设施及事业者(法人)和利用者的直接契约而设定的法关系[11]。第二,行政(地方公共团体)作用的变化。在措置制度下作为服务提供主体的市町村,朝着在《介护保险法》和《障碍者自立支援法》之下的基本上是服务费支付主体转变。第三,民间(设施及事业者)作用的变化。从在措置制度下本来是应由行政负担的提供服务义务的受托者立场,朝着服务的本来提供主体转变。

这其中,特别是第二点,在具有社会福利领域公共责任的后退这个侧面是重要的一点。但是,并非是行政机关的公共参与不能进行。譬如,根据对《社会福利法》上的社会福利法人的资助和监督(《社福》第56条乃至第59

---

[11] 但是,例如儿童养护设施等,依然有置于措置制度之下的规定,此外关于保育所,在行政解释上认为是承担保育实施的市町村和利用者(保护者)之间的公法上的契约。儿童福利法规研究会编:《最新儿童福利法·母子及寡妇福利法·母子保健法的解说》,时事通信社1999年版,第168页。但是,根据学说,将保育所的入所决定作为处分对待的观点是多数说(西村健一郎:《社会保障法》,有斐阁2003年版,第469页等),虽说下级审裁判例的立场也有分歧,但对明言入所决定是行政处分这点应予以留意。大阪高裁判决2006年1月20日,载判例自治第283号,第35页,大阪高裁判决2006年4月27日,判例集未登载(参见加藤智章等编:《新版社会保障·社会福利判例大系4 社会福利·生活保护》,旬报社2009年版,第119—120页)。

条)、对于经营社会福利事业者的调查和改善命令等(同第70条乃至第72条)、根据《社会福利法》第74条被优先适用的福利各法上的调查和改善命令等(《老福》第18条之2、第19条等)、伴随着《介护保险法》和《障碍者自立支援法》上的设施及事业者的指定之劝告、命令、指定取消(《介护》第76条、第77条、第78条之6、第78条之8、第78条之9、第83条、第84条、第90条、第91条之2、第92条,《障碍者自立支援》第48条乃至第50条等)等指挥监督权限的行使预先规定之外,通过向利用者提供信息(《社福》第75条第2款、《介护》第115条之29),以及运营适当化委员会的意见处理等福利服务的利用援助(《社福》第83条乃至第87条)这些手段对服务利用者的支援进行了规定。

关于这种改革的意义及其界限,可以指出以下几点。

首先,通过"从措置到契约"的改革,与一直以来由行政提供的服务供给的一元性控制机制不同,是在提供充分的服务供给之界限内进行,但是利用者方面选择一定的服务范围得到扩大。实际上,以老年人居家服务领域等为中心,服务受给者及服务供给量得到相当增加是事实[12]。

另一方面,正如不仅是契约制度化,而且包括成年监护制度和日常生活自立支援事业(地域福利权利维护事业)的普及状况所表明的那样[13],与利用者权利维护相关的法制度的完善和利用还未能得到充分的发展。还有,伴随着因契约制度化而导入市场原理一定的服务量虽然有所增大,但在质量方面仍未得到充分的提高。这一方面是因为福利服务的质的评价

---

[12] 2000年10月现在,成为介护保险对象的登门介护事业所数为9833,通所介护事业所数为8037,对此,到了2007年10月,各自急剧增加到21069、20997。厚生劳动省"2007年介护服务设施·事业所调查结果概况",厚生劳动省官网(http://www.mhlw.go.jp/toukei/saikin/hw/kaigo/service07/kekkal.html)。

[13] 从2007年4月至2008年3月的成年监护相关事件的申诉件数,监护开始21297件,保佐开始2298件,辅助开始967件。但是从动机看,终局事件总数25392件中,财产管理处分21733件,人身监护6711件,得到大的回升(重复回答)。最高裁判所事务总局家庭局:"成年监护相关事件的概况",最高裁判所官网(http://www.courts.go.jp/about/siryo/pdf/seinen08.pdf)。另一方面,日常生活自立支援事业的契约件数,在同期间为8580件。厚生劳动省编:《2008年版厚生劳动白皮书·资料编》,中央法规2008年版,第202页。

方法不发达等(《社福》第78条第2款),另一方面不少是由于特别养护老人院(介护老人福利设施)等设施服务的需求供给极端不平衡(设施供给不足)所致。

于这种市场原理的优点未充分得到发挥等现状为前提的情形,为了使市民能够接受良质的福利服务,围绕服务提供主体的法的规制状况之讨论不可或缺。其中在契约化的进程中,依然是设施服务的中心性供给主体之社会福利法人制度,可以认为其应有状态具有重要的意义。尤其是对为入住收费老人院(《老福》第29条)等不具有充分财力的利用者而言,无法进行服务的实质性选择,并且既然无法想象设施供给不足的状况在早期朝着改善方向发展,那不得不说不单停留于委托给市场机制,其他的方法特别是对服务提供主体的法规制应发挥重要的作用⑭。但是,关于福利服务提供体制,经过社会福利基础构造改革至今,应该说依然维持者着战后社会福利体制的框架。因此以下,通过对目前的社会福利事业体制和社会福利法人制度存在着怎样的问题,应如何改革进行考察,试图围绕社会福利领域的公共性展开部分论述。

第四节 社会福利事业和社会福利法人制度

一、社会福利事业

继受了战前的《社会福利事业法》之规定的1951年《社会福利事业法》,基于很难定义等理由,未对社会福利事业做出定义性规定,而是将社会福利事业分为第一种和第二种,采取了对各自的细目事业进行列举规定的方式。关于对第一种和第二种进行区分的宗旨说明,按照于事业被不适当地运营之情形所产生的人权侵害重大程度之不同,根据对两种事业公共性指导监

---

⑭ 与同为社会保障制度的一个领域即医疗相比较时,在医疗领域一定的专业工作伦理被确立,对此,在福利领域还未确立专业性这点,不得不较多地依存于公法的规制之特殊情况不可忽视。

督程度之差别规定,试图调和维持社会福利事业的公共性和防止侵害人格尊严之要求与尊重事业的创意及自主性之要求[15]。其中第一种社会福利事业,基本上是经营人所设施的事业和容易进行不当榨取的事业[16],原则上国家和地方公共团体之外,社会福利法人成为经营的主体。对此,第二种社会福利事业是经营居家服务和通所服务等事业,基本上对民间经营者也认可经营。还有这种机制,在2000年《社会福利事业法》等修改后的《社会福利法》中也没有改变(《社福》第2条、第60条)。这些与社会福利事业相关的规制,关于根据他法其设置或者开始,于为需要行政机关的许可、认可或需要向行政机关提出申报的设施或事业之情形,基本上优先适用他法。例如,《老人福利法》上,特别养护老人院的设置主体除了都道府县和市町村等外限定于社会福利法人(《老福》第15条第4款),关于《生活保护法》上的保护设施亦同(《生活保护》第41条第1款)。关于报告的征收等、事业的停止和废止及认可取消等也有独自的规定(《老福》第18条、第19条、《生活保护》第43条乃至第45条)。

二、社会福利法人制度

社会福利法人制度,作为《社会福利事业法》上以进行社会福利事业为目的之特别法人而得以创设(《社福》第22条)。一直以来,作为民法上的公益法人(社团法人和财团法人)的设立要件所揭示的公益性(2006年修改前《民法》第34条)是指,不单是不以营利(非营利性)为目的,而且更加积极地

---

[15] 新田秀树:《社会保障改革的立场》,信山社2000年版,第183页。作为当时的立法担当者,木讨忠二郎在其所著的《社会福利事业法的解说(修订版)》(时事通信社1955年版,第33—34页)中敞出的说明是,这是"从社会福利的观点,以及对个人的尊重角度来看,对其对象的影响大小"来进行分类,其中第一种是公共性特别高的事业,由于是以社会弱者为对象,是对其人格的尊严具有重大影响的事业。在《社会福利法》的逐条解释上也认为,第一种社会福利事业,"由于对因该事业的实施而被提供福利服务的利用者影响特别大,确保该事业的继续性、安定性之必要性特别高,是有必要进行相对强的公共规制的事业"。社会福利法令研究会编:《社会福利法的解说》,中央法规出版2001年版,第69页。

[16] 木村忠二郎,前揭注15书,第34页。

谋求社会整体的利益[17]。较之于这种公益性法人,创设服从于严格规制(《社福》第56条、第58条第2款)的社会福利法人制度的意义,当时的立法担当者所做的说明是,"一直以来的社团法人、财团法人里有各种杂乱的法人,在其社会信用上也好,还是在维持社会福利事业的健全性上也好,有遗憾之处,为了确立其纯粹性"而建立社会福利法人制度[18],除此之外,有观点指出,一般地,在对民间社会福利事业进行公共资助时,基于《社会福利事业法》而建立的社会福利法人制度,被看做是属于公共支配的慈善博爱事业,考虑了谋求与《宪法》第89条的整合性[19]。

　　社会福利法人,可以认为从两个方面占据优越的地位。第一,关于可以进行第一种社会福利事业的经营主体,除去国家及地方公共团体这种公共主体,由于只有社会福利法人被设想成为经营主体,即使是反射性利益,在也排斥其他民间事业团体参与的情况下,认可其经营事业这点。

　　第二,社会福利法人较之于一般的公益法人,一方面服从于严格的规制监督(《社福》第56条、第58条第2款),另一方面除了能够接受与设施和设施整备费相关的公共补助(《老福》第24条第2款、第26条第2款等)外,关于所得税、法人税、固定资产税等,比一般的公益法人享有税制上的优惠待遇[20]。

---

[17]　田山辉明:《民法总则》(第2版),成文堂2007年版,第102页。在内阁府"关于公益法人制度改革的有识者会议"报告书(2004年11月)第15页中指出,"具有公益性的法人之目的,以积极地谋求实现不特定多数人的利益为根本是适当的"。

[18]　木村忠二郎,前揭注15书,第145页。

[19]　对此,"因就业培训事业发生的丑闻,降低了社会福利事业的社会信用,招致了经营上的新规课税这种不利的情况,对此,为了坚守社会福利事业的社会信用,确保经营上的有利条件",提出了着眼于获得非课税及课税优惠措施的观点。北场勉:《战后社会保障的形成》,中央法规出版2000年版,第201页。增田雅畅("福利服务和供给主体",载日本社会保障法学会编:《讲座社会保障法③社会福利服务法》,法律文化社2001年版,第114—115页)在肯定北场的观点基础上,进而指出,①即使回避《宪法》第89条的问题不是直接的动机,对民间社会福利事业的资助,由于加上本来对民间资助持消极态度的GHQ的方针,根据《宪法》的规定变得越来越困难,有必要谋求打开之策,这成为政策担当者的问题意识。②当时的政策担当者认为,我国的福利行政当然是官民一体而进行,特别是关于设施,民间设施应成为中心,试图活用作为其经营母体的社会福利法人制度。

[20]　参见大阪府社会福利协议会:《社会福利法人的应有状态研究会报告书》,大阪府社会福利协议会2007年版,第53—54页。

三、社会福利领域的规制缓和与民营化的动向

面临这种状况的社会福利领域,最近处于巨大变化的潮流之中。其一端是前述的从措置制度朝着契约制度的改革动向。此外,想指出以下三点。

第一,社会福利领域的规制改革讨论,以2001年在内阁府设置的综合规制改革会议(此后改为规制改革和民间开放推进会议)为中心展开。在此的讨论虽涉及诸多方面,但可以发现保育领域和介护领域是中心。其中在保育领域,根据2006年的立法认定儿童园得以法制化,有制度性地实现了朝着所谓的幼儿园保育所即幼保一体化之部分。在介护领域,由股份有限公司等经营特别养护老人院之解禁论得以展开,基于PFI法,采取从地方公共团体等选定的事业者设置及运营这种形式或者地方公共团体等设置的设施之运营受托这种形式,有关特区的股份有限公司的经营被予以认可[21]。

第二,尤其在老年人介护领域,因介护保险的导入,《社会福利法》所规定的法定的社会福利事业和其以外的事业之区别正在变得相对起来[22]。典型的可以列举出,作为第一种社会福利事业的特别养护老人院,和由股份有限公司等运营的民间收费老人院之间的不同,例如,最近在特别养护老人院正在普及的单间组合型的设施,和作为介护专用型的特定设施因介护保险成为介护服务对象之收费老人院,入住对象除了都是需要介护的老年人外,在制度面的不同也正在变得相对化[23]。

---

[21] 作为公设民营方式之例,北海道尔志郡乙部町、岩手县二户郡一户町得到了特区的认定,其后这个特例措施在全国实行。

[22] 这种方向性即所谓原点,在《社会福利法》制定时发现,新田,前揭注15书,第194—195页。新田指出,追溯到老人福利法,对于已经着眼于入所者的经济性要素而未将收费老人院规定为法定社会福利事业之事,以及关于其经营被作为第一种社会福利事业的特别养护老人院,其经济性要件被取消而入所者不限于低收入者之事,产生了论理性龃龉。

[23] 堤修三:"社会福利法人制度能否继续存在?(上)",载《社会保险旬报》2007年第2303号,第27—29页,其中指出,除管理权限有强弱之差外,仅剩下负有《老人福利法》上措置的受托义务,以及在收费老人院根据入住者的选择外部服务的利用成为可能这两点。

第三，最近，可以看到，在老年人和障碍者设施等的介护事故[24]、围绕儿童和保育设施等的虐待之法纠纷、裁判例[25]正在增加。还有，提供恶劣服务时成为问题的案件，未必问是社会福利法人还是民间的设施及事业者[26]。再者关于社会福利法人，也不能无视以地方自治体为中心的退职公务员的人才供给（所谓的在地方自治体层面的"官僚指派人"）正在广泛进行这个现实。

第五节 社会福利法人和社会福利事业的应有方向性

一、公益性和公共性

根据 2006 年的法修改，我国的法人制度，进行了彻底的变革。据此，所谓准则主义之下，设立了一般社团法人及一般财团法人，可以简便容易地取得法人资格。另一方面，关于进行公益目的事业的公益社团法人及公益财团法人，其公益性的认定委托给具有第三方性质的公益认定等委员会。

公益法人制度改革的原因是，"主管机关的许可和监督制度，例如 KSD 事件中所看到的那样，容易成为主管机关和公益法人方勾结和恶意利用补助金及税制优惠的温床，为了解决这个问题，进而通过支援民间公益活动自

---

[24] 参见本书第十二章。
[25] 最高裁一判决 2007 年 1 月 25 日，判例集未登载（关于在社会福利法人经营的儿童养护设施里其他儿童对入住儿童的暴行和伤害，认定了县的国家赔偿责任之例）；高松高裁判决 2006 年 1 月 27 日，判例集未登载（原审判高松地裁判决 2005 年 4 月 20 日，裁判时报 1897 号，第 55 页。关于认可外保育设施的儿童死亡事故，认定了县的指导监督责任之例）；横滨地裁判决 2006 年 10 月 25 日，判例集未登载（关于认可外保育设施儿童的死亡事故，否定了县的指导监督责任之例）等。参见本书第十章第三节，页边码第 237—239 页。
[26] 与笔者从事的解决问题的案件相关联，参见"被质疑的社会福利法人"，载《日本经济新闻》2007 年 2 月 20 日，晚报第 13 版。

由地进行,促进'民间担当公益'"㉗的改革,若从这些方面看,关于作为特别法人的社会福利法人之应有状态,有必要进行重新探讨。新设立的公益法人的公益目的事业是,"学术、技艺、慈善及其他有关公益的另表各项所列示种类的事业,为增进不特定的多数人的利益而努力的事业"(《公益法人法》第 2 条第 4 项),在另表中"是以支援障碍者或生活穷困者或事故、灾害或犯罪的被害人为目的之事业"(3 项);"是以增进老年人的福利为目的之事业"(4 项);"是以健全培养儿童或青少年为目的之事业"(7 项)。从这些列举的具有社会福利共通性的事业,有必要重新拷问为何要设立特别法人。社会福利法人,关于①能够进行第一种社会福利事业的经营主体,由于除去国家及地方公共团体仅设定为社会福利法人,因此事实上是在排除其他民间主体的参与中认可其经营事业㉘;②较之于一般的公益法人在服从严格的规制(《社福》第 56 条、第 58 条第 2 款)之同时,除了可以接受与设施和设备整备费相关的公共补助(《老福》第 24 条第 2 款、第 26 条第 2 款等)外,关于所得税、法人税、固定资产税等,若从较之于一般的公益法人受到优惠这点来看,更可以说如此。这种工作,并非停留于一般性意义上的公益性,正是质疑社会福利固有的公共性的内涵。

二、关于社会福利的公共性

关于这点,针对支持解禁股份公司等经营特别养护老人院的论调,有力的反对论认为,关于作为最终住处的设施服务,若承认可自由从市场退出(参见《社会福利法》第 46 条乃至第 54 条㉙),那么将妨碍服务的稳定供给,

---

㉗ 雨宫孝子:"关于非营利法人公益性的认定",载《法律家》2007 年第 1328 号,第 13 页。
㉘ 在第 5 次(2007 年 6 月 20 日)社会保障审议会介护给付费分科会"关于介护设施等的应有状态之委员会"上,作为为促进疗养病床转换的追加支援措施,提出由医疗法人等不以营利为目的的法人设置特别养护老人院。
㉙ 根据社会福利法人章程准则("关于社会福利法人的认可"〈2000 年 12 月 1 日障第 890 号、社援第 2618 号、老发第 794 号、儿发第 908 号〉,另纸 2。以下称为:"章程准则")第 23 条,解散(除合并或因破产而解散之外)时的剩余财产,归属于经理事总数三分之二以上的同意而从社会福利法人中选出者。

从保护利用者利益的观点看存在问题[30],这种观点成为研究的线索[31]。即:社会福利领域提供的对人服务,与一般的公益活动不同,更何况若是入所设施等具有密室性的服务,由于其与公民的生存本身直接相关,那么根据保障生存权的《宪法》第 25 条[32],以及与尊重个人自律密切相关的《宪法》第 13 条[33]的要求,有必要充分重视利用者的权利保护。还有,从与实现生存权保障等直接相关的服务部分,可以发现这个法领域固有的实体公共性。正因为如此,关于这种服务提供的应有状态,超越民法及其特别法的社会福利领域固有的公法性规制在一定的范围内得以正当化。对此,在以低收入者和穷困者为对象这点或许可以得到发现社会福利的公共性本质之思考。但是,与社会福利事业法制定当初不同,至少在目前,"免费和低额"这种制约并非是社会福利事业的共通要素[34],与一般普遍的公共性要素相比,可以认为其停留于次要的定位。

这样看待社会福利的公共性时,从对社会福利领域的国家规制和监督的方式,以及对承担社会福利主体采取优惠措施的方式这两个侧面,突出了制度改革的必要性[35]。

---

[30] 根据 2003 年 4 月 22 日厚生劳动省向综合规制改革会议提出的"关于资料等提出的要求(回答)",关于股份有限公司经营特别养护老人院所表现出的担心是,"缺乏以长时间、稳定的形式提供服务的担保","例如,鉴于股份有限公司的经营范围没有限制,有与特别养护老人院的经营合起来进行其他业务的可能,其他业务的经营状况将影响该公司的经营,其结果使特别养护老人院的经营难以继续,产生对利用者欠缺保护的状况"。

[31] 伊奈川秀和("关于社会福利法人法制的考察",载《法制研究》2001 年第 68 卷第 1 号,第 39—40 页)认为,在探讨社会福利时,较之于其他领域,提供稳定的、持续的、有计划的服务这个视点更为重要,在社会福利法人中,持久性的要求比其他法人强烈,即使为营利法人的情形,能够担保业务的持久性是民间参与的必要条件。堤修三("社会福利法人制度能够存续吗?〈下〉",载《社会保险旬报》2007 年第 2304 号,第 17 页)认为,从应否承认业务的自由退出这个视点看,在公益社团和财团法人之外,有另外建立特别法人制度的意义。

[32] 保障《宪法》第 25 条规定的"健康的、具有文化意义的最低限度生活"之规范性意义,并非只是从收入保障的侧面来看待,也可以从医疗和介护这种服务保障固有的侧面来看待。参见本书第一章第四节,页边码第 21—23 页。

[33] 参见本书第一章第三节,页边码第 9—15 页。

[34] 参见新田,前揭注 15 书,第 205—209 页。

[35] 能见善久("关于公益性团体的公益性和非营利性",载《法律家》1997 年第 1105 号,第 54 页)指出,公益性概念的作用有二:第一,具有将国家干预正当化的作用;第二,在税制等方面具有给予优惠措施的作用。可以说与本章所述的两个侧面相呼应。

第十三章　社会福利的重编和公共性　307

首先,若从与生存权保障等直接相关的对人服务这点发现社会福利的公共性本质立场来看,不问是由社会福利法人提供的服务,还是由营利法人提供的服务,根本上从保护利用者的权利这个观点看,认为应进行相同内容和相同程度的规制㊱。即一直以来,社会福利事业法,如前所指出的与《宪法》第89条的关联那样,沿革性地被看成是具有较强的事业主体助成法之性质,直至2000年修改才开始导入福利服务利用者的权利保护这个视点(参见《社福》第3条乃至第5条、第75条乃至第87条)。由此更进一步,从优先保护服务利用者的权利立场看,较之于作为资助事业主体的侧面,应强化作为事业规制法的性质㊲。倘若据此,现在由民间企业举办的收费老人院等,也定位于社会福利事业,在此基础上,应置于《社会福利法》的事业规制之下。但是这不能否定对一直以来被作为第一种社会福利事业之事业认可营利企业的参与相联系之面㊳。基于和有关民间事业者的营业自由(《宪法》第22条第1款)之关联,从不仅是《宪法》第25条的生存权保障,还包括与尊重个人的自律相关的《宪法》第13条作为规范性依据而被重视的立场看,应探讨对其自由的退出沿着一定的抑制方向进行事业规制的

㊱　新田(前揭注15书,第214—215页)认为,在2000年《社会福利事业法》修改前的时点上,将一直以来社会福利事业法的本质看成是事业主体(＝社会福利法人)助成法,"若为相同内容的事业,立足于通常同样有可能发生侵害利用者权利的前提,不问事业主体如何应进行相同内容和相同程度的规制,在此基础上,对事业主体的助成,在《宪法》第89条的制约范围内,与规制相切割基于另外的政策判断来进行","按照'规制→助成'这个顺序,进行是否作为法定社会福利事业的判断,至少通过对事业的规制不问主体如何而统一地、整合地进行,将该法性质的重点从事业主体助成法向事业规制的规则法(利用者方面的法)转换"。另外,关于在何种范围内有可能规制问题,从"公共福利"的观点看,可以规制要求服从行政机关一定的指导监督(调查、改善命令等),以及为保障健康的、具有文化意义的最低限度生活而遵守服务提供基准。同书第218页。河野正辉(《社会福利的权利构造》,有斐阁1991年版,第152—156页)指出,为维持最低基准的法构造主要有:①关于禁止有害行为之法;②关于充实人力和物力资源之法;③关于为维持基准的费用负担之法;④关于维持基准的监督之法;⑤关于为维持基准的权利救济和争议之法。

㊲　伊奈川(前揭注31论文,第46页)认为,于营利法人参与之情形,从利用者保护的观点看,有必要采取公法上或私法上的担保措施,但于将利用者保护作为事业规制性的方法来担保之情形,与参与规制性的方法相比,果真在行政上具有效果和效率? 从这个视点有必要进行探讨。

㊳　伊奈川(前揭注31论文,第36页)认为,营利法人经营公益目的的事业时,与专门以公益为目的的非营利法人的情形相比,有必要服从更强的事业规制,或对利益的分配进行制约。

308　社会保障法制的将来构想

可能性[39][40]。最终,成为各福利法上被保留的市町村的措置义务(《老福》第11条第1款等)之问题。

其次,在进行这种事业规制的基础上,为了承认继续保留作为特别法人的社会福利法人制度,从其成为优惠措施的对象出发,如下所述,有必要建立为担保公共性的具有追加意义的法框架[41]。

第一,倘若凭借有关《社会福利法》和《介护保险法》的行政机关行使规制监督权限的既存法框架,仍有不充分之面。例如,关于对利用者方而言是重大关心事情即恶劣服务之提供(如违反恒常的最低标准,反复发生的虐待事件等),与对有关违反特别法人基本规则的社会福利法人的监督规制(《社福》第56条、第58条第2款、第71条、第72条)、基于《社会福利法》第74条被优先适用的各福利法上的监督规制(《老福》第18条之2、第19条等)一起,亦成为基于《介护保险法》等事业各法的监督规制对象(参见《社福》第71条、第72条、第74条)。行使这种监督规制权限时,关于发生违反具体性法令等事由而应由行政机关采取规制手段,通过规则化的应对,采取与行政权限行使相关的透明的确保措施十分有益。但是,作为法解释论,规制监督权限行使的有无及程度,一般解释为原则上要委托于监督行政机关的裁量,而违法不行使规制权限要通过事后的诉讼解决极为困难[42]等,扎根于利

---

[39] 例如,从应给予股东剩余金分红请求权还是残余财产分配请求权的角度出发(参见《公司》第105条第2款。神作裕之:"一般社团法人和公司",载《法律家》2007年第1328号,第36页),可以考虑事先在章程中规定将不给予后者作为特别养护老人院的设置认可要件。再者,关于设施入所契约,运营基准上,通过让设施方面承担替代设施的确保这种照顾义务之方式,制约撤退时单方面地解除与各个入住者的契约,可以考虑沿着这个方向进行规制及解释约(参见内田贵:"民营化(privatizatiaon)和契约〈3〉",载《法律家》2006年第1307号,第134—135页)。

[40] 于解禁股份有限责任公司经营特别养护老人院之情形,由于介护给付费上涨有不希望如此的反对意见,但是关于这点,让人想起医疗法上《医疗》第30条之4)有关病床的规制之讨论。不过,应留意的是,法学上,对于病床规制的合宪性提出了有力的质疑。参见本书第六章第四节注59。

[41] 这点,在医疗领域,根据2006年的改革,为了使一直以来公立医院承担的医疗让民间的医疗法人积极承担,从推进的角度看,导入社会医疗法人制度这点受到注目。一直以来,医疗法人即使是积极地谋求营利,并非积极地谋求公益,也将其定位于营利法人和公益法人的中间。伊奈川,前揭注31论文,第68页。参见东京高裁判决1974年10月17日,载行集第25卷第10号,第1254页。

[42] 参见本章注25。

用者的权利保障的法框架还有不充分之面㊸。在采取信息公开（关于业务及财务等资料、公益性事业的比例、内部保留水准等事项、监查报告书等）、网上的公开、全国性数据化等诸措施之同时㊹，另一方面很有必要研究从外部统制行政机关的裁量权限而进行的制度修改（例如，由第三方机构定期检查法人的公益性和公共性等）。

第二，将法人的正当化不停留于内部的意思决定，有必要沿着扎根于地域的方向探索改革理事会和评议会构成的可能性。例如，现在，在理事及作为监事的董事之中，其董事、其配偶及三亲等以内的亲属不能超过董事总数的二分之一（《社福》第 36 条第 3 款），应降低比率（去除家族经营之弊病）㊺；关于评议会，将还未必置化的㊻评议员会（同法第 42 条第 1 款）全面必置化，除了现在增加的被义务化的地域代表之外，包括利用者代表、家属代表在内半数以上应从这些人中选任；三分之一以上应由利用者代表及家属代表构成㊼；

㊸ 有观点认为，《介护保险法》上指定制度的机制，"在运用上预先的设想不过是通过专门的行政指导及监督进行，其权限的发动事由也并不具有积极的内容"，指出了其与为保护生命和身体的安全，保障健康的具有文化意义的行政活动之法的机制存在不相符合的疑问，有必要构建积极行使规制权限的解释论，以及使监督权限和取消权限相互联系的法的统制论，将其作为研究的课题。大沢光："介护保险法的指定制度之法的含义"，载神长等编，前揭注 4 书，第 613、616 页；加藤智章、菊池馨实、仓田聪、前田雅子：《社会保障法》（第 4 版），有斐阁 2009 年版，第 264 页。其中，前田认为，"根据事业停止命令进行事业自身受到规制之事，是在指定制度的框架范围之外，属于违反设施的最低基准等另行规定的要件之情形"。

㊹ 关于公益法人制度改革的有识者会议"报告书"（2004 年 11 月），第 27—28 页。关于根据 2006 年《医疗法》等修改而导入的社会医疗法人，作为地域居民参加型公益性较高的医疗法人，规定了向都道府县知事提交书面材料的申请、阅览等，以及添加提交有关一定规模以上法人的监查报告书（《医疗》第 52 条）等。

㊺ 根据章程准则第 5 条备考（2）规定，理事规定人数 6—9 名的情形亲属数 1 名，理事规定人数 10—12 名的情形亲属数 2 名，理事规定人数 13 名的情形亲属数 3 名。关于评议员，亦同。

㊻ 根据社会福利法人审查基准（"关于社会福利法人的认可"〈2000 年 12 月 1 日障第 890 号、社援笫 2618 号、老发第 794 号、儿发第 908 号〉另纸 1。以下称为："审查基准"）第 3、4(1) 条，除去仅经营措置事业、保育所、介护保险事业的法人外，为必置规定。

㊼ 利用者及家属参加有关提供福利服务的 NPO 运营的设想，从比较法的角度看并非是突发奇想。例如，在加利福尼亚州规定发育障碍服务给付即所谓的《兰达曼法》（Lanterman Developmental Disabilities Services Act）中规定，调整提供州服务的地方中心董事（Board of Directors）之半数应为有发育障碍的成人或有发育障碍儿的家属。但是，这里所谓的地方中心，可以看成是相当于日本的社会福利协议会。

310 社会保障法制的将来构想

理事及监事的选任应在评议员会中进行⁴⁸,等等,可以考虑将其义务化。不能无视与营业自由的关联,但规制监督权限的行使委托于监督行政机关的裁量之现状只要被维持,从防止法人和行政的勾结观点看,不止于相关行政机关的现任职员禁止成为法人的董事⁴⁹,也应研究退职后的一定年数内禁止就任既存法人的董事等。这些事项并非不过是行政规则的通知,原则上应为法律上的规定。

　　第三,与如前所述的第二位意义上的公共性的实现相关联,《社会福利法》第 2 条第 2 款和第 3 款所列举的各种社会福利事业中,以"《生活保护法》……所规定的救护设施、更生设施及以通过免费或低额的收费让其他生计困难者入所进行生活扶助为目的而经营设施之事业及对生计困难者进行的丧葬帮助之事业"(同条第 2 款第 1 项)为首,试图着眼于规定以"免费或低额"的费用乃至使用费来提供服务的事业⁵⁰。为享受税制上的优惠待遇,除了这些事业,设立通过自己的负担来减轻低收入者和穷困者的负担之一般性机制等,可以考虑在某种意义上以返回到战后社会福利的"原点"进行公益性社会活动为要件⁵¹。

　　以上所述的改革中,在列出的第一、第二点,与其说是以《宪法》第 25 条等为根据的实体公共性,毋宁说也是试图摸索程序的公共性。根据私见,可

---

⁴⁸　参见章程准则第 7 条备考。

⁴⁹　"审查基准"第 3 条第 1 款第(1)项。

⁵⁰　2006 年 9 月社会福利法人经营研究会编写的《社会福利法人经营的现状和课题》(全国社会福利协议会 2006 年版,第 61—62 页)中指出,与所谓的同等条件论相关联,若为营利企业,本质上是进行的很难的事业,即具有公益性的事业,包含的要素有:①不排除支付能力低的人(实施低收入者对策即减免事业);②不排除花费劳力和成本的对象者(关联地,发挥措置制度的接盘者作用);③(地域福利基础的完善等)应对制度外的需求。社会福利法人作为进行与这种事业相符合的非营利法人,具有社会性意义。但是,承认具有这种程度的公益性而超越公益法人税制上的优惠待遇,仍存有疑问。

⁵¹　堤(前揭注 23 论文,第 30 页)认为,"实质上所有的情形都可以规定提供服务义务的,只有根据税制的优惠待遇靠自己的负担能个别减轻利用者负担的社会福利法人,唯有其中具有公益性"。正如堤所揭示的那样,可以认为,不排除要介护度属于重度的老年人和障碍者,靠介护保险和自立支援给付的运营基准能够应对,根据介护报酬支付基准的状况也有可能应对,对于这点不能承认公益性乃至公共性的本质。

以认为，这与其说是依据《宪法》第 25 条，毋宁说是重视"参加"的契机等，直接从《宪法》第 13 条所导出的规范性要求[52]。

第六节　结语

在本章，以"公共性"概念为线索，对我国的社会福利服务供给体制的应有状态，其中也对社会福利事业、社会福利法人制度的方向性进行了探讨。但是，社会福利法人中处于社会福利协议会、儿童养护设施等措置制度下的设施的运营主体、处于《介护保险法》和《障碍者自立支援法》之下的契约设施的运营主体等，对包括多样的主体这点有必要予以留意[53]。关于社会福利事业的多样性亦同。于此意义上，不能否认本章的范围主要是针对老年人介护领域的应有状态。今后还应进行更加综合性的研究，但无论如何社会福利事业和社会福利法人制度改革的法完善，是无法回避的必须研究的政策课题。

---

[52] 菊池馨实：《社会保障的法理念》，有斐阁 2000 年版，第 144—145 页。
[53] 例如，关于公共性质更强的社会福利协议会，与一般的社会福利法人比，应置于另外的法规制之下。

终章　社会保障和社会保障法学的新展望

本书至此为止,以第一章和第二章为中心,对笔者前著①中总论性地提出的社会保障法理论力求进一步展开研究,但在第三章以后,分论性地论述了围绕社会保障法各领域的制度论和解释论的诸问题。在进行分论领域的理论性探讨时,虽然论述有浓淡之差,但毋庸置疑"自由"基础的乃至"自律"指向性社会保障法理论之观点贯彻始终。

最后在本章,与前述不同,从另外的视角,聚焦社会保障和社会保障法学的新展望尝试进行探讨。具体地,在第一节,面临要求重新构建不仅仅停留于财源方面的"构建可持续的社会保障制度"之社会性、市民性基础的现状,不止于第一章所述的实体意义上的社会保障法制改革②,还从程序意义的观点论述应进行改革的必要性。在第二节,关于新创设的法科大学院(law school)对社会保障法学的影响等,进行亦包括培养研究者的方式在内的探讨。最后在第三节,对迎来社会保障制度大转型的社会保障法学展开的可能性进行若干的探讨,以此作为本书的结语。

第一节　新的可持续性视角

一、序言

预想今后将进一步展开社会保障制度改革,重要的是,这就要求政策制

---

① 菊池馨实:《社会保障的法理念》,有斐阁2000年版。
② 参见本书第一章第六节三。

定者和研究者，并非权宜性地反复进行个别制度修改的研究，而是在沿着明确理念的总体设计下，从中长期的观点构想社会保障制度③。与此同时，从这种视野描绘社会保障制度的将来像时，社会保障的可持续性这个视角，不单单从财政方面来看待，而且也要从重新构建支撑社会保障制度的社会性和市民性基础这个方面来看待，这也至关重要④。

但是，这种致力于总体设计的社会保障像，至此为止在我国的政策制定过程中并非没有进行讨论。其典型是，对战后日本社会保障制度的发展发挥了重要作用的社会保障制度审议会。在本节，对以该审议会为首的政府文书进行研究，通过概述这些文书关于社会保障制度的基本思路和理念、范围等如何看待，重新突出围绕诸如上述的现今社会保障课题之一面。

二、社会保障制度审议会 50 年劝告

战后，在内阁总理大臣之下设置的社会保障审议会，至 2001 年 1 月伴随着中央省厅重编而被废止为止，关于社会保障制度作出了诸多的劝告、建议和答复等。其中，1950 年"关于社会保障制度的劝告"（以下简称为"50 年劝告"），对现今为止社会保障制度的基础和设计之形成极为重要。

50 年劝告，在开头提出了《宪法》第 25 条的规定，宣称国家负有保障所有国民生活之责任。在生存权理念下，国家以所有国民为对象，遵循公平和机会均等原则实施的生活保障制度被看成就是社会保障。

另一方面，像这样在强调国家责任的同时，认为立足于社会连带的精神，国民按照各自的能力对维持和运营该制度也应承担必要的社会性义务，将焦点对准于基于社会连带理念的国民义务之履行。这种基于社会连带的社会保障负担的基础依据，在时至今日的社会保障制度改革讨论中屡屡被提出。还有，为实现社会保障的目的，必须发展有关最低工资制和稳定雇佣的政策，明确地意识到与雇佣政策的关联。

---

③ 参见本书第一章第二节二。
④ 参见本书第一章第六节三。

根据50年劝告,"所谓社会保障制度是指,对于疾病、负伤、分娩、残疾、死亡、老年、失业、多子及其他穷困的原因,在保险方法或直接公共负担中采取经济保障的途径,对于陷入生活穷困状态者,通过国家扶助保障最低限度的生活,与此同时,谋求提高公共卫生及社会福利的水平,据此使所有国民能够经营具有作为文化性社会成员价值的生活"。具体地,由社会保险、国家扶助、公众卫生、社会福利四个部分构成,其中社会保险占据中心的地位。此后,日本的社会保障制度以社会保险为中心取得了发展。

三、社会保障制度审议会95年劝告

继50年劝告之后,经过了战后50年的发展,在迎来少子老龄社会朝着21世纪迈进而提出新社会保障像这个意义上,1995年社会保障制度审议会提出的"社会保障体制的重新构建(劝告)"(以下简称为"95年劝告")是重要的。在95年劝告中认为,"社会保障制度的新理念是指,广泛保障国民能够健康且安心地生活"[⑤]。与在战后的混乱中如何保障最低限度的生活是现实性的理念和课题的50年劝告不同,经过高速经济增长国民的生活水平得以提高,在社会保障制度作为国民生活不可欠缺的制度得以发展的状况下,更高水平的生活保障作为理念被提了出来。

另一方面,作为21世纪社会保障的基本理念,社会连带也被提了出来。其中,与战后个人主义的发展相关联,指出"个人化越发展,另一方面若不同时形成社会连带关系,则社会将解体。社会保障以各个人为基础之同时,根据各个人的社会连带而成立,应该说今后其作用越来越重要"。可以认为,这点,与私见所说的"使连带成立的社会性、市民性基础的脆弱化"乃至"支撑社会保障制度的社会性、市民性基础的脆弱化"[⑥]具有共同的问题关心。但是,关于社会连带的思想如何在国民中培育("支撑社会保障制度社会性和市民性基础的重新构建"),在95年劝告中只是指出,在尊重每一个人的

---

⑤ 这种理解在后述的2000年意见书中也得以延续。
⑥ 参见本书第一章第六节,页边码第42—43页。

自发性之同时，以在家庭内的教育为根本，通过学校、企业、地域等各种各样的场合谋求社会连带意识的酿成和福利教育的推进是重要之事。

此外95年劝告指出，关于50年劝告以来的日本社会保障制度的核心即社会保险的定位，从保险费负担总体上与给付相结合来看，由于负担较容易取得国民的同意，加之给付作为基于负担的权利被确立等诸多优点，今后社会保险也应作为社会保障制度的核心来定位。关于社会保障制度的范围，为了使社会保障制度取得实际效果，让国民能够安心生活，综合考虑有关住房和城镇建设等施策极为重要，其虽没有作为社会保障制度的一环来定位，但作为与此密切相关的施策对住房政策也予以关注。

社会保障制度审议会在即将被废止前的2009年9月，提出了题为"面向新世纪的社会保障"的意见书。在该意见书中，以国家和地方财政的恶化和社会保障制度改革的讨论高涨等为背景，与95年劝告进行比较，关于财政构造和社会保障制度之关系的论述占了相当比重。另一方面指出，"社会保障的问题，不能仅仅考虑与财政和经济的关联，其具有在广泛地与教育、家庭、企业、地域、社会的关联上也应进行研究的宽度"，对仅从财政和经济的视点之研究敲响了警钟。

四、社会保障制度审议会后的建议

与废止社会保障制度审议会相前后，迄今为止若干的政府相关文书提出了建议。其中继受了该审议会部分任务的内阁府经济财政咨问会议，作为有关经济财政政策的重要事项，按照内阁总理大臣的咨问进行调查审议的机关，屡屡就社会保障制度的应有状态提出了建议等。然而，未必提出了社会保障的总体设计之点，从经济财政方面论述了社会保障的应有状态之点等，与在第一部分中所述的笔者观点有不少对立之面[7]。为此，以下，针对着力于整体社会保障制度的长期性制度构建状况的其他若干文件，探讨

---

[7] 但是，立足于缴费乃至负担面的讨论之展开，自不待言是社会保障法学的重要理论性课题。参见本书第一章第一节，页边码第2页。

其应注目之点。

　　首先,社会保障制度审议会2000年意见书提出后的翌月即同年10月,内阁总理大臣主持的"关于社会保障构造的应有状态之思考有识者会议",关于面向构建长期稳定的社会保障制度之社会保障改革的方向性,对于进行最终选择的国民,从出示其判断材料的立场,提出了题为"面向21世纪的社会保障"报告书。

　　该报告书将社会保障的目的定位为:"以广泛的国民为对象,对于依靠个人的责任和自助努力难以应对的风险,全体社会互相帮助,支持个人的自立和发挥家庭的作用,保障健康的且能够安心的生活"。作为支撑社会保障的思想,虽揭示了国民的相互扶助和社会连带,但是并未言及此外的其他内容。

　　还有在该报告书中指出,"考虑到经济增长支撑社会保障制度,社会保障通过需要设定对经济增长作出贡献这种相互密切的依存关系,为维持将来可持续性的社会保障,谋求能够维持理想的社会保障制度实现充满活力的经济",聚焦于"可持续的社会保障"之构建,为此,①使承担增加负担之人增多;②让老年人也按照能力分担负担;③通过修改给付的方式提高效率尽量抑制整体给付的增加,根据这些方策,强调给付和负担平衡之必要性。在与财政负担的关联上,论述了"可持续的社会保障"。

　　作为筹措社会保障制度费用之方法,对于生活困难的风险共同进行事前的准备,支持按照对制度的贡献进行给付的社会保险方式。

　　其次,省厅重新编制后,在厚生劳动省设立的社会保障审议会2003年提出了"关于今后社会保障制度改革的方向性之意见"这个意见书。该意见书以确保在2000年报告中所倡导的社会保障制度的可持续性为核心,围绕整体社会保障的给付和负担方式这个中心,从制度横断剖析的观点进行了论述。

　　在该意见书中,作为基本认识,"(1)关于年金、医疗、介护等诸制度的改革,在将培养支援下一代和应对多样性的工作方式纳入视野之同时,谋求与其他的相关施策之协作,从可以称之为贯穿一生的生活保障状况的改革(生活保障改革)观点来进行研究;(2)关于给付和负担,谋求自助、共助、公助的适当组合，说明为取得与国民经济和财政平衡而进行修改"的必要性。其中，在与(1)的关联上，讨论给付和负担时，指出立足于对国民来说易懂、有生活实感的"生活历程"和"家计"视点的必要性，其时，"为了不成为一生特定时期的过重负担，还有，展望家计的消费和储蓄行动，有必要基于工作方式的重新认识和教育、住房施策的相互关联来进行思考"，也提及了与教育和住房施策的关联。

虽然也言及了社会连带，但只是指出"面临改革时，不单是采取削减给付抑制负担这种施策，而且站在社会连带的视点，关于扩大新的负担领域之施策，通过积极的努力，长远看有必要更加提高制度的可持续性"。在此，并未感受到私见所关注的对"支撑社会保障制度的社会性和市民性基础的脆弱化"之危机感。诚然，虽然也提及了通过修改给付和负担的方式确保代际间公平和获得年轻一代的理解这些内容，但整体上，与2000年报告书相同，从与给付和负担方式相关的财政方面论述了社会保障的可持续性。

2006年，设立了由内阁官房长官主持的"关于社会保障的应有状态之恳谈会"，提出了题为"关于今后社会保障的应有状态"报告书。该报告书，也是在"为了使社会保障制度成为将来可持续性的制度，关于整体社会保障，包括税、保险费等的负担和给付的方式在内，有必要进行一体化的修改"这个问题意识下，进行了总结。即使在这里，社会保障制度的可持续性重点仍置于财政面来对待。

该报告书，关于社会保障的基本思想是，应根据自助、共助、公助的适当组合形成体系，其中将社会保险定位为共助，将公共扶助和社会福利等定位为公助。关于2003年意见书中也未必强调的社会保险方式之维持，再次明确予以支持。

五、社会保障国民会议

在原内阁总理大臣福田康夫之下设立的社会保障国民会议，于2008年6月举行了中期报告。其后，在首相交替和政局的混乱中，社会的关注度虽然有所减弱，但同年11月举行了最终报告。

其中在中期报告中指出,2000年以后的社会保障制度改革,以"确保社会保障制度的可持续性"为关键词,通过这种构造改革,与经济财政的整合性、社会保障制度的可持续性得到提高。在其基础上,现今社会保障所直面的课题是,伴随老龄化的进一步发展而对负担增加的不安和不公平感,"根据今后改革的方向,甚至有可能造成国民意识的分裂和社会保障制度根基的动摇",与此同时指出,差距的扩大和安全网作用的降低,"在增大对'社会的公正度'的不信任感,极大损害作为社会保障基础的'国民的相互连带意识'这个意义上也是问题"。并且,至此为止的社会保障改革,基本上是将"制度的可持续性"重点置于和经济财政政策的整合性之改革,对此,今后,将改革重点置于"为应对社会经济结构的变化,保障必要的服务,确保国民安心和安全之'社会保障的作用强化'是必要的"。与这个"制度的可持续性"一道将重点置于"社会保障的作用强化"之必要性这个视点,在最终报告中也得以维持。在着眼于不止于和经济财政的整合性之"国民意识的分裂"、"相互连带意识的损毁"这点上,具有与私见的基本问题意识共鸣之部分。

但是,与这点相关联在中期报告中仅仅指出,国民每一个人在给付和负担的两个方面享受社会保障的权利和负有支撑制度的责任,国民也有参与制度运营的权利和责任。在这里,看不到"重新构建支撑社会保障制度的社会性和市民性基础"之必要性这种明确的视角。

在分论中,最终报告强调工作和育儿的两立支援、对所有育儿家庭的支援以及其他少子化对策的费用负担之合意形成。一方面,较之于明言今后"大胆的制度改革不可避免",并未看到与之相当的引人注目的制度改革建议。只是,关于公共年金(基础年金)的财政方式,引人注目之点是,没有强调维持如前所述的一直以来政府文件所反复表明支持的社会保险方式。

另一方面,关于少子化和培养下一代支援对策,在最终报告中虽然提到,"并非站在提供者的视点,而是站在儿童和父母的视点之机制是重要的",但整体上支持儿童其自身的培养视点不得不说极为欠缺⑧。再者,论

---

⑧ 参见本书第一章第四节,页边码第23—24页。

述只限定于医疗、年金、老年介护（在福利这个比例之中，障碍者福利等的视点薄弱）、少子化对策即所谓传统型的社会保障制度的应有状态，对住房施策等的视角没有涉及。

另外，在与少子化对策的关联上，可以看到有一种观点是，最近，劳动力人口的减少大大制约了经济增长，进而对社会保障的可持续性带来大的影响[9]。这与一直以来强调的财政视点有所不同，可以称之为人力资源确保方策的观点，但不得不说这与本节强调的可持续性视点不同。

六、安心社会实现会议

原内阁总理大臣麻生太郎之下设立的安心社会实现会议，于2009年6月提出了题为"致安心和活力的日本"报告书。该报告书在"安心保障"的名义下，在社会保障国民会议上主要提出的年金、医疗与介护、下一代培养三个领域基础上，加上了雇佣和教育，经修改后共五个领域，广泛论述了以雇佣为核心，构建贯穿整个生涯、整个一代的"无缝对接的安心保障"，这是其特点。像这样涉及并未限定社会保障制度的广泛领域，与一直以来的有关社会保障的政府相关文件具有相当不同的性质。

但是，关于可持续性，培养下一代需要"社会的可持续性之基础"，除了从上述的人力资源确保方策这个视点进行论述外，安心社会其自身的可持续性，与一直以来许多的政府文书相同，仅仅停留于和财源的关联上进行论述。因此，虽然强调应推荐讨论和合意形成等，但贯穿制度改革的"重新构建支撑社会保障制度的社会性和市民性基础"的必要性之视点并未明确叙述。

七、新讨论场所的必要性

社会保障制度，经过战后渐进式制度改革的积累发展至今日。进行制

---

[9] 参见2008年12月社会保障审议会少子化对策特别部会第一次报告："面向为培养支援下一代的新制度体系之设计"。

度改革时，当然并非在白地的画布上描绘图画。但是，虽说如此，若在当时的政治状况中权宜性地反复进行个别制度的修改，使人们丧失对制度的信任感，在代际之间产生深刻的对立等，易招致支撑社会保障制度的社会性和市民性基础越来越崩坏。

在本书中，从这种见地出发，提出了诸如不设立老年人单独的制度而构建融合性制度的必要性，对障碍禁止差别研究的导入等，实体性的社会保障法制改革方案[⑩]。与此同时，在此，试图建议有必要重新设置曾经存在的类似社会保障制度审议会那样的政府机关。社会保障制度审议会，设置在内阁总理大臣之下[⑪]，由有识者委员、执政党和在野党国会议员、相关省厅的官员、劳资等相关团体的代表等构成，在推进日本的社会保障政策时提出重要的建议。实际上，在2000年的意见书中社会保障制度审议会，"并非将所有堆积如山的课题仅仅全部交由国会审议，而是应考虑与部分利害关系拉开距离，先行交付能够反映国民各阶层意见的类似于国民会议的组织来讨论，并总结讨论内容提出结论这种方法"即留下"遗言"。其在名称上，可以说2008年被社会保障国民会议所继承，但遗憾的是，仅仅是政府执政党参与的"国民会议"。鉴于社会保障今日的动向，其委员构成虽然被认为有必要充分考虑[⑫]，但更有必要设置包括超党派的国会议员在内的，经常讨论社会保障制度的长期愿景，提出具体性政策建议之场所。如在本节所见，2000年以后，独立于经济财政咨问会议，以剖析讨论社会保障制度为目标的会议形式反复被设置之事，清楚表明了其必要性。再者，还想再次强调的是，社会保障制度审议会型的新组织，在其连续性和委员构成等方面，与这些会议形式也具有不同的性质[⑬]。

---

　　⑩　参见本书第一章第六节第三部分。
　　⑪　这意味着与厚生行政在制度上有一定的距离。实际上，也提出了并非旧厚生省的"遮羞布"之独立改革提案。
　　⑫　例如，存在是否包括委员的世代构成、地方首长及议员和利害团体关系者、市民代表等问题。
　　⑬　在本节第六部分中提出的安心社会实现会议报告书中，关于安心社会实现的基本原则的合意形成场所，呼吁设置由超党派组成的"安心社会实现圆桌会议"。

第二节　法科大学院和社会保障法

一、序言

法科大学院，作为以培养法曹必要的学识及能力为目的的专职大学院，于2004年创设。其后不久，不仅是法曹培养，也包括本科教育、研究者培养等，对法学教育整体的状态产生了各种各样的影响，每日在教育现场从事工作者或多或少有实际感受。在这种情况中，本节的目的在于，从教授并非属于新司法考试科目的实定法科目之同时，且肩负培养研究者责任和义务的教员之立场出发，在法科大学院时代重新究问社会保障法的存在意义。

以下，在明确今日社会保障法的定位意义上，在第二部分中，追寻社会保障的前史和社会保障法的成立史，在第三部分中，围绕社会保障制度和社会保障法阐明其后的形成过程。在此基础上，在第四部分中，关于法科大学院时代开展社会保障法的可能性，进行若干的论述。

二、社会保障的历史和社会保障法的成立

社会保障制度，即使在各种各样的法制度中也是历史较浅的领域。追溯历史，一般认为在今天的意义上被称为社会保障的根基有两个。其一是，德国俾斯麦时期的劳动者保险，这与今日所说的社会保险制度相联系；其二是，可以追溯到英国典型的济贫法制度，这与今日所说的公共扶助，在我国称之为生活保护制度相联系。

当初，劳动者保险以劳动者尤其是蓝领为对象，并非如今日这样以一般国民为对象。另一方面，救贫制度，当初在贫困不是社会的责任而是个人的责任这个认识前提下，说到底是作为恩惠的贫民救济来实施。在这里，公民权被剥夺，立足于劣等待遇（less eligibility）的思想，进行比依靠自己能力能够维持生活的最下层市民更低水平的救济。其后，不应将贫困仅归结于个

人的责任,而应进行社会性的应对这个认识得以普及,与从市民法到社会法,或者说从近代法到现代法这个法思想的变迁同出一辙,在对国民进行最低限度的生活保障是国家的责任这个所谓的生存权思想下,现代公共扶助制度得以完善。

另一方面,如前所述的劳动者保险,亦逐渐扩大到以一般国民为对象,朝着现今意义上的社会保险发展。还有,作为这种统合公共扶助和社会保险的概念,社会保障这个概念开始被使用[14]。

在我国,尽管从战前建立了厚生年金保险和健康保险等社会保险的机制,但年金制度被认为有战费调拨的含义,医疗保险制度也被认为是与健民健兵政策相联系。未必能够肯定地说,这是在今日保障国民生活这个意义上的社会保障思想之下而建立的社会保障制度。

在我国,社会保障制度真正的发展始于第二次世界大战之后。由于社会保障具有以一定的国家经济发展为前提条件的因素,特别是1955年代以后,与高度经济增长同样取得了发展。

在这种状况下,社会保障的法学研究发端之一是朝日诉讼。通过这样的裁判斗争,被称为社会保障法的法领域取得了发展[15]。另一方面,可以极为清楚地看到,社会保障法从劳动法中逐渐分离出来[16]。即使在劳动法中特别是对工伤保险持有关心的研究者,对其延长线上的社会保险给予关注,由此对整个社会保障进行了法的探讨。

但是,若根据由法学研究者最早编写的社会保障法教材来看,认为"社会保障法作为统一的观念能否成立并无确切的回答,并且这个概念的内涵也不能确定"[17]。在这个阶段,社会保障法这个法领域果真是否存在还未明确。

---

[14] 盐野谷九十九、平石长久译、高桥武解说:《ILO·通向社会保障之路》,东京大学出版会1972年版,第102页以下。

[15] 参见小川政亮:《作为权利的社会保障》,劲草书房1964年版。

[16] 作为其鲜明的表现,事实是,最初劳动法学会是母体的社会保障法研究会发展起来,直至1982年成立了日本社会保障法学会。参见本书第二章第二节,页边码第54页。

[17] 吾妻光俊:《社会保障法》,有斐阁1957年版,第14页。

除了这种发端于劳动法的谱系,也有来自于行政法领域的关心[13]。社会保障属于典型的给付行政之领域,众所周知,在曾经的行政法教材中,将其作为行政法分论的一个领域来对待。

此外,还可以看到来自家族法领域对社会保障法的关注。本来社会保障具有将家族承担的扶养社会化的制度这个含义。关于经济性扶养采用年金的形式,还有最近关于身体性扶养采取介护保险这种形式而进行制度化。社会保障制度上,与民法上的扶养义务相关联而成为问题的情形亦不少。

以上总之,即使在战后社会保障制度的逐渐完善中,法学的研究是滞后的。而且当初并未认识到社会保障法这个特有的实定法领域之存在,从既存的其他法领域开始的研究成为主流。

三、围绕社会保障法状况的变化

社会保障制度,随着日本经济的发展其规模和作用得到了扩大。但是,伴随着迎来经济高速增长的结束,财政问题首先呈露出来。

1973年的制度修改成了契机。同年是第一次石油危机发生之年,但正如"福利元年"所云,进行了非常重要的制度修改。第一,在公共年金制度中导入了工资变动(政策变动)和物价变动方式。从确保年金受给者实质性受给利益这个角度看是非常期望的修改,但却是没有与之相称的财源保证的修改。第二,由于实行老人医疗费免费制度,老人医疗费急速增长。这些修改,在当时的老年人年金支给额低且低收入者居多之意义上,作为政策选择虽不能说欠妥当,但至少不能否定这是成为围绕现在年金和医疗财源问题进行修改的重要开端。

号称福利元年的那年,发生了第一次石油危机,在迎来高速经济增长结束之同时,社会保障进入了紧缩的时代。

另一方面,少子老龄化在逐渐发展。老年人的人数之增大,使我国社会保障制度的给付构造压倒性地向老年人倾斜。

---

[13] 参见园部逸夫、田中馆照橘、石本忠义编:《社会保障行政法》,有斐阁1980年版。

在这种状况变化之下，作为政策问题的社会保障之重要性增强，从各种学术领域进行了研究。社会保障成为经济学、财政学、政治学、社会学及其他各种学术领域的分析对象。

其中，法学的研究局限性受到了批评。就是说，如前述朝日诉讼那样，将生存权推向前面"通过斗争取得"社会保障的权利这种研究是有力的，对此，在财源的制约变得严峻的状况下，这种研究的局限被提了出来。在这点上经常举出的是，在我国学界具有较大影响力的福武直的以下论述，即："依靠这种权利主义论来论述社会保障问题时产生了局限。特别是在经济低速增长下很难期望蛋糕做大之今日，而且在预测老龄化的急剧发展使社会保障费的庞大增长不可避免之今日，可以说权利主义的社会保障论，其有效性正在失去。面对未来如何坚守住社会保障这个问题受到质疑时，仅凭单纯朴素的攻击性理论，无法度过社会保障的危机"，对运动论式权利主义的社会保障论进行了批判[19]。

诚然，一直以来的法学研究所缺乏的是负担的视角。即使在第一要义上将社会保障作为给付的制度，尽管作为其前提负担乃至缴费不可欠缺，但这种负担视角的欠缺即使受到批判，也是处于无奈的理论状况。

关于负担，在其学术性质上，租税法和财政法从正面予以探讨[20]。但是，这些实定法的领域虽说是相对不同[21]，但未必像社会保障法将牢记国民的生活保障本身作为第一要义地予以重视。另一方面，作为强烈地意识到给付和负担关联性的学术探讨，经济学是非常有效的。如上所述在有财源的限制中，作为对于社会保障制度的应有状态进行政策建议的学术领域，经济学（及财政学）变得有力起来。

---

[19] 福武直："社会保障和社会保障论"，载福武直：《社会保障论断章》，东京大学出版会1983年版，第88页。

[20] 参见锥井光明：《社会保障财政法精义》，信山社2009年版；日本财政法学会编：《社会保险的财政法探讨》，龙星出版2005年版，等等。

[21] 锥井（前揭书第18页）指出，对于"社会保障法学，最重视顺利圆满地实现社会保障给付这一目的，在解释社会保障财政法时，有努力避免妨碍其目的解释之倾向"，对此，"财政法学重视财政法的基本原理，有尽力排除与之相抵触的社会保障财政法的机制"之倾向。

如此,对于社会保障的政策形成,社会保障法的影响力只能说相对地处于十分微弱的状况。

但是,特别是20世纪90年代后半期以后,社会保障所面临的状况发生了大的变化,应对其进行法的规制之呼声高涨起来。例如,在"从措置到契约"这个口号下,一直以来,由地方自治体进行单方面的行政处分,即根据措置来设定福利服务利用的法律关系,对此,在介护保险和障碍者自立支援制度之下,发展为是根据利用者和设施及事业者之间的直接契约来设定利用关系。在这种契约制度之下,除了《社会福利法》的规制,也可以适用《消费者契约法》,但仅靠这些规制仍不充分,在这个问题意识下,社会福利领域特有的法规制方式受到讨论。再者,面临利用者和设施及事业者实质上还不能说是对等的当事人之状况,如何保护利用者方的权利,也有必要进行法的探讨。关于这点,虽然成年监护制度的利用成为有力的手段,但是尤其在社会福利领域,应该说,不仅是财产管理,而且在生活监护方面发挥了重要的作用。例如,若仅以契约的缔结等法律行为作为权利维护的对象有失狭窄,应成为法律行为之前提,或者围绕法律行为的各种各样的事实行为也包括在内对利用者的生活本身进行支援,若无这样的视点,很难实现权利维护之目的。在这个意义上,所谓权利维护的"权利",若狭窄地视为罗纳德·德沃金所说的"作为王牌的权利"乃至裁判规范的权利来对待,有不协调之处。

在这种状况下,对社会保障的认识也发生了变化。根据一直以来的通说见解,"所谓社会保障是指,国家对作为制度主体的国民,以保障其生活为直接目的,进行社会性给付的法关系"[22]。对此,最近的有力说法是,"所谓社会保障是指,在规范社会保障制度中登场的各种当事人的组织、管理运营及对其监督之同时,规范这些当事人相互间发生的各种各样的法律关系、权利义务关系之法"[23]。就是说,从一直以来国家对国民的两当事人关系占据核心地位,聚焦于围绕着从国家获得给付的法律关系来思考,朝着力求阐明

---

[22] 荒木诚之:《社会保障法读本》(第3版),有斐阁2002年版,第249页。
[23] 岩村正彦:《社会保障法Ⅰ》,弘文堂2001年版,第15页。

围绕国家和国民之间存在的各种各样的法主体间的法律关系，以及阐明不限于给付还包括负担和缴费在内的法律关系这种认识的转变[24]。

　　社会保障法，具有很强的技术性，例如作为老年基础年金的给付要件，像规定的那样"有保险费缴纳完毕期间或保险费免除期间……者，达到60岁时"（《国年》第26条），这种解释余地少的条文比较多见。与此同时，在制度的实施及运营产生问题时，修改法律自身这种特点也是比较突出。即使法解释论的重要性依然不能否定，但不局限于此，法政策论乃至规定政策变更状况范围的规范性方针之析出，也应该说是社会保障法的重要任务。于是，向社会保障法研究者提出的要求是，还需具备实定法上法解释学的素养，法哲学和其他基础法学的素养，以及为了与经济学等其他学术领域的研究者开展共同研究而在必要最低限度上应掌握"共同语言"。

　　综上，一直以来的生存权研究20世纪70年代以降达到极限以后，法政策论的展开也进入视野，具有多角度研究视点的必要性越来越大，这成为学界的现状。

四、法科大学院的导入和社会保障法

　　笔者除了在法学部、法学研究科（培养研究者）之外，还在法科大学院（law school）承担社会保障法的教学。对此，在成为我国榜样之一的美国的法科大学院，社会保障法这个法领域是不存在的。与之相关联，有老年人法（Elder Law）、障碍法（Disability Law）、儿童法（Children and the Law）、贫困法（Poverty Law）、医疗关系法（Health Law）这些与个别法领域相关的教科书。

　　这种个别法领域的多数是从诉讼委托人乃至实务法曹的视点来构建的，就是说其看待方法是着眼于成为对象范畴的人们，处理围绕着这些人的各种各样的法律问题。譬如，考察老年人法这个领域时，年金、医疗、监护财

---

[24] 私见对这种认识方式也予以肯定的评价。加藤智章、菊池馨实、仓田聪、前田雅子：《社会保障法》（第4版），有斐阁2009年版，第58页（菊池执笔）。

产管理、说明同意、虐待、雇佣的年龄差别等,在我国可以说一个法领域所无法容纳的法律问题,在老年人这个对象者的范围之中被提了出来[25]。这简直可以说是诉讼委托人的视点,或者是实务法曹的视点。

在美国法科大学院的组织和实务法曹即律师的活动中,可以看到独立的部分与协调的部分。譬如,考察老年人法领域时,在全美法科大学院协会(AALS)创设了"老龄化和法"(Aging and Law)这个部门,这可以说是专业的研究者集中活动的学会性存在。与之相独立,实务法曹也进行实践性活动,老年人法的专业律师有相当数量的存在[26]。还有,这些研究者和实务法曹的活动,与美国大多数的法科大学院教员具有实务经验,相互具有关联性。

另一方面,根据笔者作为客座研究员(visiting scholar)在UCLA(加利福尼亚大学洛杉矶分校)的经验,考察法科大学院的研究和教育的关系时,作为教育者的评价和作为研究者的评价是各自分别进行的。例如,作为法科大学院的专任教员在20年间,虽无引人注目的研究成果,但在大学内有作为在教育方面受到表彰的教育者而获得尊敬的教员,与此同时,也有教育负担不多但作为一流的研究者而受到校内外尊敬的教员这种情形。

进而,在美国的法科大学院,专任教员原则上担当某个主要科目,其中也可见宪法、刑法、契约法、不法行为法全部由一个人教授的情况。其他的,例如老年人法、体育法、媒体法这种所谓的先端应用科目,加上上述的基本科目的教育,即是对所谓的附加价值持有关心的教员开讲这种定位。因此,在法科大学院有仅仅教授社会保障法这种基本科目以外的科目之专任教员这种情况,在美国并非常态。

与美国的这种情况进行比较时,在创设了法科大学院的我国,类似社会

---

[25] Lawrence A. Frolik, Alison McChrystal Barnes, Elder Law: Cases and Materials, 4th ed. (2007).

[26] 例如,在笔者从事交流的加利福尼亚州的老年人权利保护团体CANHR(California Advocate for Nursing Home Reform),面向州内的老年人法专业律师定期举行会议等,进行围绕老年人法的实践性活动(http://www.canhr.org/index.html)。

保障法的科目,即虽为实定法但并非司法考试科目的科目其今后的状况,与培养研究者的方式相勾连,正成为非常令人困扰的课题。

在社会保障法中裁判例比较多,判例法理对行政实务也有一定影响的领域,可以举出的是生活保护的领域。但是在我国,一直以来围绕着生活保护的法之纠纷,亦与在第三部分中所举出的权利主义的社会保障论研究相关联,相比较而言,对生活保护抱有关心的律师给人的印象是,一面投身于生活保护的民众活动,一面完成案件处理。对此,最近,因所谓的贩卖信用和高利贷问题的深刻化而出现的对多重债务者进行法律支援的律师等法律家,对其将来的贫困和生活保护问题给予关注,法律家的支援以前所未有的热情正在积极进行[27]。在这其中,在早稻田大学法务研究科的民事诊所,得到律师的协助正在进行生活保护申请的支援等活动。

再者,联合国《残疾人权利公约》于2009年5月生效,在国内法制的完善正在作为研究课题的状况下,预想今后障碍者的人权问题将越来越呈现出来。为此作为早稻田大学法务研究科法律诊所的一环,也设置了障碍法诊所[28]。

今后,考虑到我国律师稳步增加的确定态势,与社会保障法这个讲义科目的展开相独立,与美国相同,今后在我国从实务家的视点开展贫困法和障碍法这种新的法领域教育的可能性将会增加[29]。还有,实务法曹将被期待

---

[27] 例如,以2006年10月第49次日本律师联合会人权拥护大会研讨会和2004年以后全国青年司法书士协议会生活保护110号的配合等为契机,创设了以律师、司法书士为中心的首都圈生活保护支援法律家网络,对生活穷困者进行了积极的支援活动。其地域性的扩大不止于首都圈,通过邮件列表,也与其他的支援活动相结合,在全国扩展。

[28] 笔者成为顾问,得到对精神障碍(池原毅和律师)、智力和发育障碍(大石刚一郎律师)、身体障碍(黑寄隆律师)熟知的实务家教员的帮助,虽然没有达到使听讲生能够直接进行法律咨询的程度,但提供了在各种与实践相关的情形中学习障碍法的理论和实务之机会。

[29] 在美国,所谓的公益法务(Public Interest Law)的主要部门即对低收入者和无家可归者等进行支援的律师,在获得联邦政府等公共资金的同时,或者厌烦因此受到的各种规制而作为NPO在获得独自的资金之同时,积极从事活动。Cf. Betsy Handler, Public Interest Law: Representing The Very Low-Income Client And The Home-less, 11 *Weseda Proceedings of Comparative Law* 169 (2008). 该论文是2008年3月26日在早稻田大学比较法研究所举行的贝兹·汉德勒氏(洛杉矶·内部·城市·法·中心律师)的演讲录。诉讼体制的差异、对诉讼费用公共救助的欠缺、慈善捐款文化的不成熟等,彼此之间的差异虽然很大,但如上所述我国的实务法曹的活动,若持续开展与此前不同的厚度和广度的活动,其有可能作为新的法领域即公益法乃至贫困法构建的开端。

承担其教育指导的一部分。本来,这与律师会的活动等不同,鉴于必须保证作为法曹教育的一贯性及客观性,实务家教员以外的专任教员实质性地参与并承担责任的体制不可欠缺。为了使其作为新的实定法领域被认知和普遍化,研究者的理论化工作亦必不可少[30]。能够成为其有力的承担者可以认为是社会保障法的研究者教员。至少开展这种教育,正与不偏重接受司法考试的法科大学院教育本来的理念相一致而非背离。

进而在其延长线上,今后在法科大学院,可以考虑实务家教员和研究者教员相互协力,以所谓的先端和应有科目为中心,谋求实务法曹的再教育。在美国已经采取这种形式正在进行努力[31]。

最后,提及有关研究者的培养,为了培养承担未来法曹教育的教员,有效的途径可以是,采用法科大学院的毕业生做助教和助手,以及攻读博士学位。但是,如前所述法科大学院有关社会保障法的定位只不过是周边性课程,只要达不到模仿美国型的教育以所有的教员担当基本科目为原则的状况,若从无法断然说将来对法曹资格不可缺少,以及作为法学研究者为掌握不可欠缺的比较法研究能力最好尽早开始比较法研究这些情况来看,有关社会保障法研究者的培养依然是进入硕士课程学习这个有效路径将继续下去。

但是,依然存在在重要大学的法学部和法科大学院没有担当社会保障法的专任教员之现状,研究者培养的据点未必多这点令人担忧。另一方面,无论进行比较法研究也好,还是进行国内法研究也罢,社会保障法是跨学科的领域,其特点是要求掌握涉及公法、私法、基础法全部的基础知识,要求多角度进行研究。于此意义上,在从数个教员那里接受多方位指导的较大规

---

[30] 在老年人法方面虽然已经出版了若干的教材,但仍不能说将该领域作为独立的法领域已实现了理论化。参见山口浩一郎、小岛晴洋:《老年人法》,有斐阁 2002 年版。在障碍者法方面,得到各领域法学者的参与,"以平等论、自律论、正义论为基础之障碍者法学的构建"〔文部科学省科学研究费补助金:基础研究 A(研究主持人:菊池馨实)〕这个题目的研究计划于 2010 年度开始进行。http://www.disabilitylawproject.jp/index.html.

[31] 例如,在纽约法科大学院,由迈克尔·L.佩林(Michael L. Perlin)教授等开展以美国障碍者法(ADA)为中心的网络课程,日本的律师也在听讲。

模的法学研究科中能够接受有关培养研究者的指导，从社会保障法的特性来看，可以说是一大优点。

不过，作为今后的课题，处于这个法科大学院时代，存在如何确保年轻研究者的就职单位这个极其现实的问题㉜。从法科大学院的现状来看，若非相当大规模的大学，由于无法采用承担社会保障法的专任教员，限定于法科大学院和法学部的形式确保就职单位时，今后面临的困难可能不少。但是社会保障法既具有是法学的一个部门之侧面，还具有是社会保障或社会福利研究之一环的侧面，只要不限定于法学类，积累了相应的研究成果的优秀年轻学者，其就职单位的确保或许不是那么深刻的问题。

总之，年轻的研究者心怀希冀努力做能够迈进研究的环境准备，这是赋予包括笔者在内的研究者之使命。

第三节 社会保障法学开展的可能性

支撑战后以来我国发展和繁荣的社会与经济体系陷入闭塞状况之中，在进行面向规制改革等构造改革的国家性努力之同时，另一方面正如"差距社会的到来"、"贫困的扩大"这种表述所象征的那样，这种构造改革所带来的各种不良影响也越来越明显。特别是以2008年秋以来所谓的雷曼危机和战后被称为最大的不景气到来为契机，如何应对这种不良影响成为重要的政策课题。进而2009年秋的政权交替，不停留于民主党的宣言所倡导的儿童补贴之创设，公共年金制度改革、后期老年人医疗制度的废除、《障碍者自立支援法》的废止等，2005—2010年间几乎看似稳定的社会保障制度改革，其发展似乎再次活跃起来。

㉜ 作为社会保障法的特殊情况，大学方面不少需要采用厚生劳动省出身（官僚）而熟知社会保障制度的人为教员这点，也并非与确保年轻研究者的就职单位这个问题无缘。

终章　社会保障和社会保障法学的新展望　331

　　在笔者2000年发表的前著中,面向预想今后更加发展的社会保障改革,向政策设计者和研究者切实提出了以下视点:第一,进行新的制度修改时,其政策判断应依据规范性的框架,即提出政策制定方针;第二,不止于每个制度,从制度剖析乃至宏观的观点指出社会保障制度的全体像乃至总体设计[33]。其基本的态度在本书中完全没变。在从"自由"基础的乃至"自律"指向性社会保障法理论的见地提出规范性诸原则,以及提出也应称为"医疗和福利重视型"的社会保障像这个意义上,本书的目标在于至少在总论部分(第一章及第二章)对前著中的论述更加深入展开。

　　另一方面,即使认可一定的法理念和基于此的规范性政策制定方针,在其核心中作为宪法上的实体性权利有应予以保障的部分,但大多数社会保障制度的应有状态,在代表民主制(《宪法》第43条第1款)之下,应该说是要委托给作为国民代表机关的国会之问题。在此,笔者同样地在前著中指出了经由民主主义过程时的实质性问题诸点。第一,大众迎合主义;第二,作为少子老龄化的终结,老年人有选举权者的比率增加而导致老年人政治发言力的相对强化(年轻一代的政治发言力的相对弱化);第三,最终因过剩的公共负担和赤字国债的增加,现在一代使未来世代"始终不离"负担,有侵犯未来世代利益的可能性[34]。实际上,经过了10年,进行了政权交替,在倡导开展"政治主导型"政策的今天,这些问题情况也完全没有改变。即使在一直以来的官僚支配型和审议会调整型政策决定体制之下,也存在同样的问题,适当的费用负担方式和有关资源分配的优先顺位决定这些重要的争论点没能够明确化,基本上仅仅在给付的充实强化之方向上诱导有选举权者,使代表民主制在另外的意义上足够有被形骸化之危险。

　　从这些观点看,在前著中指出了以下方向:(1)地方分权的进展;(2)作为与一般政治体制相割离的独自的参加乃至意思决定体制,对社会保险的

---

[33] 菊池,前揭注1书,第248—251页。
[34] 菊池,前揭注1书,第268—269页。

重新评价;(3)超越世代且具有融合性的社会保障制度的重新构建;(4)基于坚定理念的规范性政策方针的导出[35]。其中(3),如第一节所述,不仅财政方面,而且通过重新构建支撑社会保障制度的社会性和市民性基础,与谋求社会保障的可持续性这个视点密切关联。(4)与至此为止在前著和本书中已经屡屡论述之点相关。

面临2010年代预想的社会保障的转换期,社会保障法学被期待发挥的作用今后将越来越大。与基本六法和行政法、劳动法等既存的其他实定法领域相比较,依然在质和量两个方面研究成果缺乏,但庆幸的是在21世纪第一个10年间,出现了以年轻学者为中心的大规模综合性比较法研究等厚重的研究成果[36]。如在第一节所述,在法科大学院体制下虽有与培养年轻研究者有关的担忧,但对逐渐增加实力的年轻研究者群体推动社会保障法学的未来发展值得期待[37]。

但是其发展必须立足于两个方向。这与社会保障法学是实定法学的一个领域之同时,也构成社会保障研究的一个领域两种意义的存在相关联[38]。第一,笔者认为这点更重要,与在其他实定法领域能够频繁被引用的研究成果可以积累多少相关。领导学界的研究者虽然出版了若干教材乃至基本书目[39],作为独立的法领域大致成形,但是其数量不能说为多,能够让其他法领域的研究者注目的研究论文等成果,若从学会的规模来看[40],不得不说至

---

[35] 菊池,前揭注1书,第269—270页。

[36] 若限于专著有:中野妙子:《疾病时收入保障制度的理念和构造》,有斐阁2004年版;嵩清香:《年金制度和国家的作用——英法的比较法研究》,东京大学出版会2006年版;笠木映里:《公共医疗保险的给付范围——以比较法为线索的基础性考察》,有斐阁2008年版;仓田贺世:《育儿支援的理念和方法——基于德国法的视点》,北海道大学出版会2008年版。

[37] 对这种发展助一臂之力的是,岩村正彦教授(东京大学)和笔者作为主编于2010年创办了研究杂志《社会保障法研究》(信山社)。

[38] 仓田聪:《社会保险的构造分析》,北海道大学出版会2009年版,第57页。

[39] 荒木,前揭注22书;岩村前揭注23书;西村健一郎:《社会保障法》,有斐阁2003年版;堀胜洋:《社会保障法总论》(第2版),东京大学出版会2004年版。

[40] 日本社会保障法学会的会员数量,最近达到600余人。

今只是停留于有限的范围内[41]。

第二,立足于给付和财源制约的社会保障法学今后发展时,既然各个研究者专业领域的扩大有其自身的局限,经济学、财政学、政治学等其他学问领域的跨学科研究,可以说也是一个应能够使用的手段[42]。但是,其时,对法学者而言成为"武器"的学术性方法论,基本上是法解释论,再加上基于基础法学素养的规范性论述。另外,还包括立足于这些基础之上的缜密的比较法研究。这种缺乏视角的研究不能说是法学者的专利,其他法领域和学术领域,给予制度论和政策论的打击力也受其自身限制。

最后,基于社会保障法学今后可能发展的角度,指出在"社会法"的框架范围内重新构筑思考模式的必要性。

在实定法学上,20 世纪以来社会法这个领域的存在得以承认。其被定位成是应对近代市民社会以来即所谓在市民法秩序下产生的各种各样的矛盾和弊害之法,在我国,其被认为是劳动法、经济法、社会保障法这些法领域[43]。但是,在复杂化、法律化的社会和经济结构变化中,这些法领域逐渐地开始自立,成为专门的法律部门。在这其中,社会保障法,从学会创设的经过来说,从劳动法中相对独立出来在当初曾是个大题目[44]。按照对学会的学术性独立发挥了大的作用,形成社会保障法学说标准的荒木诚之的话来讲,社会保障法是指,"为确保国民的生存权而规范社会性和公共性生活保障给付关系之法"[45],可以说是将从劳动法的劳动关系中被舍弃的生活领域,用生活主体这个人像统一对待的法领域[46]。但其时,总之不可

---

[41] 例如,增田幸弘("学会回顾——社会保障法",载《法律时报》2009 年第 81 卷第 13 号,第 206 页以下)的记述虽涉及了 8 页,但在包括日本社会保障法学会会员以外的业绩,即所谓向同领域杂志的投稿等也相当多的包含在内(即使从数量上说能否划入学术论文的范畴显得微妙)这点,不能抹去实质上学会的业绩是含有水分的印象。

[42] 参见驹村康平、菊池馨实编:《希望的社会保障改革》,旬报社 2009 年版。

[43] 荒木诚之:《社会保障之法的构造》,有斐阁 1983 年版,第 27—28 页。

[44] 本书第二章第二节页边码第 54 页及本章第二节页边码第 332 页。

[45] 荒木,前揭注 43 书,第 31 页。

[46] 荒木,前揭注 43 书,第 33—34 页。

334　社会保障法制的将来构想

否认的是,容易将焦点置于由公共性给付提供的直接生活保障,而关于在经营市民生活上应置于本来基础的雇佣乃至劳动的状况,却易缺少关心[47]。

另一方面,在劳动法上,围绕雇佣危机和劳动法的课题推出了特集[48],有雇佣价值[49]和灵活性[50]这种思维方式乃至理念受到注目。在这其中,在劳务供给形态多样化之下重新构建安全网[51]和解消工作贫困[52]这些题目受到关注,但其讨论的范围,基本上止于非典型雇佣的法保护、最低工资法及雇佣保险法的应有状态等,特别是对边缘化劳动者和生活穷困者的生活保障,在以雇佣为核心的同时,如何从整体上把握这个视点,似乎还未进行深入的论述[53]。

然而,围绕着2008年年末以来的所谓"派遣终止"等问题,如失去雇佣的单位意味着失去以住居为首的生活场所本身所清楚表明的那样[54],不仅在现实的政策层面,而且在法理论层面,可以考虑将雇佣和社会保障组合进

---

[47]　从社会保障法方面意识到连接劳动法的桥梁,最近的文章有,丸谷浩介:"从社会保障法考察安全网的应有状态",载《劳动法律旬报》2009年第1687=1688号,第18页以下。此外从比较法的观点,探讨德国哈茨改革中雇佣法制和社会保障法制之交错,作为特集有:岛田佳广:"最低生活保障制度的变迁";上田真理:"对求职者的基本保障和最低生活保障的交错";名古道功:"劳动者生活保障体制的变化"。以上论文均载于日本社会保障法学会编:《社会保障法》第24号,法律文化社2009年版。

[48]　"特集雇佣的危机和劳动法的课题",载《法律时报》2009年第81卷第12号;"特集雇佣危机和劳动法的作用",载《劳动法律旬报》2009年第1697号;"特集目前的不景气和雇佣问题",载《季刊劳动法》2009年第226号。

[49]　沼田雅之:"职业介绍、教育训练和法制度——以'有雇佣价值(employability)'为视点",载《劳动法律旬报》2009年第1697号,第64页以下。

[50]　大和田敢太:"关于荷兰劳动法制改革的灵活性理念与平等原则",载《日本劳动研究杂志》2009年第590号,第25页以下。

[51]　日本劳动法学会编:《关于劳动法安全网的重新构建(日本劳动法学会刊第111号)》,法律文化社2008年版。

[52]　岛田阳一:"为何有必要消除正规雇员和非正规雇员的差距?",载《世界》2008年第783号,第168页以下。

[53]　在岛田前揭论文第173—174、177—178页中,提出了正规雇员之地位的"社会化"这个观点,作为连接社会保障制度的桥梁这个视角值得关注。此外,在与工作贫困的关联上最近的文献有,野川进:"'工作中的贫困'和劳动法的课题",载《劳动法律旬报》2009年第1687=1688号,第6页以下。

[54]　岩田正美:"为何派遣劳动者在'宿舍'?",载《世界》2009年第788号,第168页以下。

行论述,以构建新的法理为目标[55]。在这个意义上,想强调的是,有必要继续限定于"亦旧亦新"的社会法框架内的论述。这将涉及围绕社会法的宪法性基础即社会权的应有状态的论述[56]。

但是,这种论述仍只不过有些许头绪[57],是今后研究的课题。

---

[55] 从比较政治学的立场,体现将雇佣和社会保障综合对待的同样问题意识之著作有,宫本太郎:《生活保障》,岩波书店2009年版。

[56] 例如,在立足于《宪法》第25条第1款和第2款的范围之同时,有必要奠定由同第27条第1款(劳动权利)、同第22条第1款(职业选择的自由)构成的多层的复合性规范基础。菊池馨实:"社会保障法对解决贫困如何能作出贡献?",载《贫困研究》2008年第1号,第38页。

[57] 参见菊池馨实、野田进、驹村康平、岩田正美:"〈座谈会〉有关贫困和差距的诸问题与社会法",载《季刊劳动法》2009年第226号,第4页以下。

条目索引

（页码为原书页码，即本书页边码）

I

| 美国的法学院 …………………… 337 |
| 美国福利改革 …………………… 193、197 |
| 安全照顾义务　→见介护事故 |
| 安心社会实现会议 …………………… 328 |
| 育儿休业　→见雇佣保险、被雇佣者保险 |
| 育儿支援及养育支援　　8、23、154 |
| ——育儿期间的收入保障 …… 156～ |
| ——育儿本身的经济性支援 …… 158～ |
| ——保育补贴和育儿补贴的构想 |
| 　………………… 163、176 |
| ——本人缴费的导入 ………… 175 |
| ——的应有状态 ………… 172～ |
| ——的社会保险化　→见社会保险 |
| ——的必要性 ………… 171～ |
| 医事法 ………………………… 130 |
| 依据医疗计划的病床规制 ………… 141 |
| 医疗信息的提供和公示 …………… 142 |
| 医疗保险和老年人医疗 |
| ——老年人独自的诊疗报酬设计 … 151 |
| ——对老年人另建制度的质疑 |
| 　………………… 43、149 |
| ——疾病预防（→亦见社会保险的预防）………… 144 |
| ——的2006年修改 |
| 　………………… 43、121、129、146 |
| ——的一元化和一体化 ……… 146～ |
| ——的改革讨论 ………… 122～ |
| ——的后期老年人医疗制度的社会保险性　→见社会保险 |
| ——的混合诊疗 ………… 141 |
| ——的生活习惯病预防对策 |
| 　………………… 16、138 |
| ——的扶养家族 ………… 138 |
| ——的保险者 ………… 139、141、151 |
| ——的保险费和利用者部分负担的应有状态 ………… 41、143 |
| 医疗保障 ………………………… 131 |
| ——服务的利用保障 … 22、144、191 |
| ——保障水准 ………… 145 |
| ——的应有状态 ………… 137～ |
| 运营适当化委员会　→见社会福利 |

II

| 介护服务保障　→见福利和介护服务保障 |
| 介护事故 ………………………… 246 |
| ——因果关系 ………… 260、264 |
| ——过失乃至注意义务 |
| 　………………… 248～、260、262～、271 |

——契约上的义务和不法行为上的义
    务之关系 ………… 256、271
——信息提供义务 ………… 259
——说服义务 ………… 258
——说明义务 ………… 266
——损害 ………… 253、260、268
——搬送义务 ………… 264
——保护义务乃至安全照顾义务
    ………… 255、258~、267、270~
——联络义务乃至告知义务
    ………… 266、268
——的误咽事故 ………… 247~、271
——的骨折事故 ………… 253~、271
——的自治体的责任 ………… 273~
——的法的责任 ………… 268
介护职员的专业性 ………… 272
介护保险
——规制和指导监督权限行使的应有
    状态 →见社会福利
——的国保联之指导和建议
    ………… 283、284
——的地域综合支援中心 ……… 283
——的适用关系 ………… 78
——的被保险者和受给者的扩大 … 44
——的保险者的给付责任 ……… 274
——经常就诊的医生乃至家庭医生
    的导入 ………… 140
确定给付企业年金 ………… 108
——的应有状态 ………… 117~
确定缴费年金 ………… 108

——的应有状态 ………… 114~
劳动能力 →见生活保护、无家可归者
企业年金 ………… 108、111、113
——的2001年立法 ………… 109
——的应有状态 ………… 114~
——的支付保证制度的创设 …… 117
——的终身年金化 ………… 119
——可转移接续 ………… 115、118
既裁定年金 →见宪法第25条、公共年
金乃至
年金保险、财产权
规制缓和→见社会福利
规制权限不行使的违法性 →见社会
福利
规范原理(→亦见"个人"基础性、"自律"
指向性、实质性机会平等) ……… 5
——和下位原则 ………… 15
急迫保护 →见生活保护
附带给付的税额扣除 ………… 165
教育扶助 →见生活保护
受教育权 ………… 24、27
强制 →见国家
居住和迁徙的自由 ………… 192、217、218
居家保护 →见无家可归者
劳动的义务 →见生存权
劳动权 ………… 27
意见解决体制 ………… 280
——的行政监察专员的作用 …… 296
基层自治体——的课题 ………… 294
基层自治体——的必要性 ……… 292

基层自治体——的法制化 …… 296
　　自治体固有的—— ………… 286～
　　东京都世田谷区的—— …… 288～
总体设计　→见社会保障的总体设计乃
至全体像
形式的平等　→见平等
契约（社会福利的）
　　→见社会福利、福利契约乃至介护
契约
健康保险
　　——的分娩补贴金 …………… 156
　　——伤病补贴金的应有状态 … 150
　　——的适用关系 ………… 76、80
健康保障 …………………………… 132
《宪法》第25条（→亦见生存权）
　　——和既裁定年金的减低 …… 96～
　　——和《宪法》第13条的关系 ………
　　　………………… 11、239、315
　　——的第1款和第2款的关系 … 96
　　——的"健康的具有文化意义的最低
　　限度生活"的内容 …………… 225
　　——的保障"健康的具有文化意义的
　　最低限度生活"的实现手段 ……
　　　……………………………… 190
　　——的制定经过 ………… 11(注40)
　　——判例法理 ………………… 181
权利维护 ……………… 278(注5)、334
权利论　→见社会保障法
牵连性　→见社会保险
公益法人制度改革 ………………… 313

公共性
　　有关行政法学—— …………… 302
　　有关法哲学—— ……………… 304
"贡献"原则 ……………… 20、33、143、198
公私分离的原则 …………………… 305
公共年金乃至年金保险
　　——的2004年修改 ………… 85、99
　　——的加给年金 ……………… 160
　　——的既裁定年金（→亦见《宪法》
　　第25条、财产权） …………… 89
　　——的裁定的法的性质 ……… 87
　　——的第三号被保险者问题
　　　………………… 78、80、143(注66)
　　——的适用关系 ………… 77、80
　　——的年金受给权的构造 …… 87～
　　——的年金受给权的财产权保障
　　　…………………………… 90～
　　——的报酬比例部分的质疑（→亦见
　　关于收入保障的国家的作用）…
　　　……………………… 16(注54)
　　——的保险费负担的应有状态 … 41
　　——的保障水准 ……………… 112
　　——宏观经济调整 …………… 99
公共扶助　→见生活保护
公平和公正
　　关于20世纪90年代的社会保障
　　改革讨论—— ………………… 67
　　关于21世纪00年代的社会保障
　　改革讨论—— ………………… 69～
　　关于经济学和财政学—— …… 64

关于法律学—— …………… 65
老年人 …………………… 41
　——医疗　→见医疗保险和老年人
　　医疗美国的——法 ………… 336
误咽 …………………… 248
　——事故　→见介护事故
国民皆保险 ………………… 144
个人（人格自律性存在这个意义上的）
　"——"基础性 ………… 10、16、137
　——单位的权利义务之把握
　　　　　　　…………… 17、138、189
　作为社会保障的法主体的—— … 51
　作为积极能动性法主体的——
　　　　　　　…………………… 8、107
养育儿童 …………………… 9、172
养育儿童支援
　→见育儿支援乃至养育儿童支援
　国家 ………………… 10（注 36）
　——对个人的过度干涉和强制之契机
　　的警戒…… 16、112、137、199、220
骨折事故　→见介护事故
儿童 ……………………… 23
　——补贴 ………………… 166
雇佣保险
　——的育儿休业给付 … 156、161、176
　——的适用关系 ………… 74、79
混合诊疗　→见医疗保险和老年人医疗

Ⅲ

财产权 …………………… 13、90

——和既裁定年金的减低 …… 91～
禁止差别　→见障碍（者、儿）、生存权
"参加"原则 …………… 18、111、117、139、320
参政权　→见障碍（者、儿）
实质性机会平等　→见平等
儿童补贴
　（→亦见育儿支援乃至养育儿童支援）
　…………………………… 158
　——的扩充 …………… 162、172
儿童抚养补贴 ………… 159、162、173
支付保证制度　→见企业年金
社会契约　→见社会保障
社会权 …………………… 344
社会性事故乃至社会性风险
　（→亦见社会保障的要保障事故）… 8
社会性公民权（论） ……… 195
社会性包容　→见包容
社会福利 ………………… 306
　——基础构造改革（→亦见社会
　　保障构造改革）
　　………… 232、269、277、（注 1）306
　——事业 ………… 309、312、319
　——（事业）法的性质 ………… 316
　——制度的展开 ………… 305
　——规制缓和和民营化 ………… 312
　——规制权限不行使的违法性
　　………………………… 237～、274
　——规制和指挥监督权限行使的
　　应有状态 ………… 294、297、317
　——行政作用的变化 ……… 277、307

条目索引　339

340 社会保障法制的将来构想

——的意见解决体制(→亦见意见
　解决体制) ………………… 278～
——的权利维护　→见权利维护
——的申请主义 ………… 230、232
——的运营适当化委员会
　……………… 282、284、297～
——的经营者意见解决 ………… 282
——的契约制度 ……… 307～、334
——的公共性　　 302～、314～
——的服务受给权的法的性质 … 233
——的服务提供体制的应有状态
　…………………………… 315～
——的措置制度…… 19、232～、256、306
——法人 ………………… 310～、314
——法人制度的应有状态
　……………………… 309、317～
社会法 ………………………… 343
社会保险
　——贡献 ………………… 20、143
　——参加 ……………… 18、139、149
　——保险原理和扶助原理 … 6、39、95
　——预防(→亦见有关医疗保险、
　　老年人保险的疾病预防) … 16
　——的意义相对化 …………… 135
　——的强制加入和强制缴费 … 13、16
　——对价性乃至牵连性 ………… 94
　——的法的研究 …………… 134～
　——理念 ……………………… 174
　育儿支援的——化 ……… 163、173～
　后期老年人医疗制度的——性 … 44

对短时间劳动者的——适用
　→见短时间就业乃至短时间劳动者
社会保障
——构造改革 ……………… 57、105
——国民会议 …………………… 327
——制度审议会50年劝告 …… 322
——制度审议会95年劝告 …… 323
——制度审议会型的政府机关的
　必要性 …………………… 329
——制度审议会后的建议 …… 324～
——和公平(→亦见公平和公正)
　…………………………… 81～
——和政治性自由及民主 ……… 50
——申请主义 ………………… 227
——的规范性基础依据(论)
　………………… 9～、15、29～、49
——总体设计乃至全体像
　……………… 4、27、82、322～
——的社会契约性说明 ……… 12、30
——的社会性和市民性基础的重新构建
　(→亦见社会连带的社会性基础之
　脆弱化) …… 43～、49、113、322～
——的范围 ……… 5、13、106、322～
——的法体系(论) …………… 167、191
——的法理念(论) ……… 2、5、8、28
——的目的(论) …… 6、8、9、59、110、169
——的要保障事故(→亦见社会性事
　故乃至社会性风险) … 167、171
——的历史 ……………… 330～
权利主义的——论　→见社会保障法

的权利论
社会保障法（学） …………… 1
　——和育儿支援 ………… 167～
　——和医疗 …………… 130～
　——和企业年金 …………… 109
　——和研究者培养 ………… 339
　——和贫困问题（→亦见贫困法的
　　必要性）……………… 180～
　——和法科大学院 ………… 336～
　——和劳动法 ……… 54、135、343
　——权利论 …………… 180、333
　——自律性个人像（→亦见个人、
　　自律）………… 25（注76）、31、60
　——生活主体论 …………… 54～
　——人像 ………………… 30、53～
　——法解释论和法政策论
　　（→亦见政策决策制定方针）
　　………………………… 2、335
　——的基本理念　→见社会保障的
　　法理念（论）
　——私法化 ……………… 57、107
　——的成立 …………… 53、330～
　——的体系　→见社会保障的法体
　　系（论）
　——的定义 …………… 130、335
　——的重新把握 …………… 107
　——的可发展性 …………… 342
社会连带（论） …………… 36～、174
　——和个人（的自律）的紧张关系
　　（→亦见个人、自律） ……… 37

　——附加规范性界限 ………… 37
　——的社会性基础之脆弱化（→亦见
　　社会保障的市民性和社会性基础
　　的重新构建） ………… 37、323
宪法层面的——和实定法层面的 … 38
自由（→亦见自律） …… 10、110、169
"——"基础性理论
　　……………… 12（注41）、58、168
"——"的理念 ………… 10、110、169
冲浪者的—— ……… 34、198（注45）
政治性——　→见社会保障
住所（→亦见无家可归者的住所） … 212
住宅扶助　→见生活保护
住宅保障 …………………… 191
收容保护　→见生活保护
就业支援 …………………… 26
　——伴随收入保障的必要性
　　→见收入保障
分娩补贴金　→见健康保险
障碍（儿、者） ………… 22、24、46～
　——禁止歧视法制的导入 ……… 46
　——的参政权 ……………… 50
　——法的必要性 …………… 338
重度的智力——和申请主义
　　………………………… 228～、241
重度的智力——的保护法益 …… 240
伤病补贴金　→见健康保险
"信息利用"原则 ……… 20、41、142
收入比例年金　→见公共年金乃至
　年金保险

收入保障

　　——国家的作用（→亦见对公共年金乃至年金保险报酬比例部分的质疑）……………………… 112

　　伴随职业训练和就业支援——的必要性 …………………… 26、33、82

　　短时间劳动者的——应有状态

　　　→见短时间就业乃至短时间劳动者

　　老后—— ………… 27、104、111、116

自律（→亦见自由）………… 32、223

"——"基础性乃至"——"指向性理论 …………………… 11、58、168

"——"指向性 ……… 10、18～、139～

　　——的个人像→见社会保障法

　　精神性——能力 ……………… 24

自立 ………… 32（注104）、187、223

　　——支援　→见生活保护

　　——帮助　→见生活保护

人格性自立权论 ………………… 14

申请主义　→见社会保障、社会福利、生活保护

信赖保护 …………………………… 98

生活习惯病预防对策　→见医疗保险和老年人医疗

生活主体论　→见社会保障

生活扶助　→见生活保护

生活保护

　　——行政的指导指示 ………… 199

　　——的贡献 ………… 21、33、199

　　——的自立支援（→亦见自立） …………………………… 183、223

　　——申请主义 ………… 230、235

　　——的应有状态 ……………186～

　　——的改革动向 ……………… 183

　　——的加算 …………………… 191

　　——的劳动能力的活用 ……… 214

　　——的急迫保护 ……………… 235

　　——的教育扶助 ……………… 192

　　——的最低生活保障 ………… 186

　　——的住宅扶助 ……………… 192

　　——的帮助自立 …… 33、186～、198

　　——的生活扶助基准之性质 … 184

　　——的生计扶助 ………… 192、221

　　——的以家庭为单位的原则 … 189

　　——的社会工作 ………… 190、199

　　——的出院后的保护废止 …… 216

　　——的程序性权利保障 …… 18、199

　　——的入所保护乃至收容保护 …………………………… 19、215

　　——的按需要保护原则 ……… 188

　　——的保护基准 …………… 18、188

　　——的补足性原则 …………… 189

　　——的无差别平等原则 ……… 188

　　——法和无家可归者自立支援法 ……………………………… 219～

　　——法的名称及基本用语的修改 ……………………………… 193

生活保障　→见社会保障的目的

生计扶助　→见生活保护

政策决策制定方针（→亦见社会保障法

条目索引　343

的法解释论
和法政策论）……… 3、27、132、137
　　——和解释方针 ……… 16
生存权（→亦见宪法第25条）…… 6、13
　　——研究和禁止歧视研究 …… 45～
　　——和劳动的义务 ……… 32
　　——的规范性依据 ……… 59、197
成年监护 ……………………… 25
代际间收入转移 ……… 40～
选举权 ……………… 213、217
"选择"原则…… 19、111、114、140～、151
社会工作　→见生活保护
措置制度　→见社会福利

IV

对价性　→见社会保险
第三号被保险者问题　→见公共年金乃至年金保险
短时间就业乃至短时间劳动者
　　——的收入保障的应有状态 … 79～
　　——社会保险适用的应有状态 … 80
　　——社会保险的适用 ……… 73
地域综合支援中心　→见介护保险
智力障碍者　→见障碍（者、儿）
注意义务　→见介护事故
接受适当的行政性待遇权利 ……… 18
民主　→见社会保障
特别儿童抚养补贴 ……… 160、162、173

V

日常生活自立支援事业 ……… 26

入所保护　→见生活保护
人的尊严 ……………………… 7
年金受给权　→见公共年金乃至年金保险
年金保险　→见公共年金乃至年金保险
农业者年金制度 ……………… 92

VI

按需要保护原则　→见生活保护
被雇佣者保险
　　——的应有状态 ……… 82、147
　　——的育儿休业期间的保险费免除
　　………………………………… 158
　　——的被扶养者乃至扶养家属
　　……………………… 17、138、143
病床规制　→见根据医疗计划的病床规制
平等
　形式的——（静止性乃至归结主义
　　意义上的) ……… 8、11、60
　宪法第14条第1款的——
　　………………………… 12(注42)
　实质性机会——（动态性乃至过程
　　意义上的) ……… 10、12、21～、144
贫困 ……………………………… 50
　　——法的必要性 ……… 338
　　——问题 ……………… 179
福利和介护服务保障
　　——服务水准的保障 ……… 22、191
　　——保障水准 ……… 145(注75)
福利契约乃至介护契约 ……… 269

扶助原理　→见社会保险
扶养扣除 ………………… 160、165、173
贝弗里奇报告 ………………………… 167
基本收入 ………………… 34、196、198
保育补贴　→见育儿支援和养育儿童支援
法解释论和法政策论　→见社会保障法
法科大学院　→见社会保障法
报酬比例年金　→见公共年金乃至年金
　保险
包容 ……………………………… 35、225
　——的反论 …………………………… 194
保险原理　→见社会保险
保护基准　→见生活保护
补足性原则　→见生活保护
无家可归者(→亦见生活保护、住宅
　保障) ………………… 205、206、224
　——关联裁判例 ………………… 211～
　——施策的开展 ………………… 204～
　——自立支援法 ………………… 206～
　——依据自立支援法的给付权利性
　　……………………………………… 220
　——自立支援法的应有状态 …… 224
　——自立支援法的自立(→亦见自立)

　…………………………………… 207、222
　——对策事业 ………………………… 210
　——的劳动能力的判断 …………… 217
　——的居家保护 …………………… 218
　——的住所(→亦见住所) ………… 217

Ⅶ

宏观经济调整　→见公共年金乃至年金
　保险
民营化　→见社会福利
无差别平等原则　→见生活保护

Ⅷ

要保护事故　→见社会保障
预防　→见医疗保险、老年人医疗、社会
　保险

Ⅸ

劳灾保险的适用关系 ………………… 74
劳动法(→亦见社会保障法) … 27、344

Ⅹ

工作福利制 …………… 21(注67)、195

图书在版编目(CIP)数据

社会保障法制的将来构想/(日)菊池馨实著;韩君玲译. —北京:商务印书馆,2018
(日本法译丛)
ISBN 978-7-100-15951-7

Ⅰ.①社… Ⅱ.①菊…②韩… Ⅲ.①社会保障法—研究—日本 Ⅳ.①D931.321.82

中国版本图书馆CIP数据核字(2018)第047206号

权利保留,侵权必究。

日本法译丛
社会保障法制的将来构想
〔日〕菊池馨实 著
韩君玲 译

商 务 印 书 馆 出 版
(北京王府井大街36号 邮政编码100710)
商 务 印 书 馆 发 行
北京市艺辉印刷有限公司印刷
ISBN 978-7-100-15951-7

2018年6月第1版　　开本787×960 1/16
2018年6月北京第1次印刷　印张22¾
定价:84.00元